Statistik mit SPSS

Reinhold Hatzinger
Herbert Nagel

Statistik mit SPSS

Fallbeispiele und Methoden

2., aktualisierte Auflage

PEARSON

Higher Education
München • Harlow • Amsterdam • Madrid • Boston
San Francisco • Don Mills • Mexico City • Sydney
a part of Pearson plc worldwide

Bibliografische Information der Deutschen Nationalbibliothek

Die Deutsche Nationalbibliothek verzeichnet diese Publikation in der Deutschen Nationalbibliografie; detaillierte bibliografische Daten sind im Internet über <http://dnb.dnb.de> abrufbar.

10 9 8 7 6 5 4 3 2 1

15 14 13

ISBN 978-3-86894-182-1

www.pearson.de
A part of Pearson plc worldwide

Programmleiter: Birger Peil, bpeil@pearson.de
Lektorat: Irmgard Wagner, irmwagner@t-online.de
Fachlektorat: Ludwig Feichtinger, Universität Salzburg
Covergestaltung: Thomas Arlt, tarlt@adesso21.net
Titelbild: Gerhard Haderer
Herstellung: Martha Kürzl-Harrison, mkuerzl@pearson.de
Satz: le-tex publishing services GmbH, Leipzig
Druck und Verarbeitung: GraphyCems, Villatuerta

Printed in Spain

Reinhold Hatzinger
22. Juni 1953 – 17. Juli 2012

Inhaltsverzeichnis

Fragestellungen und Methoden

Kapitel 4 Eine kategoriale Variable

Kapitel 5 Mehrere kategoriale Variablen

Kapitel 6 Eine metrische Variable

Kapitel 7 Mehrere metrische Variablen

Kapitel 8 Metrische und kategoriale Variablen

Kapitel 9 Dimensionsreduktion

Kapitel 10 Gruppierung von Beobachtungen

Kapitel 11 Mehrdimensionale kategoriale Daten

Vorwort

Als wir vor vielen Jahren unsere ersten Einführungslehrveranstaltungen zu Statistik für Nicht-Mathematiker (also in unserem Fall Psychologen, Kommunikationswissenschaftler, Betriebswirte und Mediziner) abhielten, war der gängige Stil, entweder mit Grundlagen der Wahrscheinlichkeitsrechnung zu beginnen oder, schon etwas fortschrittlicher, mit simplen Maßzahlen aus der deskriptiven Statistik. Der Höhepunkt an Anwendungsbeispielen waren dabei Urnen, gefüllt mit bunten Kugeln, aus denen man nach bestimmten Vorschriften zufällig einige herauszuziehen hatte. Oder aber man zeigte, wie man anhand einiger Zahlen Mittelwert und Varianz berechnen kann. Im weiteren Ablauf der Kursprogramme kamen dann auf die Studierenden eine Unzahl mehr oder weniger komplizierter Formeln zu, deren praktische Relevanz nur wenigen „Erleuchteten" zugänglich war. Was in der Folge dazu führte, dass Statistik bei vielen zu einem ungeliebten oder sogar gefürchteten Fach wurde. Diese Zeiten haben sich zum Glück geändert. Spätestens mit dem Einzug der PCs begann man sich darauf zu besinnen, dass im Zentrum statistischer Überlegungen eigentlich Daten, Information, deren Verarbeitung und mögliche Schlussfolgerungen stehen. Entsprechend hat sich seither, wenn auch langsam, die Vermittlung von Statistikkenntnissen geändert. Immer öfter wird heute der computerunterstützten Verarbeitung von Daten Raum gegeben.

Allerdings kann man dabei auch über das Ziel hinausschießen. Moderne Software wie SPSS (kurzzeitig in PASW umbenannt) verfügt über grafische Benutzeroberflächen, die es leicht machen, selbst sehr komplexe statistische Methoden anzuwenden, ohne zu wissen, was dabei eigentlich geschieht. Das Resultat sind dann Ergebnisse, die ohne Wissen über die Voraussetzungen der Methoden zustande kommen und die völlig falsch interpretiert werden.

Wir haben versucht, einen Mittelweg zu finden, der auf unserer langjährigen Erfahrung im Unterrichten von Statistik beruht. Das Konzept dieses Buchs (das wir genauer im ersten Kapitel beschreiben) zielt daher auch darauf ab, die interessanten Aspekte anhand vieler Fallbeispiele aus unterschiedlichsten Bereichen (die zum Teil fortgesetzt und unter verschiedenen methodischen Aspekten betrachtet werden) in den Vordergrund zu stellen, ohne das zum Verständnis notwendige formale Wissen auszublenden. Wir versuchen dabei, Berührungsängste zu verringern und einen vielleicht manchmal als trocken erlebten Stoff lebendig zu gestalten. Die Verwendung von SPSS kann hierzu einen wesentlichen Beitrag leisten, da SPSS relativ leicht zu erlernen ist und Probleme des Umgangs mit Statistiksoftware nicht den Blick auf Inhalte vernebeln. Wir haben oft erlebt, dass Studierende über Ergebnisse und grafische Darstellungen freudig überrascht waren, besonders wenn sie eigene Fragestellungen und selbst erhobene Daten analysiert haben.

Deshalb ist unser Ansatz einer Einführung in SPSS problemorientiert und besteht nicht in einer sonst oft üblichen Aneinanderreihung verschiedener Programmfeatures, die nicht nach Wichtigkeit, sondern nach simpler Funktionalität geordnet sind.

Als Zielgruppe haben wir in erster Linie an Studierende verschiedenster empirisch ausgerichteter Substanzwissenschaften gedacht, aber auch an (junge) ForscherInnen, die ihr Wissen auffrischen und/oder sich vielleicht die eine oder andere Anregung zur Umsetzung ihrer Studien holen wollen.

Nicht zuletzt soll dieses Buch auch dazu dienen, nachschlagen zu können, wenn man etwas in SPSS realisieren möchte und nicht genau weiß oder vergessen hat, wie das geht. Aus diesem Grund haben wir uns bemüht, den Index so zu gestalten, dass man auch findet, was man sucht.

Bedanken wollen wir uns bei unseren Kolleginnen und Kollegen am Department für Statistik und Mathematik der WU Wien, bei Regina Dittrich, Patrick Mair, Thomas Rusch, Daniela Weber und Marcus Wurzer, die oftmals Teile des Manuskripts lasen, uns auf Fehler aufmerksam machten und wichtige Anregungen gaben. Kathrin Gruber, Claudia Pongratz und Maria Weiler halfen uns bei technischen Umsetzungen wie Screenshots, Achim Zeileis gab wertvolle Tipps zur Erstellung eines Index. Viele Studierende aus diversen Kursen haben zur Entwicklung unseres Konzepts beigetragen.

Interessante Beispiele und Daten wurden von Kathrin Gruber, Graeme Hutchinson (Universität Manchester) und Wolfgang Lutz beigesteuert oder zur Verfügung gestellt.

Besonderer Dank gebührt dem großartigen Gerhard Haderer, von dem das Titelbild stammt. Es deutet an, dass Statistik oft mit Menschen in außergewöhnlichen Situationen zu tun hat. Außerdem trifft es eines unserer gemeinsamen Interessen.

Ganz herzlich wollen wir uns bei Irmgard Wagner bedanken, die uns bei der Verwirklichung des Buchs begleitet hat. Sie hat mit großem Sachverstand, vielen guten Anregungen und viel Geduld und Mühe wesentlich zur Entstehung beigetragen. Ludwig Feichtinger hat unseren Text kritisch gelesen und wesentliche Verbesserungsvorschläge eingebracht. Petra Kienle hat darauf geachtet, dass unsere Kämpfe mit der neuen deutschen Rechtschreibung nicht im Desaster endeten. Schließlich wollen wir auch der Setzerin bzw. dem Setzer unsere Anerkennung aussprechen. Es war sicher nicht einfach, unsere LaTeX markups und macros im endgültigen Satzbild zu realisieren.

Schließlich, und nicht zuletzt, ein großes Danke an Regina und Sibylle für ihre Geduld, ihr Verständnis und ihre Unterstützung. Ohne sie wäre dieses Buch nicht zustande gekommen.

Reinhold Hatzinger und Herbert Nagel

Vorwort zur zweiten Auflage

Nach mehr als drei Jahren erscheint dieses Buch in zweiter Auflage. In der Zwischenzeit ist auch SPSS um drei Versionen älter geworden und hat den alten Namen – bei Erscheinen der Erstauflage hieß das Programm ja kurze Zeit lang PASW – wieder angenommen. Natürlich sind die Änderungen auf die aktuelle Version 20 in der neuen Auflage berücksichtigt.

Wirkliche Neuerungen sind jedoch die Abschnitte zur multinomialen logistischen und zur ordinalen Regression, die in zwei neuen Abschnitten im Kapitel 8 besprochen werden. Mit der Klasse der loglinearen Modelle kann die Zusammenhangsstruktur mehrdimensionaler kategorialer Daten untersucht werden. Das neue Kapitel 11 ist der Versuch, einen Weg zwischen einer reinen Rezeptsammlung und einem unübersichtlichen Formelsumpf zu finden, ohne das Ziel der Untersuchung eines Datensatzes aus den Augen zu verlieren.

Der Aufbau der alten Kapitel und Abschnitte ist gleich geblieben. Ausgehend von einem konkreten Beispiel mit einer Fragestellung wird ein sparsames Theoriegerüst aufgebaut, mit dem der Weg zur Beantwortung der Fragestellung zwar nicht Schritt für Schritt erklärt, aber doch angedeutet werden kann.

Leider war die Arbeit an der Neuauflage überschattet vom völlig überraschenden Tod Reinhold Hatzingers. Die Planung der Neuauflage geschah im Frühjahr 2012, die eigentliche Ausführung hatten wir jedoch für den Sommer vorgesehen. Im Juli wurde er mitten aus diesen Arbeiten gerissen. Er war nicht nur der Vordenker zu diesem Buch, er räumte auch technische Hürden aus dem Weg, die einen Zeit und Nerven kosteten. Vor allem war er aber ein sehr guter Freund, auf den – mit oder ohne Buchprojekten – immer Verlass war.

Ich möchte Irmgard Wagner, unserer Verbindung zum Verlag Pearson Studium, für ihr Verständnis und ihre Aufmunterung danken. Verständnis für das Durcheinander, das sich nach diesem Schock eingestellt hatte. Aufmunterung nicht in dem Sinn, dass der Verlag nach möglichst kurzer Verzögerung einen brauchbaren Text erhält, sondern dass die geplanten Ergänzungen sorgfältig vorgenommen werden und der Linie des übrigen Textes folgen. Dass es dem Verlag gelungen ist, weiterhin das Bild von Gerhard Haderer für die Titelseite zu sichern, ist sehr im Sinn von Reinhold Hatzinger, einem großen Bewunderer der Arbeiten von Gerhard Haderer.

Dank gebührt auch der Wiener Basis dieses Buchprojekts. Ingrid Koller und Regina Dittrich haben die neuen Abschnitte kritisch gelesen und wichtige Verbesserungen im Text angeregt. Marco Maier war mir bei technischen Problemen nicht nur eine stete Hilfe, sondern hat mir auch das Gefühl vermittelt, dieser Hilfe immer sicher sein zu können.

Herbert Nagel

Einführung

1

ÜBERBLICK

1.1 Konzeption des Buchs

Wie schon aus dem Titel ersichtlich, beschäftigt sich dieses Buch mit zwei Themen, dem Programmpaket **SPSS Statistics** und angewandter Statistik. Im Alltagssprachgebrauch ist der Begriff Statistik nicht besonders positiv besetzt und hat oft den Beigeschmack trockener Zahlenklauberei. Tatsächlich aber ist Statistik viel mehr. Statistik ist die Kunst und Wissenschaft, von Daten zu lernen. Sie ermöglicht uns einen Blick auf die Welt, der in unserer modernen Informationsgesellschaft von vitaler Bedeutung ist. Wir alle, Studierende und Lehrende, Frauen und Männer, Jüngere und Ältere, müssen die täglich auf uns einströmende, manchmal überbordende Fülle an Information bewältigen und das heißt eben, von Daten zu lernen und sie zu interpretieren.

Somit hat die Statistik auch die Aufgabe, Information so zu vereinfachen und zu komprimieren, dass Kernaspekte herausgearbeitet werden. Durch die Verwendung von Computern und geeigneter Software ist das heute viel leichter als vor noch nicht allzu langer Zeit. **SPSS** (*Superior Performance Software System*) **Statistics** (im Folgenden kurz SPSS) ist eines dieser Softwarepakete. **SPSS** war früher die Abkürzung für *Statistical Package for the Social Sciences* und entstand vor etwas mehr als vierzig Jahren an der Stanford Universität und wurde von drei graduierten Studenten, Norman H. Nie, C. Hadlai (Tex) Hull und Dale H. Bent, entwickelt. Ziel war es, statistische Methoden zu nutzen, um Daten in Information zu wandeln, die für eine Entscheidungsfindung essenziell ist. Aus der zu Beginn rein akademischen Entwicklung ist heute eines der am meisten verbreiteten Programme für statistische Analysen, Datenmanagement und Datendokumentation entstanden. Ein großer Vorteil von **SPSS** ist die intuitive grafische Benutzeroberfläche. Sie ermöglicht es, dass **SPSS** leicht zu erlernen und relativ einfach zu bedienen ist.

Die Konzeption dieses Buchs beruht auf unserer mehr als zwanzigjährigen Erfahrung im Unterrichten einführender Statistik und **SPSS**. Wir haben die Entwicklung erund gelebt, die von einem traditionellen, an Formeln orientierten zu einem modernen Ansatz führte, der Konzepte in den Vordergrund stellt. Zumindest in einem ersten Schritt sollte Lernen von Statistik nicht darin bestehen, irgendwelche Zahlen in scheinbar obskure Formel einsetzen und diese dann ausrechnen zu können. Daher ist auch die Kombination mit Statistiksoftware so wichtig, weil es die Konzentration auf die wesentlichen Aspekte fördert. Wir folgen den Richtlinien, die unter anderem von den beiden weltweit führenden Institutionen auf diesem Gebiet, der American Statistical Association und der englischen Royal Statistical Society, für die Einführung in Statistik formuliert wurden. Die wichtigsten sind:

- Betonung statistischer Fähigkeiten (*literacy*) und Entwicklung statistischen Denkens
- Verwendung echter Daten
- Eher Akzentuierung konzeptuellen Verständnisses als einfache Kenntnisse formaler Prozeduren
- Benutzung technologischer Hilfsmittel zur Analyse von Daten und Entwicklung von Konzepten

1.2 Aufbau des Buchs

Dieses Buch versteht sich nicht als SPSS-Handbuch, in dem alle Details beschrieben werden (d. h. in dem alle Funktionen definiert und Menüpunkte durchbesprochen werden), und auch nicht als Statistiklehrbuch in Form eines Trockenkurses. SPSS wird parallel zu statistischen Methoden erläutert und damit soll es der Leserin bzw. dem Leser ermöglicht werden, Statistik mit diesem Computerprogramm für Aufgaben im Alltag und Beruf einsetzen zu können.

Aus diesen Gründen haben wir einen Ansatz gewählt, der nicht einer traditionelle Vermittlungsweise in der Form: *Beschreibende Statistik – Wahrscheinlichkeitstheorie – Inferenzstatistik* folgt. Wir bevorzugen einen alternativen, mehr an der Praxis und an Daten orientierten Aufbau und integrieren statistische Konzepte mit einer Darstellung des *how to do*, wie also bei bestimmten Fragestellungen die Umsetzung erfolgen kann und wie man dabei in der Praxis konkret vorgeht.

Das Buch beginnt mit einer kurzen Darstellung der wesentlichen Grundbegriffe der Statistik, die für das Verstehen der späteren Kapitel notwendig sind, und einem Überblick über die Bedienung von SPSS. Dieser orientiert sich an den Schritten einer Datenanalyse, wie sie in der Praxis durchgeführt wird.

Der eigentliche Kern des Buchs besteht aus vier Teilen, in denen verschiedene Typen von Information behandelt werden. Zunächst liegt der Fokus auf kategorialen Daten, also solchen, wo Information in Form von Häufigkeiten und Prozentsätzen bestimmter Gruppen oder Klassifikationen vorliegt. Der zweite Teil beschäftigt sich dann mit metrischer bzw. numerischer Information, also mit Daten, die nicht durch Kategorien repräsentiert werden, sondern in Form von Zahlen vorliegen. Informationen, in der diese beiden Typen gemeinsam vorkommen, sind Gegenstand des dritten Teils und schließlich folgt noch eine Behandlung komplexer, vieldimensionaler Information, sogenannter multivariater Daten. Die Teile bestehen immer aus einem oder zwei Kapiteln, die sich mit spezifischen Problemen befassen, die mit dem jeweiligen Informationstyp in Zusammenhang stehen.

Gegliedert ist jedes Kapitel in typische Fragestellungen, die bei einem bestimmten Datentyp auftauchen können. Hierbei werden anhand von insgesamt 32 realen Fallbeispielen Problemstellungen diskutiert und Lösungsmöglichkeiten sowohl bezüglich der statistischen Methodik als auch deren Umsetzung in SPSS vorgestellt. Alle dazu notwendigen methodischen Überlegungen werden nicht auf Vorrat, sondern immer dann präsentiert, wenn sie zur Beantwortung einer Fragestellung wichtig sind. Dies ist auch der Grund, warum beschreibende und inferenzstatistische Methoden nicht getrennt sondern kombiniert dargestellt werden und schon gleich zu Beginn des Kernstoffs in Kapitel 4 auftauchen. Gleich nach der in einem Fallbeispiel gestellten Frage werden die formalen Ideen zu deren Beantwortung auf einfache Weise präsentiert, formale Aspekte (wie z. B. Formeln) werden dabei so weit als möglich ausgespart und nur dort behandelt, wo sie zum Verständnis notwendig erscheinen. Besonderes Augenmerk legen wir auf Interpretationen, die sowohl die technischen als auch inhaltlichen Gesichtspunkte ausführlich abdecken und der Leserin bzw. dem Leser als Vorbild für eigene Arbeiten dienen können. Allgemeinere Grundideen bzw. spezielle Überlegungen werden in Exkursen behandelt, die bei einem ersten Lesen überblättert werden können. In drei Fällen gibt es eine vertiefende Betrachtung des Lernstoffs in einem Anhang zum jeweiligen Kapitel.

Jedes Kapitel beginnt mit einer kurzen Zusammenstellung und einem Ausblick auf den Inhalt und endet mit einer Zusammenfassung der behandelten Konzepte und Übungensaufgaben, zu denen es ausgewählte Lösungen auf der Companion Website (http://www.pearson-studium.de) zum Buch gibt. Dort finden sich auch alle Übungsdateien.

Bis auf wenige Ausnahmen werden nur reale Datensätze verwendet, die alle ebenso auf der Companion Website zur Verfügung stehen. Eines der Ziele des Buchs besteht darin, alle Schritte nachvollziehbar zu machen.

1.3 Programmversionen von SPSS

Das Buch wurde mit SPSS 20.0.0 erstellt. Da nur vereinzelt Prozeduren, die es erst in der Version 20 gab, Eingang fanden, können auch frühere Programmversionen von SPSS verwendet werden. Falls zur Lösung einer bestimmten Aufgabe eine neue Methode aus Version 20 dargestellt wurde, können immer alternative Vorgehensweisen, die auch schon in früheren Versionen realisiert waren, gewählt werden. Diese sind auch hier beschrieben. In relevanten Fällen wird immer auf Unterschiede zu früheren Versionen verwiesen. Um dieses Buch auch für nachfolgende SPSS-Versionen aktuell zu halten, haben wir vermieden, solche Methoden einzusetzen, die dann nicht mehr verfügbar sein werden (wie z. B. interaktive Grafiken).

1.4 Wie kann dieses Buch verwendet werden?

Ohne Statistikgrundkenntnisse:

- in einem einsemestrigen Kurs (20–25 Stunden)
- im Selbststudium

Da keinerlei Voraussetzungen bestehen (außer dem basalen Umgang mit PCs und ein wenig Mathematik), lässt sich dieser Text in einem einsemestrigen Einführungskurs in Statistik mit SPSS gut umsetzen. Der Text ist so konzipiert, dass er auch zum Selbststudium geeignet sein sollte.

Mit Statistikgrundkenntnissen:

- Wenn man eine Datenerhebung plant oder Daten bereits gesammelt hat und wissen möchte, wie man diese computergerecht erfassen und für eine Analyse aufbereiten sollte
- Wenn man zu einer bestimmten inhaltlichen (substanzwissenschaftlichen) Fragestellung die entsprechende statistische Methode sucht
- Wenn man für eine bestimmte statistische Methode wissen möchte, wie man deren Ergebnis interpretiert
- Wenn man eine konkrete Analyse in SPSS durchführen möchte

Der einführende, problem- und lösungsorientierte Charakter des Texts soll die Leserin bzw. den Leser in die Lage versetzen, bestimmte statistische Methoden anwenden und umsetzen zu können bzw. Hilfe und Anregungen bei spezifischen Fragestellungen zu erhalten.

1.5 Typografische und andere Konventionen in diesem Buch

Um den Text übersichtlich und lesefreundlich zu gestalten, haben wir einige Elemente definiert, die durch verschiedene Schrifttypen und Gestaltungselemente gekennzeichnet sind.

Schrifttypen

- Nichtproportionale Schrift (*monospace*):
  Für Variablennamen und Dateinamen verwenden wir nichtproportionale Schrifttypen, wie z. B. für `geschlecht` oder `fragebogen.sav`.
- Schrifttyp: Kapitälchen (*small caps*)
  Wichtige Begriffe werden, wenn sie zum ersten Mal auftauchen, IN DER FORM bzw. IN DER FORM dargestellt, wie z. B. HYPOTHESE.
- Serifenlose Schrift (*sans serif*):
  Alles, was sich auf SPSS bezieht (Fenstertitel, Menüpunkte oder Elemente des Outputs), hat diese Form, wie z. B. der Menüpunkt Analysieren.

Dialogflächen, Buttons und Cursortasten

Wenn in der Bedienung von SPSS ein Mausklick auf eine Schaltfläche (Button) erfolgen soll, dann wird es [so] dargestellt. Die Verwendung von Tasten am Keyboard wird durch die Symbole [→], [↑], [↓] und [←] gekennzeichnet, die Eingabe-Taste (Return-Taste) durch [↵]. In manchen SPSS-Menüs ist es erforderlich, Variablen auszuwählen, indem aus einer Liste in einem Fenster links die Variablen durch Klicken auf die Schaltfläche [➡] in ein rechtes Fenster bewegt werden.

Hinweise, Tipps und Warnungen

Manchmal gibt es Textpassagen, die spezielle Hinweise enthalten. Diese sind in Blau gesetzt und werden zusätzlich durch ein Symbol am Rand gekennzeichnet.

Navigation und Auswahl von Menüpunkten

Ein Vorteil von SPSS ist die Verfügbarkeit einer grafischen Benutzeroberfläche, die die Auswahl spezifischer Verfahren erleichtert. In diesem Buch wird dies folgendermaßen dargestellt (wir verwenden hier ein Beispiel, wie es in Abschnitt 4.2.1 auch vorkommt).

SPSS

Analysieren
  Deskriptive Statistiken
    Häufigkeiten...
      markieren der Variable (`Wochentag`*)* [➡] Variable(n):
      [✓] Häufigkeitstabellen anzeigen
      [OK]

Dies bedeutet:
Zunächst wählen wir aus dem Menü **Analysieren** den Untermenüpunkt **Deskriptive Statistiken** und dort **Häufigkeiten** (▶ Abbildung 1.1).

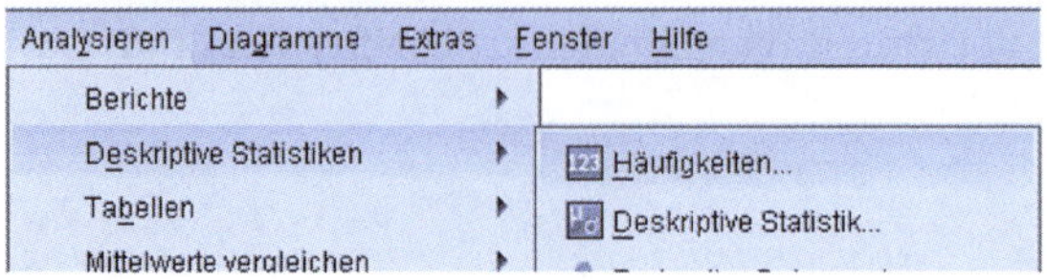

Abbildung 1.1: Auswahlmenü Häufigkeiten

In der folgenden Dialogbox (▶ Abbildung 1.2) markiert man die darzustellende Variable (hier **Wochentag**) und bewegt sie mit einem Klick auf den mittleren Pfeil [➡] ins rechte Fenster. (Die kursive Schreibweise von *markieren der Variable* bedeutet, dass dies etwas ist, das man tun muss und das allgemein (nicht nur im konkreten Beispiel) gilt, das aber nicht im entsprechenden **SPSS**-Fenster zu sehen ist.) Nachdem man sich vergewissert hat, dass die Checkbox **Häufigkeitstabellen anzeigen** gewählt ist [✔], klickt man auf [OK].

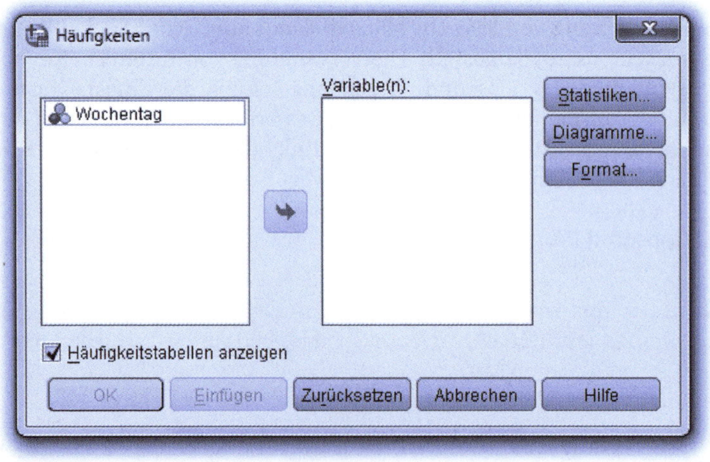

Abbildung 1.2: Dialogbox Häufigkeiten zur Variablenauswahl

Statistische Grundbegriffe

2

ÜBERBLICK

Dieses Kapitel gibt einen Überblick über wesentliche Konzepte der Statistik, ohne deren Kenntnis die Verwendung von SPSS *nicht besonders sinnvoll erscheint. Es beginnt mit einigen Beispielen, die die Hauptaufgabengebiete der Statistik illustrieren sollen. Es handelt sich hierbei um Hochrechnung (statistisches Schätzen), das Prüfen von Fragestellungen und die Hilfe bei Entscheidungen (Testen von Hypothesen) sowie die Modellbildung, um komplexere Zusammenhangsstrukturen zu verstehen (statistisches Modellieren). Es folgt eine Besprechung grundlegender Begriffe wie Stichprobe und Population, Beobachtungseinheiten und Variablen. Ein kurzer Abschnitt behandelt die Frage wie Daten zustande kommen (Messung) und welche Arten von Daten unterschieden werden (kategorial bzw. metrisch). Dies ist deshalb besonders wichtig, weil die Art der statistischen Analysen davon abhängt. Schließlich werden noch Typen von Fragestellungen und die damit verbundene Einteilung von Variablen behandelt.*

2.1 Einige Beispiele

Anhand einiger Beispiele (Keller und Warrack, 1997) sollen zunächst grundlegende Ideen und typische Problemstellungen der Statistik dargestellt werden.

2.1.1 Hochrechnung (statistisches Schätzen)

Produkteinführung

In den USA gibt es ein Unternehmen, *NPDC* (National Patent Development Corporation), das sich zur Aufgabe gesetzt hat, neu entwickelte Produktideen vom Patent bis zur Markteinführung zu betreuen. Eines dieser neuen Produkte ist *CARIDEX*, eine Paste, die zur Zahnbehandlung dient. Diese Paste wird auf kariöse Zähne aufgetragen und löst dort die erkrankten Stellen auf. Der große Vorteil dieses Produkts ist, dass sich sowohl Patient wie Zahnarzt das Bohren ersparen. Um nun *CARIDEX* auf den Markt zu bringen und die dafür benötigten Investitionen und Einkünfte abzuschätzen, braucht *NPDC* einige Informationen. Die Fixkosten beziffert das Unternehmen mit 4 Millionen Dollar. Eine Marktanalyse ergab, dass 10 000 von den insgesamt 100 000 Dentisten und Zahnärzten in den USA *CARIDEX* im ersten Jahr nach der Einführung verwenden würden. *NPDC* würde jedem Zahnarzt ein Gerät zum Auftragen der Paste zum Selbstkostenpreis von 200 $ zur Verfügung stellen. Die Paste für einen Zahn kostet 0,50 $, *NPDC* würde dafür 2,50 $ in Rechnung stellen. Ob sich die Markteinführung rentiert, hängt also nur von der Gesamtzahl behandelter Zähne ab, da *NPDC* pro Zahn, der mit *CARIDEX* behandelt wird, wieder 2 $ zurückerhält. Die Hauptfrage, die sich *NPDC* stellt, ist, ob die Markteinführung von *CARIDEX* schon im ersten Jahr profitabel ist. Man benötigt also Information darüber, wie viele Zähne die 10 000 Zahnärzte innerhalb eines Jahres mit *CARIDEX* behandeln würden.

Zu diesem Zweck wurde eine Stichprobe von 400 Zahnärzten befragt, wie viele Zähne sie in einer typischen (durchschnittlichen) Woche behandeln würden. Die Zahlen, die *NPDC* aus dieser Befragung erhalten hat, könnten so aussehen:

$$7, 3, 5, 5, 4, 7, 7, \ldots$$

d. h., der erste Zahnarzt würde 7 Zähne pro Woche, der zweite 3 etc. behandeln. Was fängt *NPDC* nun mit dem Ergebnis der Befragung an? In diesem Beispiel ist eine wichtige Frage wohl:

- Wie viele Zähne werden von den Zahnärzten durchschnittlich pro Woche behandelt?

Zunächst wird man versuchen, diese Zahlen übersichtlich und sinnvoll zusammenzufassen, um einen ersten Eindruck zu bekommen, welche Information in den Daten steckt. Dies ist das Aufgabengebiet der sogenannten BESCHREIBENDEN oder DESKRIPTIVEN STATISTIK.

Deskriptive Statistik
stellt Methoden bereit, mit deren Hilfe man die Gesamtinformation, die in Rohdaten steckt, numerisch oder grafisch so darstellen bzw. komprimieren kann, dass wesentliche Aspekte erkennbar sind, ohne allzu viel an wichtiger Information zu verlieren.

Dies dient vor allem zur Präsentation bzw. Strukturierung (möglicherweise umfangreichen) Datenmaterials. Hierzu gibt es eine Reihe von numerischen und grafischen Methoden, die je nach Art der Daten und nach der jeweiligen Fragestellung angewendet werden. Wir werden solche deskriptiven statistischen Methoden zur Zusammenfassung, Reduktion und Darstellung von Informationen noch ausführlich behandeln.

Deskriptive statistische Methoden werden meistens bei Stichprobendaten angewendet, also hier auf die Angaben der 400 befragten Zahnärzte. Es geht aber eigentlich darum, vorherzusagen, wie viele Zähne insgesamt, also von allen 10 000 Zahnärzten, behandelt werden. Aufgrund des Stichprobenmittelwerts kann man hochrechnen, wie viele behandelte Zähne insgesamt zu erwarten wären. Man erhält eine bestimmte Zahl als Ergebnis dieser Schätzung. Allerdings kann man nicht erwarten, dass diese Zahl ganz genau stimmen wird, sondern sie wird nur ungefähr stimmen. Aber natürlich möchte man schon wissen, wie groß dieses „ungefähr" ist. Und das ist die zweite wichtige Frage:

- In welchem Bereich wird die Gesamtanzahl aller von 10 000 Zahnärzten innerhalb eines Jahres behandelten Zähne liegen?

Methoden, die uns helfen, solche Fragen zu beantworten, gehören in das Gebiet der sogenannten INFERENZSTATISTIK (auch INFERENTIELLE oder SCHLIESSENDE STATISTIK).

Inferenzstatistik
stellt Methoden bereit, mit deren Hilfe man Schlüsse über die Eigenschaften von Grundgesamtheiten (oder Populationen) basierend auf Stichprobendaten ziehen kann.

In unserem Beispiel wäre es wohl schwer gewesen, alle 10 000 Zahnärzte zu befragen, wie viele Zähne sie behandeln würden. Aber es genügt, nur einen kleinen Teil von ihnen (nämlich 400) zu befragen, um eine verlässliche Vorhersage über die zu erwartenden Einnahmen von *NPDC* abgeben zu können. Dieses erste Beispiel ist typisch für eine der Aufgaben der Statistik. Es soll versucht werden, bestimmte Werte aus einer Stichprobe für die Population hochzurechnen. Diese Aufgabe nennt man SCHÄTZUNG. Dazu gehört auch zusätzlich noch eine Angabe der Genauigkeit dieser Hochrechnung.

2.1.2 Prüfen von Fragestellungen (Testen von Hypothesen)

Wirksamkeit von Werbung

In den USA gibt es bestimmte TV-Shows, die inzwischen auch im deutschsprachigen Privatfernsehen zu finden sind, in denen der Showmaster gleichzeitig als Werbeträger auftritt. Einer der Gründe für diese Art von Werbung besteht darin, dass Marketingfachleute glauben, dadurch eine höhere Glaubwürdigkeit des Werbeträgers zu erreichen und dadurch eine bessere Wirksamkeit der Werbung zu erzielen. Eine Studie an Kindern im Alter von 6 bis 10 Jahren sollte feststellen, ob diese Art von Werbung – sie soll im Folgenden kurz Showmaster-Werbung genannt (SW) werden – wirksamer als normale Werbung (NW) ist. Im Speziellen wurde untersucht, ob die Erinnerungsleistung bei Showmaster-Werbung höher ist und ob die Kinder dann eher das beworbene Produkt kaufen würden. Zu diesem Zweck wurden zwei Gruppen von Kindern gebildet. Eine Gruppe von 121 Kindern (NW) sah ein Fernsehprogramm, das von normalen Werbepausen unterbrochen war. Die zweite Gruppe von ebenfalls 121 Kindern (SW) sah dasselbe Programm, mit der Ausnahme, dass die Werbung nicht von einem unbekannten Schauspieler, sondern vom Showmaster selbst präsentiert wurde. Das beworbene Produkt war ein bestimmtes Frühstücksgericht (Zerealie) mit dem Namen *Canary Crunch*. Unmittelbar nach der Show wurden den Kindern einige Fragen gestellt, um zu untersuchen, was sie sich vom Werbeinhalt gemerkt haben. Jedes Kind wurde auf einer 10-Punkte-Skala beurteilt, wobei der Wert 10 bedeutete, dass ein Kind ausgezeichnet in der Lage war, sich Details der Werbung zu merken. Außerdem bekam jedes Kind die Gelegenheit, eine Gratispackung mit nach Hause zu nehmen, wobei es unter vier verschiedenen Produkten wählen konnte: *Kangaroo Hops (KH), Froot Loops (FL), Boo Berries (BB) und Canary Crunch (CC)*. Die Resultate könnten folgendermaßen aufgezeichnet worden sein:

Gruppe	Punkte beim Merken von Details	gewählte Gratispackung
SW	6	FL
SW	9	CC
SW	7	KH
SW	7	CC
⋮	⋮	⋮
NW	9	FL
NW	5	CC
NW	7	BB
NW	9	CC

Welche Informationen resultieren nun aus dieser Untersuchung? Folgende zwei Fragen lassen sich mit den erhobenen Daten beantworten:

- Merken sich Kinder mehr Details der Werbung, wenn sie vom Showmaster präsentiert wird?
- Wählen die Kinder, die die Showmaster-Werbung gesehen haben, eher das beworbene Produkt?

Es geht also um die generelle Frage, ob sich die zwei Gruppen bezüglich der untersuchten Merkmale, nämlich Gedächtnisleistung und gewähltes Produkt, unterscheiden. Dazu wird man zunächst die Daten, wie sie in der obigen Tabelle dargestellt sind, so zusammenfassen, dass aus den 726 Detailinformationen einige wenige übersichtliche Vergleichszahlen und Grafiken resultieren, die die untersuchte Stichprobe beschreiben.

Aber natürlich möchte man aufgrund der Ergebnisse dieser Studie auch darauf schließen können, wie generell sechs- bis zehnjährige Kinder auf Showmaster-Werbung reagieren. Man wird also wieder versuchen, die Ergebnisse, die anhand der untersuchten Stichprobe gewonnen wurden, auf alle vergleichbaren Kinder zu verallgemeinern. Letztlich wollen die Werbewissenschaftler die Frage beantworten, ob Showmaster-Werbung effektiver als normale Werbung ist.

Fragen dieser Art werden als Hypothesen bezeichnet, und eine Aufgabe der Statistik ist es, solche zu überprüfen. Diese Aufgabe nennt man das TESTEN VON HYPOTHESEN. Natürlich kann man nie hundertprozentig sicherstellen, ob eine Hypothese zutrifft. Die Aufgabe der Statistik ist hierbei eine Entscheidungsgrundlage dafür zu geben, ob eher „JA“ oder eher „NEIN“ die richtige Antwort ist.

2.1.3 Erstellen von Modellen (statistisches Modellieren)

Bücherverkauf und Freiexemplare

Der Markt für Lehrbücher und wissenschaftliche Texte ist nicht ohne Weiteres mit anderen Produktmärkten vergleichbar, da die Entscheidung zum Kauf eines akademischen Werks auf anderen Grundlagen beruht als beim Kauf anderer Produkte. In den meisten Fällen sind SchülerInnen oder StudentInnen die Käufer und oft wird ein Lehrbuch nur deswegen gekauft, weil die LehrerInnen oder ProfessorInnen dieses Buch als Lernunterlage empfehlen. Also muss ein Verlag, der ein bestimmtes Buch verkaufen will, versuchen, jene Personen von den Vorteilen ihres Produkts zu überzeugen, die dann die Empfehlung aussprechen. Nun ist es für einen Unterrichtenden meist nicht leicht, die Qualität von Büchern zu beurteilen, da oft viele verschiedene Bücher mit gleichem oder ähnlichem Inhalt am Markt sind und er oder sie nicht alle kaufen und lesen kann. Aus diesem Grund gibt es Rezensionen in Fachzeitschriften, die den LehrerInnen helfen sollen, ein geeignetes Buch auszuwählen. Aber auch die Verlage haben sich eine Strategie einfallen lassen, um die LehrerInnen zu überzeugen ihr Buch zu verwenden und zu empfehlen. Sie verschenken Freiexemplare an LehrerInnen in der Hoffnung, diese freundlich gegenüber ihrem Buch stimmen zu können.

Ein Manager eines wissenschaftlichen Verlages untersucht die letzten Geschäftszahlen eines neu herausgegebenen Statistikbuchs. Besonders interessiert ihn, wie viele Freiexemplare vergeben und wie viele Exemplare verkauft wurden. Ein Mitarbeiter hat dazu eine Liste zusammengestellt, die wie in der folgenden Tabelle aussehen könnte:

Nummer des Repräsentanten	Bruttoerlös in US-Dollar	Anzahl vergebener Freiexemplare
1305	2086	106
1307	63093	337
1327	41017	182
1329	7621	192
1330	28725	161
1331	55298	185
⋮	⋮	⋮

Er fragt sich, ob seine Vertreter zu viele Bücher verschenken (dies kostet natürlich eine Menge). Es könnte aber auch sein, dass man die Erträge erhöhen könnte, wenn man mehr Freiexemplare vergeben würde. Im Prinzip interessiert ihn also:

- Gibt es eine direkte Beziehung zwischen der Anzahl verschenkter Exemplare und den Einnahmen aus dem Verkauf dieser Bücher?

Man könnte aber auch weitere Fragen bezüglich dieser Beziehung stellen. Etwa, ob es einen Unterschied macht, wenn man ein Freiexemplar an jemanden vergibt, der an einer Universität mit nur wenigen Studenten unterrichtet, oder an jemanden, der viele Studenten zu betreuen hat. Eine andere Frage könnte sein, ob es eine Grenze für die Anzahl verschenkter Bücher gibt, ab der es sich nicht mehr rentiert, noch mehr zu vergeben. Sollte eine direkte Beziehung zwischen der Anzahl verschenkter und verkaufter Exemplare bestehen, dann lässt sich auch prognostizieren, wie viele Bücher verkauft würden, wenn man eine bestimmte Anzahl verschenken würde. Dies ist eine weitere Aufgabe der Inferenzstatistik. Es geht darum ein STATISTISCHES MODELL zu formulieren, das bestimmte Sachverhalte geeignet abbildet und Beziehungen zwischen ihnen zu erklären hilft. In der Folge kann man solch ein Modell auch dazu verwenden, vernünftige PROGNOSEN abzugeben.

2.2 Grundlegende Konzepte

Die Beispiele und Fragestellungen, wie sie im vorigen Abschnitt dargestellt wurden, sind typische Anwendungssituationen für statistische Methoden. Die Frage, was mit dem Begriff Statistik eigentlich verbunden ist, könnte man so beantworten:

Was ist Statistik? (Arbeitsdefinition)

Statistik beschäftigt sich mit

- **dem Sammeln,**
- **der Präsentation**
- **und der Analyse**

von Daten (Information). Dabei will man üblicherweise aufgrund von Informationen, die man anhand von Stichproben gewonnen hat, allgemeine Schlussfolgerungen ziehen.

In empirischen Wissenschaften (das sind solche, in denen Erkenntnisse durch Beobachtung gewonnen werden) geht es darum, Ordnungsprinzipien bei natürlichen Phänomenen zu entdecken, zu beschreiben, zu erklären und vorherzusagen. Hierbei verläuft der Prozess der Erkenntnisgewinnung in vier Schritten:

1. Beobachtung von Phänomenen
2. Aufstellen von Hypothesen und Theorien
3. (daraus) Ableitung von Vorhersagen
4. (und schließlich deren) Überprüfung

Im Prinzip begleiten statistische Methoden alle diese vier Schritte. Allerdings werden die drei oben angeführten Aspekte von Statistik (nämlich Sammeln, Präsentation und Analyse von Daten) vor allem im ersten und im vierten Schritt vorrangig sein. Die Statistik liefert dazu ein Methodeninventar (oder anders ausgedrückt, eine Werkzeugkiste), mit deren Hilfe man Informationen aus Daten gewinnen und verarbeiten kann. Hauptaufgabe dieses Textes ist es, solche Werkzeuge zu besprechen und die Anwendung bei typischen Problemstellungen zu erläutern.

Dabei geht es im Wesentlichen um die Gewinnung und Verarbeitung von Information. Information gewinnt man durch Beobachtung. Es ist daher naheliegend, sich die einfache Frage zu stellen: **WORAN** beobachte ich **WAS**?

Ein bestimmtes, einzelnes **WORAN**, an dem man etwas beobachtet, nennt man BEOBACHTUNGSEINHEIT (oder auch statistische Einheit oder Fall, engl. *case*). Dabei wird es sich oft um Personen handeln, es können aber im Prinzip beliebige Objekte (wie Firmen, Regionen, aber auch bestimmte definierte Situationen) sein.

Beobachtungseinheiten
sind Individuen, Objekte oder (Trans-)Aktionen, an denen etwas beobachtet wird. Eine statistische Erhebung dient üblicherweise dazu, Informationen über eine bestimmte, umgrenzte (oder wohldefinierte) Menge von Beobachtungseinheiten zu gewinnen.

Diese wohldefinierte Menge nennt man POPULATION oder GRUNDGESAMTHEIT.

Population oder Grundgesamtheit
ist die Menge aller möglichen Beobachtungseinheiten, über die man eine Aussage treffen will.

Im Beispiel der Produkteinführung war als Population die Menge der 10 000 amerikanischen Zahnärzte festgelegt, die CARIDEX im ersten Jahr nach Markteinführung verwenden würden. Will man den Ausgang einer Parlamentswahl prognostizieren, dann besteht die Grundgesamtheit aus allen wahlberechtigten Bürgern des betreffenden Landes. Will man eine bestimmte Fragestellung nur bei Frauen untersuchen, dann spricht man von Teilpopulationen. Üblicherweise sind Grundgesamtheiten sehr groß, sie können im Prinzip aber auch unendlich groß oder sogar hypothetisch sein. Will man z. B. die Ausdehnungsgeschwindigkeit sterbender Sterne untersuchen, so hat man es im Universum mit unendlich vielen Sternen zu tun. Im Beispiel der Werbewirksamkeit von Showmastern wollen wir Aussagen über die hypothetische Gesamtheit aller sechs- bis zehnjährigen Kinder treffen. Die Ergebnisse sollen ja auch für Kinder gelten, die erst sechs Jahr alt werden, d. h. irgendwann in diese Altersgruppe kommen.

Normalerweise wird es aus verschiedensten Gründen nicht möglich sein, alle Objekte einer Population zu untersuchen. Man wird dann aus der Population nach bestimmten Kriterien eine Auswahl treffen und diese Gruppe untersuchen. Diese nennt man STICHPROBE.

Stichprobe (engl. *sample*)
ist eine Teilmenge der Grundgesamtheit. Sie soll ein möglichst getreues Abbild der Grundgesamtheit sein.

Stichprobenumfang (oder Größe der Stichprobe)
ist die Anzahl der Beobachtungseinheiten, die eine Stichprobe umfasst. (Sie wird in der Statistik überlicherweise mit *n* oder *N* bezeichnet.)

Eine Stichprobe sollte so auswählt werden, dass sie möglichst repräsentativ für die Population ist. Der Grund, warum man ein möglichst getreues Abbild der Population haben möchte, besteht natürlich darin, dass man ja aufgrund von Stichprobeninformation gültige Aussagen über die Population machen bzw. gültige Schlussfolgerungen ziehen will. Es gibt verschiedene Methoden, wie Stichproben gewonnen werden, das ist aber nicht Gegenstand dieses Buchs. Ein wichtiger Begriff in diesem Zusammenhang ist jener der ZUFALLSSTICHPROBE, auf dem ein Großteil der statistischen Theorie beruht.

Zufallsstichprobe (engl. *random sample*)
ist eine Stichprobe, in der jedes Element der Population die gleiche Chance hat, in die Stichprobe zu kommen. (Oder anders gesagt, alle möglichen Stichproben mit einem bestimmten Umfang sollen gleich wahrscheinlich sein.)

In manchen Fällen kann oder muss man die gesamte Population untersuchen. Man spricht dann von VOLLERHEBUNG. Wenn man Daten nur auf der Basis einer Stichprobe sammelt, nennt man das eine STICHPROBENERHEBUNG.

Das **WAS**, das ich beobachte, sind bestimmte Merkmale der Beobachtungseinheiten. Deshalb werden diese manchmal auch Merkmalsträger genannt. Solch ein MERKMAL, das man beobachtet, nennt man in der Statistik VARIABLE.

Variablen (Merkmale)
sind Charakteristika (bzw. Eigenschaften) von Beobachtungseinheiten, die man erheben will.

Im Beispiel der Produkteinführung von CARIDEX war das Merkmal, das an der Stichprobe der 400 Zahnärzte beobachtet wurde, deren subjektive Einschätzung der *Anzahl in einer durchschnittlichen Woche behandelter Zähne*. Die untersuchten Variablen im Beispiel der Wirksamkeit von Showmaster-Werbung waren *Merkleistung, gewähltes Produkt* und *Art der Werbung, die ein Kind gesehen hat.* Ein Merkmal kann verschiedene Werte annehmen und wird deshalb Variable genannt, da die beobachteten Werte von Beobachtungseinheit zu Beobachtungseinheit variieren (d. h. nicht bei allen gleich sind). Man nennt diese unterschiedlichen Werte auch MERKMALSAUSPRÄGUNGEN oder kurz Ausprägungen. Wichtig ist die Unterscheidung zwischen dem Begriff Merkmal (bzw. Variable) und dem Begriff Merkmalsausprägung (bzw. Wert), den eine Variable bei einer bestimmten Beobachtungseinheit hat. Wenn wir z. B. untersuchen, welches Produkt ein Kind nach der gezeigten Werbung gewählt hat, dann ist die untersuchte Variable (bzw. das untersuchte Merkmal) *gewähltes Produkt*, der Wert (bzw. die Ausprägung) für diese Variable beim ersten Kind war *FL* (siehe die Tabelle auf Seite 29).

2.3 Messung und Typen von Daten

Im Allgemeinen verbindet man den Begriff Daten mit Zahlen und tatsächlich wird man meist mit Zahlen operieren, wenn man Statistik betreibt. Allerdings müssen wir mit unseren Überlegungen einen Schritt früher beginnen, nämlich wie wir zu diesen Zahlen kommen. Wir können die Frage *„WORAN beobachte ich WAS“* um das Wort *„WOMIT“* erweitern. Hier kommt der Begriff *Messung*, bzw. *Messinstrument* ins Spiel. Im Alltagssprachgebrauch versteht man unter Messung einen Vorgang, bei dem man mit einem Messinstrument irgendeine Zahl bestimmt, die eine interessierende Größe beschreibt, z. B. mit einem Metermaß wird die Breite eines Zimmers bestimmt, in das man einen Teppich legen möchte. Allerdings verwendet man in empirischen Wissenschaften den Begriff Messung allgemeiner (es gibt auch einen eigenen Forschungszweig, der sich Messtheorie nennt). Man spricht auch dann von Messung, wenn man bei einer Befragung das Alter und das Geschlecht eines Befragten bestimmt. Messung heißt nämlich allgemein, einem beobachtbaren Tatbestand eine Zahl zuzuordnen.

Messung
ist die Zuordnung von Zahlen zu beobachtbaren Phänomenen. Die Beziehungen zwischen beobachteten Phänomenen soll durch die Beziehungen zwischen den zugeordneten Zahlen widergespiegelt werden.

Wir wollen einige Situationen betrachten, in denen verschiedene Typen von Messungen stattfinden:

Beispiel 1: So kann man z. B. bei der „Messung“ des Geschlechts für männlich die Zahl 0 und für weiblich die Zahl 1 verwenden. Wichtig bei der Zuordnung von Zahlen zu den beobachtbaren Tatbeständen und ihrer Verwendung ist es, wie gesagt, dass diese Zahlen die Beziehungen zwischen den einzelnen Tatbeständen widerspiegeln. Für Geschlecht gibt es (ohne biologische Ausnahmen zu berücksichtigen) zwei Ausprägungen, nämlich *männlich* und *weiblich*. Die beobachtbare Beziehung zwischen diesen beiden Kategorien ist, dass sie **unterschiedlich** sind. Wenn wir die beiden Zahlen 0 und 1 verwenden, dann widerspiegeln diese ebenfalls einen Unterschied, nämlich $0 \neq 1$. Wir hätten aber ebenso 1 für *männlich* und 2 für *weiblich* verwenden können. Auch diese beiden Zahlen reflektieren den Unterschied. Wir können also beliebige Zahlen zuordnen, mit der Einschränkung, dass sie unterschiedlich sind.

Beispiel 2: Etwas anders ist es, wenn man z. B. Schulnoten betrachtet. Hier haben die Zahlen 1, 2, 3, ... eine bestimmte Bedeutung, die sich auch in den Beziehungen zwischen den Zahlen widerspiegelt. So ist 1 üblicherweise besser als 2 oder 3 etc. Ohne jetzt auf die Problematik einzugehen, was mit der Schulnote eigentlich gemessen wird (das ist ein Anwendungsfall für die oben genannte Messtheorie), unterscheiden sich diese Messungen der, sagen wir, Leistung in Geschichte von der Messung des Geschlechts dadurch, dass man bei Geschlecht nur Unterschiede beobachten kann, während bei der Leistung in Geschichte **zusätzlich** ein **mehr** oder **weniger** vorkommt (1 ist anders als 2, aber 1 ist auch besser als 2). Wir können jetzt nicht mehr irgendwelche Zahlen verwenden, die sich einfach unterscheiden, sondern es muss zusätzlich die Größenordnung berücksichtigt werden. Allerdings stünde uns frei (vorausgesetzt man kann wirklich Leistungen unterscheiden, die *sehr gut*, *gut*, ..., *nicht genügend* sind), auch andere Zahlen zu verwenden (z. B. 11, 43, 95, ...), solange sie die Relation (besser, schlechter) widerspiegeln.

Beispiel 3: Noch einen Schritt weiter gehen wir, wenn wir etwa die Breite und Länge eines Zimmers messen, in das wir einen Teppich legen wollen. Wir müssen natürlich auch die Breite und Länge des Teppichs gemessen haben, um zu sehen, ob er in das Zimmer passt. Vergleicht man die Länge von 2 Objekten, so kann man folgende Eigenschaften feststellen: 2 Objekte sind gleich oder nicht gleich lang (sie können sich unterscheiden, wie schon *männlich* von *weiblich* bei Geschlecht), ein Objekt ist länger als das andere („gut“ ist besser als „genügend“ beim Geschichte-Test). Als drittes kommt aber jetzt noch hinzu, dass auch **Unterschiede** (Differenzen) zwischen 2 Objekten **gleich** oder **ungleich** bzw. **kleiner** oder **größer** sein können. So kann z. B. die Breite des Teppichs um 5 cm kleiner sein als die Breite des Zimmers und ebenso die Länge des Teppichs um 5 cm kleiner sein als die Länge des Zimmers (der Teppich passt also, zumindest in das leere Zimmer). In beiden Fällen ist der Unterschied 5 cm, also gleich. Das kann man bei den Schulnoten nicht sagen (der Unterschied zwischen 1 und 2, also 1, ist sicher nicht gleich groß wie der Unterschied zwischen 4 und 5, der auch 1 ist).

Wir müssen also je nach Messung unterscheiden, welche Bedeutung die Zahlen haben, die wir verwenden. Dementsprechend werden sich dann auch die Methoden unterscheiden, die wir zu statistischen Analysen heranziehen werden.

Nach diesen Vorüberlegungen können wir uns jetzt an eine Einteilung von Daten machen. Dazu gibt verschiedene Möglichkeiten, die wichtigste aber ist, nach der auch der Aufbau dieses Buchs gestaltet ist, die Einteilung in KATEGORIALE und METRISCHE DATEN.

Kategoriale Daten

- **Das Ergebnis einer Messung erfolgt durch Klassifikation oder Einteilung in Kategorien.**
- **Kategoriale Daten können Zahlen, aber auch irgendwelche Zeichen oder Wörter sein.**

Kategoriale Daten sind also solche, wo ein beobachtetes Merkmal oder die Angabe einer Person in eine von zwei oder mehreren Kategorien (Gruppen, Klassen) eingeteilt wird. Beispiele hierfür sind: Geschlecht (männlich, weiblich), Blutgruppe (0, A, B, AB) oder Interesse an Mode (sehr interessiert, mäßig interessiert, überhaupt nicht interessiert). Wie an diesen Beispielen ersichtlich, gibt es zwei Arten von kategorialen Daten. Diese beiden Arten entsprechen auch den ersten beiden Arten von Messungen, wie wir sie eingangs dieses Kapitels besprochen haben. Wenn die Kategorien so definiert sind, dass dadurch nur Unterschiede beschrieben werden (wie männlich/weiblich bei Geschlecht oder 0/A/B/AB bei Blutgruppe), dann spricht man von UNGEORDNETEN KATEGORIEN. Man spricht auch davon, dass solche Daten auf einer NOMINALSKALA gemessen werden. Wenn zwischen den Kategorien noch eine Beziehung der Art *größer-kleiner* oder *mehr-weniger* besteht (wie bei *sehr/mäßig/gar nicht* interessiert an Mode), dann spricht man von GEORDNETEN KATEGORIEN. Die entsprechende Skala, auf der solche Variablen gemessen werden, heißt ORDINALSKALA oder RANGSKALA, weil man hier die Kategorien in eine Rangreihe bringen kann.

Datentypen

- **kategorial** – Objekte werden in Kategorien eingeteilt
  Daten sind Bezeichnungen bzw. Kategoriennamen
  - **nominal** – Kategorien sind ungeordnet
    - Beispiele:
      - Haarfarbe (blond, braun, rot, . . .)
      - Rauchen (Raucher, Nichtraucher)
  - **ordinal** – Kategorien sind geordnet
    - Beispiele:
      - Ausbildungsphase (Grundschule, . . . , Uni)
      - Schwere einer Erkrankung (keine, gering, mittel, ernst)
      - Meinung zu E-voting (lehne ab, neutral, stimme zu)
- **metrisch** – eine quantitative Eigenschaft wird erhoben
  Daten sind Zahlen
  - Beispiele:
    - Alkoholspiegel
    - Körpergröße
    - Dauer eines Telefonats
    - Anzahl Schüler in Klasse

Abbildung 2.1: Datentypen (SPSS unterscheidet nominal, ordinal und metrisch)

Metrische Daten

- **Das Ergebnis einer Messung kommt durch eine Art Zählen zustande und ist numerisch.**
- **Metrische Daten können nur Zahlen sein.**

Metrische (numerische) Daten beruhen im Vergleich zu kategorialen Daten darauf, was man im Alltagssprachgebrauch unter Messungen versteht, z. B. die Zeit, die jemand benötigt, um von zu Hause zum Arbeitsplatz zu gelangen, die Länge der Strecke, die er/sie dabei zurücklegt, oder die Gewichtsveränderung, nachdem man eine Hochzeitsfeierlichkeit besucht hat. Solche Daten entsprechen der dritten Art von Messung vom Beginn dieses Kapitels, als wir über die Länge und Breite des Teppichs gesprochen haben, der ins Zimmer passen soll. Erst metrische Daten sind solche, wo wir wirklich Zahlen verwenden und mit ihnen operieren. So ist es offensichtlich, dass man bei der kategorialen Variable Geschlecht keinen Durchschnittswert ausrechnen kann. Aber wenn man daran interessiert ist, wie lange man z. B. im Durchschnitt auf einen Autobus einer bestimmten Linie warten muss, dann ist ein Durchschnittswert eine durchaus sinnvolle Beschreibung dafür, wie viel Wartezeit man zu erwarten hat, wenn man mit einem Bus dieser Linie fahren will. Auch metrische Daten sind durch Mess-Skalen definiert. Diese heißen INTERVALLSKALA und RATIO(NAL)- bzw. VERHÄLTNISSKALA. Für beide gilt, dass Unterschiede zwischen zwei Zahlen gleich groß bzw. kleiner/größer sein können. Die Verhältnisskala hat zusätzlich noch die Eigenschaft, dass auch *Verhältnisse* zwischen Zahlen gleich groß bzw. kleiner/größer sein können. In der statistischen Praxis ist diese Unterscheidung aber meist nicht sehr wichtig.

Einen Überblick über Datentypen und Beispiele dazu gibt ▶ Abbildung 2.1.

Ein erwähnenswerter Punkt im Zusammenhang mit Skalen ist es, dass die genannten vier Skalen unterschiedlich viel Information beinhalten. Die wenigste Information steckt in *nominal* skalierten Daten, während die meiste Information bei *ratio(nal)* skalierten Daten zu finden ist. Man spricht daher auch von SKALENNIVEAUS. Man kann Daten so transfomieren, dass sie auch mittels einer Skala mit geringerem Informationsgehalt beschrieben werden, aber nicht umgekehrt. So kann man z. B. die Körpertemperatur von Kindern, gemessen in Celsius-Graden (also intervallskalierte Daten), auch so angeben, dass daraus ordinale Daten werden, nämlich indem man die Temperatur eines Kindes in die Kategorien *hat kein Fieber*, *hat leichtes Fieber* und *hat hohes Fieber* einteilen kann. Aber wenn man einmal Daten nur in diesen Fieberkategorien erhoben hat, kann man daraus nicht mehr Grad Celsius machen. Das heißt also, metrische Daten können (nach Gruppierung) immer auch als kategoriale Daten verarbeitet werden, umgekehrt geht das aber nicht.

2.4 Arten von Fragestellungen und Variablen

Der Aufbau dieses Buchs folgt im Wesentlichen der Einteilung nach Datentypen, also welche Methoden verwendet werden können, wenn nur kategoriale, nur metrische oder beide Datentypen gemeinsam vorliegen. Die Kapitelüberschriften sind als Fragen formuliert, wie sie typischerweise in empirischen Untersuchungen vorkommen.

Wir werden im Wesentlichen vier Arten von Fragestellungen behandeln:

1. Fragestellungen, die darauf abzielen, ob bestimmte Sachverhalte, die man in einer Stichprobe festgestellt hat, auch mit bekannten Vorgaben (also etwa Zuständen in der Population) übereinstimmen. Meistens handelt es sich dabei um Fragen, die eine einzelne (kategoriale oder metrische) Variable betreffen.

2. Fragestellungen, bei denen es um den ZUSAMMENHANG zwischen zwei oder mehreren Variablen geht. Zusammenhang bedeutet hierbei, dass diese Variablen im Sinne eines „je – desto“ miteinander verknüpft sind. Ein Beispiel hierfür ist die Frage, ob es einen Zusammenhang der Körpergröße von Ehepaaren gibt. Anders formuliert, haben große Frauen auch eher große Ehemänner und kleine Männer auch eher kleine Ehefrauen? Oder besteht ein Zusammenhang zwischen Straßenunebenheiten und Benzinverbrauch? Hierbei können sowohl kategoriale als auch metrische Variablen vorkommen.
3. Fragestellungen, die auf UNTERSCHIEDE abzielen. Ein Beispiel hierfür ist die Frage, ob sich männliche von weiblichen Teenagern darin unterscheiden, wie viel Taschengeld ihnen durchschnittlich im Monat zur Verfügung steht. Bei solchen Fragestellungen ist die Variable, die das Unterscheidungsmerkmal definiert (hier also Geschlecht), immer kategorial, die zweite Variable, für die nach einem Unterschied gefragt wird, kann sowohl kategorial als auch metrisch (wie hier das Taschengeld) sein.
4. Fragestellungen, die darauf abzielen, Gruppen von ähnlichen Fällen oder ähnlichen Variablen zu finden.

Besonders bei der zweiten und dritten Art von Fragestellung wird eine wichtige Unterscheidung der darin vorkommenden Variablen vorgenommen, nämlich welche Stellung die Variablen dabei einnehmen. Es gibt zwei Situationen.

Unterscheidung in abhängige und unabhängige Variablen

Wenn eine Fragestellung in der Form einer Wenn-Dann-Beziehung gestellt wird, dann muss man abhängige von unabhängigen Variablen unterscheiden. Eine grafische Darstellung gibt ▶ Abbildung 2.2, wobei X die unabhängige und Y die abhängige Variable bezeichnet.

Unabhängige Variable (auch erklärende Variable genannt)

Das sind die Variablen, die das „WENN" konstituieren. Sie sind die (potenzielle) „Ursache" für die Ausprägungen der abhängigen Variable.

Abhängige Variable (auch Response- oder erklärte Variable genannt)

Das sind die Variablen, die von der oder den unabhängigen Variablen abhängen. Diese konstituieren das „DANN".

Einige Wörter sind in Anführungszeichen gesetzt, um auszudrücken, dass es hierbei nicht um streng kausale Beziehungen geht. (Kausalität ist ein sehr komplexes Thema und kann hier nicht behandelt werden.) Vielmehr ist es eher eine konzeptuelle Sicht der Dinge, in der bestimmte Variablen (die unabhängigen) so gesehen werden können, dass sie (potenziell) Einfluss auf eine andere (die abhängige) haben (und nicht umgekehrt). Einige Beispiele für Situationen, in denen diese Unterscheidung getroffen wird, sind:

- Das Verkehrsministerium möchte das Verhältnis zwischen Straßenunebenheiten und Benzinverbrauch untersuchen.

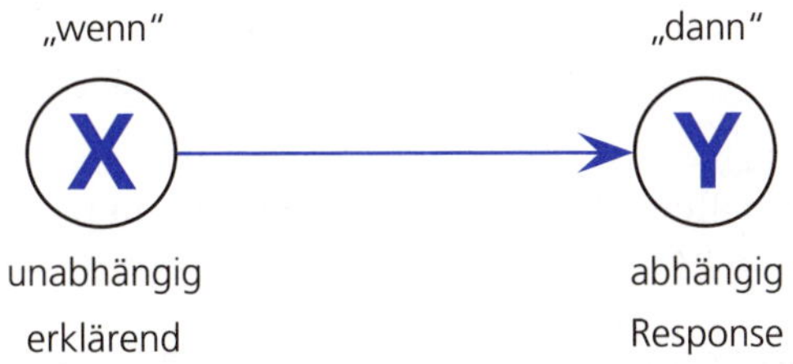

Abbildung 2.2: Unterscheidung in unabhängige Variable (*X*) und abhängige Variable (*Y*), *X* beeinflusst möglicherweise *Y*

- Ein Händler, der seine Waren bei Fußballspielen verkauft, möchte die Verkaufszahlen auf die Anzahl von Siegen des Heimteams beziehen.
- Ein Soziologe möchte untersuchen, ob die Anzahl von Wochenenden, die Studierende (die nicht dauerhaft am Studienort wohnen) zu Hause verbringen, in Beziehung steht zur Entfernung zwischen Wohn- und Studienort.

Die Grundidee ist letztlich: Wenn ich die Ausprägung einer Variable (der unabhängigen) festlege, welche Werte nimmt dann die andere Variable (die abhängige) an?

Keine Unterscheidung in abhängige und unabhängige Variablen

Bei Fragestellungen, bei denen diese Einteilung nicht möglich ist oder bei denen man die Wenn-Dann-Beziehung auch sinnvollerweise umkehren könnte, wird natürlich auch nicht zwischen abhängigen und unabhängigen Variablen unterschieden (► Abbildung 2.3). Ein Beispiel hierfür ist:

- Gibt es einen Zusammenhang der Intelligenz bei Ehepartnern?

Abbildung 2.3: Keine Unterscheidung in unabhängige Variable (*X*) und abhängige Variable (*Y*), *X* und *Y* könnten sich gegenseitig beeinflussen

Die Unterscheidung in abhängige und unabhängige Variablen bei unterschiedichen Fragestellungsarten

Beim ersten Fragestellungstyp auf Seite 37 gibt es nur eine Variable, daher gibt es auch keine Unterscheidung. (Konzeptuell ist diese einzelne Variable eine abhängige.)

Wie wir später noch sehen werden, gibt es bei der oben dargestellten zweiten Art von Fragestellungen (nach Zusammenhängen zwischen Variablen) beide Möglichkeiten. Alle bisher in diesem Abschnitt angeführten Beispiele beziehen sich auf diesen Fragestellungstyp.

Bei der dritten Art von Fragestellungen (wenn nach Unterschieden gefragt wird) wird hingegen immer eine Einteilung in abhängige und unabhängige Variable gemacht. Hierbei ist diejenige Variable, die das Unterscheidungsmerkmal definiert, immer die unabhängige, die andere die abhängige. Ein Beispiel ist:

- Ein Politologe möchte untersuchen, ob sich die Wahlbeteiligung bei Männern und Frauen bzw. bei jüngeren und älteren Personen unterscheidet.

Alter und Geschlecht sind dabei die unabhängigen Variablen.

Beim vierten Fragestellungstyp gibt es diese Unterscheidung wie beim ersten auch nicht. (Konzeptuell sind die entsprechenden Variablen aber auch abhängige Variablen.)

Der Grund, warum wir alle diese Begriffe ausführlicher besprochen haben, ist, dass statistische Methoden immer im Zusammenhang mit der Art von Information, die verarbeitet werden soll, gesehen werden müssen. In der praktischen Anwendung sind immer die ersten Fragen:

- mit welcher Art von Daten habe ich es zu tun,
- welcher Typ von Fragestellung liegt vor,
- muss man abhängige von unabhängigen Variablen unterscheiden und welche Variablen sind das konkret.

Wenn diese Fragen beantwortet sind, ist es nicht mehr schwer, die richtige statistische Methode auszuwählen und anzuwenden.

2.5 Zusammenfassung der Konzepte

Statistik beschäftigt sich mit dem Sammeln, der Präsentation und der Analyse von Daten.

- Hauptaufgabengebiete der Statistik sind Hochrechnung (Schätzen), Prüfen von Fragestellungen (Testen von Hypothesen) sowie Modellbildung (statistisches Modellieren).
- Daten werden an Beobachtungseinheiten (Fällen, Personen) erhoben, die eine Stichprobe bilden. Eine Stichprobe ist eine Teilmenge aus einer Grundgesamtheit (Population) und sollte für diese repräsentativ sein.
- Daten entstehen durch Messungen, d. h. durch die Zuordnung von Zahlen zu beobachtbaren Phänomenen. Man unterscheidet kategoriale und metrische Daten: Kategoriale Daten entstehen durch Klassifikation (Einteilung in Kategorien), metrische durch eine Art Zählen (das Ergebnis ist numerisch).
- Je nach Art der Messung unterscheidet man zwischen Nominal-, Ordinal-, Intervall- und Verhältnisskala.
- Variablen (Merkmale) sind Charakteristika der Beobachtungseinheiten (Fälle, Personen). Der individuelle Wert einer Person wird Variablen- (oder Merkmals)ausprägung genannt. Daten sind die Sammlung der Werte (Ausprägungen) einer oder mehrerer Variablen.
- Zwei wichtige Typen von statistischen Fragestellungen sind jene nach Zusammenhängen zwischen Variablen („je – desto“) und jene nach Unterschieden zwischen Gruppen von Personen.
- Variablen werden bei „Wenn – dann“-Fragestellungen in unabhängige und abhängige bzw. erklärende und Responsevariablen eingeteilt.

2.6 Übungen

1. Beschreiben Sie in eigenen Worten die folgenden Begriffe:

(a) Population
(b) Stichprobe
(c) Beobachtungseinheit
(d) Inferenzstatistik
(e) Variable
(f) Merkmalsausprägung
(g) Messung
(h) kategoriale Daten
(i) metrische Daten
(j) Skalenniveau

2. Beantworten Sie bitte die folgenden Fragen für die untenstehenden drei Beispiele i)–iii):

(a) Was ist im jeweiligen Beispiel die Population und was die Stichprobe?
(b) Wurde eine geeignete Stichprobe ausgewählt? (Wenn Sie diese Frage verneinen, geben Sie Gründe für Ihre Antwort an und beschreiben Sie, wie die Population und die Beobachtungseinheiten definiert sein müssten und welche Stichprobe erhoben werden sollte.)
(c) Welche und wie viele Variablen wurden erhoben?
(d) Welche Ausprägungen haben die erhobenen Variablen?
(e) Geben Sie für jede Variable an, ob sie kategorial oder metrisch ist.

i) Im Beispiel *Bücherverkauf und Freiexemplare* (Abschnitt 2.1.3) wollte der Herausgeber eines akademischen Buchverlages wissen, ob zwischen der Anzahl vergebener Freiexemplare und dem erzielten Erlös eines bestimmten Buchs ein Zusammenhang besteht. Zu diesem Zweck untersuchte er Daten aller Vertreter, wie sie in der Tabelle auf Seite 30 wiedergegeben sind.

ii) Ein Bürgermeister einer Kleinstadt möchte den Bedarf für Kindergärten erheben. Dazu lässt er 50 Frauen an einem Samstag Vormittag in der Fußgängerzone befragen, wie viele Kinder sie haben, wie alt sie sind, ob sie ganztags, halbtags oder gar nicht arbeiten und ob sie glauben, dass ein Bedarf für mehr Kindergärten besteht.

iii) Ein Hersteller von Computerchips behauptet, dass in seiner Produktion weniger als 1 Prozent defekte Chips anfallen. Im Zuge einer Qualitätskontrolle werden aus der Produktion eines Tages 100 Chips zufällig ausgewählt und überprüft.

3. Nennen Sie Beispiele für Situationen, in denen eine Vollerhebung und in denen eine Stichprobenerhebung sinnvoll ist.

4. Welche der folgenden Variablen sind nominal, ordinal oder metrisch?

(a) Sozialversicherungsnummer
(b) Geburtsdatum
(c) Geschlecht
(d) Körpergröße
(e) Hausnummer der Wohnadresse
(f) Anzahl der Geschwister
(g) Schulnoten
(h) Studienrichtung
(i) Einkommen
(j) Entfernung zwischen Wohn- und Studienort

Die Datendatei sowie Lösungen finden Sie auf der Webseite des Verlags.

Überblick über die Bedienung von SPSS

3

ÜBERBLICK

Dieses Kapitel soll einen ersten Einstieg in SPSS ermöglichen. Es wird hierbei die grundlegende Bedienung vorgestellt. Erst ihr Verständnis erlaubt die konkrete Anwendung statistischer Methoden, auf die dann in den späteren Kapiteln detailliert eingegangen wird.

Ausgehend von einer Übersicht über den Ablauf einer statistischen Analyse wird hier vor allem die Definition, das Erfassen bzw. die Eingabe von Daten, ihre Bearbeitung (Berechnungen und Transformationen) sowie das Auswählen von Fällen behandelt. Beispielhaft werden die Schritte zur Erstellung einer Grafik und zur Durchführung einer einfachen statistischen Analyse erläutert.

Weiters wird besprochen, wie man die Ausgabe modifizieren kann, um sie für Präsentationen, Berichte oder Publikationen maßgeschneidert aufzubereiten. Das Hilfesystem, der Austausch von Daten bzw. Dateien mit anderen Programmen sowie die zugrunde liegende Programmsprache werden vorgestellt.

3.1 Einleitung

In diesem Kapitel erhalten Sie eine Einführung in die Bedienung von SPSS sowie eine Darstellung typischer Arbeitsschritte. Diese finden Sie im Kasten auf Seite 45.

Im Folgenden soll auf jeden dieser Schritte überblicksmäßig eingegangen werden, um die grundlegende Arbeitsweise mit SPSS zu erläutern und die wichtigsten Eigenschaften und Bedienungsweisen vorzustellen.

Darüber hinaus sollen noch weitere Aspekte kurz behandelt werden. Dies betrifft

1. Einlesen externer, bereits vorhandener Daten, die nicht im SPSS-Format gespeichert sind, wie z. B. Excel-Dateien oder Textdateien.
2. Verwenden der Programmsprache SYNTAX, die hinter der grafischen Benutzeroberfläche läuft und deren Verwendung das Leben manchmal sehr erleichtern kann.
3. Bedienen der Hilfe zu einzelnen Prozeduren, Hinweise auf Tutorials und Links.

Typische Arbeitsschritte

Sie führen bei einer statistischen Datenanalyse in der Regel die folgenden Schritte durch:

1. Erstellen eines Kodierungsschemas – Vergabe von Variablennamen und eventuell Zahlen für Kategorien
2. Definieren von Variablen und Zuordnen von beschreibenden Namen (Etiketten, Umschreibungen) für Variablen (*variable labels*) und Datenwerte (*value labels*), um die spätere Text- und Grafikausgabe aussagekräftiger zu gestalten. Festlegen des jeweiligen Messniveaus. Speichern der Definitionen in eine SPSS-Datendatei
3. Erfassen der kodierten Daten, Kontrollieren auf Eingabefehler
4. *(Optional)* Transformieren der Daten in eine zweckmäßigere Form bzw. Erzeugen von neuen Variablen
5. (*Optional*) Auswählen von Fällen für die folgende Analysen
6. (*Optional*) Gewichten von Daten (notwendig bei der Analyse von kategorialen Variablen, die in Tabellenform und nicht als Einzelbeobachtungen gegeben sind)
7. Analysieren der Daten:
   (a) Grafisches Darstellen (Visualisieren) der Daten zur grafischen Beschreibung und eventuell Vorbereitung von statistischen Analysen
   (b) Tabellarisches Darstellen des Datenmaterials und Berechnen von Kennzahlen zur numerischen Beschreibung der Daten und eventuell Vorbereitung von statistischen Analysen
   (c) Eigentliche Analyse (mit Verfahren der induktiven oder Inferenzstatistik)
8. Nachbearbeitung des Outputs und Kopieren in ein Textverarbeitungsprogramm zur Anfertigung eines Berichts

3.2 Fragebogen und Kodierung

Als Beispiel für dieses Kapitel soll der Beispiel-Fragebogen (▶ Abbildung 3.1) dienen.

In der Regel empfiehlt es sich, ein paar Vorbereitungen für die spätere Dateneingabe und Analyse zu treffen, bevor man überhaupt SPSS startet (bei kleinen, klar strukturierten Datensätzen mag das überflüssig sein).

Bei sozialwissenschaftlichen Untersuchungen wird man die Rohdaten meist in Form von ausgefüllten Fragebögen oder Protokollblättern vorliegen haben, die man dann in irgendeiner Form in den Computer bringen will. Bei der Dateneingabe ist es sehr nützlich, wenn man schon weiß, welche Namen man für die Variablen und welche Zahlen man für die Beobachtungen (Antwortkategorien) verwenden will. Bei Fragebögen sollte einem klar sein, dass jede Frage (auch Subfrage, manchmal sogar auch nur eine Antwortkategorie) eine Variable darstellt.

Die Umsetzung dieser Überlegungen nennt man ein KODIERUNGSSCHEMA (*Code Book*) entwickeln.

Am einfachsten ist es, einen leeren Fragebogen zur Hand zu nehmen und für jede Frage einen Kurznamen zu definieren (den wir dann für SPSS benötigen) und

ID :______

Fragebogen: (bitte ankreuzen)

mein Geschlecht?

weiblich	männlich

mein liebstes Alter wäre ?

egal	jünger	älter	genau so wie jetzt es ist	gleich wie jetzt oder jünger	gleich wie jetzt oder älter

meine Größe ? __________ cm

mein Alter ? ______ Monate

bei einem ersten Date bevorzuge ich ?

romantischer Spaziergang	Kino	Abendessen	Disco	spontane Entscheidung	Video ausleihen	auf der Couch knuddeln

die meisten Entscheidungen, die ich treffe, beruhen auf ?

Logik	Intuition	Moral	Freunde	Entscheidung ... Was ist das?

wenn ich an einem Projekt arbeite

ich beginne sofort und bin frühzeitig fertig	ich schiebe es vor mir her, dann mache ich eine Nacht durch	ich kaufe mir einen Hund und sage, er hat die Arbeit gefressen

ich würde mich beschreiben als:

bei Terminen oder Verabredungen bin ich nie zu spät

trifft sehr zu	trifft eher zu	weder/ noch	trifft eher nicht zu	trifft überhaupt nicht zu

ich kann gut zuhören, lasse andere zuerst sprechen

trifft sehr zu	trifft eher zu	weder/ noch	trifft eher nicht zu	trifft überhaupt nicht zu

ich versuche oft, mehrere Dinge gleichzeitig zu tun – "und was kommt als Nächstes?"

trifft sehr zu	trifft eher zu	weder/ noch	trifft eher nicht zu	trifft überhaupt nicht zu

ich kann gelassen warten

trifft sehr zu	trifft eher zu	weder/ noch	trifft eher nicht zu	trifft überhaupt nicht zu

es macht mir nichts aus, wenn Dinge nicht ganz fertig sind

trifft sehr zu	trifft eher zu	weder/ noch	trifft eher nicht zu	trifft überhaupt nicht zu

Abbildung 3.1: Beispiel-Fragebogen

id ID :______

Fragebogen: (bitte ankreuzen)

mein Geschlecht? Sex

weiblich 1	männlich 2

mein liebstes Alter wäre ? liebalt

egal 1	jünger 2	älter 3	genau so wie jetzt es ist 4	gleich wie jetzt oder jünger 5	gleich wie jetzt oder älter 6

meine Größe ? __________ **cm** groesse

mein Alter ? ______ **Monate** monate

bei einem ersten Date bevorzuge ich ? date

romantischer Spaziergang 1	Kino 2	Abendessen 3	Disco 4	spontane Entscheidung 5	Video ausleihen 6	auf der Couch knuddeln 7

die meisten Entscheidungen, die ich treffe, beruhen auf ?

Logik 1	Intuition 2	Moral 3	Freunde 4	Entscheidung ... Was ist das? 5

wenn ich an einem Projekt arbeite project

ich beginne sofort und bin frühzeitig fertig 1	ich schiebe es vor mir her, dann mache ich eine Nacht durch 2	ich kaufe mir einen Hund und sage, er hat die Arbeit gefressen 3

ich würde mich beschreiben als:

bei Terminen oder Verabredungen bin ich nie zu spät i1

trifft sehr zu 1	trifft eher zu 2	weder/ noch 3	trifft eher nicht zu 4	trifft überhaupt nicht zu 5

ich kann gut zuhören, lasse andere zuerst sprechen i2

trifft sehr zu	trifft eher zu	weder/ noch	trifft eher nicht zu	trifft überhaupt nicht zu

ich versuche oft, mehrere Dinge gleichzeitig zu tun – "und was kommt als Nächstes?" i3

trifft sehr zu	trifft eher zu	weder/ noch	trifft eher nicht zu	trifft überhaupt nicht zu

ich kann gelassen warten i4

trifft sehr zu	trifft eher zu	weder/ noch	trifft eher nicht zu	trifft überhaupt nicht zu

es macht mir nichts aus, wenn Dinge nicht ganz fertig sind i5

trifft sehr zu	trifft eher zu	weder/ noch	trifft eher nicht zu	trifft überhaupt nicht zu

Abbildung 3.2: Beispiel-Fragebogen mit Kodierungsschema

dazuzuschreiben. Für kategoriale Variablen (also Fragen mit mehreren Antwortkategorien) schreibt man noch dazu, welche Zahlen man verwenden will. Der Fragebogen, der als Codeblatt dient, könnte dann etwa so aussehen wie in ▶ Abbildung 3.2.

Diese Kurznamen dürfen aus maximal 64 Zeichen bestehen (ab SPSS-Version 12, früher maximal 8). Das erste Zeichen muss ein Buchstabe oder ein @-Zeichen sein. Alle weiteren Zeichen im Namen können Buchstaben, Zahlen oder eines der fünf Sonderzeichen: _ . @ # $ sein (. und _ nicht als letztes Zeichen verwenden). Leerzeichen dürfen nicht verwendet werden. Groß- und Kleinbuchstaben werden (ab Version 12) unterschieden. Schlüsselwörter, die nicht als Variablennamen verwendet werden dürfen, sind: ALL, NE, EQ, TO, LE, LT, BY, OR, GT, AND, NOT, GE und WITH.

Auch wenn man (jetzt) 64 Buchstaben und/oder Ziffern verwenden darf, sollte man sich auf möglichst kurze Namen beschränken, da dies die Übersichtlichkeit erhöht. Damit man später auch noch weiß, was die Variable eigentlich bedeutet, und um die Ausgabe lesbar zu gestalten, vergibt man zusätzlich längere Beschreibungen (sogenannte *Variablenlabels*). Dazu später.

Welche Zahlen (Codes) man verwendet, ist eigentlich egal (man könnte auch Textzeichen („Strings") verwenden, wovon aber abzuraten ist). Trotzdem ist es sinnvoll, eine natürliche Ordnung einzuhalten, also bei 0 oder 1 zu beginnen und dann fortlaufend zu nummerieren. Für metrische Variablen (wie hier z. B. „Alter") braucht man natürlich keine Codes.

HINWEIS

Man sollte keine Umgestaltungen, besonders keine „händischen Berechnungen" oder Umkodierungen vor der Dateneingabe vornehmen, da das die Dateneingabe nur erschwert, fehleranfällig ist und man im Nachhinein, wie wir noch sehen werden, in SPSS alles ganz leicht nach Belieben ändern kann. Also am besten alles so definieren und die Daten dann so eingeben wie der Fragebogen aussieht. (So ist z. B. die Anordnung der Kategorien der Variable „mein liebstes Alter" nicht wirklich sinnvoll und sollte eigentlich geändert werden, man macht das aber besser später.)

3.3 Definieren von Variablen und Zuordnen von beschreibenden Namen

Nach diesen Vorbereitungen können wir die Daten in SPSS eingeben. Nach dem Aufruf von SPSS erscheint ein Fenster, in dem wir den Menüpunkt Daten eingeben und danach das Feld [OK] anklicken. Man kommt dann zu einem Fenster wie in ▶ Abbildung 3.5 dargestellt. Dieses Fenster, der SPSS Statistics Daten-Editor, besteht aus einem Arbeitsblatt zum Erstellen und Bearbeiten von SPSS-Datendateien (so ähnlich, wie es aus Tabellenkalkulationsprogrammen, z. B. Excel, bekannt ist) sowie einer Menüleiste (▶ Abbildung 3.3) und einer Symbolleiste (▶ Abbildung 3.4).

Abbildung 3.3: SPSS Statistics Daten-Editor: Menüleiste

Abbildung 3.4: SPSS Statistics Daten-Editor: Symbolleiste

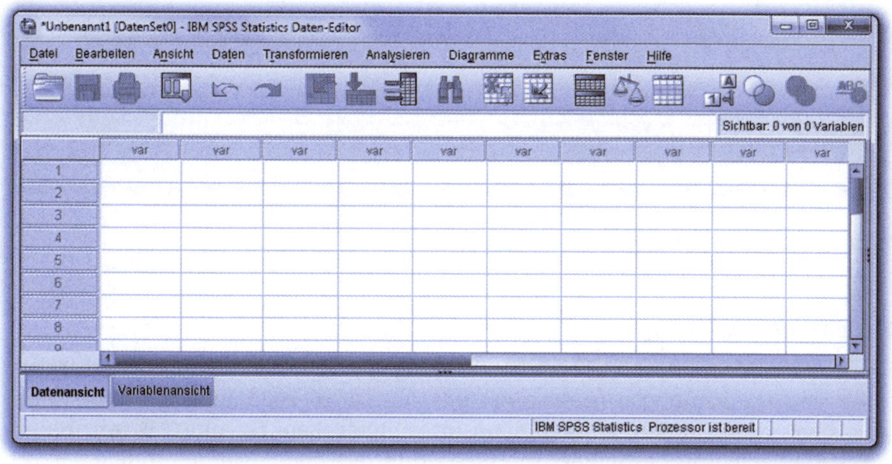

Abbildung 3.5: SPSS Statistics Daten-Editor: Datenansicht

Wie in vielen Windows-Anwendungen üblich, erhält man eine Beschreibung des jeweiligen Symbols, wenn man mit der Maus – ohne zu klicken – auf das Symbol zeigt und kurz wartet.

Im Prinzip könnte man hier die Daten gleich eingeben, aber es empfiehlt sich zunächst, die Struktur der Analysedaten zu definieren. Dies erfolgt in einem anderen Fenster. In Abbildung 3.5 sieht man die sogenannte DATENANSICHT des Daten-Editors. Der **Daten-Editor** enthält aber noch eine zweite Ansicht, nämlich die VARIABLENANSICHT. Zu dieser gelangt man durch entsprechendes Anklicken von *Variablenansicht* am unteren linken Rand der Datentabelle (► Abbildung 3.6).

Abbildung 3.6: SPSS Statistics Daten-Editor: Ansichtswechsel

Es öffnet sich nun folgendes Fenster (► Abbildung 3.7), in dem man zeilenweise für jede Variable die gewünschten Definitionen eingibt.

Abbildung 3.7: SPSS Statistics Daten-Editor: Variablenansicht

1. Name (der Variable)

Hier werden die (vorher im Codeblatt festgelegten) Kurzbezeichnungen eingegeben. Diese Kurzbezeichnungen (gemeinsam mit den Langbezeichnungen – Variablenlabels, siehe weiter unten) werden dann im weiteren benutzt, um SPSS mitzuteilen, welche Variablen für bestimmte Analyseschritte verwenden werden sollen.

Sobald man den Namen eingegeben und ↵ gedrückt hat (bzw. mit den Cursortasten in eine andere Zelle gewechselt ist), füllt sich der Rest der Zeile mit voreingestellten (Default-)Werten auf. Diese kann man nun entsprechend ändern (für schnelle Analysen, bei denen es auch nicht auf besondere Form des Outputs ankommt, genügen diese Default-Werte oft).

Die weiteren Felder sind der Reihe nach:

2. bis 4. Typ, Spaltenformat und Dezimalstellen

Voreingestellt sind Dezimalzahlen (Numerisch) mit 8 Stellen, hiervon 2 Dezimalstellen, wobei das Dezimalzeichen (Komma) in den 8 Stellen inkludiert ist. Nach Anklicken des Typs und dann auf ... öffnet sich das Fenster Variablentyp definieren. Hier kann man verschiedene Formate auswählen, z. B. Numerisch, Zahl, Datum, Währung, String (Zeichenkette, d. h. Nicht-Zahlen) etc., außer in Spezialfällen sollte man aber bei Numerisch bleiben. Um die Daten lesbarer zu machen, kann man noch die Anzahl der Dezimalstellen ändern. Dies betrifft aber nur die Darstellung in der Datenansicht. Die interne Repräsentation wird dadurch nicht geändert.

5. Variablenlabels (Etiketten für Variablennamen)

Oft reicht der Kurzname nicht aus, um eine Variable sinnvoll zu benennen (so dass man später auch noch weiß, was die Variable eigentlich bedeutet hat). Hier kann man sich helfen, indem man eine längere Beschreibung, einen sogenannten Variablenlabel, vergibt (z. B. „Liebstes" Alter für `liebalt`).

6. Wertelabels (Etiketten für einzelne Werte)

Ebenso können für kategoriale Variablen (z. B. Geschlecht mit den Ausprägungen weiblich/männlich) sogenannte Wertelabels vergeben werden (z. B. „weiblich" für 1, „männlich" für 2). Diese Labels werden dann im Output (meistens) statt der

Kategorie-Ziffern oder zusätzlich zu diesen ausgegeben. Wertelabels und die entsprechenden Werte werden in einem kleinen Dialogfenster eingegeben und dann mit Hinzufügen übernommen. Das Dialogfenster öffnet sich nach Klicken auf das Wertelabelfeld für die zu definierende Variable und dann nach Klicken auf [...].

HINWEIS

Wenn Sie Wertelabels definiert haben, können Sie in in der Datenansicht statt der Zahlen die Wertelabels anzeigen lassen. Dies erreichen Sie über die Menüpunkte Ansicht ▷ Wertelabels.

HINWEIS

Variablennamen und Variablenlabels in Listen von Dialogfeldern: In Listen von Dialogfeldern können Sie entweder Variablennamen oder Variablenlabels anzeigen lassen. Da man sich bei den Variablennamen oft auf Kurzbezeichnungen beschränkt, bieten Variablenlabels meist aussagekräftigere Informationen. Allerdings ist in manchen Situationen, wie bei der Auswahl von Variablen für bestimmte Analysen, Grafiken oder Datentransformationen, die Verwendung der langen Variablenbezeichnungen sehr unübersichtlich. Man kann wählen, ob in diesen Listen Variablennamen oder -beschriftungen angezeigt werden sollen. Die Auswahl erfolgt über die Menüpunkte

SPSS

Bearbeiten
  Optionen
    Allgemein

wo man unter dem Punkt Variablenlisten entweder Labels anzeigen oder Namen anzeigen auswählt. Falls kein Variablenlabel definiert ist, wird der Variablenname angezeigt. Hier kann man auch noch die Sortierung (entweder alphabetisch, gleiche Reihenfolge wie in der Datendatei oder nach Messniveau) festlegen. Dies soll jedenfalls helfen, schnell die gewünschte Variable zu finden.

7. (Benutzerdefinierte) Fehlende Werte

Diese definiert man nur, wenn man bestimmte Werte (z. B. −999) oder Bereiche als ungültig oder fehlend festlegen will. Sonst verwendet man besser systemdefinierte fehlende Werte, die in der Datenansicht für numerische Variablen als Punkt dargestellt werden. Bei der Dateneingabe lässt man die entsprechende Zelle einfach leer, SPSS füllt dann automatisch den Punkt für systemdefiniert fehlend auf. Für Zeichenketten existiert kein systemdefinierter fehlender Wert, da jede Zeichenkette (auch die leere Zeichenkette) prinzipiell einen gültigen Datenwert darstellen könnte.

8. bis 9. Spaltenformat (Spaltenbreite und Spaltenausrichtung)

Dies betrifft nur die Darstellung in der Datenansicht. Meistens kann man die Voreinstellungen belassen (z. B. 8 Zeichen, rechtsbündig.). Die Breite kann man einfacher in der Datenansicht mit der Maus im Spaltenkopf ändern.

10. Messniveau

Dies ist ein wichtiger Punkt. Hier wird das Skalenniveau der Variablen festgelegt (Abschnitt 2.3). Für jede Variable sollte man das richtige Messniveau definieren, die Auswahl erfolgt zwischen Metrisch, Ordinal und Nominal. Wenn man in der Datenansicht ohne vorherige Definitionen Daten eingibt, so wird automatisch das Messniveau festgelegt und hängt davon ab, was man in der ersten verwendeteten Zelle eingetippt hat: bei Eingabe von (gültigen) Zahlen ist dieses metrisch, bei anderen Zeichen nominal. Von der Spezifikation des Messniveaus hängt es in Folge ab, welche grafischen bzw. analytischen Methoden verwendet werden sollten. Zum Beispiel kann man kein Kreisdiagramm von einer metrischen Variable erstellen.

Für unseren Fragebogen könnten die ersten beiden Zeilen nach den Festlegungen in der Variablenansicht wie in ▶ Abbildung 3.8 aussehen.

	Name	Typ	Spaltenformat	Dezimalstellen	Variablenlabel	Wertelabels	Fehlende Werte	Spalten	Ausrichtung	Messniveau	Rolle
1	id	Numerisch	5	0		Keine	Keine	8	Rechts	Skala	Eingabe
2	sex	Numerisch	5	0	Geschlecht	{1, female}...	Keine	8	Rechts	Nominal	Eingabe

Abbildung 3.8: SPSS Statistics Daten-Editor: Definitionen für Variablen

11. Rolle

Hier kann die Rolle, die die Variable im Zuge einer Analyse spielt, eingestellt werden. Im Weiteren soll diese Variable nur mehr für Auswertungen eingesetzt werden, die ihrer voreingestellten Rolle gerecht werden. Das entspricht der Philosophie von SPSS in den neuen Versionen, den Bereich möglicher Auswertungsmethoden auf die für die betroffenen Variablen sinnvollen Verfahren einzuschränken. Dieser Versuch ist mit der Angabe der vorgesehenen Rolle nur begrenzt sinnvoll. Wir empfehlen, die Voreinstellung Eingabe nicht abzuändern.

3.3.1 Übertragen von Definitionen auf andere Variablen

Für die Items, die wir im Codeblatt mit `i1` bis `i5` benannt haben, sind die Definitionen gleich. Es wäre mühsam, diese fünf Mal zu wiederholen. Einfacher geht es mit folgender Methode. Wir geben zunächst nur die Variablennamen `i1` bis `i5` in der Variablenansicht ein, ohne uns um die weiteren Felder (wie Variablenlabel, Wertelabel, etc.) zu kümmern. Daran anschließend öffnen wir über

SPSS

> Daten
>
> Variableneigenschaften definieren

das entsprechende Dialogfenster (▶ Abbildung 3.9). Hier markieren wir die zu definierenden Variablen im linken Feld und bewegen sie mittels [➡] in das rechte Feld Zu durchsuchende Variablen:.

Nach Klick auf [Weiter] gelangen wir in das eigentliche Definitionsfenster (▶ Abbildung 3.10). Wir werden hier alle Variableneigenschaften, die wir für die Items vorgesehen haben, für die Variable `i1`, die schon aktiviert ist, festlegen und dann auf die anderen Items übertragen. Zunächst ändern wir das Messniveau auf Ordinal.

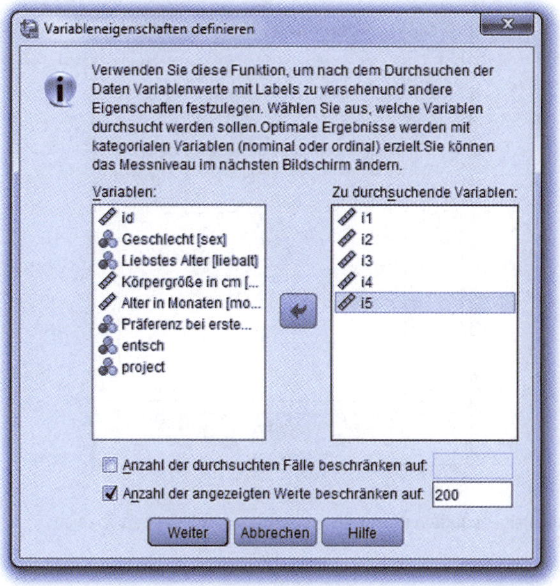

Abbildung 3.9: Variableneigenschaften definieren – Variablenauswahl

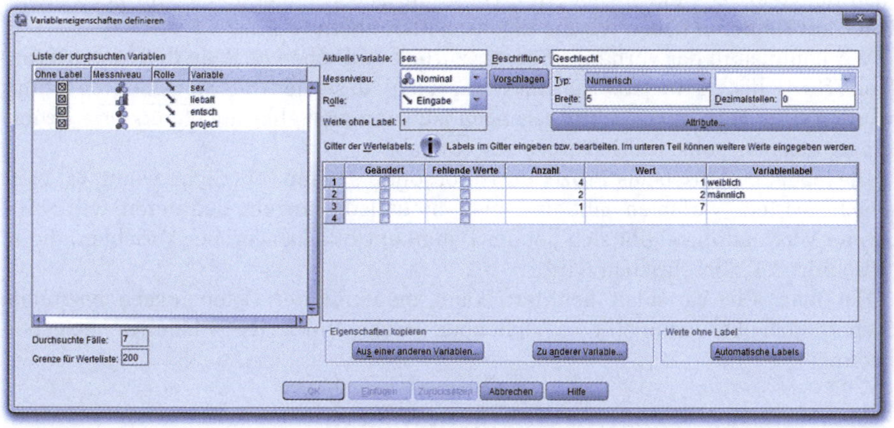

Abbildung 3.10: Variableneigenschaften definieren – eigentliche Definitionen

Anschließend definieren wir die fünf Kategorien. Die entsprechenden Zahlen (1–5) muss man im Feld Wert untereinander eingeben. In Abbildung 3.10 sieht man, dass wir schon die erste Zahl, nämlich 1, und den Label trifft sehr zu eingegeben haben. (Hier haben die Programmierer von SPSS einen kleinen Fehler gemacht, die Spalte muss natürlich Wertelabel und nicht Variablenlabel heißen.) Damit man Zeilen für die weiteren Zahlen bekommt, verwenden wir einen Trick und klicken auf [Automatische Labels]. Jetzt können wir der Reihe nach die weiteren Kategorien auf gleiche Weise definieren.

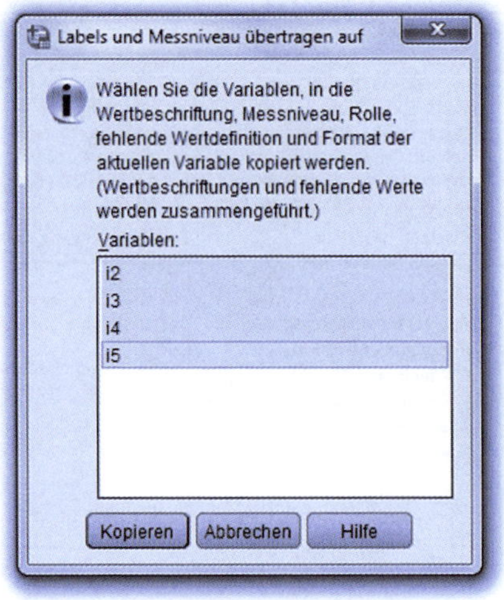

Abbildung 3.11: Variableneigenschaften definieren – Übertragen auf andere Variablen

Zum Abschluss klicken wir auf [Zu anderer Variable...]. Es öffnet sich das Fenster Labels und Messniveau übertragen auf (▶ Abbildung 3.11), wo schon die Variablennamen der Items 2–4 aufgelistet sind. Diese müssen wir markieren und nach einem Klick auf Kopieren haben wir die Eigenschaften übertragen.

Wir kommen in das vorherige Fenster zurück und sehen (z. B. an den Messniveau-Icons für `i2` bis `i5`, die jetzt „Ordinal" anzeigen), dass die Änderungen durchgeführt worden sind. Falls etwas schief gegangen ist, kann man alles mit [Zurücksetzen] rückgängig machen, sonst schließen wir mit [OK] ab.

Die eben beschriebene Prozedur ist besonders dann nützlich, wenn es viele gleich geartete Variablen gibt und man nicht jede einzeln definieren will. Eine zweite Verwendung ergibt sich bei der Datenkontrolle kategorialer Variablen, die in Abschnitt 3.4.2 beschrieben wird.

Hat man alle Variablen definiert, kann man mit der Dateneingabe beginnen. Sicherheitshalber empfiehlt es sich aber, vorher noch das Bisherige abzuspeichern.

3.3.2 Speichern der Variablendefinitionen (und später auch der Daten)

Wir erzeugen dabei eine sogenannte SPSS-Datei, auf die wir später auch wieder zugreifen können. Dies geschieht, wie bei Windows-Programmen üblich, über die Menüpunkte

SPSS

Datei
    Speichern unter...

Als Voreinstellung gibt SPSS für den Dateityp die Erweiterung `.SAV` an. Diese Erweiterung behält man am besten bei, da dadurch die Verbindung der Datei zu SPSS hergestellt ist und man im Windows-Explorer am Icon erkennt, dass es sich bei der Datei um eine SPSS-Datendatei handelt. Bei Doppelklick im Windows-Explorer würde dann diese Datei auch automatisch in SPSS geöffnet. Für unser Beispiel könnten wir den Namen `uebungsfragebogen` verwenden. Nachdem die Datei abgespeichert wurde, ist das aktuelle Fenster nicht mehr mit **Unbenannt**, sondern **uebungsfragebogen.sav[DatenSet0]** betitelt. Durch das Speichern haben wir sämtliche Informationen in eine Datei gesichert, d. h., die Definition der Variablen (und später auch die erfassten Datenwerte), die sich bis jetzt nur in einem temporären Arbeitsblatt befanden, wurde in eine permanente SPSS-Datei auf die Festplatte oder ein sonstiges Medium gespeichert.

3.4 Erfassen bzw. Eingabe der kodierten Daten, Datenkontrolle

Man könnte nun, nachdem man von der Variablenansicht zur Datenansicht gewechselt hat, unmittelbar mit der Dateneingabe beginnen. Erfolgt die Dateneingabe aber zu einem späteren Zeitpunkt, dann muss man die vorher gespeicherte Datei neu einlesen. Dies erfolgt über die Menüpunkte

SPSS

Datei
  Öffnen
    Daten

In den meisten Statistikpaketen und so auch in SPSS ist es üblich, die Daten in rechteckiger Tabellenform organisiert zu haben und zwar so, dass die Zeilen (bis auf spezielle Aunahmefälle) immer den Beobachtungseinheiten (Personen, Objekten etc.) und die Spalten den Variablen (Alter, Geschlecht etc.) entsprechen.

Wenn wir Daten aus Fragebögen eingeben, werden wir normalerweise die Fragebögen der Reihe nach abarbeiten, d. h., für jeden Fragebogen werden wir eine Zeile eingeben.

Nehmen wir zu Übungszwecken an, wir hätten Daten mit dem Fragebogen aus Abbildung 3.1 gesammelt. Die erste Zahl, die erfasst werden soll, ist die ID-Nummer des Fragebogens, nehmen wir an, diese sei 109. Die linke obere Ecke des Daten-Editor-Fensters ist markiert, d. h., diese Zelle ist bereit, einen Wert aufzunehmen. Wir geben die Zahl 109 ein und wechseln mit [→] zur nächsten Zelle. Die Tabelle in ▶ Abbildung 3.12 (Ausschnitt) sollte dann folgendes Aussehen haben.

Hätten wir [↵] getippt, wäre das markierte Feld eine Zeile tiefer gerutscht und wir hätten dort die erste Zahl des zweiten Fragebogens eingeben können. Wir wollen aber die Fragebögen der Reihe nach abarbeiten, d. h., es soll nun die zweite Zahl der ersten Zeile eingegeben werden. Im Prinzip kann man, wie in Tabellenkalkulationsprogrammen üblich, die Markierung mittels der Pfeiltasten: [→], [↑], [↓] oder [←] zum gewünschten Feld navigieren und dann dort eine Eingabe tätigen oder einen

	id	sex	liebalt	groesse	monate	date	entsch	project	i1	i2	i3	i4	i5
1	109	.	.	.	.	.	.	.	.	.	.	.	.
2													
3													
4													
5													

Abbildung 3.12: SPSS Statistics Daten-Editor: nach Eingabe einer Zahl

	id	sex	liebalt	groesse	monate	date	entsch	project	i1	i2	i3	i4	i5
1	109	weiblich	2	173	266	4	3	2	2	3	3	2	2
2	16	weiblich	3	166	241	5	4	1	4	2	3	1	1
3	17	männlich	2	178	231	3	4	1	2	1	3	2	4
4	18	weiblich	3	154	265	3	5	2	5	3	2	4	1
5	19	weiblich	1	164	225	2	3	3	1	4	2	2	3
6	111	männlich	1	181	247	4	1	1	5	2	2	1	4
7	123	7	2	389	222	3	2	4	4	2	4	4	1
8													

Abbildung 3.13: SPSS Statistics Daten-Editor: nach Eingabe einiger Beobachtungen

schon vorhandenen Inhalt ändern (wenn man etwa einen Eingabefehler entdeckt hat).

Nach der Eingabe einiger Fragebögen könnte der Tabellenausschnitt jetzt folgende Form haben (▶ Abbildung 3.13).

Hat man eine Zeile vergessen, so kann man die entsprechende Zeile auch am Ende anfügen (für viele statistische Anwendungen ist die Reihenfolge der Datenzeilen egal, außer Daten sind in einer natürlichen Reihenfolge geordnet, wie z. B. nach Jahreszahlen). Will man aber die vergessene Zeile an der richtigen Stelle haben und daher eine ganze Zeile einfügen, dann klickt man mit der linken Maustaste auf die Zeilennummer am linken Rand der Tabelle, vor der man die Zeile einfügen will. Die entsprechende Zeile ist dann markiert dargestellt. Danach hat man zwei Möglichkeiten: Entweder man verwendet

- die Symbolleiste, indem man auf das Symbol für **Fall einfügen** klickt, oder
- man verwendet die Menüpunkte

SPSS

Datei
    Öffnen
        Daten

Noch schneller ist eine dritte Möglichkeit. Statt der linken Maustaste verwendet man die rechte beim Klick auf die Zeilennummer und wählt dann im sich öffnenden Menü **Fälle einfügen**. Alle Zeilen ab der vorher markierten rutschen um eine Zeile nach unten und es können nun die entsprechenden Zahlen in die freigewordene Zeile wie gewünscht eingegeben werden.

Das Löschen einer Zeile erfolgt auf ähnliche Weise. Zuerst wird wie oben die Zeilennummer angeklickt. Dann löscht man die entsprechende Zeile entweder durch Drücken der Taste [Entf] oder man klickt im aktivierten Menü: **Bearbeiten** das Feld **Löschen** an. Das Löschen ganzer Zeilen ist dann wichtig, wenn irrtümlich leere Zeilen generiert wurden (in solchen gibt es keine Einträge, sondern man sieht nur die

Punkte, ohne Zahlen, die für systemdefiniert fehlend stehen). SPSS würde solche Fälle dann in den Ausgaben fälschlicherweise als fehlend vermerken. (Am Ende dieses Kapitels finden Sie noch einige Bemerkungen zu fehlenden Werten.)

HINWEIS

In unserem Beispiel kommen (vorerst) keine Dezimalzahlen vor, allerdings ist hier in SPSS Vorsicht geboten. Zu beachten ist, wie das Dezimalzeichen definiert ist. Dies kann entweder das im Deutschen übliche Komma oder der im Englischen verwendete Punkt sein. In der Standardeinstellung hängt dies davon ab, wie Windows (in der Systemsteuerung bei Regions- und Sprachoptionen) konfiguriert ist. In deutschen Versionen wird dies üblicherweise ein Komma sein und entsprechend wird man bei der Dateneingabe also ein Komma verwenden. Allerdings gibt es Situationen, wie z. B. bei der Berechnung neuer Variablen, wo SPSS einen Punkt als Dezimalzeichen verlangt. Sollten Sie also bei irgendeinem Vorgang eine kryptische Fehlermeldung bezüglich eines Kommas erhalten, versuchen Sie den Punkt als Dezimaltrennzeichen.

3.4.1 Abspeichern der Daten

Wie schon am Ende des Abschnitts 3.3 beschrieben, werden die Daten samt allen Definitionen über die Menüpunkte Datei ▷ Speichern bzw. Speichern unter... oder mit Klick auf das entsprechende Icon in einer SPSS-Datendatei mit der Endung `.sav` abgelegt. An dieser Stelle sei (wieder einmal) darauf hingewiesen, dass man lieber zu oft als zu wenig speichern sollte. Ein Tipp daher:

HINWEIS

Speichern Sie bei der Eingabe größerer Datenmengen (ca.) alle 15 Minuten. Das bisher Gespeicherte wird dann ohnehin überschrieben, es geht also kein Speicherplatz verloren und der Verlust, falls etwas passiert, beträgt maximal eine Viertelstunde. Und vergessen Sie auch nicht, die Daten auf einem oder vielleicht sogar zwei weiteren Datenträgern zu speichern. Oft ist es auch eine einfache Lösung, sich die Daten selbst per E-Mail zu schicken.

Anmerkung zu fehlenden Werten:

In der Praxis passiert es leider häufig, dass nicht immer alle Daten vorhanden sind. So gibt es etwa bei Fragebogenuntersuchungen immer wieder Personen, die auf bestimmte Fragen keine Antwort geben bzw. keine der vorgesehenen Antwortmöglichkeiten ankreuzen. Die Frage ist, wie wir mit solchen Daten umgehen. Eine radikale Möglichkeit ist es, die Daten der entsprechenden Person überhaupt nicht zu berücksichtigen. Allerdings fehlen oft nur einzelne Werte und es wäre schade, auf die restlichen Daten zu verzichten. In diesem Fall spricht man von fehlenden Werten (oder *missing values*). Wird, wie in unserem Beispiel, der Daten-Editor (die Datentabelle) zur Eingabe der Werte verwendet, dann lässt man das entsprechende Feld einfach leer, d. h., in der Datentabelle ist nur ein Punkt zu sehen. SPSS erkennt dann automatisch, dass es sich hierbei um einen fehlenden Wert handelt, und berücksichtigt dies in weiteren Analyseschritten. Man erkennt dies in den jeweiligen Ergebnissen immer anhand eines Ausgabeteils, der anzeigt, wie viele Beobachtungen von SPSS als fehlend aufgefasst wurden. Meist erfolgt dies durch die Angabe der Anzahl fehlender Werte bzw. auch deren Gegenteil, nämlich gültiger Werte.

3.4.2 Datenkontrolle

Bevor man mit der statistischen Analyse von Daten beginnt, sollte man diese immer zuerst auf Korrektheit überprüfen. Bei kleinen Datensätzen, die man vielleicht schon auf Papier erfasst hat, geht das leicht, indem man einfach die eingegebenen Daten mit den Rohdaten vergleicht. Bei größeren Datensätzen kann man zu diesem Zweck Statistikprozeduren verwenden, die eine Übersicht der eingegebenen Daten liefern. Dies kann zum Beispiel mittels der Prozeduren Häufigkeiten bzw. Kreuztabellen erfolgen. Diese werden über die Menüpunkte

SPSS

Analysieren
  deskriptive Statistiken

aufgerufen. Die Verwendung dieser Methoden wird in Abschnitt 4.2.1 und Abschnitt 5.1 noch genauer besprochen. Die Ergebnisse dieser Prozeduren werden dann darauf überprüft, ob die aufgelisteten Werte sinnvoll sind. (Haben wir zum Beispiel Geschlecht mit 1 und 2 kodiert und finden wir in einer Ergebnistabelle die Zahl 7, dann stimmt offensichtlich etwas nicht.) Wichtig dabei ist es jedenfalls, ungewöhnliche Fälle, die vielleicht gar nicht vorkommen können, aufzuspüren.

Eine einfache Möglichkeit für kategoriale (nominale und ordinale) Daten bietet die schon vorher beschriebene Funktion Variableneigenschaften definieren. (Abschnitt 3.3.1), die man über den Menüpunkt Daten aufrufen kann. Bewegen Sie (wie in Abbildung 3.9) die zu kontrollierenden Variablen in das rechte Feld und gehen Sie dann, nach [Weiter] die Liste der durchsuchten Variablen (wie in ▶ Abbildung 3.14 links oben) durch. Sie können anhand der dargestellten Kategorien kontrollieren, ob alles stimmt. Die Beispieldatei enthält einen Fehler, der in Abbildung 3.14 zu sehen ist.

Für den professionellen Einsatz bietet SPSS noch weitere Möglichkeiten zur Datenkontrolle, deren detaillierte Beschreibung hier aber zu weit führen würde. Es sind

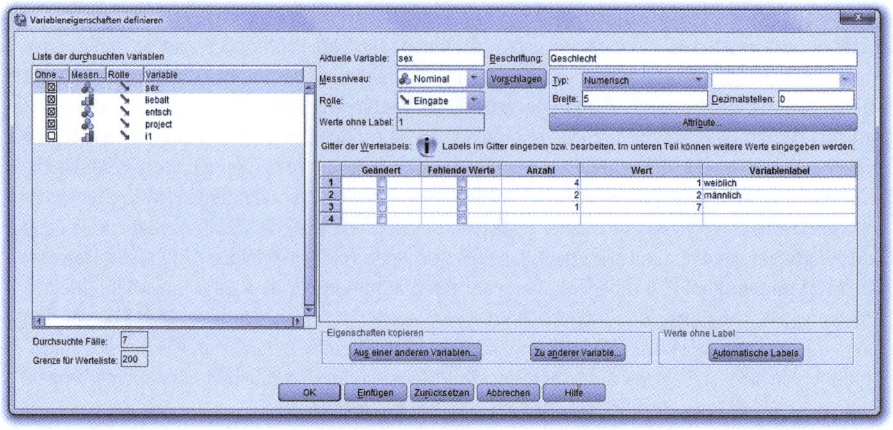

Abbildung 3.14: Variableneigenschaften definieren – Verwendung zur Datenkontrolle

dies die Funktionen Validierung, Doppelte Fälle ermitteln und Ungewöhnliche Fälle identifizieren, die unter dem Menüpunkt Daten aufgerufen werden können. Details dazu findet man in den Hilfeseiten, deren Benutzung im Abschnitt 3.12 noch näher beschrieben wird.

3.5 Transformieren der Daten bzw. Erzeugen von neuen Variablen

In diesem Abschnitt werden Methoden beschrieben, um neue Variablen zu erzeugen. Hierbei geht es vor allem um das (arithmetische) Neuberechnen (Variable berechnen) von Variablen bzw. das Ersetzen (Umkodieren) bestimmter Werte einer (alten) Variable durch neue Werte (in einer neuen Variable). Beide Methoden finden sich als Unterpunkte im Menü Transformieren.

3.5.1 Berechnen neuer Variablen

Dies betrifft meistens Situationen, in denen man solche Variablen in eine Untersuchung einbeziehen will, die sich aus vorhandenen Variablen ableiten lassen. Zwei Beispiele aus unserem Fragebogen (Abbildung 3.1) sollen die Vorgangsweise veranschaulichen.

Zunächst wollen wir das Alter der Befragten, das wir in Monaten erfasst haben, in Jahre umrechnen. Die neue Variable wollen wir `alter` nennen.

Über das Menü

SPSS

Transformieren
    Variable berechnen

öffnet sich ein Dialogfenster (▶ Abbildung 3.15).

Ins linke obere Feld Zielvariable: trägt man die Bezeichnung der neuen Variable ein, hier `alter`. Im Feld Numerischer Ausdruck: wird die „Formel" eingegeben, über die der Wert der Zielvariablen für jede Beobachtung errechnet werden soll, in unserem Beispiel also `monate/12`. Hierzu stehen Ihnen arithmetische Operatoren, logische Ausdrücke und diverse Funktionen zur Verfügung. Zu beachten ist, dass für jede Datenzeile (Beobachtung) ein Wert der Zielvariable aus dem entsprechenden Wert, der sich aus dem rechten Feld ergibt, berechnet wird. Ist in einer Zeile ein Wert einer der rechts verwendeten Variablen fehlend, dann ist der Wert der Zielvariable auch fehlend.

Sobald man [OK] geklickt hat, kann man die Ergebnisse der Berechnung in der Datenansicht sehen. Neue Variablen werden immer ganz rechts, hinter der letzten Variable, angefügt.

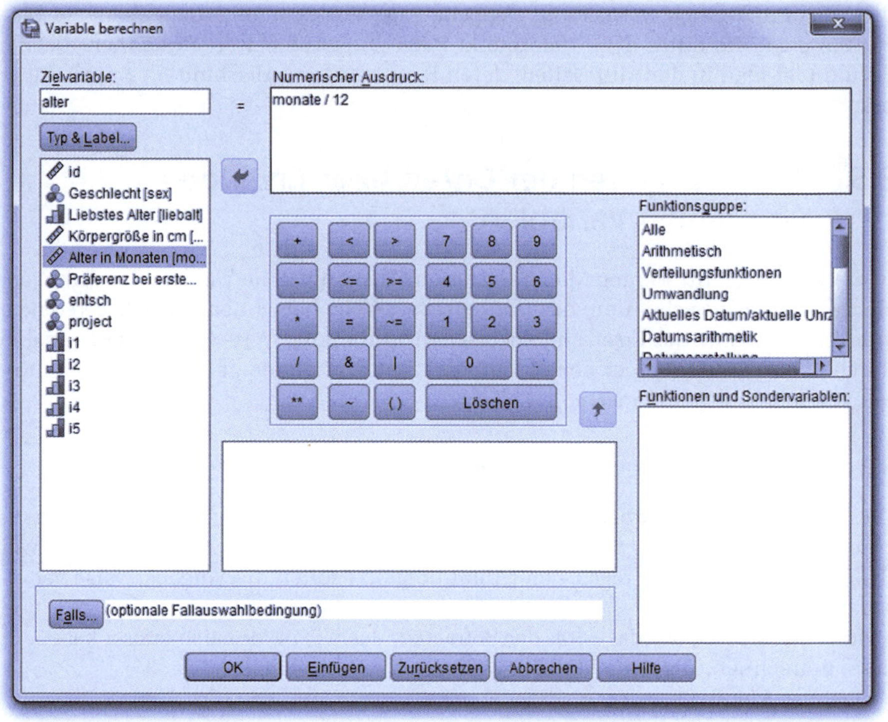

Abbildung 3.15: Variablen berechnen – Definitionen

Numerische Ausdrücke:

Ganz allgemein sind numerische Ausdrücke in SPSS aus einem oder mehreren der folgenden Elemente zusammengesetzt:

- Bereits definierte Variablen
- Zahlen
- arithmetische Operatoren:
- Addition (+)
- Subtraktion (-)
- Multiplikation (*)
- Division (/)
- Potenzfunktion (**)
- Klammern
- Funktionen

Es gilt „Punkt- vor Strichrechnung“. Allerdings empfiehlt es sich immer, geeignet Klammern zu setzen. Besser einmal ein paar Klammern zu viel als falsche Ergebnisse. Außerdem sollte man an ein paar Ergebniszahlen kontrollieren, ob man den numerischen Ausdruck richtig spezifiziert hat.

In numerischen Ausdrücken können Sie zahlreiche Funktionen verwenden, die numerische Variablen oder Zahlen als Argumente (*arg*) verarbeiten. Einige wichtige Funktionen sind:

- ABS(*arg*) Absoluter Wert
- EXP(*arg*) Exponentialfunktion
- LN(*arg*) Natürlicher Logarithmus
- RND(*arg*) auf eine ganze Zahl gerundeter Wert
- TRUNC(*arg*) auf eine ganze Zahl abgerundeter Wert
- SQRT(*arg*) Quadratwurzel

Für alle anderen (mehr als 70) Funktionen sei auf die SPSS-Hilfe verwiesen. Auf diese wird in Abschnitt 3.12 noch näher eingegangen.

Wie schon erwähnt stehen uns zum Berechnen von Variablen eine Menge Funktionen zur Verfügung (▶ Abbildung 3.16). Ihre Verwendung wollen wir anhand eines einfachen Beispiels erläutern. Die neue Variable `alter`, die wir eben aus `monate` berechnet haben, ist nicht ganzzahlig. In der Datenansicht sieht man die Werte: 22,17 20,08 19,25 etc. Nun sagt niemand, wenn man nach dem Alter fragt: Ich bin 22,17 Jahre alt, sondern man würde wohl 22 Jahre sagen. Wenn wir in unseren Daten solche ganzzahligen Werte haben möchten, müssen wir Variablen entsprechend umberechnen. Wir könnten die Werte runden, d. h., wenn die Stellen hinter dem Komma größer oder gleich 5 sind, dann nimmt man den nächsthö-

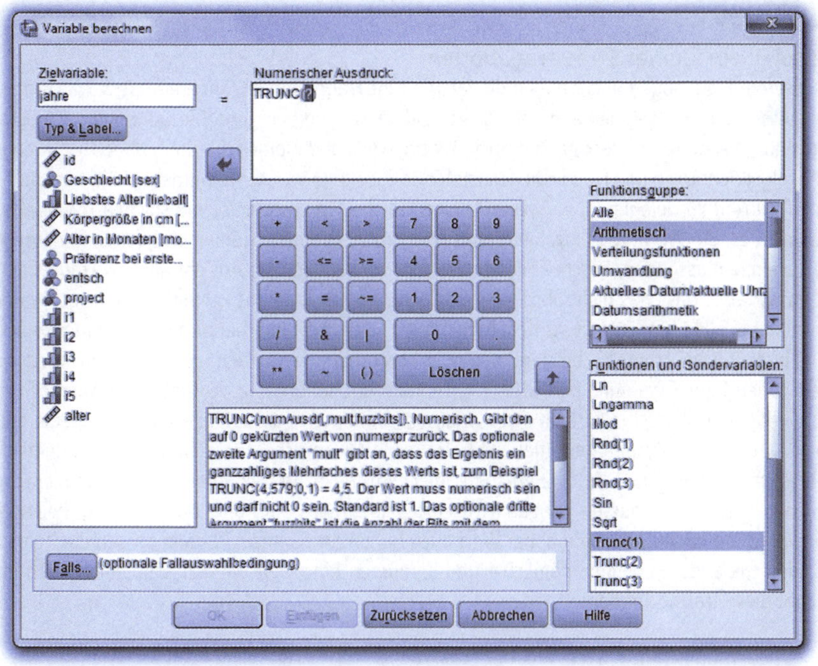

Abbildung 3.16: Variablen berechnen – Abschneiden der Dezimalstellen am Beispiel der Variable Alter

heren ganzzahligen Wert. Beim Alter in Jahren ist das aber eher unüblich. Daher wäre es besser, wir schneiden die Nachkommastellen ab. Dazu gibt es die Funktion TRUNC() (die Klammern deuten an, dass dort ein oder mehrere Argumente stehen müssen).

Wie verwenden diese Funktion aus der Liste der Funktionen und Sondervariablen. Dazu wählt man zuerst die Funktionsgruppe aus, zu welcher die jeweilige Funktion gehört (hier: Arithmetisch). Durch Klicken auf eine der Funktionen aus der dann erscheinenden Liste erhält man im Fenster links davon eine kurze Beschreibung der jeweiligen Funktion. Bei Trunc(1) finden wir TRUNC(numAusdr[,mult,fuzzbits]), die Funktion hat also drei Argumente, von denen uns hier aber nur das erste, nämlich numAusdruck, interessiert (Argumente in eckigen Klammen sind optional). Es bedeutet, dass das Argument eine Zahl oder eine Formel, die eine Zahl ergibt, sein muss. Im Kasten „Numerische Ausdrücke" auf Seite 60 werden die „Ingredienzien" zur Bildung von Formeln zusammengefasst.

Hat man die Funktion wie in Abbildung 3.16 angeklickt, kann man sie mit der Pfeil-nach-oben-Taste in das Feld Numerischer Ausdruck bewegen und dort statt des Fragezeichens das Argument der Funktion, nämlich alter, einfügen.

Nach Klicken von OK finden wir die neue Variable `jahre` wieder in der letzten Spalte in der Datenansicht.

Als zweites Beispiel soll eine etwas komplexere Aufgabe gelöst werden, die sich bei der Analyse von Fragebögen öfter ergibt.

Exkurs 3.1 Erstellung eines Index

Beispiel: ein kleiner Stressfragebogen

In unserem Fragebogen entstammen die letzten fünf Fragen einem längeren Stress-Fragebogen, der messen soll, wie sehr jemand unter Stress leidet und damit umgeht. Die extremen Ausprägungen sind: „Leben unter starkem Zeitdruck, Wettbewerb und Zielgerichtetheit, aber auch Mangel an Erfolgserlebnissen und Freude an geleisteten Tätigkeiten" vs. „keine Getriebenheit, easy going, gute Fähigkeit zu delegieren, entspannt". Eine übliche Vorgangsweise bei solchen Fragebogenskalen ist es, die Werte der einzelnen Items (Fragen) zusammenzuzählen und den Summenscore als zusammenfassenden, beschreibenden Wert zu verwenden. Bei Ansicht unseres Fragebogens sehen wir aber, dass das nicht ohne Weiteres geht, da das Ergebnis keinen Sinn machen würde. Hat man bei allen fünf Fragen „trifft sehr zu" mit 1 und „trifft überhaupt nicht zu" mit 5 kodiert, dann bedeutet bei Frage 1: „bei Terminen oder Verabredungen bin ich nie zu spät" ein niedriger Wert hohen Stress, während bei Frage 2: „ich kann gut zuhören, lasse andere zuerst sprechen" ein niedriger Wert auch niedrigen Stress indiziert. Man nennt diese Eigenschaft von Items auch POLUNG. Einfaches Zusammenzählen geht also nicht, wir müssen zunächst bei einigen Items die Polung umkehren (d.h. 1 zu 5, 2 zu 4 etc. machen), bevor wir einen sinnvollen Summenscore bilden können. Dazu müssen wir zunächst entscheiden, was ein hoher Summenscore bedeuten soll. Wenn wir wollen, dass ein hoher Wert auch hohen Stress anzeigt, dann passen die Items 2, 4 und 5. Die anderen beiden, nämlich 1 und 3, müssen *umgepolt* werden. Eine einfache Formel erlaubt diese Transformation:

neuer (umgepolter) Wert = 6 – alter Wert

Die Zahl 6 ergibt sich aus dem höchsten Wert, der vorkommen kann, plus 1. (Wären die Kategorien nicht von 1 bis 5, sondern von 0 bis 4 definiert, dann wäre die rechte Seite 4 – alter Wert.) Wenn man 0 für die niedrigste Kategorie verwendet, braucht man also zur höchsten Kategorie nicht 1 dazuzählen. In SPSS würde der Ausschnitt im Berechnungsfenster für Variable `i1u` also so aussehen (`i1u` soll der Name der neuen, umgepolten Variable zu Frage 1 sein):

Zielvariable:		Numerischer Ausdruck:
i1u	=	6 - i1

Wir schließen die Berechnung mit [OK] ab und erhalten die neue Variable `i1u`, die wir wieder als rechteste Spalte in der Datenansicht finden.

Wenn wir die gleiche Berechnung noch für die zweite „verkehrt" gepolte Frage, nämlich für Frage 3 durchführen, haben wir alle Fragen so gepolt, dass wir den Summenscore, den wir `stress` nennen wollen, bilden können.

Zielvariable:		Numerischer Ausdruck:
stress	=	i1u + i2 + i3u + i4 + i5

Alternativ wäre es auch möglich gewesen die (Statistik-)Funktion SUM(numAusdr,numAusdr[,..]) zu verwenden (was Sie als Übungsaufgabe versuchen können).

Die neue Variable `stress` beschreibt nun (als Zusammenfassung der fünf Items) die generelle Tendenz einer Person, unter Stress zu stehen. Hohe Werte bedeuten dabei viel Stress. Natürlich erhebt sich die Frage, ob es überhaupt gerechtfertigt ist, einfach fünf Items zu einem Stress-Index zusammenzuzählen und damit eine vereinfachte Beschreibung einer Person zu erhalten. Dabei geht es darum, ob alle Items das Gleiche, nämlich Stress, messen und ob die Bildung einer einfachen (ungewichteten) Summe aus den Einzelantworten zulässig ist.

3.5.2 Umkodieren von Variablen

Im Gegensatz zu **Berechnen** verwendet man **Umkodieren** vor allem, um Werte einer Variable zu ändern bzw. Werte umzugruppieren. Dabei wird an allen Stellen einer Variable, in der ein zu bestimmender Wert auftritt, dieser Wert durch einen anderen ersetzt und das Ergebnis in eine neue Variable gespeichert. (Man kann das Ergebnis auch in die alte Variable speichern, aber in den meisten Fällen ist das nicht empfehlenswert.)

Meistens verwendet man **Umkodieren**, um Kategorien neu zu definieren oder Werte zusammenzufassen.

Als Beispiel wollen wir die Variable `groesse` umkodieren und zwar so, dass für Werte kleiner als 160 cm die Kategorie 1 („klein"), für Werte zwischen 160 bis 179 cm die Kategorie 2 („mittel") und für Werte ab 180 cm die Kategorie 3 („groß") festgelegt wird. Die neue Variable wollen wir `groesse.3kat` nennen.

Das erreichen wir so: Über die Menüpunkte

SPSS

Transformieren
    Umkodieren in andere Variablen...

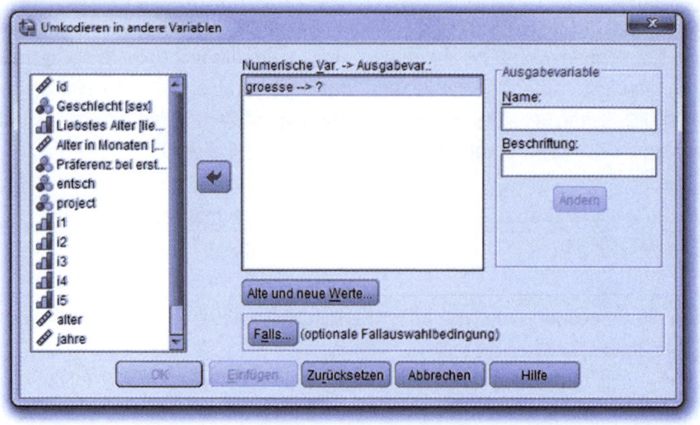

Abbildung 3.17: Umkodieren – Variablenauswahl und Definitionen

kommen wir in das Definitionsfenster, wo schon die Ausgangsvariable `groesse` in das mittlere Feld bewegt wurde (▶ Abbildung 3.17).

Das Fragezeichen bei **groesse** –>? bedeutet, dass wir einen Namen für die neue Variable angeben sollen. Dazu klicken wir in das Feld: **Ausgabevariable Name:** und geben dort **groesse.3kat** ein. Nach Klicken auf die Taste [Ändern] wird das Fragezeichen im mittleren Feld durch **groesse.3kat** ersetzt (▶ Abbildung 3.18). Im Feld **Beschriftung:** könnten wir einen längeren Namen für die Variable angeben.

Nun können wir definieren, unter welchen Bedingungen die Variable `groesse.3kat` welchen Wert annehmen soll, indem wir auf die Schaltfläche [Alte und neue Werte...] klicken. Wir öffnen damit das Fenster wie in (▶ Abbildung 3.19) gezeigt.

Wir müssen nun dieses „Formular" ausfüllen. Zunächst definieren wir die Werte der alten Variable, die einen bestimmten neuen Wert erhalten sollen. Dies ist der Bereich bis 159 cm der alten Variable `groesse`, der dann auf den neuen Wert 1 umkodiert werden soll. Hierzu markieren wir auf der linken Seite (**Alter Wert**) das

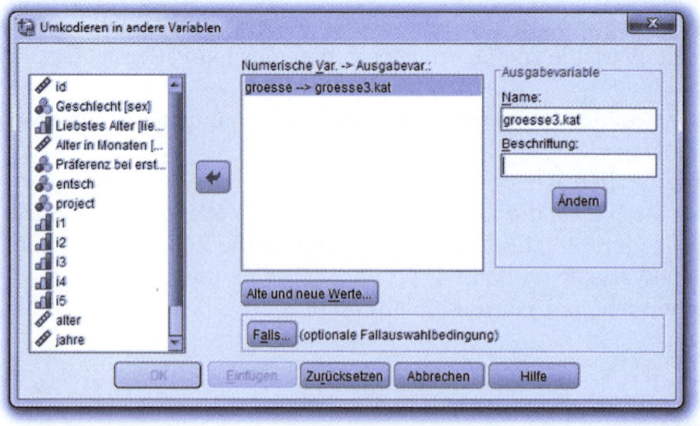

Abbildung 3.18: Umkodieren – Variablenauswahl und Definitionen (2)

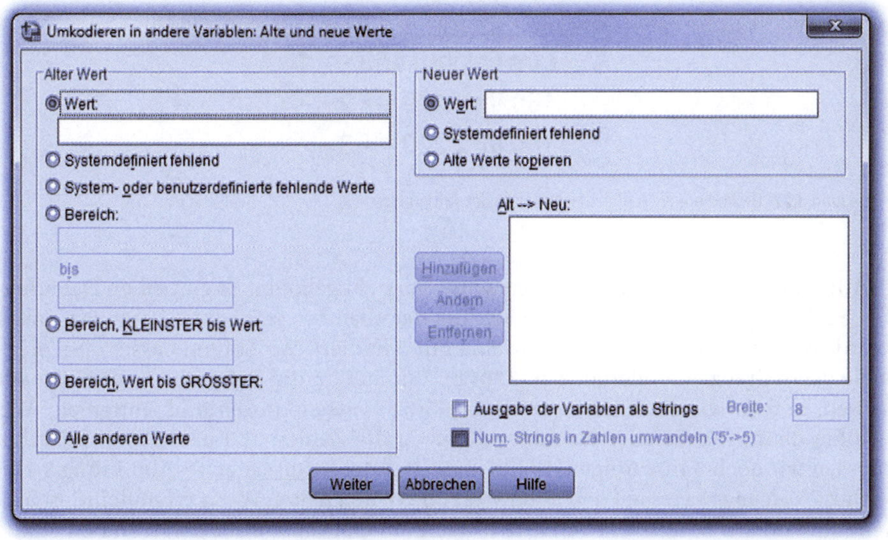

Abbildung 3.19: Umkodieren – Werte angeben

Feld: **Bereich, KLEINSTER bis Wert** und geben die Zahl 159 ein. Nun können wir den neuen Wert definieren, der für diesen Bereich 1 sein soll. Dazu schreiben wir im rechten Teilfenster: **Neuer Wert** die Zahl 1 in das leere Feld neben **Wert**. Schließlich müssen wir noch im Teilfenster: **Alt -> Neu**: das Feld: [Hinzufügen] anklicken (nicht vergessen!). Das Resultat sieht folgendermaßen aus (▶ Abbildung 3.20).

Als Nächstes müssen wir die Werte für den mittleren Bereich definieren. Dazu wählen wir links das Feld: **Bereich**: und geben in die beiden Felder die Zahlen 160 bzw. 179 ein. Wie vorher muss der neue Wert rechts, nämlich 2, festgelegt und in die Liste **Alt -> Neu** hinzugefügt werden. Schließlich benötigen wir noch den oberen Bereich, den wir links durch das Anwählen von **Bereich, Wert bis GRÖSSTER** und die Eingabe von 180 bestimmen. Rechts wird dann auch dieser Bereich durch Hinzufügen von 3 definiert. Wir erhalten ▶ Abbildung 3.21.

Abbildung 3.20: Umkodieren – Teilfenster mit Liste der Änderungen (1)

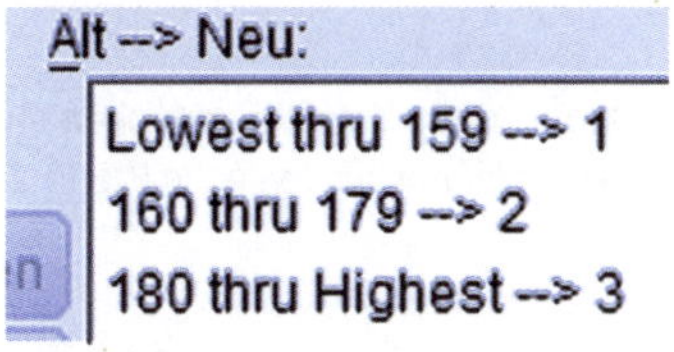

Abbildung 3.21: Umkodieren – Teilfenster mit Liste der Änderungen (2)

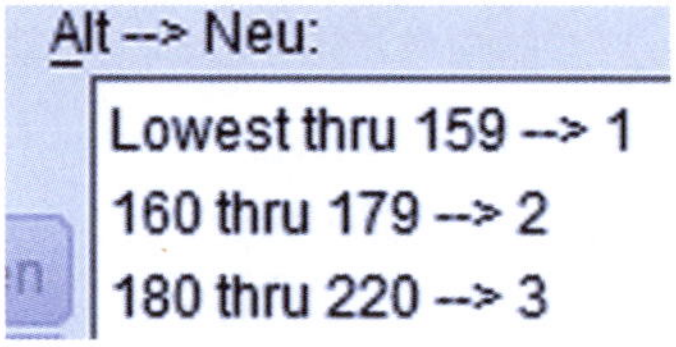

Abbildung 3.22: Umkodieren – Teilfenster mit Liste der Änderungen (3)

Allerdings ist bei dieser Vorgehensweise Vorsicht geboten. Es gibt einen Datenfehler (Fall 7 hat einen `groesse` von 389). Bei der eben beschriebenen Vorgehensweise würde dieser Wert in der neuen Variable mit 3 kodiert. Wir sollten besser eine plausible obere Grenze definieren, z. B. 220 cm. Wir ändern die Definition in der Liste Alt -> Neu, in dem wir den Eintrag 180 thru HIGHEST -> 3 anklicken und [Entfernen]. Wir wählen dann links wieder Bereich: und geben die Zahlen 180 und 220 ein. Rechts müssen wir noch 3 hinzufügen. Die Liste sollte jetzt so aussehen (▶ Abbildung 3.22).

Diese Vorgangsweise hat den alten Wert 389 in den neuen Wert systemdefiniert fehlend umkodiert. Man könnte sich aber auch die Option Alle anderen Werte zu Nutze machen, wenn man automatisch alle nicht passenden Werte in die neue Variable mit der Option Systemdefiniert fehlend umkodieren möchte.

Nach [Weiter] und dann [OK] sollte die so erzeugte neue Variable wieder am Ende in der Datenansicht angefügt sein.

HINWEIS: Manchmal werden Datentransformationen nicht sofort ausgeführt, d. h., man sieht das Ergebnis nicht unmittelbar nach Berechnen oder Umkodieren. Das kann auf eine Voreinstellung zurückzuführen sein. Sollte das bei Ihnen der Fall sein, dann können Sie diese Einstellung ändern über Bearbeiten ▷ Optionen. Im Fenster Daten markiert man Werte sofort berechnen links oben.

Exkurs 3.2 Anmerkung zum Umkodieren

Umkodieren ist eine sehr einfache Datentransformation, sie ist aber oft sehr nützlich und leichter handzuhaben als Berechnen (mit der man alle Umkodierungsoperationen auch durchführen könnte). Folgendes ist bei der praktischen Anwendung zu beachten:

- Sie können bei einem Einsatz der Dialogbox Umkodieren in andere Variablen beliebig viele Variablen gleichzeitig umkodieren.
- Bei der Spezifikation der alten Werte, die auf einen neuen Wert abgebildet werden sollen, können Sie angeben:
  - Einen einzelnen Wert
  - Systemdefiniert fehlend (SYSMIS) – das entspricht dem oben erwähnten Punkt. (So ist es also möglich, den automatischen Indikator für fehlende Werte auf einen anderen Wert umzusetzen.)
  - System- oder benutzerdefinierte fehlende Werte
  - Den Bereich von einem ersten Wert bis zu einem zweiten Wert (jeweils inklusive)

- Den Bereich vom niedrigsten Wert in der Stichprobe bis zu einem bestimmten Wert (inklusive)
- Den Bereich von einem bestimmten Wert bis zum höchsten Wert in der Stichprobe (inklusive)
- Alle anderen Werte – damit sind alle in keiner anderen Ersetzungsvorschrift genannten Werte angesprochen, inklusive Indikatoren für fehlende Werte, auch System-Missing.

- Als neuen Wert, auf den die alten Werte einer Ersetzungsvorschrift abgebildet werden sollen, können Sie angeben:
  - Einen Wert
  - Systemdefiniert fehlend (SYSMIS), dann werden alle zugehörigen alten Werte auf SYSMIS umgesetzt.
  - Alte Werte kopieren. Diese Möglichkeit steht nur beim Umkodieren in andere Variablen zur Verfügung und bewirkt dann für die zugehörigen alten Werte eine unveränderte Übernahme. Dies ist besonders nützlich, wenn die alten Werte mit Alle anderen Werte spezifiziert worden sind.
- Sie können beliebig viele Ersetzungsvorschriften festlegen. SPSS bringt diese automatisch in eine sinnvolle Ordnung.

3.6 Auswählen von Fällen

Es kommt manchmal vor, dass man sich bei einer statistischen Analyse auf eine Teilstichprobe beschränken möchte. Man möchte z. B. bei einer bestimmten Analyse Ergebnisse nur für eine bestimmte Altersgruppe. Dies lässt sich auf einfache Weise dadurch erreichen, dass bei dieser Analyse nur eine Alters-Teilstichprobe ausgewählt wird. Wir wollen als Beispiel alle Personen in unserem Datensatz auswählen, die jünger als 20 Jahre sind.

SPSS erlaubt es, Fälle in Abhängigkeit von einer Bedingung, die man festlegen muss, temporär oder permanent aus der Datendatei auszuwählen.

Das entsprechende Dialogfenster erhält man über (► Abbildung 3.23).

SPSS

Daten
  Fälle auswählen...

Zur Festlegung der Bedingung für die Teilnahme an den weiteren Auswertungen markiert man die Option **Falls Bedingung zutrifft** und klickt auf [Falls...].

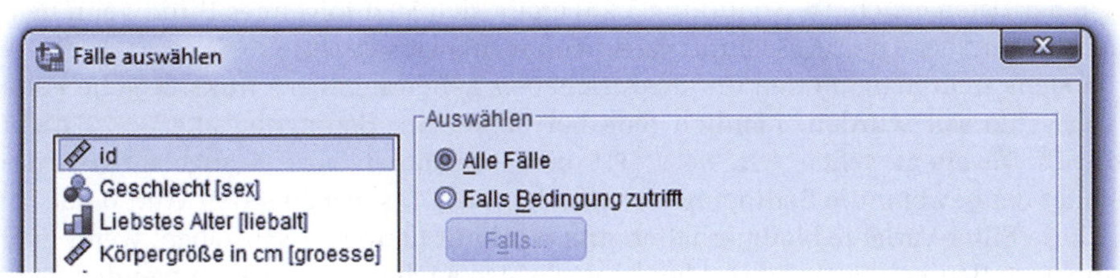

Abbildung 3.23: Fälle auswählen – Variablenauswahl

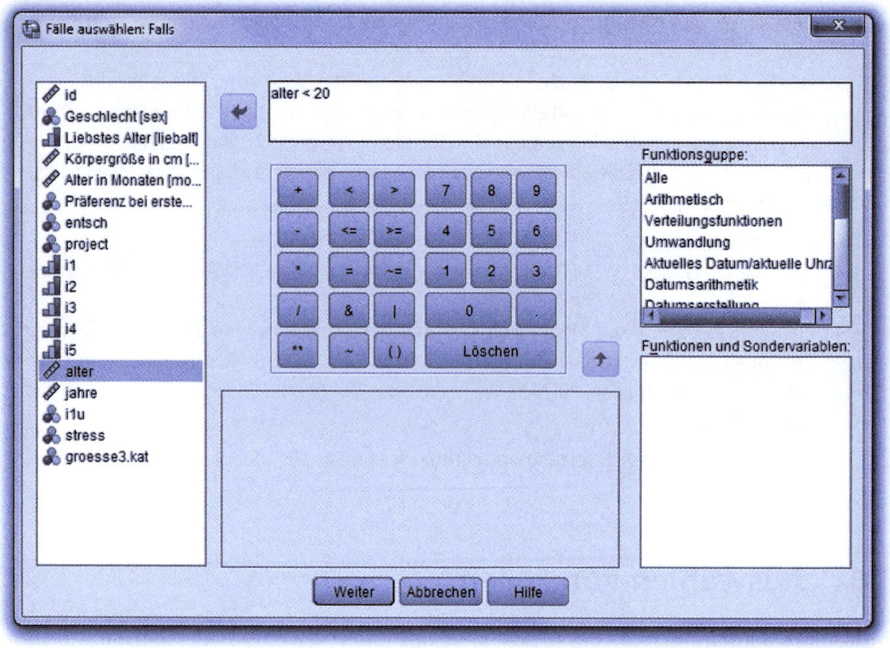

Abbildung 3.24: Fälle auswählen – Definitionen

Es öffnet sich das Dialogfenster **Fälle auswählen: Falls** (▶ Abbildung 3.24), das wir schon vom Berechnen neuer Variablen kennen, wobei im Unterschied hier kein Feld für eine (zu berechnende) Zielvariable vorhanden ist.

Die Bedingung **alter < 20** ist schon eingegeben. Diese Bedingung besagt, dass ab jetzt für alle weiteren Arbeitsschritte nur mehr solche Fälle herangezogen werden, in denen die Variable `alter` einen Wert kleiner als 20 hat. Wenn man wieder alle Fälle verwenden möchte, muss man diese Bedingung wieder aufheben (dazu später).

Nach Klicken auf [Weiter] kommt man zurück in das vorherige Dialogfenster und hier kann man sich noch entscheiden, was man mit den *nicht ausgewählten* Fällen machen will. Üblicherweise wird man diese nur temporär aus weiteren Analysen ausschließen, in diesem Fall markiert man **Nicht ausgewählte Fälle filtern**. Will man diese Fälle aber überhaupt „loswerden", dann kann man sie hier auch **Löschen**. Zusätzlich besteht noch die Möglichkeit, ein neues Datenfile zu erzeugen, welches nur die ausgewählten Fälle beinhaltet. Mit [OK] wird der Vorgang abgeschlossen.

In der Datenansicht (▶ Abbildung 3.25) ergibt sich jetzt folgendes Bild (wenn man mit der Laufleiste den Ausschnitt ganz nach rechts verschiebt):

Erstens sieht man, an den durchgestrichenen Zeilennummern links, welche Fälle ausgeschlossen wurden, nämlich jene bei denen die Bedingung **alter < 20** nicht zutrifft. Zweitens sehen wir, dass **SPSS** eine Variable `filter_$` angelegt hat, die immer dann, wenn die Bedingung zutrifft, den Wert 1, sonst aber den Wert 0 hat.

Diese Filter-Variable bleibt erhalten und wird nur dann überschrieben, wenn man eine neue Bedingung einführt. Man kann sie also auch später noch verwenden (**SPSS** legt zusätzlich einen Variablenlabel für diese Filtervariable an, für unser Beispiel

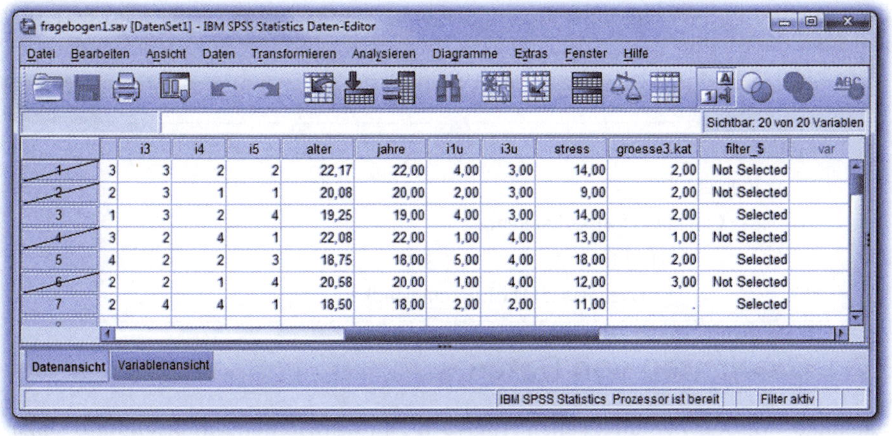

Abbildung 3.25: SPSS Statistics Daten-Editor: ausgewählte Fälle

alter < **20 (FILTER)**, damit man auch später noch die im Falls-Fenster festgelegte Bedingung weiß, auf der der Filter beruht).

Wichtig ist, dass man nicht vergisst, diese Auswahl wieder aufzuheben, wenn man sie nicht mehr braucht. Dies geschieht, indem man im **Fälle auswählen**-Fenster (über **Daten** ▷ **Fälle auswählen...**) die Option **alle Fälle** markiert.

Die Schaltflächen im Dialogfenster **Fälle auswählen: Falls** haben folgende Bedeutung (▶ Abbildung 3.26):

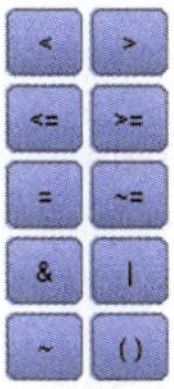

<	kleiner als	>	größer als
<=	gleich oder kleiner	>=	gleich oder größer
=	gleich	~=	ungleich
&	UND	|	ODER
~	NICHT		

Abbildung 3.26: Schaltfläche Logische Operatoren

Bei zusammengesetzten logischen Ausdrücken unter Verwendung von **NICHT**, **ODER** bzw. **UND** sollte man immer genau auf die Regeln für logische Operationen achten und (wie immer) lieber zu viele als zu wenig Klammern verwenden. Möchte man z. B. alle Frauen jünger als 20 auswählen, würde man folgenden logischen Ausdruck spezifizieren: `((sex = 1) & (alter < 20))`. Eine detaillierte Beschreibung dieser Regeln würde hier zu weit führen, eine ausführlichere Beschreibung kann man über die SPSS-Hilfe finden, entweder im (englischen) Syntax-Guide (unter „SELECT IF") oder über die Menüs

SPSS

Hilfe
- Themen
  - Command Syntax Reference
    - SELECT IF
      - Overview (SELECT IF command)

3.7 Gewichten von Daten

Manchmal werden in statistischen Analysen Fälle gewichtet, um bestimmte Unzulänglichkeiten bei Stichprobenerhebungen auszugleichen. Oft sind solche Gewichtungen methodisch fragwürdig, darauf soll hier aber nicht näher eingegangen werden.

Es wird aber Situationen geben, wo wir die Gewichtungsfunktionen von SPSS benötigen, um bestimmte Analysen überhaupt durchführen zu können. Dies betrifft vor allem kategoriale Variablen, die in Tabellenform und nicht als Einzelbeobachtungen vorliegen. Wir werden solche Problemstellungen in Abschnitt 4.3.1 und Abschnitt 5.3.1 behandeln.

Jedenfalls erfolgt die Gewichtung über die Menüpunkte

SPSS

Daten
- Fälle gewichten...

wo man eine Gewichtsvariable angeben kann. Das Resultat einer Gewichtung ist, dass jeder Fall (Beobachtungseinheit) von SPSS so behandelt wird, als ob er nicht nur ein Mal, sondern so oft vorkommt, wie der entsprechende Wert der Gewichtungsvariable.

HINWEIS: Falls der Gewichtungswert nicht ganzzahlig ist, wird in den meisten Prozeduren einfach aufgerundet oder die Gewichtung überhaupt ignoriert. Für Details siehe die SPSS-Hilfe zu „Fälle gewichten". Wie schon beim Auswählen von Daten sollte man auch hier nicht vergessen, die Gewichtung wieder „auszuschalten" (im selben Dialogfenster), wenn man sie nicht mehr benötigt.

3.8 Analysieren von Daten

Da die eigentliche Datenanalyse in den weiteren Kapiteln dieses Buchs im Vordergrund steht, sollen hier nur ganz kurz die wesentlichen Aspekte überblicksmäßig dargestellt werden. Alle Details werden dann später ausführlich behandelt.

Wir wollen anhand des vorher angesprochenen Punkts Datenkontrolle (Abschnitt 3.4) kurz Folgendes behandeln:

- wie werden numerische und grafische Prozeduren in SPSS aufgerufen
- wie sieht das Ergebnis aus
- wie kann man das Ergebnis bearbeiten und speichern

Ein wesentlicher Aspekt von Datenkontrolle ist es zu überprüfen, ob die Werte der (eingegebenen) Daten in einem sinnvollen Bereich liegen. Gibt es beispielsweise für Körpergröße einen Wert mit 389 cm, dann wird wohl ein Fehler vorliegen. Nun kann es bei größeren Datensätzen relativ schwierig sein, solche Fehler zu entdecken (um sie dann gegebenenfalls ausbessern zu können). Am besten verwendet man in solchen Fällen Methoden der beschreibenden Statistik (Häufigkeitsauszählungen, grafische Darstellungen der Verteilungen der Variablen), um ungewöhnliche Werte identifizieren zu können.

Als Illustration sollen zwei Analyseprozeduren – **Häufigkeiten** als numerisches und **Balkendiagramme** als grafisches Beispiel – für die Variable `sex` vorgestellt werden.

Eine Übersicht über alle im Datenfile vorkommenden Werte einer bestimmten Variable (▶ Abbildung 3.27) bekommt man über

SPSS

Analysieren
    Deskriptive Statistiken
        Häufigkeiten...

Jene Variablen, für die man Häufigkeitsauszählungen will (das kann durchaus mehr als eine sein), bewegt man in das Feld **Variable(n)**, die Box **Häufigkeitstabellen anzeigen** sollte markiert sein.

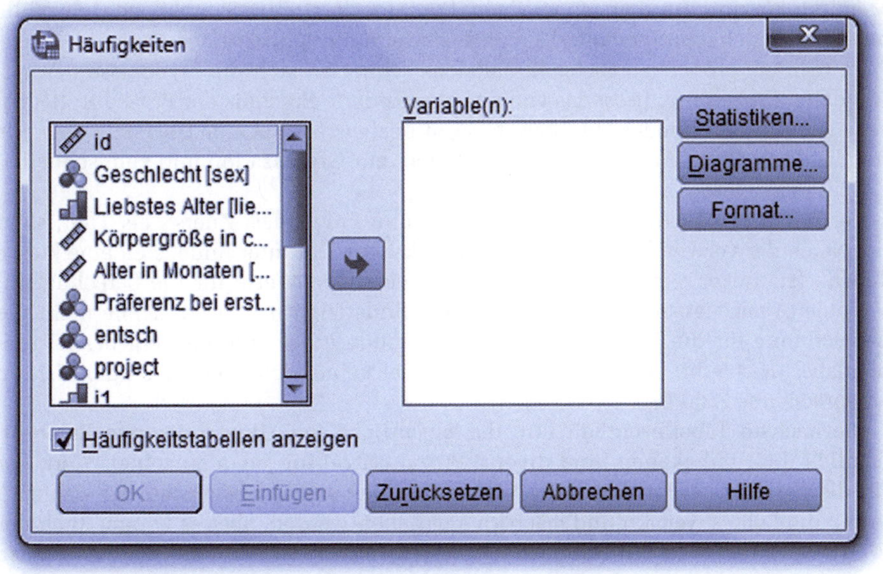

Abbildung 3.27: Dialogbox Häufigkeiten zur Variablenauswahl

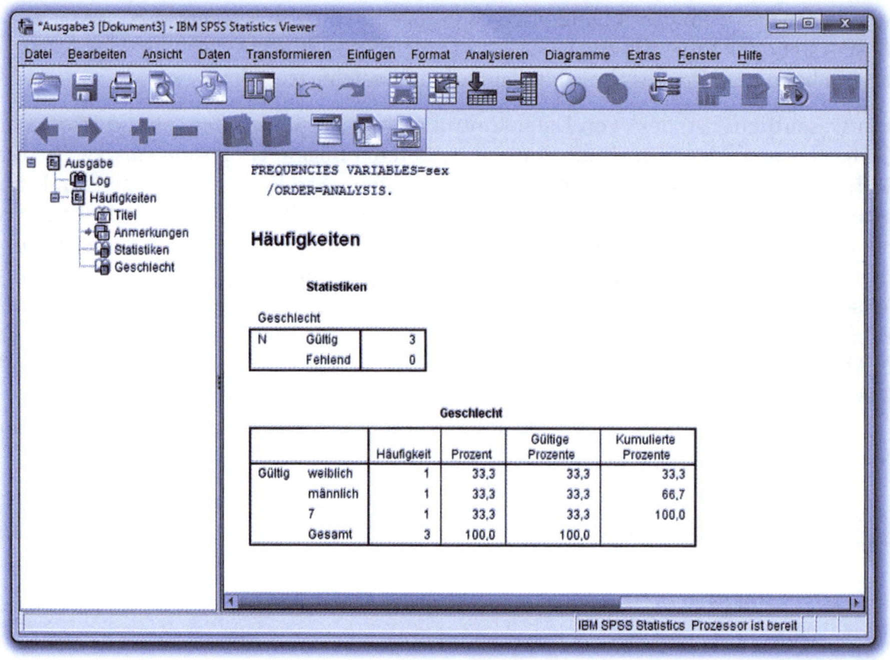

Abbildung 3.28: SPSS Statistics Viewer: Hier werden Resultate dargestellt

Nach Klicken von [OK] öffnet sich das Ausgabefenster (**SPSS Statistics Viewer**, ▶ Abbildung 3.28): Das Fenster des **SPSS Statistics Viewer** besteht aus einer Menüleiste (einige Menüpunkte sind die gleichen wie beim Datenfenster), einer Symbolleiste (ebenfalls mit einigen gleichen Symbolen) sowie aus zwei darunter liegenden Fenstern.

Im rechten, größeren Fenster (Inhaltsfenster) finden sich die Ergebnisse der verwendeten Prozeduren (jetzt das von uns angeforderte Ergebnis der Prozedur: **Häufigkeiten**), das linke (Gliederungs- bzw. Navigationsfenster) gibt eine Übersicht über alle Inhalte des rechten Ausgabefensters und dient zur Organisation und zum schnellen Zugriff (Navigieren) auf diese Inhalte.

Der Inhalt des rechten Fensters bedeutet nun Folgendes: Zuerst, als Titel, steht der Name der verwendeten Prozedur (**Häufigkeiten**). Darunter findet sich eine kleine Tabelle (**Statistiken**), in der die Anzahl der fehlenden Werte für die berechnete(n) Variable(n) angegeben wird. Wie Sie sehen, findet sich in dieser Tabelle nicht die Bezeichnung für die Variable, nämlich `sex`, sondern der von uns vergebene Variablenlabel **Geschlecht**. Da es in unserem Beispiel keine fehlenden Daten gibt, ist die entsprechende Zahl 0.

Die nächste Tabelle enthält nun das eigentliche, uns interessierende Ergebnis, nämlich die Häufigkeiten (und diverse Prozentsätze) für jeden einzelnen Wert, der für die Variable `sex` im Datensatz vorkommt. Man sieht, dass anstatt der Zahlen 1 und 2 die Labels **weiblich** und **männlich** angegeben werden, aber es kommt auch der Wert 7 vor, und zwar mit Häufigkeit 1. Irgendwo in unserem Datensatz wurde also einmal für Geschlecht 7 eingegeben und das kann offensichtlich nicht stimmen.

Das Gleiche hätten wir auch über eine Grafikprozedur erkennen können. Zur Illustration wollen wir ein Balkendiagramm verwenden. Zum Aufruf muss man nicht in das Datenfenster wechseln, da im Menü des Ausgabefensters auch der Punkt Diagramme (ebenso wie Analysieren) vorkommt.

Über

SPSS

Diagramme
  Diagrammerstellung...

kommen wir ins Definitionsfenster (▶ Abbildung 3.29), wo wir Einfache Balken in die Diagrammvorschau und die Variable sex auf die x-Achse ziehen. Die y-Achse soll die bereits von SPSS vorgeschlagenen Häufigkeiten (Anzahl) zeigen (▶ Abbildung 3.30).

Nach OK erhalten wir im Ausgabefenster das Balkendiagramm (▶ Abbildung 3.31), in dem man natürlich auch den Datenfehler sehen kann.

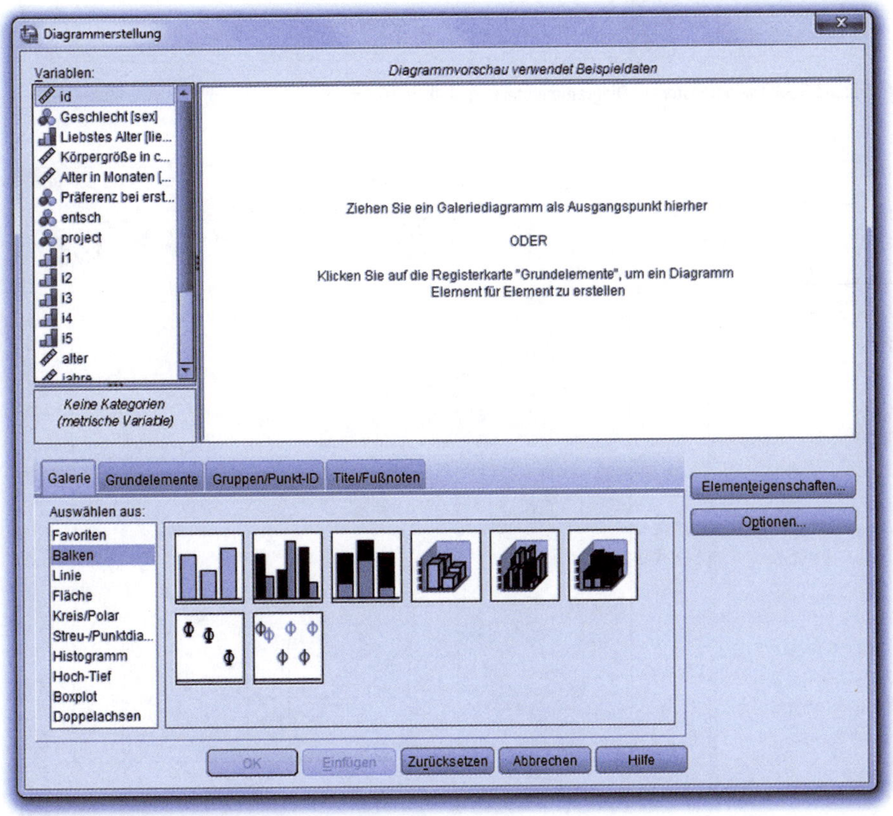

Abbildung 3.29: Dialogfenster zur Diagrammerstellung

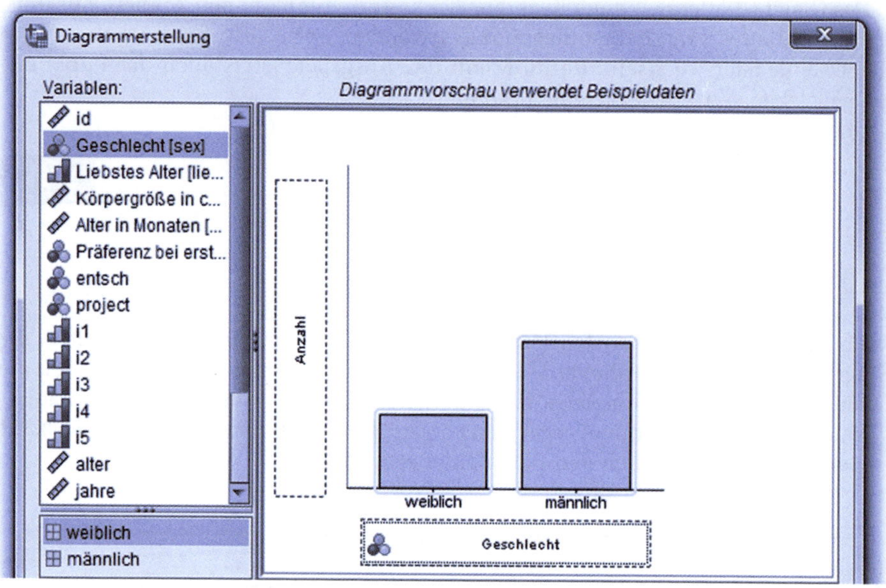

Abbildung 3.30: Dialogfenster zur Diagrammerstellung: Balkendiagramm

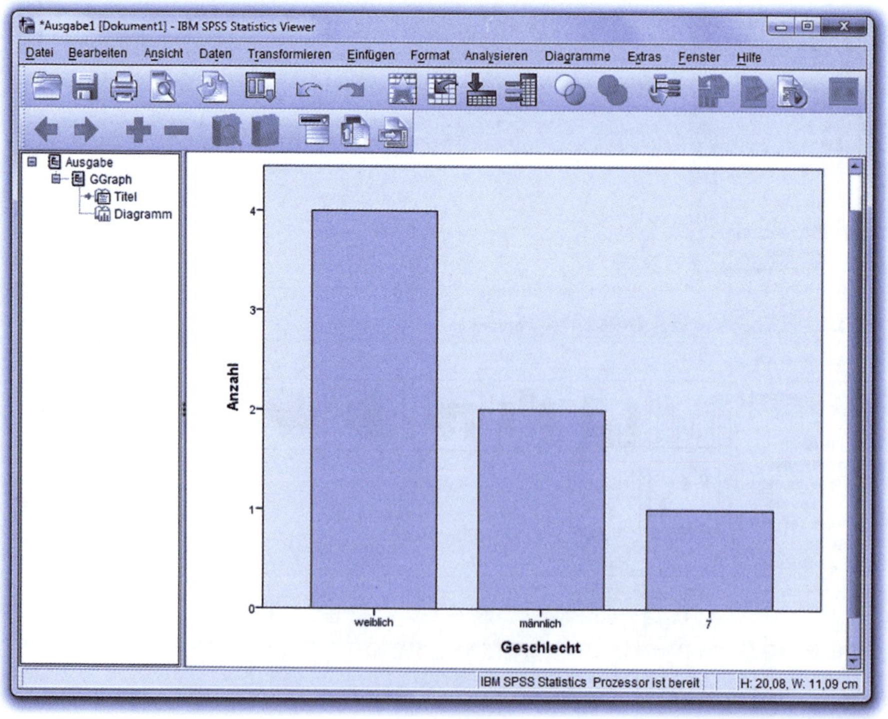

Abbildung 3.31: SPSS Statistics Viewer: Beispiel für ein Diagramm

Alternativ gelangt man über

SPSS

Diagramme
Veraltete Dialogfelder
Balken
Einfach
Definieren

zum selben Ergebnis. Man hätte sogar beide Ausgaben (sowohl die Tabelle als auch die Grafik) mit einer einzigen Prozedur erzeugen können, nämlich über

SPSS

Analysieren
Deskriptive Statistiken
Häufigkeiten...
Diagramme
markieren von Balkendiagramme

An diesem einfachen Beispiel sollte nur gezeigt werden, wie der Aufruf einer Statistik- bzw. einer Grafikprozedur abläuft und wie man fehlerhafte Werte identifizieren kann.

Da SPSS in den letzten Jahren sehr viel Energie in die Gestaltung der grafischen Benutzeroberfläche gesteckt hat, gäbe es hier eine Menge anzumerken. So kann der Output im Statistics Viewer völlig umgestaltet werden (ein paar wichtige Dinge werden im nächsten Abschnitt beschrieben), es gibt jede Menge voreingestellter Optionen, die man ändern kann, über den Navigationsbaum (im linken Teilfenster) lässt sich die Ausgabe auf unterschiedlichste Weise darstellen und gruppieren etc. Eine ausführliche Übersicht erhält man über das Hilfe-Menü unter Lernprogramm und dort im Kapitel Arbeiten mit Ausgaben.

3.9 Bearbeitung und Verwenden des Outputs

In diesem Abschnitt soll gezeigt werden, wie man den Standard-Output von SPSS modifizieren und an andere Softwareprodukte übergeben kann. Von diesen Möglichkeiten wird man meistens im Zusammenhang mit Präsentationen und/oder der Erstellung von Berichten Gebrauch machen. Im Wesentlichen geht es dabei um die

- Modifikation von Tabellen
- Modifikation von Grafiken
- Übernahme von Tabellen und Grafiken in Textverarbeitungs- bzw. Präsentationssoftware

Wie schon erwähnt, gibt es eine Vielzahl an Möglichkeiten, die Form des vorhandenen Outputs zu ändern, und eine Beschreibung, die über Grundlegendes hinausgeht, würde den Rahmen dieses Buchs sprengen. Daher soll im Folgenden nur die prinzipielle Vorgehensweise dargestellt werden, auf alles Weiterführende wird an den entsprechenden Stellen verwiesen.

Grundsätzlich erfolgen Modifikationen von Outputobjekten (Überschriften/Text, Tabellen oder Grafiken) in eigenen Fenstern (Editoren), die man öffnet, indem man irgendwo im Element mit der rechten Maustaste klickt und dann im untersten Menüpunkt **Inhalt bearbeiten** den Ort, wo die Änderungen stattfinden sollen, auswählt. Bei Diagrammen gibt es nur eine Wahlmöglichkeit, nämlich **In separatem Fenster** (sie führt zum **Diagramm-Editor**), bei Texten und Tabellen öffnet sich dann ebenfalls ein Editor, aber es gibt zusätzlich noch den Auswahlpunkt **Im Viewer**. Alternativ kann man mit der linken Taste auf das zu modifizierende Element doppelklicken, dann gibt es aber keine Auswahlmöglichkeit. Bei Diagrammen öffnet sich wie vorher der Diagramm-Editor, bei Tabellen gibt es nur veränderte Schaltflächen, bei Texten öffnet sich ein einfacher Texteditor. In jedem Fall stehen je nach Art des zu verändernden Elements verschiedene Menüleisten zur Verfügung, mittels derer die Modifikationen durchgeführt werden können.

3.9.1 Modifikation von Tabellen

Zur Illustration verwenden wir die im vorigen Abschnitt erzeugte Häufigkeitstabelle für Geschlecht. Zur Modifikation klickt man also mit der rechten Maustaste irgendwo in die Tabelle. Aus dem sich öffnenden Fenster wählt man

SPSS

Inhalt bearbeiten
    In separatem Fenster

Die zu bearbeitende Tabelle ist jetzt in einem neuen Fenster (**Pivot-Tabelle**) dargestellt (► Abbildung 3.32).

Geschlecht

		Häufigkeit	Prozent	Gültige Prozente	Kumulierte Prozente
Gültig	weiblich	4	57,1	57,1	57,1
	männlich	2	28,6	28,6	85,7
	7	1	14,3	14,3	100,0
	Gesamt	7	100,0	100,0	

Abbildung 3.32: Tabellen-Editor: zur Modifikation von Tabellen

Es gibt nun verschiedenste Möglichkeiten, die Tabelle zu bearbeiten. Wir wollen hier:

- Zeilen und Spalten vertauschen
- einige Zeilen bzw. Spalten löschen
- einige Elemente der Tabelle umformatieren

Zeilen und Spalten vertauschen

Dies ist nützlich wenn die Ausgabe sehr breit wird und man nicht mehr alles auf einem Bildschirm sieht bzw. in einem Bericht die Seitenbreite nicht ausreicht. Vertauschen von Zeilen und Spalten geht ganz einfach über

SPSS

Pivot
    Zeilen und Spalten vertauschen

Man erhält (▶ Abbildung 3.33):

Geschlecht

	Gültig			
	weiblich	männlich	7	Gesamt
Häufigkeit	4	2	1	7
Prozent	57,1	28,6	14,3	100,0
Gültige Prozente	57,1	28,6	14,3	100,0
Kumulierte Prozente	57,1	85,7	100,0	

Abbildung 3.33: Tabellen-Editor: nach Vertauschen von Zeilen und Spalten

Zeilen bzw. Spalten löschen

Zeilen bzw. Spalten löscht man, indem man die Inhalte löscht. Dabei wird auch der Titel der Zeile bzw. Spalte mitgelöscht. Zunächst wollen wir die Spalten mit der Überschrift „7“ und „Gesamt“ beseitigen. Wenn man die Inhalte dieser Spalten mit der Maus markiert (auf linkes oberes Element – hier 1 – klicken und mit gedrückter linker Taste ins rechte untere Feld – hier kein Inhalt – ziehen), dann werden diese Zellen invertiert angezeigt. Löschen erfolgt über die Menüpunkte

SPSS

Bearbeiten
    Löschen

oder mittels rechter Maustaste. Die beiden rechten Spalten sind jetzt (samt Beschriftung) verschwunden. Etwas schwieriger ist es mit der Spalte Gültig. Tatsächlich gibt es zwischen Gültig und der Spalte mit weiblich eine vertikale Trennlinie, die man aber nicht sieht. Diese muss man mit der Maus suchen. Wenn man sie gefunden hat, ändert sich der Mauszeiger in ↔. Sobald man geklickt hat, sieht man die vertikale Linie und man kann sie solange nach links ziehen bis sie verschwunden ist.

Das Löschen von Zeilen funktioniert analog. Als Übung könnten Sie versuchen, die beiden unteren Zeilen zu löschen, so dass nur mehr die Zeilen „Häufigkeit“ und „Prozent“ (wie in ▶ Abbildung 3.34) übrig bleiben.

Geschlecht

	weiblich	männlich
Häufigkeit	4	2
Prozent	57,1	28,6

Abbildung 3.34: Tabellen-Editor: modifizierte Tabelle

Zahlen formatieren

Nun wollen wir noch ein bisschen Kosmetik betreiben. Die *Darstellung der Zahlen*, insbesondere wie viele Kommastellen angezeigt werden sollen, ändert man durch Markieren der zu ändernden Zelle(n) und dann über

SPSS

Format
  Zelleneigenschaften...
    Formatwert

Dort kann man verschiedene Einstellungen vornehmen. Im Wesentlichen entspricht dieses Dialogfenster ähnlichen in Windows üblichen Dialogfenstern zur Zahlenformatierung in Tabellenkalkulationsprogrammen. Wollen wir z. B. die Prozentangaben in unserer Tabelle ohne Dezimalstellen, dann wählen wir dort als Kategorie: Alle oder Nummer und unter Format: den obersten Eintrag der Liste: #,# und setzen die Dezimalstellen: auf null. Mit [OK] ist die Operation abgeschlossen. Diese Änderungsmöglichkeit kann man auch dann anwenden, wenn im SPSS-Output eine Zahl in Exponentialdarstellung (z. B. 9,890E-02) ausgegeben wird und man eine „normale" Darstellung möchte (also z. B. ,0989).

Ersetzen von Text

Das geht ganz einfach, indem man auf das Textelement doppelklickt, den neuen Text darüber schreibt und mit der Eingabetaste bestätigt.

Ändern von Spaltenbreiten

Oft sind Beschriftungen zu lang für die Breite einer Spalte. SPSS kennt keine Abteilungsregeln und schiebt beliebige Wortteile, je nach Spaltenbreite, in die nächste Zeile. Wenn man die Maus auf eine vertikale Begrenzungslinie platziert, ändert sich der Mauszeiger in ↔. Nun kann man die Linie nach links oder rechts ziehen, bis der Text so in die Spalte passt, wie man das gerne haben möchte.

Ändern der Schriftart, Größe, Farbe, Hintergrundfarbe, Ausrichtung und Ränder

Solche Änderungen lassen sich leicht durchführen und funktionieren wie auch in anderen Anwendungen (z. B. Textverarbeitungsprogrammen). Wie vorher bei Zahlen formatieren geht man nach dem Markieren des entsprechenden Tabellenfelds über Format zu Zelleneigenschaften.... In den dort aufrufbaren Subfenstern können die gewünschten Modifikationen durchgeführt werden. Alle Änderungen kann man in Vorschauen begutachten, bevor man sie mittels [Zuweisen] in die Tabelle einfügt.

Ändern der Tabellenform

Manchmal ist es erforderlich, das Gesamterscheinungsbild einer Tabelle zu ändern. So ist es in wissenschaftlichen Publikationen oft üblich, Tabellen ohne vertikale Linien darzustellen (Exkurs 4.2 in Abschnitt 4.2.1). SPSS ermöglicht es, die gesamte Tabelle anders zu gestalten, und hat einige Vorlagen vorgesehen, aus denen man auswählen kann. Dies erfolgt unter

SPSS

Format
Tabellenvorlagen...

In dem sich öffnenden Fenster kann man links eine der Vorlagen aussuchen und rechts in einer Vorschau ansehen. Sollte man damit noch nicht zufrieden sein, so lassen sich über [Vorlage Bearbeiten...] nahezu alle Tabellenelemente (wie Rahmen, Zellenformate, Fußnoten etc.) adaptieren. Nach [OK] kommt man in das vorherige Fenster zurück, wo man das neu erstellte Tabellendesign mit [OK] zuweisen oder als neue Vorlagen speichern kann. Mit Klicken auf [Vorlage speichern] wird die *aktuell* gewählte Tabellenvorlage gespeichert (überschrieben). Mit Speichern unter... wird eine *neue* Vorlage angelegt.

Änderungen in einer Tabellenvorlage wirken sich nur auf die ausgewählte Pivot-Tabelle aus. Bearbeitete Tabellenvorlagen werden anderen Tabellen, die diese Tabellenvorlage verwenden, nicht automatisch zugewiesen. Dafür muss man die betreffenden Tabellen auswählen und dann die gewünschte Tabellenvorlage zuweisen. Für eine Änderung der Standardeinstellung für Tabellen, wenn man also alle erzeugten Tabellen automatisch in einer bestimmten Form haben möchte, muss man über

SPSS

Bearbeiten
Optionen...
Pivot-Tabellen

die gewünschte Tabellenvorlage auswählen und dann mit [OK] beenden.

Abschließen der Tabellenmodifikationen

Hat man alle gewünschten Änderungen durchgeführt, schließt man einfach das Fenster Pivot-Tabelle. Das modifizierte Objekt ist nun in den SPSS Statistics Viewer übernommen worden.

HINWEIS

Da man Änderungen an Tabellen nicht rückgängig machen kann (sobald man die Änderungen abgeschlossen hat), empfiehlt es sich, das zu modifizierende Objekt vorher zu kopieren. Dies geht recht einfach, indem man das betreffende Objekt im Output anklickt. Im linken Navigationsbaum erscheint dann dieses Objekt markiert. Im Menü Bearbeiten klickt man zunächst auf Kopieren und dann auf Einfügen nach (Sie können auch [Strg-C] und [Strg+V] verwenden). Eine Kopie findet sich dann unmittelbar nach dem Ausgangsobjekt.

3.9.2 Modifikation von Grafiken

Ebenso wie Textoutput lässt sich grafischer Output auf vielfältige Weise nachbearbeiten. Die Modifikationsmöglichkeiten sind nahezu unüberschaubar. Deshalb beschränken wir uns hier nur auf ein paar wichtige Möglichkeiten.

Wie bei Tabellen gelangt man in einen Editor (hier in den **Diagramm-Editor**), wenn man mit der rechten Maustaste auf eine Grafik klickt und in dem sich öffnenden Menü ganz unten

SPSS

Inhalt bearbeiten
In separatem Fenster

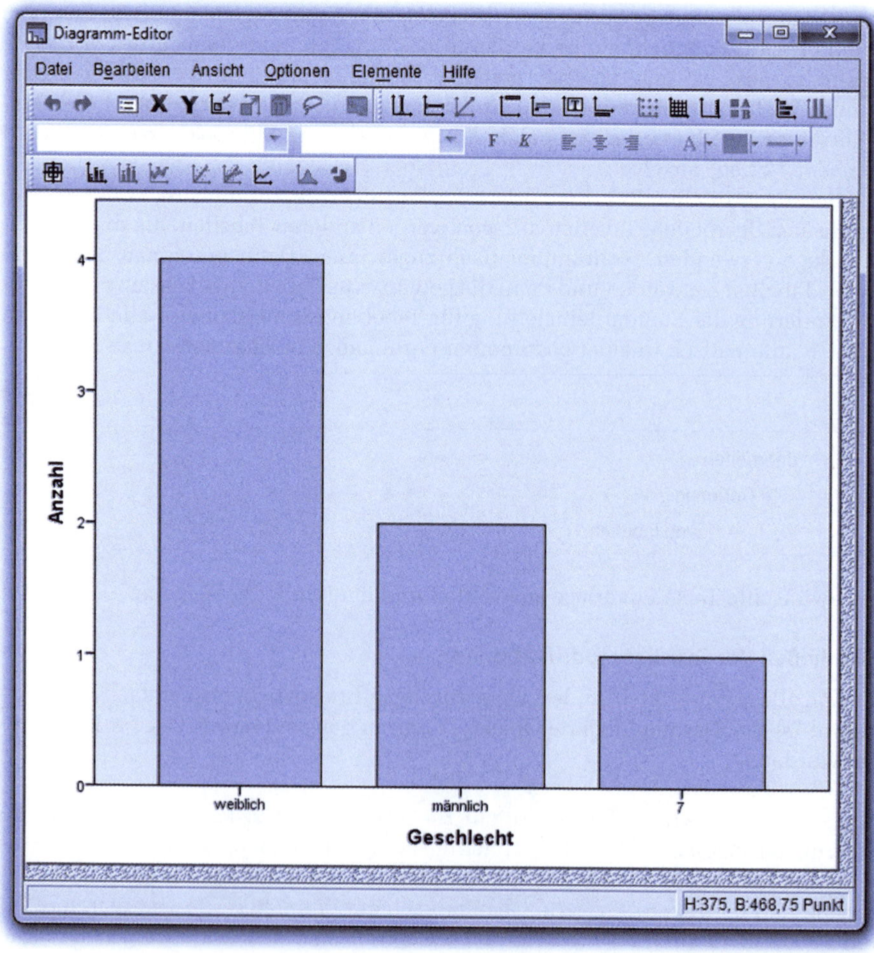

Abbildung 3.35: Diagramm-Editor: zur Modifikation von Diagrammen

auswählt (ein Doppelklick auf ein Diagramm hat denselben Effekt). Wir verwenden das vorher erzeugte Balkendiagramm und erhalten (▶ Abbildung 3.35).

Die grundsätzliche Vorgehensweise für Modifikationen ist:

1. Markieren Sie durch Doppelklicken das Element der Grafik, das bearbeitet werden soll (z. B. Achsenbeschriftung, Linie, Fläche, Überschrift, Legende, ...).
2. Wählen Sie im sich öffnenden Eigenschaften-Fenster neue Einstellungen unter der jeweiligen Registerkarte und klicken Sie auf Zuweisen, um die neuen Einstellungen wirksam werden zu lassen.

Alternativ kann man auch auf das zu ändernde Element rechtsklicken und aus dem sich öffnenden Menü entweder in das Eigenschaftsfenster gelangen oder direkt eine Änderungsoption wählen.

Exemplarisch wollen wir zeigen, wie man folgende Modifikationen durchführt:

- Verändern der Farben von Elementen
- Anpassen von Beschriftungen

Ändern der Farbe von Grafikelementen und Beschriftungen/Texten

Nach Doppelklicken auf irgendeinen Balken werden alle Balken umrandet dargestellt und es öffnet sich das Eigenschaften-Fenster. Zur Änderung der Farbe müssen wir die Registerkarte Füllung & Rahmen wählen (▶ Abbildung 3.36).

Die Zuweisung einer Farbe erfolgt durch Wählen einer Farbe in der Farbauswahl und [Zuweisen] (mit [Bearbeiten] kann man wie bei Tabellen die Farbauswahlpalette ändern). Sie sollten nun die Änderungen im Diagramm-Editor-Fenster sehen können. Wenn Sie weitere Elemente ändern wollen, müssen Sie das Eigenschaften-Fenster nicht verlassen, sondern können durch entsprechendes Anklicken ein anderes Grafikelement modifizieren (z. B. den Hintergrund oder eine Beschriftung). Es ändern sich dann im Eigenschaften-Fenster je nach Element die zur Verfügung stehenden Registerkarten. Sie könnten nun z. B. auf gleiche Weise die Schriftfarben der Achsenbeschriftungen ändern. Wenn Sie die gewünschten Modifikationen durchgeführt haben, [Schließen] Sie das Eigenschaften-Fenster.

HINWEIS: Verwenden Sie für gefüllte Grafikobjekte (wie Balken, Segmente in Kreisdiagrammen etc.) nur sehr helle Farben bzw. helle Grautöne. Bei Schwarz-Weiß-Ausdrucken werden dunkle, kräftige Farben, wie z. B. Rot, fast zu Schwarz und sehen dann sehr dominant und grafisch nicht ansprechend aus. Manchmal werden dann andere wichtige Grafikelemente überlagert (z. B. bestimmte Linien wie der Median bei Boxplots). Außerdem spart man sich Druckkosten (bei Toner oder Farbpatronen).

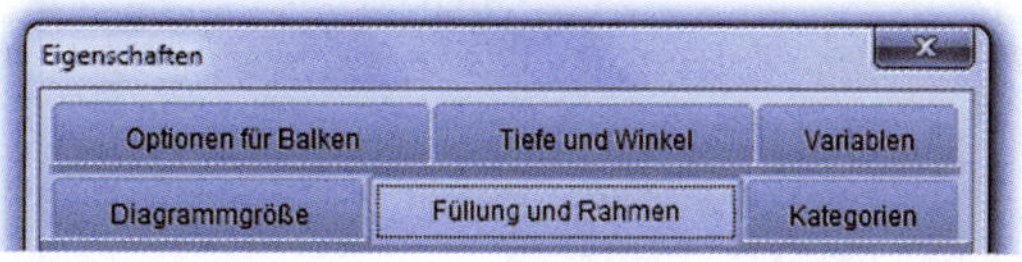

Abbildung 3.36: Diagramm-Editor: Eigenschaften-Fenster: Registerkarten für Balkeneigenschaften

Ändern der Schriftgröße

Dies erfolgt analog zur Änderung von Farben, nur verwendet man jetzt die Registerkarte Textstil.

Ändern von Beschriftungen

Bei geschlossenem Eigenschaften-Fenster klickt man doppelt auf den zu ändernden Text (sonst nur einfach), der jetzt (mit runden Ecken) umrandet dargestellt wird. Es öffnet sich das Eigenschaften-Fenster (wenn es nicht schon geöffnet ist), was wir aber ignorieren. Nun nochmals ein einfacher Klick, die Umrandung ändert sich auf eckig und der Cursor befindet sich genau an der geklickten Stelle. Sie können jetzt den Text (oder die Zahl) ändern. Durch Klicken an irgendeine andere Stelle im Diagramm weisen Sie die Änderung zu.

Ändern von Achsen (Einteilungen)

Man doppelklickt auf irgendein Element der zu modifizierenden Achse (entweder auf eine Zahl oder auf einen Wertelabel). Je nach Typ der Achse kann man im Eigenschaften-Fenster Kategorien (bei kategorialen Einteilungen) oder Skala (bei numerischen Einteilungen) ändern.

Als Beispiel wollen wir die Darstellung der Y-Achse Anzahl und deren Einteilung ändern. Nach dem (Doppel-)Klick auf z. B. Anzahl kann man im Eigenschaften-Fenster unter Skala den dargestellten Bereich (Minimum bis Maximum) sowie die Unterteilung (den Abstand der Teilstriche – Erste Unterteilung – modifizieren. Dazu muss man zunächst die Markierungen unter Auto wegklicken (▶ Abbildung 3.37).

Die Balken sollen in einem Bereich von 0 bis 10 dargestellt werden. Dazu ändert man den Wert für Minimum und Maximum (die daneben unter Daten angezeigten Werte sind die tatsächlichen Werte aus den Rohdaten). Zusätzlich ändern wir noch den Wert für Erste Unterteilung auf 2 (die Unterteilung läuft dann in Zweierschritten). Wenn man die Darstellung der Zahlen (Anzahl der Dezimalstellen) ändern will, dann sollte man nicht auf den Achsentitel, sondern auf irgendeine Beschriftungszahl klicken, weil nur dann die Registerkarte Zahlenformat im Eigenschaften-Fenster zur Verfügung steht.

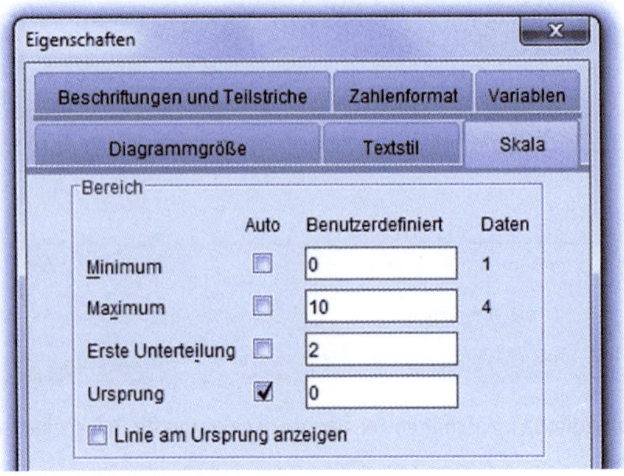

Abbildung 3.37: Diagramm-Editor: Eigenschaften-Fenster: Registerkarte Skala

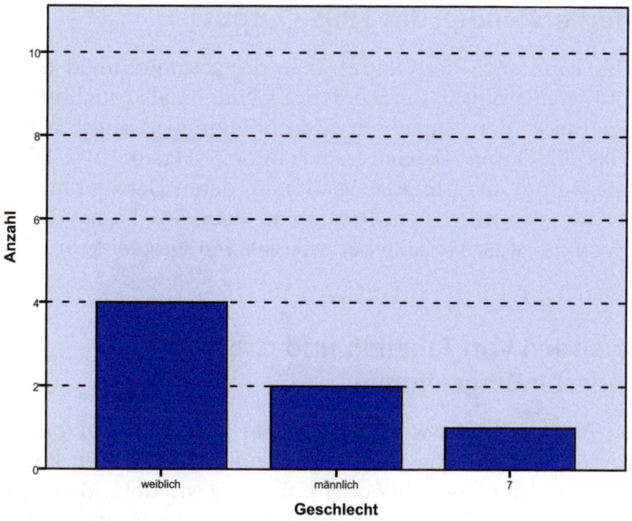

Abbildung 3.38: Resultat: modifiziertes Balkendiagramm

Schließlich wollen wir noch Hilfslinien für die Y-Achse zeichnen. Dazu muss ein Element der Y-Achse markiert sein (sonst erhält man andere Gitterlinien). Dann wählt man im Diagramm-Editor aus dem Menü Optionen den Menüpunkt Gitterlinien einblenden. Die Hilfslinien sollen strichliert dargestellt werden. Dazu klickt man auf irgendeine der Hilfslinien, um sie zu markieren. Im Eigenschaften-Fenster wählt man Linien und führt dort unter Stil die gewünschten Änderungen durch.

Die Grafik sieht nach all diesen Schritten wie in ▶ Abbildung 3.38 aus (zusätzlich wurden noch die Schriftgrößen geändert).

Abschließen der Grafikmodifikationen

Wie bei Tabellen schließt man nach allen gewünschten Änderungen einfach das Fenster: Diagramm-Editor und hat damit das modifizierte Objekt in den Output-Viewer übernommen.

Wenn Sie den Diagramm-Editor nicht schließen, bleibt das Objekt im SPSS Statistics Viewer schraffiert. Die Schraffierung ist ein Hinweis, dass das Objekt gerade editiert wird. Natürlich kann man den Diagramm-Editor mehrmals aufrufen, um zusätzliche Änderungen vorzunehmen, da man nicht immer mit einer ersten Nachbearbeitung zufrieden ist. Im Gegensatz zu Tabellen lassen sich viele Änderungen rückgängig machen, allerdings nicht über die üblichen Menüpunkte Rückgängig bzw. Wiederholen (oder die entsprechenden Schaltflächen), sondern nur durch direkte Modifikationen der Grafik wie oben beschrieben. Es gilt auch hier, wie bei Tabellen, dass man sicherheitshalber das Diagramm vor etwaigen Änderungen kopiert, wenn man nicht die gesamte Grafik neu erzeugen will, falls etwas schiefgeht.

3.9.3 Weiterverwenden des SPSS-Outputs

Wie Daten-Files kann auch der Output, d. h. der gesamte Inhalt des SPSS-Viewers, gespeichert und wieder eingelesen werden. Es können also auch nachträglich noch Modifikationen (unter den genannten Einschränkungen) angebracht werden. Die Dateiendung ist für Output-Dateien `.spv` (ab SPSS Version 16). Diese sind nicht kompatibel mit Output aus früheren Versionen, deren Dateiendung `.spo` war. Solche Dateien lassen sich mit einem Programm, dem SPSS Legacy Viewer (der nach Registrierung von der SPSS-Webseite heruntergeladen werden kann), betrachten und editieren.

3.9.4 Verwenden von Tabellen und Grafiken in anderen Programmen

In praktischen Anwendungen wird es wohl am häufigsten vorkommen, dass man den (modifizierten) Output von SPSS in ein anderes Programm kopieren will, sei es bei der Erstellung eines Berichts oder einer Präsentation. Man kann dabei zwei Methoden unterscheiden. Entweder man verwendet die Zwischenablage über „cut and paste", d. h., man kopiert ein Output-Objekt in die Zwischenablage und fügt es im Zieldokument wieder ein oder man exportiert das Output-Objekt in eine Datei (mit einem bestimmten Format) und importiert diese dann in der Zielanwendung. Die zweite Möglichkeit wird man wählen, wenn man die Grafiken oder Tabellen als eigenständige Dokumente zur Verfügung haben will.

Kopieren mit „cut and paste"

Bei Verwendung von Textverarbeitungsprogrammen (wie z. B. Word) oder Präsentationssoftware (wie z. B. Powerpoint) kann man sowohl Tabellen wie auch Grafiken sehr einfach übernehmen, wobei ein Unterschied zwischen Tabellen und Grafiken besteht.

Das *Diagramm* oder die *Tabelle*, die man übernehmen will, wird zunächst im SPSS Statistics Viewer durch Anklicken aktiviert. Dann muss das Objekt in die Zwischenablage kopiert werden (mittels [Strg+C], oder einem rechten Mausklick und dann Kopieren oder über das Bearbeiten-Menü).

Für *Diagramme* klickt man in der Zielanwendung auf die Stelle, wo das Objekt hinplatziert werden soll, und verwendet wieder eine der drei Möglichkeiten zum Einfügen aus der Zwischenablage ([Strg+V] oder die rechte Maustaste und Einfügen oder über die Menüpunkte Bearbeiten ▷ Einfügen). Die Grafik wird als Bild übernommen und man kann dann noch einfache Formatierungen wie Größenänderungen durchführen.

Bei *Tabellen* kommt es darauf an, wie sie in der Zielanwendung verwendet werden soll. Verwendet man zum Einfügen [Strg+V] (oder eine der anderen für Diagramme beschriebenen Möglichkeiten), dann erhält man nach dem Einfügen eine Tabelle im RTF-Format (Rich Text Format). In der Zielanwendung (wie z. B. Word oder Powerpoint) sieht sie dann so aus wie eine dort erzeugte Tabelle. Formatierungen wie Farben, Schriftarten etc. werden übernommen und es kann alles noch bearbeitet werden. Allerdings ändert sich üblicherweise das Erscheinungsbild und es ist nicht (oder nur schwer) möglich, die Tabelle als Ganzes zu vergrößern/verkleinern oder (wie ein Bild) einfach an einem anderen Ort zu platzieren.

Wenn man das aber will, also eine grafische Repräsentation der Tabelle, die genauso aussieht wie im SPSS Statistics Viewer (allerdings unter Verlust der Formatierungsmöglichkeiten), dann muss man beim Einfügen in die Zielanwendung anders vorgehen. Es genügt dann nicht ein einfaches Einfügen, sondern man muss in der Zielanwendung einen Menüpunkt wie etwa über Bearbeiten ▷ Inhalte einfügen verwenden und erhält dann ein Dialogfenster, aus dem man ein Meta-Datei-Format (z. B. Bild oder Grafik) auswählt.

Export in externe Dateien

Sowohl Tabellen wie auch Grafiken lassen sich als weiterverwendbare Dateien speichern. Für Texte und Tabellen stehen sowohl das Word/RTF, Powerpoint, XLS, PDF, HTML wie auch andere einfache Textformate zur Verfügung. Grafiken können in gebräuchlichen Formaten (wie Windows-Metadateien, Windows-Bitmap, JPEG, TIFF, PNG, EPS und andere) gespeichert werden.

In das Export-Dialogfenster kommt man im Output-Viewer über die Menüpunkte

SPSS

Datei
    Exportieren...

oder mit einem rechten Mausklick auf das zu exportierende Element und dann ebenfalls Exportieren.... Alle gewünschten Optionen (wie Dateiname, welche Elemente, welches Format etc.) lassen sich dort definieren.

HINWEIS

Nach dem Export lassen sich die einmal kopierten Diagramme nicht mehr (oder nur sehr mühsam) verändern. Führen Sie also besser alle Modifikationen und Nachbearbeitungen in SPSS selbst aus und kopieren Sie Diagramme (eventuell auch Tabellen) erst dann, wenn Sie mit dem Resultat zufrieden sind. Dies gilt besonders für Objekte, die man in der Zielanwendung verkleinern will. Oft sind dann Beschriftungen sehr klein und man kann sie nicht mehr lesen. Daher sollten diese vor dem Export so vergrößert werden, dass sie auch nach Verkleinerung letztendlich „gut" aussehen.

3.9.5 Model Viewer

Seit der Version 18 von SPSS wird die Ergebnisausgabe zu manchen Verfahren nicht mehr über ein Menü gesteuert, sondern ist in vollem Umfang im MODEL VIEWER abrufbar. Im Ausgabefenster ist nur ein kurzer Eintrag über das aufgerufene Verfahren, erst ein Doppelklick auf diesen Eintrag öffnet ein neues Fenster, die Modellanzeige ▶ Abbildung 3.39. In dieser werden in einer Haupt- und einer Zusatzansicht Ergebnisse des aufgerufenen Verfahrens und deskriptive Statistiken der beteiligten Variablen sowohl in numerischer als auch in grafischer Form angeboten. Diejenigen Ergebnisse, die einem wesentlich und/oder interessant erscheinen, können aus der Modellanzeige in das eigentliche Outputfile kopiert werden.

Vor allem bei den nichtparametrischen Verfahren werden die Ergebnisse über den Model Viewer präsentiert, wir gehen bei den jeweiligen Verfahren speziell auf diese Outputform ein.

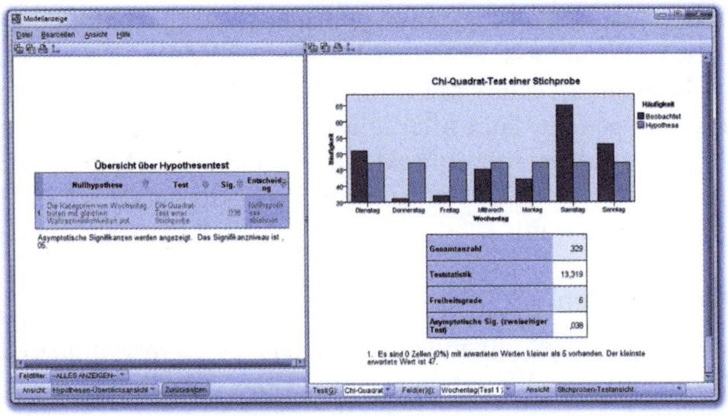

Abbildung 3.39: Modellanzeige eines Chi-Quadrat-Tests

3.10 Einlesen externer Daten

Manchmal kommt es vor, dass man Daten, die nicht im Standard-SPSS-Statistics-Format gespeichert sind, wie z. B. Excel-Dateien oder Textdateien, in SPSS einlesen möchte. Im Wesentlichen gibt es vier Typen solcher Dateiformate, die SPSS lesen kann:

- aus früheren SPSS-Versionen (SPSS/PC+) bzw. sogenannte portable Dateien (wenn man sicher SPSS-Dateien zwischen verschiedenen Betriebssystemen oder Hardwareplattformen austauschen möchte)
- aus anderen Statistikpaketen (SAS, STATA, SYSTAT)
- aus Datenbanksystemen (diverse SQL, Access, Dbase)
- einfache Textdateien (mit fixen und variablen Spaltenbreiten, CSV)

Wir wollen hier die beiden in der Praxis wohl am häufigsten auftretenden Situationen behandeln: Excel-Dateien und reine Textdateien (TXT, DAT, CSV). Für den Import aus Datenbanken (hier steht ein eigener Datenbank-Assistent zur Verfügung) sowie aus anderen Statistikpaketen sei auf die SPSS-Hilfe bzw. auf die Tutorials unter Hilfe ▷ Lernprogramm ▷ Einlesen von Daten verwiesen, wo auch die im Folgenden beschriebenen Möglichkeiten detaillierter behandelt werden.

3.10.1 Import von Excel-Dateien

Um Excel-Dateien einzulesen, wechseln Sie ins Untermenü

SPSS

Datei
  Öffnen
    Daten

Wählen Sie aus der Drop-down-Liste unter Dateityp: Excel (*.xls) und dann eine Datei aus der Liste aus. Wenn die erste Zeile der Excel-Datei Spaltenüberschriften bzw. Labels enthält, klicken Sie auf Variablennamen aus ersten Dateizeile lesen. Bei Dateien aus Excel 5 oder nachfolgenden Versionen können Sie außerdem bestimmen, aus welchem Arbeitsblatt Sie Daten übernehmen wollen.

Die Spaltenüberschriften aus der Excel-Datei werden als Variablennamen verwendet. Wenn eine Änderung erforderlich ist (z. B. wegen Leerzeichen zwischen Wörtern), wird der Name entsprechend angepasst, die ursprüngliche Spaltenüberschrift bleibt als Variablenlabel erhalten. Wenn die Zelle in der Spaltenüberschrift leer ist, wird ein *Default-Wert* (z. B. `V1`) zugewiesen.

HINWEIS

Achten Sie darauf, dass nur Daten eines bestimmten Typs (am besten nur numerisch) in einer Spalte vorkommen. Wenn eine Spalte in einer Datei aus Excel 5 oder nachfolgenden Versionen Daten mit verschiedenen Typen enthält (beispielsweise sowohl numerische als auch String-Daten), werden die Datenwerte in den Spalten als „String"-Daten eingelesen. Bei Dateien aus Excel 4 oder Vorgängerversionen wird Spalten mit gemischten Datentypen der Datentyp des ersten Datenwerts zugewiesen. Daten mit anderem Typ werden als systemdefiniert fehlend (oder bei String-Variablen als leer) ausgewiesen.

3.10.2 Import von Textdateien

Für den Import von Daten, die in einem einfachen Textformat gespeichert sind (das sind solche Dateien, die mit einem Texteditor wie z. B. Editor oder Notepad lesbar sind, also Dateien mit der Endung z. B. `.txt` oder `.csv`), steht in SPSS der Assistent für Textimport zur Verfügung. Der Aufruf erfolgt über:

SPSS

Datei
    Textdaten einlesen...

Hier wählen Sie die Datei, die den entsprechenden Dateityp: z. B. Text (*.txt, *.dat) aus. Zur Illustration verwenden wir die Daten der ersten fünf Variablen des schon vorher verwendeten Fragebogens. So könnte der Inhalt einer Datei mit Namen `uebungsfragebogen_5var.txt` aussehen (hier nur die ersten drei Zeilen):

```
ID,SEX,LIEBALT,GROESSE,MONATE
109,1,2,173,266
16,1,3,166,241
...
```

Hat man mit Öffnen die Datei gewählt, startet der Assistent für Textimport. Hier werden jetzt sechs Schritte durchlaufen, in denen alles Notwendige festgelegt wird. Der Assistent macht hierbei (mehr oder weniger intelligente) Vorschläge.

Schritt 1:

Die Datendatei wird in einem Vorschaufenster angezeigt. Sie könnten hier noch ein vordefiniertes (früher im Textimport-Assistenten gespeichertes) Format festlegen, was für uns aber nicht gilt, da wir ein neues Format definieren werden.

Schritt 2:

Hier wird definiert, in welcher Form die Daten in der Textdatei gespeichert sind. Wichtig ist die Unterscheidung Festes Format und Variables Format. Festes Format bedeutet, dass sich jede Variable in der gleichen Spaltenposition für jeden Fall befindet. Variables Format bzw. Mit Trennzeichen bedeutet, dass Leerzeichen, Kommas, Tabulatoren oder andere Zeichen zum Trennen der Variablen bzw. der einzelnen Werte verwendet werden. Die Variablen müssen für jede Beobachtungseinheit (Fall) in derselben Reihenfolge gespeichert sein, befinden sich aber nicht notwendigerweise an derselben Spaltenposition. In unserem Beispiel ist die Datendatei mit Trennzeichen, nämlich Komma, versehen. Weiters ist anzugeben, ob die erste Zeile die Variablennamen enthält. Wenn das nicht der Fall ist, kann man in Schritt 5 Namen vergeben.

Schritt 3:

In Schritt 3 werden die Informationen zu den Zeilen (Beobachtungseinheiten) definiert. Im vorhergehenden Schritt wurde entschieden, ob die erste Zeile der Datei die Variablennamen enthält. Falls ja, dann geben Sie in diesem Schritt an, dass die Datenwerte in der zweiten Zeile beginnen, sonst beginnen Sie in der ersten. Außerdem legen Sie hier fest, wie viele Variablen für jeden Fall eingelesen werden müssen. Das ist vor allem wichtig, wenn es mehrere Zeilen pro Beobachtungseinheit gibt. In unserem Beispiel sind alle Datenwerte für einen Fall in einer Zeile aufgezeichnet. (Achtung: Wenn nicht alle Zeilen die gleiche Anzahl von Werten enthalten, schlägt SPSS hier als Anzahl der Variablen die Zahl vor, die sich aus der Zeile mit den meisten Datenwerten ergibt.) Weiters kann man hier entscheiden, wie viele Fälle eingelesen werden sollen oder ob man eine bestimmte Anzahl Zeilen oder eine Zufallsstichprobe importieren möchte.

Schritt 4:

In Schritt 4 zeigt der Textimport-Assistent einen Vorschlag an, der zeigt, wie die Variablen aus der Datendatei eingelesen werden. Sie können diesen Vorschlag ändern. In unserem Beispiel würde der Textimport-Assistent richtig erkennen, dass Kommas zum Trennen der Datenwerte eingesetzt wurden. (Achtung: Aufeinanderfolgende Trennzeichen würden fehlende Daten kennzeichnen. Bei z. B. durch Kommas getrennten Werten bedeutet dies, dass zwei Kommas, die keinen Datenwert umschließen, einen fehlenden Wert darstellen. Gefährlich kann das werden, wenn das Trennzeichen als Leerzeichen definiert ist und sich zwischen den einzelnen Werten eine variable Zahl solcher Leerzeichen befindet. In solch einem Fall sollte man diese zuerst in einem Texteditor entfernen, indem man z. B. solange zwei Leerzeichen durch Suchen/Ersetzen auf ein Leerzeichen ändert, bis man alle Stellen mit mehreren Leerzeichen hintereinander entfernt hat.) Es können hier auch mehrere verschiedene Zeichen als Trennzeichen definiert werden (z. B. Komma und Leerzeichen).

Schritt 5:

In Schritt 5 legen Sie fest, welches Datenformat der Textimport-Assistent beim Einlesen für die Variablen verwendet – numerisch, String etc. Die Festlegungen hier entsprechen den Definitionen, wie sie auch im Abschnitt 3.3 bei der Beschreibung der Variablenansicht als Variablentyp behandelt wurden. Um das vom Textimport-Assistenten vorgeschlagene Format einer Variablen zu ändern, klicken Sie in der Datenvorschau auf den Variablennamen (erste Zeile) und wählen aus der Drop-down-Liste bei Datenformat: dann ein Format (z. B. Numerisch) aus. Man kann im fünften Schritt auch noch entscheiden, welche Variablen in der endgültigen Datendatei enthalten sein werden. Um eine Variable aus der importierten Datendatei auszuschließen, klicken Sie wieder in der Datenvorschau auf den Variablennamen und wählen aus der Drop-down-Liste die Option Nicht importieren aus.

Schritt 6:

Im letzten Schritt können Sie Ihre Angaben speichern, um eventuell vergleichbare Dateien mit Textformat einlesen zu können. Sie können auch die zugrunde liegende Befehlssyntax einfügen und speichern (siehe dazu auch den nächsten Abschnitt). Wenn Sie mit dem Einlesen der Datei beginnen möchten, klicken Sie auf [Fertigstellen].

HINWEIS

Abschließende Anmerkung: Ganz allgemein gilt: Wenn Sie Daten aus anderen Anwendungen übernommen haben, sollten Sie in der Datenansicht zunächst nachsehen, ob alles auch so funktioniert hat, wie Sie sich das vorstellen. Wichtig ist es, in der Variablenansicht sicherheitshalber noch einmal zu kontrollieren, ob alle Variablendefinitionen akzeptabel sind. Dies betrifft besonders die letzte Spalte Messniveau!

3.11 Verwenden der Programmsprache (SYNTAX)

Die SPSS-Kommandosprache ist das, was im Hintergrund in SPSS abläuft, wenn Sie über Menüs und Dialogfenster bestimmte Arbeitsschritte durchführen. Tatsächlich war die Verwendung dieser Befehle früher, vor der Version 6, die einzige Möglichkeit, SPSS zu verwenden. Obwohl man meistens mit der gewohnten Oberfläche auskommt (Ausnahmen werden unten beschrieben), kann es doch ganz nützlich sein, ein paar grundlegende Aspekte zu kennen und sie gegebenenfalls auch anwenden zu können.

Im Wesentlichen besteht SPSS aus zwei Komponenten:

Benutzeroberfläche: Hier geben wir unsere Anweisungen ein und bekommen die Ergebnisse bereitgestellt. Wir können der Benutzerschnittstelle unsere Anweisungen in Form von ausgefüllten Dialogboxen oder als Folge von SPSS-Kommandos übergeben.

SPSS-Prozessor: Die Benutzerschnittstelle gibt unsere Anweisungen (indirekt oder direkt) in Form von SPSS-Kommandos an den Prozessor weiter, der im Hintergrund arbeitet. Wir erfahren übrigens in der Statuszeile der SPSS-Fenster (ganz unten), was der Prozessor gerade treibt. Wenn wir ein ausgefülltes Dialogfenster mit [OK] schließen, führt der SPSS-Prozessor also im Hintergrund das entsprechende Kommando aus.

Das Syntax-Fenster

In fast allen SPSS-Dialogboxen können über die Standardschaltfläche [Einfügen] die zugrunde liegenden SPSS-Kommandos produziert werden. Diese werden dann *nicht* ausgeführt, sondern in ein sogenanntes Syntax-Fenster, den **SPSS Statistics Syntax-Editor**, übertragen. Auf den ersten Blick funktioniert der Syntax-Editor (weitgehend) wie ein normaler Texteditor und wir wollen hier auch nicht auf allzu viele Details eingehen. (Auf den zweiten Blick hat man es hier nämlich mit einem mächtigen Programmeditor zu tun, der vor allem dann gute Dienste leistet, wenn man sehr umfangreiche, komplexe und wiederholte Aufgaben bewältigen möchte.) Hier können Sie beliebige Kommandos zu einer Sequenz ansammeln, nach Bedarf einzeln oder geschlossen ausführen lassen und schließlich in einer Datei abspeichern. Später können Sie die Kommandos aus dieser Datei wieder laden und, eventuell nach manueller Überarbeitung, erneut ausführen lassen.

Als Beispiel wollen wir nochmals die Prozedur **Häufigkeiten** verwenden, die wir schon im Abschnitt 3.8 (Analysieren von Daten) kennengelernt haben.

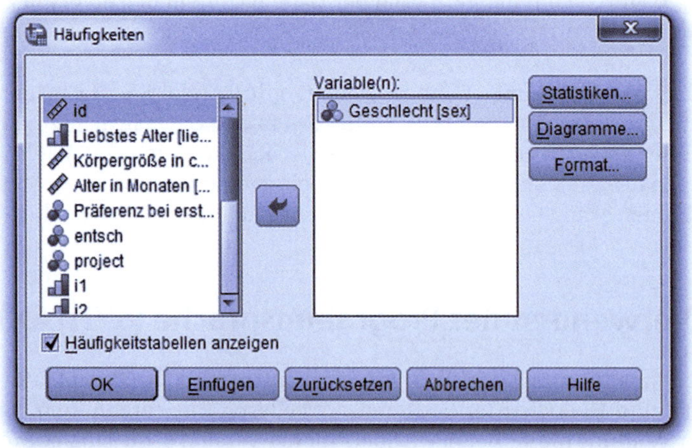

Abbildung 3.40: Dialogbox Häufigkeiten zur Variablenauswahl

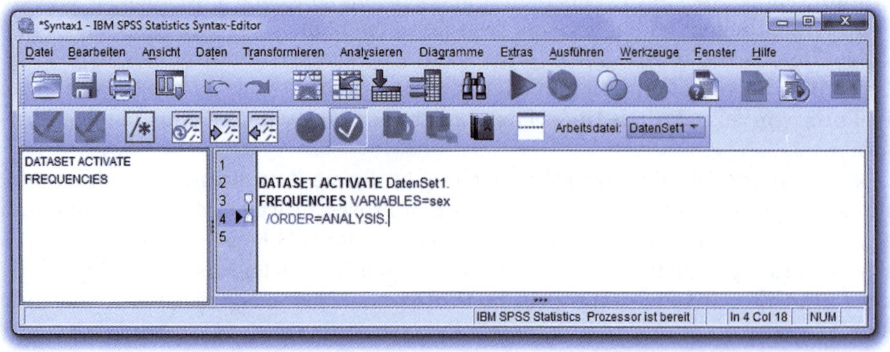

Abbildung 3.41: SPSS Statistics Syntax-Editor: Befehle zur Erzeugung von Häufigkeitstabellen

Über

SPSS

> Analysieren
> Deskriptive Statistiken
> Häufigkeiten. . .

kommt man in das Dialogfenster Häufigkeiten, wo schon `sex` als zu beschreibende Variable definiert ist (► Abbildung 3.40).

Wenn man jetzt auf [Einfügen] klickt, öffnet sich der **SPSS Statistics Syntax-Editor** (► Abbildung 3.41), in dem das Kommando FREQUENCIES (für Häufigkeiten), so wie wir es spezifiziert haben und wie es im Hintergrund ablaufen würde, eingefügt ist. Das ist das gleiche Kommando, wie wir es im Abschnitt 3.8 ausgeführt haben. Hierbei ist FREQUENCIES das eigentliche Kommando, mit den beiden Subkommandos VARIABLES und ORDER, getrennt durch „/" und, wie bei allen Kommandos, abgeschlossen mit einem *Punkt*.

Im VARIABLES-Subkommando werden die Variablen angeführt, für die wir die Häufigkeiten berechnet haben wollen. Das ORDER-Subkommando ist hier eigentlich unnötig, mit dem Schlüsselwort ANALYSIS wird nur festgelegt, dass im Output zuerst

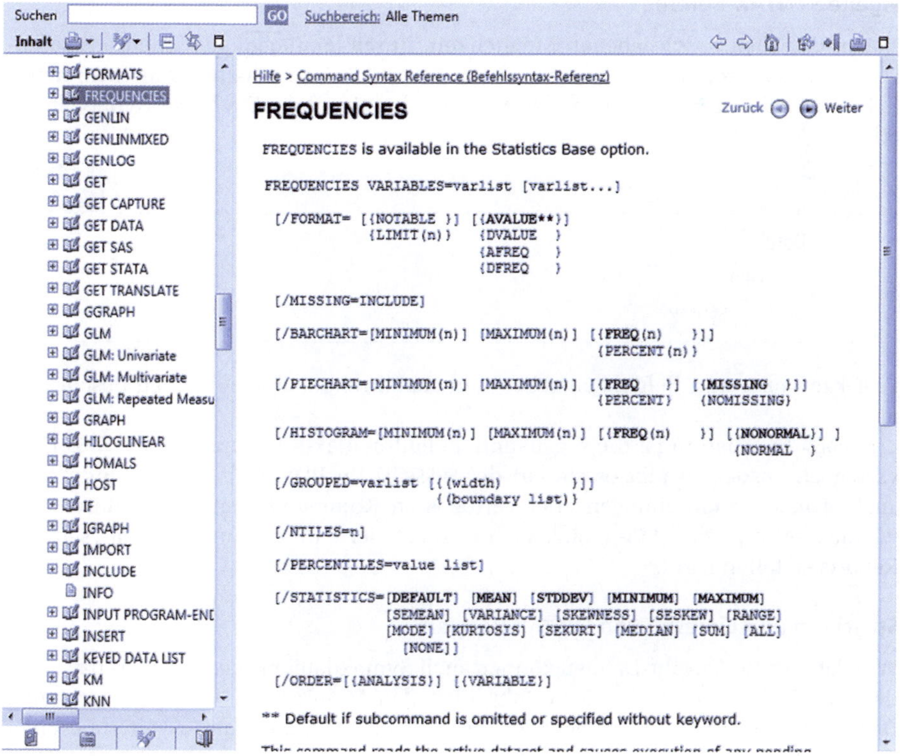

Abbildung 3.42: Hilfe zur Syntax für den Befehl FREQUENCIES (Häufigkeiten)

alle Tabellen und nachher alle Grafiken (die hier aber nicht angefordert sind), dargestellt sein sollen. Der (hier ebenfalls nicht notwendige) Befehl DATASET ACTIVATE DataSet0. dient dazu, den Datensatz zu spezifizieren, für den man die darauf folgenden Berechnungen durchführen will. Dieser Befehl wird benötigt, wenn man mehrere verschiedene Datenfiles in SPSS gleichzeitig geöffnet hat.

Alle möglichen Subkommandos (und das sind mehr als man über die Menüsteuerung angeben könnte) erhält man durch Klick auf das Icon Hilfe zu Syntax.

In ► Abbildung 3.42 ist beispielshaft die Referenz zum Befehl FREQUENCIES dargestellt.

Ausführen eines SYNTAX-Kommandos

Hat man nun ein oder mehrere Kommandos im Syntax-Editor, kann man diese von SPSS abarbeiten lassen, genauso wie wenn man in einem Dialogfenster auf [OK] geklickt hätte. Hierzu gibt es mehrere Möglichkeiten.

Die einfachste ist es, jenes Kommando (im rechten, großen Feld) mit der Maus zu markieren, das man ausführen will. Dann klickt man auf das Icon Auswahl ▶.

Alternativ dazu gibt es den Menüpunkt Ausführen. Dort kann man zwischen verschiedenen Möglichkeiten wählen, welche Befehle abgearbeitet werden sollen. In jedem Fall erhält man im Ausgabefenster die Resultate genauso, als hätte man sich durch die entsprechenden Menüs und Dialogfenster geklickt.

Eigene SYNTAX-Befehle

Neben der eben beschriebenen Möglichkeit, durch [Einfügen] aus einem Prozedur-Dialogfenster das jeweilige Kommando im Syntax-Editor zu erhalten, kann man natürlich auch selbst die entsprechenden Kommandos eingeben. Ein leeres Syntaxfenster erhält man über

SPSS

- Datei
  - Neu
    - Syntax

Hier kann man nun Befehle eingeben und ausführen, analog zum oben Beschriebenen.

Je nach Installation ist die sogenannte Befehlssyntax-Referenz über die SPSS-Hilfe verfügbar, ansonsten gibt es sie auf der SPSS-CD im PDF-Format. Dort findet man ausführliche Beschreibungen aller verfügbaren Kommandos und Prozeduren und wie man mithilfe der SPSS-Syntax auch automatisierte Berechnungen, Analysen und Reports erstellen kann.

Speichern und Einlesen von SYNTAX-Dateien

Wie Daten- bzw. Output-Dateien können auch Syntaxdateien abgespeichert bzw. wieder eingelesen werden. Beides erfolgt über den Menüpunkt Datei und dort unter Öffnen bzw. Speichern oder Speichern unter... Die Standard-Dateierweiterung einer Syntaxdatei ist `.sps`.

Automatisches Protokollieren der Arbeit in SPSS

Eine sehr nützliche Verwendungsmöglichkeit von SYNTAX ist es, Protokolle von „SPSS-Sitzungen" automatisch anfertigen zu lassen. Dazu gibt es zwei Möglichkeiten:

- Man kann zu jedem Output, den man erzeugt, das zugehörige SPSS-Kommando dazufügen lassen. Diese Möglichkeit lässt sich unter

SPSS

Bearbeiten
  Optionen
    Viewer

einstellen, wenn man links unten das Feld: **Befehle im Log anzeigen** markiert.

- Alles, was man im Verlauf einer SPSS-Sitzung tut, kann auch in eine Datei in Form der Syntaxkommmandos abgespeichert werden. Das kann man unter

SPSS

Bearbeiten
  Optionen
    Datei-Speicherstellen

festlegen, wo man bei **Sitzungs-Journal** (links) verschiedene Einstellungen treffen kann (wie der Dateiname des Protokolls, ob die Protokollierung jedes Mal neu angelegt wird etc.). Die Standard-Dateierweiterung einer solchen Protokoll- oder Journaldatei ist `.jnl`.

3.12 Hilfe zu einzelnen Prozeduren, Tutorials und Links

Unter **Hilfe** findet man in SPSS die folgenden Untermenüpunkte (► Abbildung 3.43). Die wichtigsten sind:

- **Themen** – die SPSS-Hilfefunktionen, die man in jedem SPSS-Fenster über **Hilfe ▷ Themen** erreicht bzw. die als **Schaltflächen** in nahezu jedem **Dialogfenster** verfügbar sind, sind sehr ausführlich und meistens hilfreich. Sie können immer auf die Registerkarten **Inhalt**, **Index** und **Suchen** zugreifen und finden dann allgemeine Informationen und Verknüpfungen zu verwandten Themen.
- Das **Lernprogramm** gibt zu den wichtigsten Funktionen von SPSS kurze, ablaufartige Darstellungen. Diese sind (nicht nur) für einen ersten Einstieg gut geeignet.
- **Fallstudien** sind ähnlich strukturiert wie das Lernprogramm. Zu ausgewählten Statistikprozeduren gibt es ein kurze Einführung und ein durchgerechnetes Beispiel. Manche dieser Fallstudien sind sehr ausführlich. Leider gibt es nicht zu allen SPSS-Prozeduren solche Fallstudien. Eine Gefahr besteht allerdings darin (und das gilt für Programme wie SPSS generell), dass einem die Methoden relativ einfach

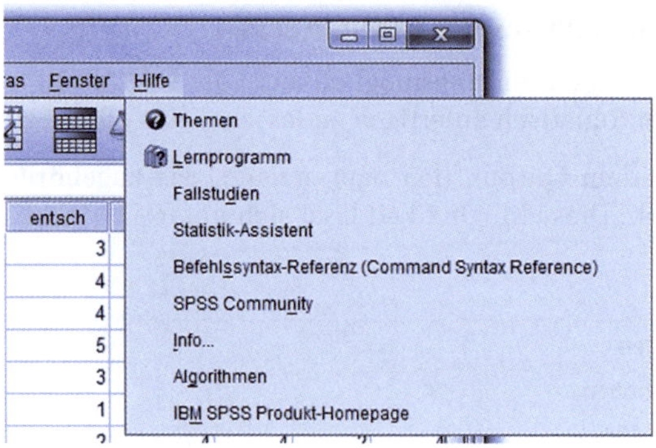

Abbildung 3.43: Menüpunkt Hilfe: Auswahlliste

vorkommen, man auch leicht Daten mit verschiedensten Prozeduren analysieren kann, in Wirklichkeit aber das tiefere Verständnis fehlt und man leicht völlig unzutreffende Ergebnisse erhält und daraus womöglich falsche Schlussfolgerungen zieht. Daher die Warnung, dass man nur solche Ergebnisse interpretieren und verwenden sollte, bei denen man auch die dahinterliegende statistische Methodik versteht.

- Der Statistik-Assistent ist (nicht zuletzt aus obigen Überlegungen) der eher missglückte Versuch, einen Laien zur richtigen Analysemethode zu geleiten. Nicht zu empfehlen.
- Ob die Befehlssyntax Referenz (sehr komplett und umfangreich!) direkt verfügbar ist, hängt von der jeweiligen Installation ab. Jedenfalls findet sie sich auf der SPSS-CD.
- Die Algorithmen (auch sehr komplett und umfangreich!) enthalten alle Details und statistischen Formeln, wie die einzelnen Prozeduren funktionieren. Man kann dort nachsehen, wenn man etwas wirklich genau wissen möchte. Wie bei der Befehlsreferenz hängt die direkte Verfügbarkeit von der jeweiligen Installation ab (sonst finden sie sich auch auf der SPSS-CD).
- Auf der SPSS-Homepage (http://www.spss.com/de/) bzw. Developer Central (http://www.spss.com/devcentral/) muss man sich erst zurechtfinden, es gibt aber Tutorials und „White Papers" zu speziellen Inhalten, natürlich einen Download-Bereich mit einer Demoversion der jeweils aktuellsten SPSS-Version und vieles mehr. Ein Besuch dieser Seite lohnt sich immer, für manche Inhalte muss man sich allerdings registrieren.

Zusätzlich zum Hilfemenü gibt es:

- Hilfe in den einzelnen Pozeduren (kontextsensitive Hilfe): In den meisten Dialogfeldern kann man über die Schaltfläche [Hilfe] das entsprechende Hilfethema für das Dialogfeld direkt aufrufen. Man findet dann allgemeine Informationen und Verknüpfungen zu verwandten Themen.
- Hilfe zu Ergebnissen in Tabellenform über das Kontextmenü: Wenn man mit der rechten Maustaste auf Begriffe einer aktivierten (d. h. nach Doppelklick oder im Tabellen-Editor) Tabelle klicken und dann Direkthilfe aus dem Kontextmenü auswählen, erhalten Sie eine Definition dieser Begriffe. Klickt man z. B. auf den

Begriff Häufigkeiten im Tabellen-Editor wie in Abbildung 3.32, erscheint folgender Text (► Abbildung 3.44):

Die Anzahl der Fälle, die für eine Variable einen bestimmten Wert (oder Wertebereich) aufweisen.

Abbildung 3.44: Beispiel zur Hilfe über das Kontextmenü

- Im Syntax-Editor erhält man Hilfe zu allen Kommandos, Subkommandos und Optionen wie in Abschnitt 3.11 beschrieben.

Anmerkung: Eine besonders empfehlenswerte Webseite ist Raynald's SPSS Tools (http://www.spsstools.net/). Hauptzweck der Seite ist „to present useful code and techniques to increase productivity of all level of SPSS users". Man findet dort FAQs, Tutorials, Newbie's Corner, Scripts, weitere Links und vieles mehr. Ein ausgezeichnetes Nachschlagewerk stammt von Bühl (2012), in dem die Leserin bzw. der Leser weiterführende und detaillierte Informationen zu SPSS finden kann.

3.13 Zusammenfassung der Konzepte

Die folgenden Begriffe bzw. Methoden sollten Sie kennen und beherrschen, um erfolgreich eine statistische Analyse mit SPSS durchführen zu können.

- Kodierungsschema: Festlegen von Variablennamen und eventuell Zahlen für Kategorien
- Variablenlabel: Langbezeichnung für Variablen (wird dann im Output verwendet)
- Wertelabel: Bezeichnungen für Kategorien.
- Messniveau: der Typ einer Variable, der in SPSS nominal, ordinal oder metrisch definiert sein kann
- Datenkontrolle: Methoden zur Prüfung der (eingegebenen) Daten auf Plausibilität
- Transformationen: Berechnen neuer Variablen bzw. Umkodieren, d. h. die Einteilung der Werte einer (bestehenden) Variable in neue Kategorien
- Gewichten von Fällen: Ausmaß, mit der eine bestimmte Variable oder Variablenkombination in eine Berechnung eingeht. Dies ist besonders bei der Verarbeitung von kategorialen Variablen in Tabellenform wichtig.

Die Dateneingabe und Verwaltung bzw. die Ausgabe und deren eventuelle Modifikation erfolgt in SPSS in zwei verschiedenen Fenstern, dem Daten-Editor und dem SPSS-Viewer (die automatisch geöffnet werden). Dies sind die beiden wichtigsten Elemente der grafischen Benutzeroberfläche. Darüberhinaus gibt es für fortgeschrittene Anwendungen weitere Bedienelemente wie z. B. den Syntaxeditor.

3.14 Übungen

Verwenden Sie für die folgenden Aufgaben die Datei `bankangestellte.sav`.

1. Kodieren Sie die Variable `age` um in eine neue Variable mit dem Namen `agegrp`, so dass `agegrp=1`, wenn `age` 30 ist oder kleiner, `agegrp=2`, wenn `age` zwischen 30 und 45 ist, und `agegrp=3`, wenn age über 45 ist. Erstellen Sie für die neue Variable ein Balkendiagramm.

2. Kategorisieren Sie die Variable `ausbild`, indem Sie Umkodieren verwenden, und vergleichen Sie diese neue Variable für die verschiedenen Jobkategorien (`tätig`). Damit eine Kategorisierung sinnvoll durchgeführt werden kann, sollte man zuerst mit Hilfe der Prozedur Häufigkeiten eine Häufigkeitsverteilung erzeugen. Daraus kann man erkennen, wie man am besten in Kategorien trennen könnte.

3. Erzeugen Sie eine vierstufige neue Variable `sexmind`, die als Kategorien die Kombinationen von Geschlecht (`sex`) und Minderheit (`mind`) definiert. Vergeben Sie Wertelabels.

4. Erzeugen Sie eine neue Variable, welche die Variable Anfangsgehalt, `agehalt`, und das derzeitige Gehalt, `gehalt`, kategorisiert, und zwar in Abstufungen von 5000er Intervallen. (Man könnte die Prozedur Häufigkeiten oder Explorative Datenanalyse verwenden, um das minimale und maximale Anfangsgehalt herauszufinden.) Bilden Sie eine Kreuzklassifikation der neuen Variable mit der Variable `sexmind`, um herauszufinden, welche Geschlecht/Minderheiten-Kombination die am besten bezahlte Gruppe im Vergleich zur am schlechtesten bezahlten Gruppe darstellt.

5. Verwenden Sie die ursprünglichen Gehaltsvariablen zur Berechnung des Gehaltsanstiegs, indem Sie `gehalt` von `agehalt` abziehen. Kategorisieren Sie die so entstandene neue Variable (in vernünftige Kategorien) und erstellen Sie eine Kreuztabelle, die anzeigt, bei welcher Geschlecht/Minderheiten-Kombination der Gehaltszuwachs am größten bzw. am niedrigsten war.

6. Speichern Sie den aktuellen Inhalt des Daten-Editors, um eine Kopie der Bankdaten zu erstellen, in der die neuen Variablen enthalten sind. Diese Datei könnte z. B. `bankneu.sav` genannt werden.

Die Datendatei sowie Lösungen finden Sie auf der Webseite des Verlags.

TEIL I

Kategoriale Daten

Eine kategoriale Variable

4

ÜBERBLICK

Kategoriale Daten entstehen durch die Klassifikation von Beobachtungen in Kategorien. Meistens wird die interessierende Information dadurch gewonnen, dass ausgezählt wird, wie oft bestimmte Kategorien vorkommen. Dadurch können Häufigkeitsverteilungen und Prozentsätze berechnet werden. Dieses Kapitel beschäftigt sich damit, wie man prüfen kann, ob beobachtete Häufigkeiten mit bestimmten Annahmen übereinstimmen. Es werden die Grundlagen statistischen Testens besprochen. Weiters wird behandelt, wie man für einen Prozentsatz, den man aus einer Stichprobe gewonnen hat, Bereiche emittelt, von denen man annehmen kann, dass sie mit einer bestimmten Sicherheit den wirklichen Prozentsatz, wie er in der Population vorkommt, enthält. Dieses Kapitel legt die Basis zum Verständnis der Inferenz- oder schließenden Statistik.

4.1 Einleitung

Kategoriale Information erhält man, wenn etwas (ein Merkmal oder Charakteristikum), das man an verschiedenen Personen, Unternehmen, Pflanzen etc. (also Beobachtungseinheiten) registriert, in eine von mehreren Kategorien fällt. Dieser Prozess kann unterschiedlich verlaufen. Es können die Kategorien schon von vorneherein feststehen und man braucht seine Beobachtungen nur mehr entsprechend zuzuordnen. Oder aber man sammelt die Information zunächst in freier Form (z. B. offene Fragen in einem Fragebogen), um anschließend nach einem Kategorisierungsschema (das man eventuell erst entwickeln muss) die Beobachtungen zuzuteilen. Diese beiden Vorgänge könnte man auch als KLASSIFIKATION bezeichnen.

Etwas anders verläuft der Prozess der AGGREGATION. Der Begriff kommt aus dem Lateinischen und bedeutet Anhäufung oder Vereinigung. Hier werden schon vorhandene Daten in einfachere, zusammenfassendere Strukturen transformiert. Zum Beispiel kann man die Körpergröße von Personen, die man in cm gemessen hat, zu drei Kategorien aggregieren, nämlich klein, mittel und groß. Oder, bei zugrunde liegender kategorialer Information, kann man z. B. die Berufe Tischler, Maurer etc. in die Berufskategorie Handwerker zusammenfassen. Das Resultat einer Aggregation ist also oft eine Reihe von Kategorien einer Variable. Im Extremfall, besonders bei metrischen Daten, kann aber auch eine einzelne Maßzahl das Ergebnis sein, wenn z. B. die durchschnittliche Geburtenrate für ein Land bestimmt wird. Der Exkurs 4.1 illustriert am Beispiel von Berufen in Deutschland solche Vorgänge.

Wenn man nun kategoriale Daten erhoben oder mittels Klassifikation bzw. Aggregation gewonnen hat, geht es darum, diese Information in geeigneter Weise aufzubereiten, um die enthaltene Information erfassen, untersuchen und weitervermitteln zu können.

Der Vorgang hierbei ist das Auszählen, d. h., man zählt ab, wie oft Kategorie 1, Kategorie 2 etc. ingesamt vorkommt. Das Resultat dieser Auszählung nennt man *Häufigkeit* oder *absolute Häufigkeit.*

(Absolute) Häufigkeit
ist die Zahl, die zustande kommt, wenn man abzählt, wie oft eine bestimmte Kategorie in Daten vorkommt.

Eng verbunden mit dem Begriff absolute Häufigkeit ist die

(Absolute) Häufigkeitsverteilung
ist eine Zusammenstellung (tabellarisch oder grafisch), wie oft einzelne Kategorien einer Variable in einer Stichprobe (oder auch der Population) vorkommen.

Bezieht man die absolute Häufigkeit auf die Gesamtanzahl von Beobachtungen, dann erhält man relative Häufigkeiten oder Anteile.

Relative Häufigkeit oder Anteil

$$\textit{relative Häufigkeit einer Kategorie} = \frac{\textit{absolute Häufigkeit}}{\textit{Gesamtanzahl von Beobachtungen}}$$

Anteile werden oft als Prozentsätze (also als Anteile von 100) angegeben, d. h.

Prozent

$$\textit{Prozentsatz einer Kategorie} = \textit{relative Häufigkeit} \times 100$$

Während Angaben von Anteilen in Prozentsätzen leichter zu lesen sind und auch allgemein üblich verwendet werden, hat die Darstellung mittels relativer Häufigkeiten den Vorteil, dass dadurch deren enge Verwandtschaft mit Wahrscheinlichkeiten ausgedrückt wird. Relative Häufigkeiten liefern (wenn zusätzlich die Gesamtzahl von Beobachtungen angegeben wird) die bedeutsamste Information, die man aus Daten gewinnen kann. Dies gilt nicht nur für kategoriale Daten. Auf diese Punkte werden wir später noch eingehen.

Exkurs 4.1 Wie kommt kategoriale Information zustande?

Beispiel: Berufe in Deutschland

Die simple Frage *Was arbeiten die Menschen eigentlich so?* ist gar nicht so einfach zu beantworten. Mögliche Quellen, wo man die entsprechende Information herbekommen könnte, sind die nationalen statistischen Behörden, für Deutschland das Statistische Bundesamt (www.destatis.de), für Österreich Statistik Austria (www.statistik.at), für die Schweiz das Bundesamt für Statistik (www.bfs.admin.ch) oder Eurostat als europäische Institution (ec.europa.eu/eurostat). Man könnte von einer dieser Quellen für Deutschland (2005) etwa folgende Grafik finden:

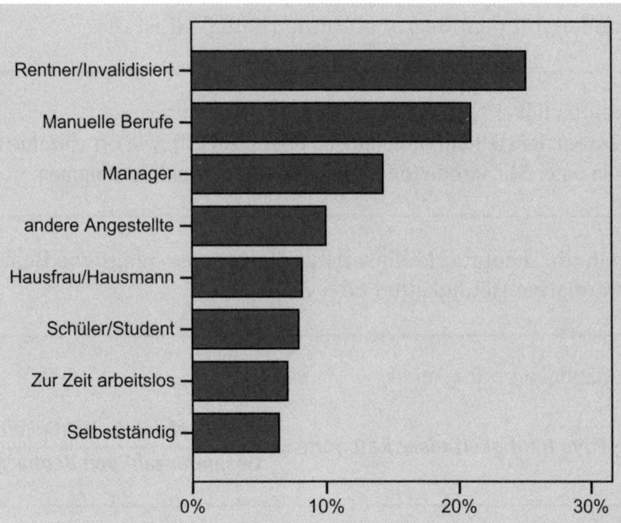

Die Grafik gibt einen guten Überblick, wie viel Prozent der Deutschen welcher Art von Tätigkeit nachgehen. Dieser Überblick ist allerdings aus zwei Gründen recht ungenau. Wenn wir wissen wollten, wie viele Personen tatsächlich selbstständig sind, müssten wir zunächst wissen, wie viele Personen insgesamt zur Erstellung der Grafik herangezogen worden waren (Kinder scheinen jedenfalls nicht dabei gewesen zu sein). Und zweitens kann man die angegebenen Prozentsätze nur ungefähr ablesen. Versuchen wir es dennoch. An anderer Stelle findet man auf der Webseite des deutschen statistischen Bundesamts, dass es im Jahr 2005 ca. 82 438 000 Einwohner in Deutschland gab, davon 11 649 800 Kinder und Jugendliche unter 16 Jahren. Für unsere Berechnung müssten wir als Gesamtzahl 70 788 200 verwenden. Laut Grafik sind etwa 7% selbstständig, insgesamt gab es also 2005 knapp 5 Millionen Selbstständige.

Wir sehen hier zwei verschiedene Arten der Angabe von Zahlen im Zusammenhang mit kategorialer Information, nämlich (absolute) Häufigkeiten, d. h., wie oft ist insgesamt eine Kategorie vorgekommen, und Anteilen (hier Prozentsätze), d. h., in welchem (relativen) Ausmaß kam eine bestimmte Kategorie im Verhältnis zu allen anderen Kategorien vor. Das eine Mal bezieht sich die Information nur auf eine bestimmte Kategorie (ohne die anderen zu berücksichtigen), das andere Mal erhält man indirekt auch Information über weitere Kategorien. Auf diese Unterscheidung werden wir noch näher eingehen.

Der vorherigen Grafik kann man entnehmen, dass ca. 10% als *andere Angestellte* bezeichnet werden. Was ist darunter zu verstehen? Aus den bisherigen Angaben ist dies nicht ohne Weiteres ersichtlich. Wir können annehmen, dass unter diesem Begriff eine größere Zahl von weniger häufig auftretenden Kategorien zusammengefasst wird. Solche Zusammenfassungen dienen der Übersichtlichkeit und der einfacheren Kommunizierbarkeit von wichtigen Informationsbestandteilen. Allerdings geht dabei natürlich ein Teil der ursprünglich vorhandenen Information verloren.

Tatsächlich wurde bei der Datenerhebung genauer gefragt.

1. Hausfrau/Hausmann und verantwortlich für den Haushaltseinkauf und den Haushalt (ohne anderweitige Beschäftigung)
2. Schüler/Student
3. Zur Zeit arbeitslos
4. Rentner/Pensionär/Frührentner/Invalidisiert

5. Landwirt
6. Fischer
7. Freie Berufe (z. B. Rechtsanwalt, Arzt, Steuerberater, Architekt usw.)
8. Ladenbesitzer, Handwerker usw.
9. Selbstständige Unternehmer, Fabrikbesitzer (Alleininhaber, Teilhaber)
10. Freie Berufe im Angestelltenverhältnis (z. B. angestellte Ärzte, Anwälte, Steuerberater, Architekten usw.)
11. Leitende Angestellte/Beamte, Direktor oder Vorstandsmitglied
12. Mittlere Angestellte/Beamte (Bereichsleiter, Abteilungsleiter, Gruppenleiter, Lehrer, Technischer Leiter)
13. Sonstige Büroangestellte/Beamte
14. Angestellte/Beamte ohne Bürotätigkeit mit Schwerpunkt Reisetätigkeit (Vertreter, Fahrer)
15. Angestellte/Beamte ohne Bürotätigkeit z. B. im Dienstleistungsbetrieb (Krankenschwester, Bedienung in Restaurant, Polizist, Feuerwehrmann)
16. Meister, Vorarbeiter, Aufsichtstätigkeit
17. Facharbeiter
18. Sonstige Arbeiter

Unter *andere Angestellte* wurden die Kategorien 13 und 14 zusammengefasst. Die mit etwa 15% relativ stark vertretene Gruppe der *Manager* umfasste die Kategorien 10 bis 12. Doch selbst diese feinere Gruppierung (wie sie in der Eurobarometerumfrage verwendet wird) kann in noch detailliertere Kategorien aufgeschlüsselt werden. So verwendet die deutsche Bundesagentur für Arbeit die vom deutschen statistischen Bundesamt entwickelte Berufssystematik, die auf der untersten Ebene 29 500 Berufsbezeichnungen definiert.

Anhand dieses Beispiels können wir einige Grundüberlegungen anstellen. Die Beobachtungseinheiten sind hier einzelne Personen. Die Variable, die beobachtet (bzw. aufgezeichnet) wurde, könnte man mit *berufliche Tätigkeit* bezeichnen. Die Ausprägung dieser Variable ist kategorial, d. h., es wurde jede einzelne Person gefragt, in welche der vorher festgelegten Kategorien sie fällt. Die Daten könnten folgendermaßen aussehen.

Person	Berufstätigkeit
1	Mittlere Angestellte/Beamte
2	Rentner/Invalidisiert
3	Hausfrau/Hausmann
4	Leitende Angestellte/Beamte
5	Mittlere Angestellte/Beamte
6	Sonstige Arbeiter
7	Rentner/Invalidisiert
⋮	⋮

Diese fiktive Liste enthält Einzelinformationen über die Art der Beschäftigung. Solch eine Liste nennt man *Rohdatenliste* und so ähnlich könnte auch eine Computerdatei aussehen, mittels derer die vorangegangene Grafik erstellt wurde. In dieser Art der Datendarstellung ist natürlich die meiste Information zu finden, zumal ja der Beruf jeder einzelnen Person verzeichnet ist. Allerdings kann man sich leicht vorstellen, wie lang diese Liste ist. Man muss daher die Daten reduzieren bzw. zusammenfassen, um die darin enthaltene Information untersuchen und weitervermitteln zu können.

4.2 Kommen alle Kategorien gleich häufig vor?

Fallbeispiel 1: Der gefährlichste Wochentag in New Jersey

Datenfile: `murder03.sav`

Die Kriminalstatistik für den US-Bundesstaat New Jersey im Jahr 2003 gab unter anderem die Zahl begangener Morde an einzelnen Wochentagen an. Die folgende Häufigkeitstabelle zeigt, wie viele Morde an den einzelnen Wochentagen verübt wurden.

So	Mo	Di	Mi	Do	Fr	Sa
53	42	51	45	36	37	65

Man sieht, dass die meisten Morde an Samstagen begangen wurden, gefolgt von Sonntag und Dienstag. Donnerstag und Freitag sind die Häufigkeiten geringer. Es stellt sich die Frage, ob tatsächlich eine größere Gefahr an Wochenenden bzw. am Dienstag besteht oder ob diese Häufungen nur zufällig sind.

Gibt es gefährlichere Wochentage oder ist es an allen Wochentagen gleich gefährlich, ermordet zu werden?

Bevor wir uns überlegen, wie man diese Frage beantworten kann, wollen wir einige Grundsätze besprechen, die bei der Analyse von Daten bzw. Fragestellungen beachtet werden sollten.

Im Beispiel der Morde an einzelnen Wochentagen ist die Grundstruktur der Daten relativ einfach. Trotzdem sind die Rohdaten sehr unübersichtlich. Nach Öffnen der Datei `murder03.sav` sieht man im **SPSS-Daten-Editor** und dort in der **Datenansicht** auszugsweise die ersten zehn von 329 Fällen.

Hier haben wir zwar die maximal zur Verfügung stehende Information, allerdings ist diese so nicht kommunizierbar. Wir benötigen also Methoden, wie wir die Inhalte kompakt darstellen können, ohne zu viel Information zu verlieren. Dies kann anhand von Grafiken oder numerischen Zusammenfassungen (z. B. Tabellen) geschehen. Die entsprechenden Methoden werden unter dem Begriff Datenbeschreibung oder deskriptive Statistik zusammengefasst und bestehen, je nach Datentyp, aus

	Wochentag
1	Dienstag
2	Dienstag
3	Sonntag
4	Dienstag
5	Sonntag
6	Mittwoch
7	Freitag
8	Freitag
9	Dienstag
10	Mittwoch

Abbildung 4.1: Die ersten zehn Fälle aus der Datei `murder03.sav` im Daten-Editor

spezifischen Verfahren. Numerische und grafische Beschreibung der Daten sollten immer der Ausgangspunkt bei der Analyse von Daten sein.

4.2.1 Numerische Beschreibung

Bei einfacher kategorialer Information zählen wir aus, wie häufig jede Kategorie auftritt und erhalten absolute Häufigkeiten. Dividieren wir diese noch zusätzlich durch die Gesamtanzahl an Beobachtungen, ergibt das die relativen Häufigkeiten. Wir können beide in Tabellenform darstellen und erhalten eine übersichtliche numerische Beschreibung des Datenmaterials, aus der schon einige Aspekte zur Beantwortung der Fragestellung ablesbar sind.

In SPSS würden wir folgendermaßen vorgehen:

SPSS

Analysieren
    Deskriptive Statistiken
        Häufigkeiten...
            markieren der Variable (`Wochentag`) [➡] Variable(n):
            [✓] Häufigkeitstabellen anzeigen
            [OK]

Diese Darstellung bedeutet:

Zunächst wählen wir aus dem Menü Analysieren den Untermenüpunkt Deskriptive Statistiken und dort Häufigkeiten (▶ Abbildung 4.2).

In der folgenden Dialogbox (▶ Abbildung 4.3) markiert man die darzustellende Variable (hier Wochentag) und bewegt sie mit einem Klick auf den mittleren Pfeil [➡] ins rechte Fenster. Nachdem man sich vergewissert hat, dass die Checkbox Häufigkeitstabellen anzeigen gewählt ist [✓], klickt man auf [OK].

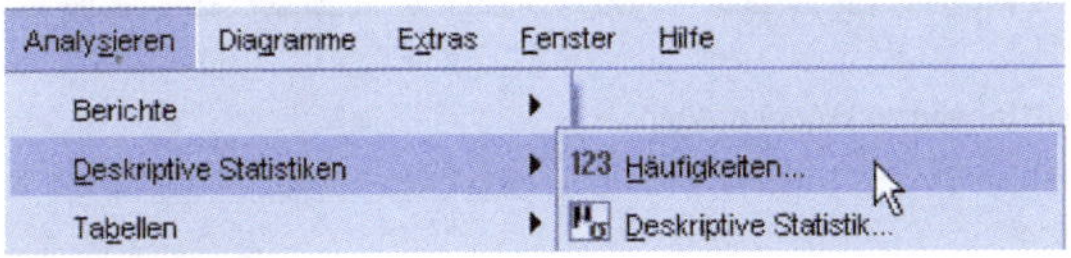

Abbildung 4.2: Auswahlmenü Häufigkeiten

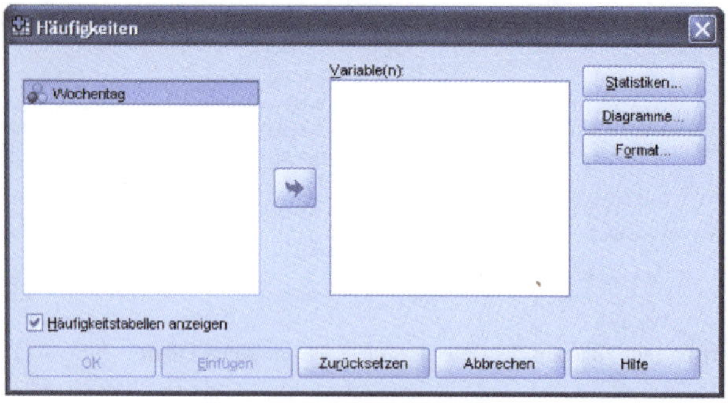

Abbildung 4.3: Dialogbox Häufigkeiten zur Variablenauswahl

Im SPSS-Viewer erscheint (nach einer kleinen Tabelle mit Angaben über gültige und fehlende Werte) das Resultat (► Abbildung 4.4)

Die ersten beiden Spalten zeigen die (absoluten) Häufigkeiten und Prozentwerte für die Anzahl an Morden an den einzelnen Wochentagen. Außerdem wird in der letzten Zeile die Gesamtanzahl 379 an Morden in New Jersey 2003 ausgegeben. Man sieht, dass an Samstagen und Sonntagen (eventuell auch noch Dienstag) die meisten Morde verübt werden, während die Zahl unter der Woche geringer ist.

Die Spalte gültige Prozent stimmt hier mit der Spalte Prozent überein, da in den Daten keine fehlenden Werte vorkommen. Die Spalte kumulierte Prozent ist bei nominalen Variablen sinnlos und kann hier ignoriert werden. Die Tabelle in Abbildung 4.4 ist nicht sehr übersichtlich und würde in dieser Form auch nicht in einer Publikation oder Präsentation verwendet werden, besonders nicht die beiden letzten Spalten (Exkurs 4.2). Glücklicherweise kann man in SPSS das Aussehen einer Tabelle modifizieren. Dies wird in Kapitel 3.9.1 beschrieben.

Wochentag

		Häufigkeit	Prozent	Gültige Prozente	Kumulierte Prozente
Gültig	Sonntag	53	16,1	16,1	16,1
	Montag	42	12,8	12,8	28,9
	Dienstag	51	15,5	15,5	44,4
	Mittwoch	45	13,7	13,7	58,1
	Donnerstag	36	10,9	10,9	69,0
	Freitag	37	11,2	11,2	80,2
	Samstag	65	19,8	19,8	100,0
	Gesamt	329	100,0	100,0	

Abbildung 4.4: Häufigkeitstabelle zu Wochentagen

4.2.2 Grafische Beschreibung

Der Spruch *Ein Bild sagt mehr als tausend Worte* klingt sehr abgedroschen, trotzdem stimmt er uneingeschränkt. Gerade dann, wenn Information klar gemacht und vermittelt werden soll, ist ein gute grafische Darstellung besonders wichtig. Bei kategorialen Daten haben sich einige Methoden bewährt, die hier beschrieben werden sollen.

Exkurs 4.2 Einige Prinzipien zur Erstellung guter Tabellen

Will man kategoriale Information in Form von Zahlenmaterial geeignet präsentieren, so wird man wohl kaum eine Darstellungsform wie in Abbildung 4.4 wählen, wie sie direkt in SPSS erzeugt wird. Folgende Punkte sollte man beachten:

- Eine Tabelle sollte für sich allein stehen können, d. h., alles Wichtige sollte ohne weitere Erklärung verständlich sein.
- Angabe eines geeigneten Titels und der Datenquelle
- Benennung der Kategorien (in SPSS Wertelabels)
- Bei ungeordneten Kategorien: diese nach ihrer Häufigkeit ordnen
- Angabe der Gesamtanzahl von Beobachtungen
- Zahlen runden (besonders Nachkommastellen nur angeben, wenn sie für das Verständnis der Größenordnung wichtig sind)
- Sehr große Tabelle eventuell in Teiltabellen zerlegen
- Keine vertikalen Linien zeichnen

Die Tabelle aus Abbildung 4.4 könnte dann so aussehen:

Verteilung begangener Morde nach Wochentagen in New Jersey, 2005[a]

	Sonntag	Montag	Dienstag	Mittwoch	Donnerstag	Freitag	Samstag	Gesamt
Häufigkeit	53	42	51	45	36	37	65	329
Prozent	16	13	16	14	11	11	20	

a. Quelle: http://www.njsp.com

Balkendiagramm (Bar Chart)

Diese Darstellungsweise ist wohl die wichtigste grafische Methode bei kategorialen Daten. Bei einem Balkendiagramm werden die Kategorien auf der x-Achse und die absoluten oder relativen Häufigkeiten auf der y-Achse aufgetragen, wobei die Höhe der einzelnen Balken den Häufigkeiten in den einzelnen Kategorien entspricht. Um zu veranschaulichen, dass die darzustellende Variable kategorial ist, lässt man einen kleinen Leerraum zwischen den Balken (man macht dies im Gegensatz zu einem sogenannten Histogramm, das wir später besprechen werden). Manchmal findet man auch die beiden Achsen vertauscht vor (Exkurs 4.1), an der Information, die man aus solch einer Grafik ablesen kann, ändert sich dadurch aber nichts.

Für unser Beispiel der Morde nach Wochentagen erzeugt man ein Balkendiagramm in SPSS folgendermaßen:

SPSS

Diagramme
Diagrammerstellung... [OK]
in Galerie *auswählen von* Balken
Doppelklick auf linkes oberes Galeriediagramm [einfache Balken]
(die Vorschau erscheint in der Zeichenfläche)
Variable `Wochentag` *in das Feld* X-Achse? *ziehen*
[OK]

Das Resultat findet man wieder im SPSS-Viewer (► Abbildung 4.5).

Am Balkendiagramm in Abbildung 4.5 sieht man (vielleicht noch besser als in der Häufigkeitstabelle), dass Samstag der gefährlichste Tag ist, gefolgt von Sonntag und Dienstag.

HINWEIS

Mit Balkendiagrammen (aber ganz allgemein mit Grafiken) kann man gut lügen. Indem man die Skala ändert, könnte man die Daten aus unserem Beispiel leicht viel dramatischer erscheinen lassen (► Abbildung 4.6). Plötzlich sieht der Samstag viel gefährlicher aus als vorher. Solche (bewusst oder unbewusst) manipulativen Veränderungen der Information findet man häufig in den Medien oder in Präsentationen. Achten Sie einmal darauf. Jedenfalls sollte bei einfachen Balkendiagrammen die Skala immer bei null beginnen. Tritt der Fall ein, dass aus irgendwelchen Gründen die reskalierte Form verwendet wird, dann sollte man zumindest darauf hinweisen.

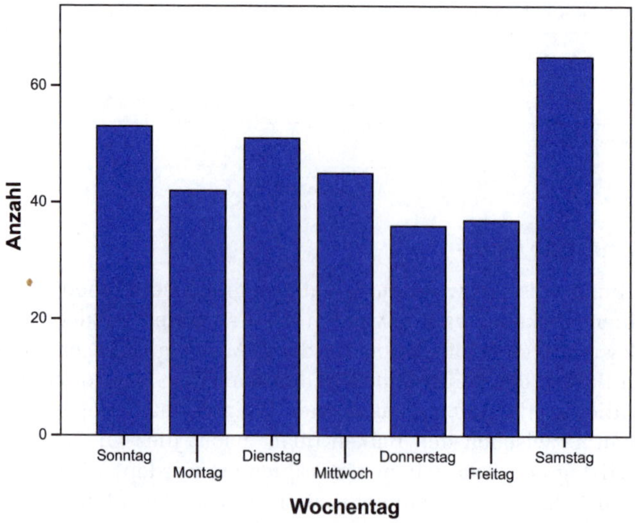

Abbildung 4.5: Balkendiagramm für die Anzahl von Morden nach Wochentagen

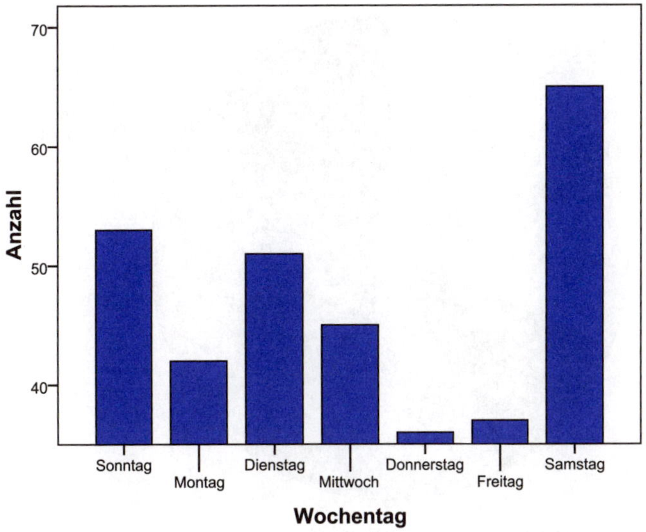

Abbildung 4.6: Verfälschtes Balkendiagramm für die Anzahl von Morden nach Wochentagen

Kreisdiagramm (Pie Chart)

Häufig begegnet man auch einer zweiten Form der grafischen Beschreibung von einfacher kategorialer Information, den Kreisdiagrammen (manchmal auch Torten- oder Kuchendiagramme genannt). Hierbei werden die Daten in Kreisform dargestellt. Die Kategorien bilden Kreissegmente, wobei deren Fläche proportional zu den relativen Häufigkeiten bzw. Prozenten des Auftretens der Kategorien dargestellt werden.

Obwohl sie relativ beliebt sind, haben Kreisdiagramme doch eine Reihe von Nachteilen. Standardmäßig gibt SPSS nur das Kreisdiagramm und die Bezeichnungen der Kategorien aus.

Für die Daten der Morde nach Wochentagen erzeugt man in SPSS ein Kreisdiagramm mit

SPSS

Diagramme
  Diagrammerstellung... [OK]
    in Galerie *auswählen von* Kreis/Polar
    Doppelklick auf Galerieelement [Kreisdiagramm]
      (die Vorschau erscheint in der Zeichenfläche)
    Variable `Wochentag` *in das Feld* Aufteilen nach? *ziehen*
    [OK]

Im SPSS-Viewer erhält man die Grafik in ► Abbildung 4.7.

Man kann nicht (wie beim Balkendiagramm) die tatsächlichen Häufigkeiten ablesen und vergleichsweise sind Unterschiede nur schwer zu erkennen, außer sie sind

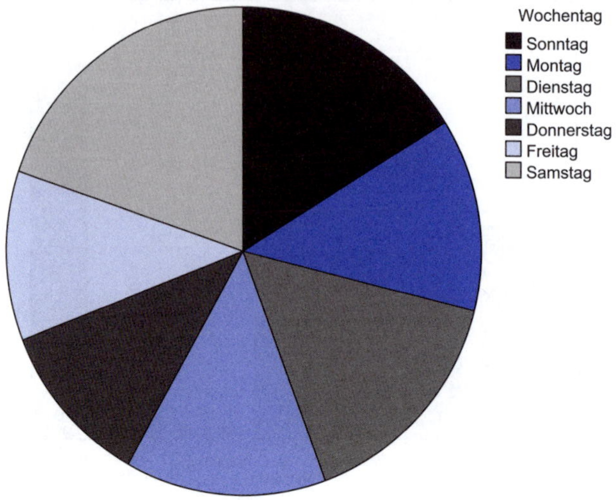

Abbildung 4.7: Kreisdiagramm für die Anzahl von Morden nach Wochentagen

sehr groß. Man muss einige Modifikationen anbringen, um zu einer geeigneteren Darstellung zu kommen.

Wenn man auf das Kreisdiagramm im SPSS-Viewer doppelklickt, gelangt man in den Diagramm-Editor. Unter dem Menüpunkt Elemente wählt man Datenbeschriftungen einblenden. Es öffnet sich das Dialogfenster Eigenschaften (► Abbildung 4.8).

Hier bringen wir folgende Modifikationen an:

- Im Feld Nicht angezeigt markieren wir zunächst die Variable Wochentag und klicken mit dem rechten Pfeil nach oben in das Feld Angezeigt.
- Das Gleiche machen wir mit Prozent.
- Im oberen Feld Angezeigt können wir dann die Reihenfolge für die Darstellung mit den rechten Pfeilen nach oben/unten ändern.
- Im Feld Beschriftungsposition wählen wir die unterste Option Benutzerdefiniert und klicken auf das mittlere Dialogbild, auf dem das Kästchen innerhalb des Kreises erscheint.
- Die Änderungen werden mit [Zuweisen] abgeschlossen.
- Zur besseren Lesbarkeit kann man noch die neu erzeugten Beschriftungen adaptieren, indem man in Text-Layout den Abstand horizontal und vertikal auf z. B. 3 setzt, danach [Zuweisen].

Nach Schließen der Fenster Eigenschaften und Diagramm-Editor erhalten wir das Kreisdiagramm wie in ► Abbildung 4.9.

Es ist letztlich eine Geschmacksfrage, ob man ein Balkendiagramm oder ein Kreisdiagramm zur Beschreibung kategorialer Information verwendet. Lesbarer und informativer dürften aber wohl Balkendiagramme (Abbildung 4.5) sein. Zu erwähnen ist noch, dass die Beschriftungen, wie wir sie für das Kreisdiagramm in Abbildung 4.9 angebracht haben, in analoger Weise auch für Balkendiagramme möglich sind. Notwendig sind sie dort aber nicht, weil durch die Achsenbeschriftungen die relevante Information schon mitgeliefert wird.

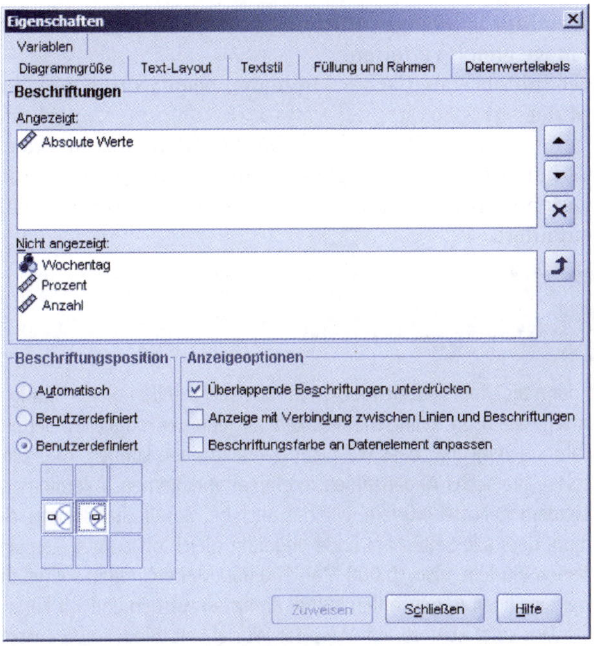

Abbildung 4.8: Dialogbox Eigenschaften im Diagramm-Editor

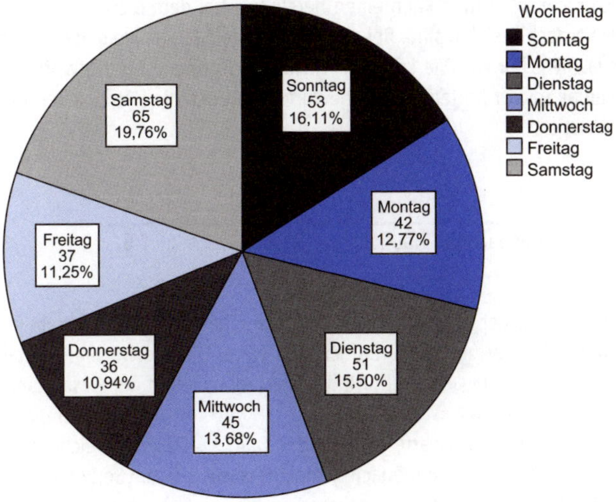

Abbildung 4.9: Modifiziertes Kreisdiagramm für die Anzahl von Morden nach Wochentagen

4.2.3 Statistische Analyse der Problemstellung

Nachdem wir nun besprochen haben, wie die Information, die in den Daten steckt, numerisch und grafisch beschrieben werden kann, wollen wir uns der Beantwortung der eigentlichen Problemstellung zuwenden. Die Frage ist, ob es bestimmte Wochentage gibt, an denen Morde häufiger auftreten als an anderen, oder ob sich die Morde über die Wochentage gleich verteilen.

Um diese Frage mittels statistischer Methoden beantworten zu können, benötigen wir das Konzept der ERWARTETEN RELATIVEN HÄUFIGKEITEN und der ERWARTETEN (ABSOLUTEN) HÄUFIGKEITEN. *Beobachtete Häufigkeiten* (absolut oder relativ) entstehen durch Abzählen, *erwartete* Häufigkeiten sind solche, die man unter bestimmten Annahmen erwarten würde. In Exkurs 4.3 wird dieses Konzept anhand der Idee des *fairen Würfels* erläutert.

Exkurs 4.3 Der faire Würfel

Ein Würfel wird dann als „fair" bezeichnet, wenn alle sechs Seiten gleich häufig auftreten, oder mit anderen Worten, wenn die Wahrscheinlichkeit für jede der möglichen Seiten 1 bis 6 gleich groß ist. Die Erfahrung zeigt uns, dass wir nicht damit rechnen können, dass bei sechsmaligem Würfeln als Resultat alle sechs Augenzahlen je einmal vorkommen. Allerdings, wenn wir nicht nur sechs Mal, sondern viel öfter würfeln, wie das auch bei Gesellschaftsspielen der Fall ist, dann erwarten wir schon, dass alle Seiten am Ende ungefähr gleich oft aufgetreten sind. Würden wir immer längere Serien würfeln, also 10.000 Mal, 100.000 Mal etc., dann sollten die Prozentsätze des Auftretens der einzelnen Augenzahlen immer ähnlicher werden und wir könnten sagen, dass der Würfel fair ist. Das setzt aber voraus, dass der Würfel verschiedene Voraussetzungen erfüllt, nämlich vollkommen gleichmäßige Beschaffenheit des Materials, aus dem er hergestellt ist, exakt gleiche Kantenlängen (nicht nur auf den hundertstel Millimeter genau) etc. Solch einen Würfel gibt es natürlich nicht, aber man kann einen herstellen, bei dem diese Abweichungen nur sehr klein und daher vernachlässigbar sind. Bei manchen Würfeln kann einem aber schon der Verdacht kommen, dass er nicht fair ist. Wie könnten wir das nun prüfen? Die Antwort ist Ausprobieren. Nehmen wir einmal an, wir hätten 30 Mal gewürfelt und uns die Häufigkeiten für die einzelnen Seiten wie folgt notiert:

gewürfelte Augenzahl	1	2	3	4	5	6
beobachtete Häufigkeit	3	8	4	5	6	4

Unter der Annahme, dass der Würfel fair ist, hätten wir eigentlich erwartet, dass jede Seite gleich häufig, nämlich zu 1/6 bzw. zu 16,7% aufgetreten wäre. Diese erwarteten Anteile nennt man auch ERWARTETE RELATIVE HÄUFIGKEITEN. Multipliziert man sie mit der Gesamtanzahl der Würfe, hier mit 30, so erhält man die ERWARTETEN (ABSOLUTEN) HÄUFIGKEITEN. Demnach hätten wir je 5 Mal die Augenzahlen 1 bis 6 erwartet und nicht 3, 8, 4, ... Diese Abweichungen schreiben wir dem Zufall zu. Stutzig hätte uns womöglich gemacht, wenn z. B. die Seite mit 6 dreißig Mal und die anderen Seiten kein einziges Mal vorgekommen wären. Aber ab wann sollte uns die Sache verdächtig vorkommen? Diese Frage wollen wir versuchen zu beantworten.

Für unsere Fragestellung wollen wir die Annahme prüfen, ob die Morde sich gleichmäßig über die Wochentage verteilen. Unter dieser Annahme müssten von den insgesamt 329 Morden ungefähr $329/7 = 47$ an jedem Wochentag auftreten, wir würden also 47 Morde an jedem Tag *erwarten*.

In SPSS können wir eine entsprechende Tabelle erzeugen.

SPSS

Analysieren
  Nichtparametrische Tests
    Alte Dialogfelder
      Chi-Quadrat...
      Variable (Wochentag) ➡ Testvariablen
      [OK]

Im SPSS-Viewer erhalten wir drei Tabellen, wovon uns vorläufig nur die mittlere interessiert.

Wochentag

	Beobachtetes N	Erwartete Anzahl	Residuum
Sonntag	53	47,0	6,0
Montag	42	47,0	-5,0
Dienstag	51	47,0	4,0
Mittwoch	45	47,0	-2,0
Donnerstag	36	47,0	-11,0
Freitag	37	47,0	-10,0
Samstag	65	47,0	18,0
Gesamt	329		

Abbildung 4.10: Tabelle der beobachteten und erwarteten Häufigkeiten

Die Tabelle in ▶ Abbildung 4.10 hat drei Spalten. In der ersten (Beobachtetes N) finden wir die tatsächlich beobachteten Häufigkeiten für die einzelnen Wochentage, in der nächsten (Erwartete Anzahl) die erwarteten Häufigkeiten und in der letzten (Residuum) die Differenz der ersten beiden Spalten.

Wir sehen, dass die Differenzen zwischen −2 und 18 liegen. Wie beim fairen Würfel können wir uns nun fragen, ob diese Abweichungen zufällig zustande gekommen sind oder ob mehr dahinter steckt. Je größer die Abweichungen insgesamt sind, umso weniger werden wir an Zufall glauben. Sind sie groß genug, dann werden wir die Frage verneinen, dass die Morde gleichmäßig verteilt sind. Aber wo ist die Grenze zwischen *rein zufällig* und nicht mehr *nur durch Zufall* erklärbar? Hier kann uns die Statistik weiterhelfen.

Exkurs 4.4 Statistische Tests – Hypothesen – p-Wert Was ist noch Zufall und was nicht mehr?

Am Beginn steht immer eine Fragestellung, z. B. ob ein Würfel fair ist. Die Methode, die man verwendet, um solch eine Frage zu beantworten, nennt man STATISTISCHEN TEST. Es gibt zwei mögliche Ergebnisse: Wir glauben entweder

- der Würfel ist fair oder
- der Würfel ist nicht fair.

Diese beiden Statements nennt man STATISTISCHE HYPOTHESEN. Die sogenannte NULLHYPOTHESE (auch mit H_0 bezeichnet) lautet:

- der Würfel ist fair oder
  H_0: alle Augenzahlen beim Würfeln sind gleich wahrscheinlich

Das logische Gegenteil ist die ALTERNATIVHYPOTHESE (oder H_A), die uns helfen soll, solche Annahmen zu überprüfen. Sie lautet:

- der Würfel ist nicht fair oder
  H_A: zumindest eine der Augenzahlen ist wahrscheinlicher als die anderen

Ein STATISTISCHER TEST hilft uns, eine Entscheidung zugunsten der Null- oder der Alternativhypothese zu treffen. Man kann dabei eine Wahrscheinlichkeit angeben, ob beobachetete Daten für die Nullhypothese sprechen. Diese Wahrscheinlichkeit bezeichnet man als P-WERT (oder wie in SPSS SIGNIFIKANZ). Die Entscheidungsregel lautet:

- Ist der *p*-Wert klein, glaubt man nicht an die Nullhypothese, man glaubt eher, dass die Alternativhypothese zutrifft – der Würfel ist nicht fair.
- Ist der *p*-Wert groß, glaubt man an die Nullhypothese – der Würfel ist fair.

Im ersten Fall sagt man, *die Nullhypothese wird* (zugunsten der Alternativhypothese) *verworfen*, im zweiten Fall sagt man, *die Nullhypothese wird beibehalten.*

Wann ist ein *p*-Wert groß bzw. klein?
Dies ist keine statistische Frage, sondern ein Frage der subjektiven Sicherheit. Üblicherweise verwendet man einen Vergleichswert von 0,05 oder 0,01. Diese Festlegung wird SIGNIFIKANZNIVEAU (auch α) genannt. Ein Wert von 0,05 besagt, dass man sich in 1 von 20 Fällen irrt und dass man die Nullhypothese verwirft, obwohl sie eigentlich zutreffend ist. Das heißt, wenn man sehr viele Versuche mit einem fairen Würfel durchführen würde, dann käme man in 5% zufällig zu dem Ergebnis, dass der Würfel nicht fair ist, obwohl das eigentlich nicht stimmt (Anhang 4.8).

Wir registrieren Differenzen zwischen den beobachteten Häufigkeiten und den Häufigkeiten, die wir erwarten würden, wenn die Nullhypothese gültig wäre. Aus diesen Differenzen können wir uns eine einzelne Maßzahl überlegen, die solche Abweichungen beschreibt. Sie soll groß sein, wenn die Abweichungen groß sind und umgekehrt. Es gäbe natürlich verschiedene Möglichkeiten solch eine Maßzahl zu konstruieren, die wichtigste stammt aber von Karl Pearson. Wir wollen sie einem allgemeinen Sprachgebrauch nach Pearson X^2 nennen.

Berechnung von X^2 bei eindimensionalen Häufigkeitsverteilungen

$$X^2 = \sum_{j=1}^{J} \frac{(o_j - e_j)^2}{e_j} \tag{4.1}$$

- o_j ... beobachtete Häufigkeit für die Kategorie j (o steht für *observed*)
- e_j ... erwartete Häufigkeit für die Kategorie j
- J ... Gesamtanzahl der Kategorien

Der X^2-Wert gibt uns Auskunft über die Größe der Abweichungen zwischen erwarteten und beobachteten Häufigkeiten. Anhand der Formel 4.1, in die ja die Differenz $o_j - e_j$ eingeht, sieht man, dass das X^2 mit der Größe der Abweichungen steigt. Für unser Beispiel (wie wir gleich sehen werden) ist dieser Wert $X^2 = 13{,}3$. Nun sollte uns dieser Wert einen Anhaltspunkt darüber geben, ob die Abweichungen zwischen den erwarteten und den beobachteten Häufigkeiten auffällig sind (man sagt auch *statistisch signifikant* bzw. *bedeutsam* in dem Sinn, dass man eher nicht daran glaubt, dass die Morde gleichmäßig über die Wochentage verteilt sind).

Die dritte Tabelle, die wir vorher erzeugt haben, gibt uns Aufschluss.

In ▶ Abbildung 4.11 finden wir drei Zahlen. Die erste, Chi-Quadrat, gibt uns den Wert 13,319. Das ist das vorher besprochene Pearson X^2 aus Formel 4.1. Der zweite Wert, df, bedeutet FREIHEITSGRADE (aus dem Englischen *degrees of freedom*) und ist die Anzahl der Kategorien minus 1 ($df = J - 1$). Die dritte Zahl, Asymptotische Signifikanz, ist hier die wichtigste. Sie ist eine Wahrscheinlichkeit und liegt daher zwischen 0 und 1. Sie gibt uns (sehr vereinfacht gesagt) an, wie plausibel unsere Annahme ist, dass die Morde gleichmäßig auf alle Wochentage verteilt sind. Diese Zahl ist sehr klein, d. h., die Nullhypothese ist unplausibel. Eine Interpretation des Ergebnisses könnte so aussehen.

Fallbeispiel 1: Interpretation

Der Chi-Quadrat-Test zur Überprüfung der Nullhypothese, dass die Morde an allen Wochentagen gleich häufig auftreten, musste verworfen werden ($X^2 = 13{,}3$, $df = 5$, $p < 0{,}04$). Die Daten weisen darauf hin, dass an verschiedenen Wochentagen unterschiedlich viele Morde auftreten. Die meisten Morde werden an Samstagen begangen, gefolgt von Sonntag und Dienstag. An den anderen Tagen sind die Häufigkeiten geringer.

Die Tabelle in Abbildung 4.11 und die Schlussfolgerungen, die wir daraus gezogen haben, bedürfen einiger zusätzlicher Erläuterungen. In Appendix 4.8 zu diesem Kapitel werden die theoretischen Grundlagen ausführlicher beschrieben.

Zunächst ist Ihnen vielleicht der Unterschied aufgefallen, dass wir X^2 verwendet haben, in SPSS aber der Begriff Chi-Quadrat für das Gleiche aufgetaucht ist. SPSS ist hier ein bisschen schlampig, weil man eigentlich zwischen X^2, einer Zahl die aus beobachteten Daten errechnet wurde, und Chi-Quadrat, einer theoretischen Größe, unterscheiden sollte (eine ausführlichere Erklärung gibt der erwähnte Appendix 4.8).

Statistik für Test

	Wochentag
Chi-Quadrat	13,319
df	6
Asymptotische Signifikanz	,038

Abbildung 4.11: Chi-Quadrat-Test für Morde nach Wochentagen

Der Begriff Freiheitsgrade wird uns noch öfter begegnen. Vereinfacht gesagt dienen Freiheitsgrade dazu, den dritten Wert, die Signifikanz, zu bestimmen. Freiheitsgrade werden auch im Anhang 4.8 näher erklärt.

Der dritte Begriff, Signifikanz, ist wie erwähnt der wichtigste Wert, wenn es darum geht, eine (statistische) Fragestellung zu beantworten bzw. die Gültigkeit einer Annahme zu evaluieren.

Wie interpretiert man ein Ergebnis?

Zweck einer Interpretation ist das Zusammenführen von technischen Ergebnissen eines statistischen Verfahrens mit den inhaltlichen Aspekten der Fragestellung, für die man die statistische Methode verwendet hat. Es gibt keine exakten, allgemeingültigen Regeln, wie man ein Ergebnis interpretiert. Die genaue Länge und Form hängt davon ab, für welchen Zweck man eine Interpretation erstellt. Manche wissenschaftliche Zeitschriften oder Institutionen geben gewissen Formvorlagen oder Richtlinien. Im allgemeinen sollte eine Interpretation aus zwei Teilen bestehen, aus einem technischen und einem inhaltlichen.

- TECHNISCHE INTERPRETATION: Hier wird oft die Nullhypothese (eventuell auch Alternativhypothese) formuliert, welches statistische Verfahren (eventuell auch warum) angewendet wurde, Kennzahlen des speziellen statistischen Verfahrens und der *p*-Wert. Wird die Nullhypothese verworfen oder beibehalten.
- INHALTLICHE INTERPRETATION: Was bedeutet das technische Ergebnis. Die Fragestellung wird beantwortet und es werden wichtige beschreibende Fakten (wie z. B. Prozentsätze etc.) angegeben.

Je nach Fragstellung und Methode wird eine Interpretation anders aussehen. Beispiele können Sie den Kästen Interpretation entnehmen, die immer am Ende der Analyseabschnitte in diesem Buch angeführt werden.

Alternative Berechnung in SPSS

Ab Version 18 gibt es in SPSS ein neues Modul zur Berechnung nichtparametrischer Statistiken. Hier wird versucht, auf Basis der Daten einen adäquaten Test automatisiert zu berechnen. Das kann manchmal die Arbeit erleichtern, manchmal aber auch zu völlig falschen Ergebnissen führen, vor allem dann, wenn man nicht genau weiß, was man tut.

Für die Analyse in diesem Kapitel funktioniert die Prozedur aber so, wie man es erwarten würde (Sie werden später sehen, dass das nicht immer der Fall ist).

Wir können folgende Menüauswahl treffen:

SPSS

Analysieren
  Nichtparametrische Tests
    Eine Stichprobe...
      unter Ziel: *markieren von*
        Beobachtete und hypothetische Daten automatisch vergleichen
      [Ausführen]

Im Ausgabefenster finden wir das Ergebnis:

Übersicht über Hypothesentest

	Nullhypothese	Test	Sig.	Entscheidung
1	Die Kategorien von Wochentag treten mit gleichen Wahrscheinlichkeiten auf.	Chi-Quadrat-Test einer Stichprobe	,038	Nullhypothese ablehnen.

Asymptotische Signifikanzen werden angezeigt. Das Signifikanzniveau ist ,05.

Abbildung 4.12: Alternative Berechnungsweise: Chi-Quadrat-Test für Morde nach Wochentagen

Wenn man auf die Tabelle in ▶ Abbildung 4.12 doppelklickt, öffnet sich ein neues Fenster, die sogenannte **Modellanzeige** (▶ Abbildung 4.13).

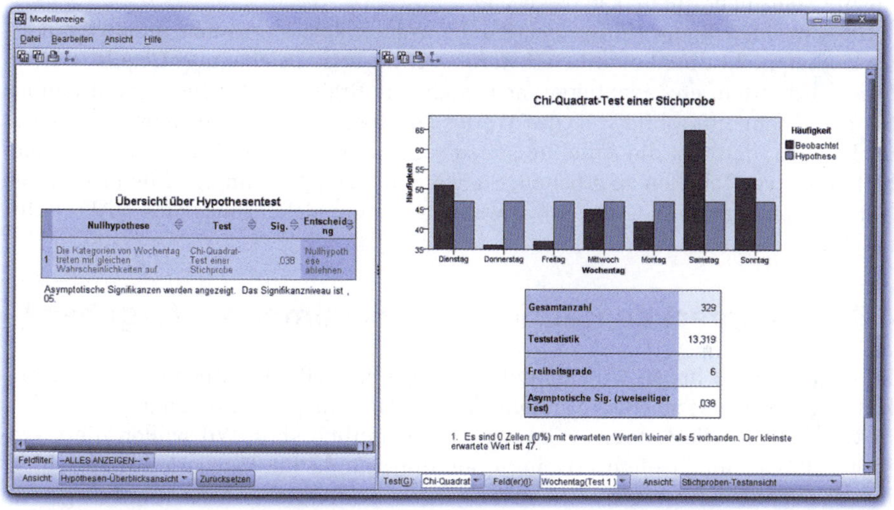

Abbildung 4.13: Ergebnis in der Modellanzeige

Links ist das Ergebnis des Tests dargestellt, wie es schon im Ausgabefenster zu sehen war, rechts findet man ein gruppiertes Balkendiagramm, mit den beobachteten und erwarteten (hier unter **Hypothese**) Häufigkeiten. Darunter gibt es eine Tabelle, in der Details zum Test ausgegeben werden, wie wir sie schon aus Abbildung 4.11 kennen.

Die Modellanzeige ist insofern interaktiv aufgebaut, als man weitere Informationen bekommt, wenn man die Maus über die Balken in der Grafik bewegt. Sie erhalten dann unter anderem die beobachteten und erwarteten Häufigkeiten (▶ Abbildung 4.14).

Achtung: Die Balken sind hier alphabetisch angeordnet, und nicht, wie man erwarten würde, nach den Kategorienwerten.

HINWEIS

Wenn Sie in der Modellanzeige im rechten Fenster unten auf den Pfeil neben **Stichproben-Testansicht** klicken, öffnet sich ein Auswahlfenster, wo Sie **Informationen**

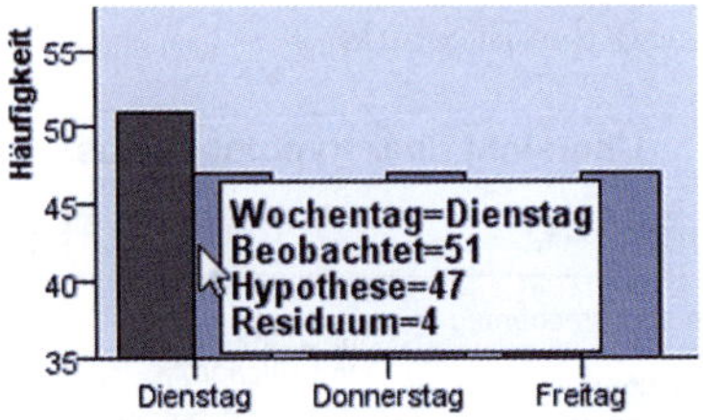

Abbildung 4.14: Informationen zu den Kategorien, wenn man die Maus über die Grafik bewegt

zu kategorialen Feldern auswählen können. Die Ansicht wechselt dann zu einem einfachen Balkendiagramm. Auch hier erhalten Sie zusätzliche Informationen (Variablenname und Kategorienlabel sowie Häufigkeit und Prozent der Kategorie), wenn Sie die Maus über die Balken bewegen.

Die einzelnen Elemente in der Modellanzeige selbst sind nicht interaktiv, d. h., sie können nicht direkt modifiziert werden. Zwar lassen sich einige Details wie Farben, Schriftarten, etc. adaptieren, aber nicht die Breite der Spalten. Somit können Sie das Erscheinungsbild z. B. des Wortes Entscheidu-ng nicht korrigieren (sollte es doch gehen, dann ist die Anleitung dazu sehr gut versteckt). Es ist also oft vorteilhaft, mit Pivot-Tabellen zu arbeiten. Sie werden erzeugt, wenn man die Prozeduren (für Berechnungen und Grafiken) verwendet, wie wir sie eingangs dieses Abschnitts beschrieben haben.

4.3 Entsprechen Häufigkeiten bestimmten Vorgaben?

Im Abschnitt 4.2 haben wir uns mit der Frage beschäftigt, ob beobachtete Häufigkeiten für Kategorien einer Variable mit der Hypothese in Einklang stehen, dass in Wirklichkeit alle Kategorien gleich wahrscheinlich sind. Wir wollen diese Problemstellung nun insofern erweitern, als die Anteile für Kategorien unterschiedlich spezifiziert sein können. Nehmen wir an, eine Variable hätte drei Kategorien. Wir könnten prüfen, ob alle Kategorien zu je 1/3 vorkommen. Nun wollen wir den Fall untersuchen, ob zum Beispiel in der ersten Kategorie 50%, in der zweiten 35% und in der dritten 15% vorkommen. Die dabei gestellte statistische Frage ist, ob die Anteile von einzelnen Kategorien in einer Stichprobe den tatsächlichen Anteilen in der Population entsprechen. Wir wir sehen werden ist die statistische Methode zur Beantwortung solcher Fragen sehr ähnlich zum ersten Abschnitt. Eine typische Anwendung, wie sie in der Praxis häufig vorkommt, wird in Fallbeispiel 2 dargestellt.

Fallbeispiel 2: Repräsentativität einer Stichprobe

Eine Meinungsforscherin hat eine Telefonumfrage an 200 zufällig ausgewählten Telefonteilnehmern in Österreich zum Thema einer erwünschten Gesetzesmaßnahme zur speziellen Förderung von Familien mit Kindern durchgeführt. Aus Angaben der Statistik Austria für 2007 weiß sie, dass die insgesamt etwa 2,31 Millionen Familien sich folgendermaßen aufteilten: 31,2% Ehepaare ohne

Kinder, 42,4% Ehepaare mit Kindern, 7,3% Lebensgemeinschaften ohne Kinder, 6,1% Lebensgemeinschaften mit Kindern und 13% alleinerziehende Elternteile. Die Meinungsforscherin interessierte, ob ihre Stichprobe repräsentativ bezüglich der Familienstruktur war, d. h., ob die Anteile der verschiedenen Arten von Familien in ihrer Telefon-Stichprobe mit den Anteilen aller österreichischen Familien übereinstimmen. In ihrer Stichprobe konnte sie folgende Häufigkeiten feststellen:

Familietyp	Häufigkeit	Prozent
Ehepaare ohne Kinder	42	21
Ehepaare mit Kindern	98	49
Lebensgemeinschaft ohne Kinder	6	03
Lebensgemeinschaft mit Kindern	20	10
Alleinerziehende Elternteile	34	17
Gesamt	200	

Ist die Stichprobe repräsentativ für die Population bezüglich der Familienstruktur?

Wie schon zuvor (Abschnitt 4.2) beginnen wir die Analyse mit einer Darstellung der Daten.

4.3.1 Numerische und grafische Beschreibung

Wir werden in SPSS wieder eine Häufigkeitstabelle erstellen. Da hierzu aber kein Datenfile zur Verfügung steht, müssen wir ein solches selbst erzeugen. Wir öffnen also eine neue Datei über die Menüauswahl **Datei**, **Neu** und dann **Daten**. Es öffnet sich eine neue, noch leere **Datenansicht** im **SPSS-Daten-Editor**. Zunächst wollen wir die Variable `Familientyp` definieren. Dazu tragen wir, nachdem wir in die **Variablenansicht** gewechselt haben, in der ersten Zeile unter **Name** `Familientyp` ein und änden noch das Messniveau auf **Nominal**. Als Nächstes sollten wir Wertelabels vergeben. Dies könnten wir unter der Spalte **Wertelabels** aber auch, etwas bequemer, über die Menüauswahl **Daten** folgendermaßen bewerkstelligen.

SPSS

Daten
Variableneigenschaften definieren ... [OK]
Variablen (`Familientyp`) [➡] Zu durchsuchende Variablen ... [Weiter]
Eingabe der Wertelabels (▶ Abbildung 4.15)
[OK]

	Geändert	Fehlende Werte	Anzahl	Wert	Variablenlabel
1	☐	☐	1	1,00	Ehepaare ohne Kinder
2	☐	☐	1	2,00	Ehepaare mit Kindern
3	☐	☐	1	3,00	Lebensgemeinschaft ohne Kinder
4	☐	☐	1	4,00	Lebensgemeinschaft mit Kindern
5	☐	☐	1	5,00	Alleinerziehende Elternteile
6	☐	☐			

Abbildung 4.15: Ausschnitt des Dialogfensters zum Definieren von Wertelabels

Im Dialogfenster **Variableneigenschaften definieren** tragen wir unter **Wert** die Kategoriennummern 1 bis 5 und unter **Variablenlabel** die entsprechenden Bezeichnungen ein (► Abbildung 4.15). (Achtung: **SPSS** verwendet irrtümlicherweise den Begriff **Variablenlabel**, obwohl es eigentlich **Wertelabel** heißen müsste)

Prizipiell haben wir nun zwei Möglichkeiten, die Daten einzugeben. Wir könnten für alle 200 Personen die entsprechenden Kategorien, also den jeweils zutreffenden Familientyp eingeben. Dies entspräche der Datenstruktur wie in Abbildung 4.1. Allerdings wäre das relativ mühsam. Einfacher ist Folgendes.

Eingabe und Verwendung von Daten in Tabellenform

Wir tragen im **Daten-Editor** in der schon definierten Spalte **Familientyp** der Reihe nach die Zahlen 1 bis 5 ein. Daneben, in eine neue Spalte, schreiben wir zugehörigen Häufigkeiten, also 42, 98 etc., analog zu Fallbeispiel 2. In der **Variablenansicht** definieren wir in der zweiten Zeile den Namen dieser neuen Variable als `counts` und verwenden als Variablenlabel **Anzahl im Sample**. Die Daten sollten jetzt so aussehen (► Abbildung 4.16).

Wir müssen **SPSS** nun mitteilen, dass die Kategorien 1 bis 5 nicht nur einmal vorkommen (wir haben ja nur 5 Zeilen in den Daten), sondern so oft, wie in der Spalte `counts` steht. Dies erreichen wir, indem wir die Fälle GEWICHTEN.

SPSS

Daten
    Fälle gewichten
        Gewichtungsvariable (`counts`) [➡] Häufigkeitsvariable
        [OK]

	Familientyp	counts
1	Ehepaare ohne Kinder	42,00
2	Ehepaare mit Kindern	98,00
3	Lebensgemeinschaft ohne Kinder	6,00
4	Lebensgemeinschaft mit Kindern	20,00
5	Alleinerziehende Elternteile	34,00

Abbildung 4.16: SPSS Statistics Daten-Editor: Ausschnitt der Familientypdaten

In der rechten unteren Ecke des Daten-Editors steht jetzt Gewichtung aktiv. Man sollte nie vergessen, die Gewichtung wieder zu deaktivieren, wenn man diese nicht mehr benötigt, da sonst alle weiteren Berechnungen sehr falsch werden können.

Wir können nun die Häufigkeitstabelle für das Meinungsumfragenbeispiel (genauso wie im Abschnitt 4.2.1) erzeugen.

SPSS

Analysieren
Deskriptive Statistiken
Häufigkeiten
Variable (Familientyp) [➡] Variablen
[✓] Häufigkeitstabellen anzeigen
[OK]

▶ Abbildung 4.17 zeigt die Häufigkeitstabelle. Standardmäßig gibt es wieder die beiden hier unnötigen Spalten mit gültigen Prozent und kumulierten Prozent.

Familientyp

		Häufigkeit	Prozent	Gültige Prozente	Kumulierte Prozente
Gültig	Ehepaare ohne Kinder	42	21,0	21,0	21,0
	Ehepaare mit Kindern	98	49,0	49,0	70,0
	Lebensgemeinschaft ohne Kinder	6	3,0	3,0	73,0
	Lebensgemeinschaft mit Kindern	20	10,0	10,0	83,0
	Alleinerziehende Elternteile	34	17,0	17,0	100,0
	Gesamt	200	100,0	100,0	

Abbildung 4.17: Häufigkeitstabelle der Familientypen

Darstellung verschiedener Variablen in einer Tabelle

Die Tabelle in Abbildung 4.17 entspricht jener aus Fallbeispiel 2. Sie enthält zwar die gesamte Information zur Stichprobe, aber hinsichtlich der Fragestellung wäre es günstiger, auch noch die Zahlen aus der gesamten österreichischen Bevölkerung hinzuzufügen. Man bekäme dann gleich einen Eindruck, wie ähnlich oder unähnlich die Prozente aus der Population und der Stichprobe sind.

Hierzu müssen wir i) die Prozentwerte für die Stichprobe berechnen und ii) die Prozentwerte der Population zu den Daten hinzufügen.

Zum Berechnen der Prozentwerte für die Stichprobe wählen wir das Menü Transformieren und dann Variable berechnen. Wir erhalten ein Dialogfenster, in dem wir Folgendes eintragen (▶ Abbildung 4.18):

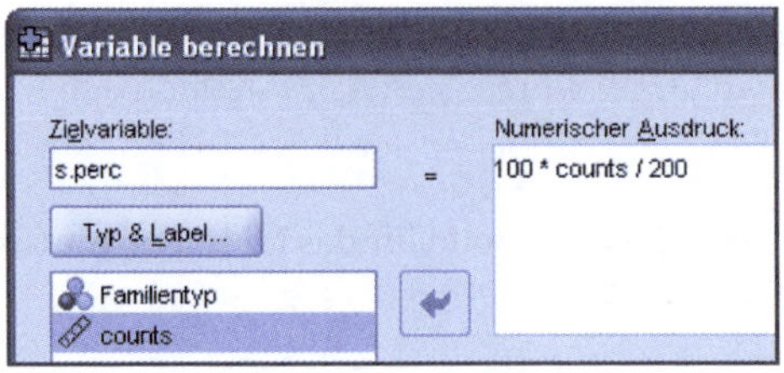

Abbildung 4.18: Ausschnitt aus dem Dialogfenster Variable berechnen. Es werden die Prozentsätze für die Familientypen aus der Stichprobe berechnet

- In das Feld **Zielvariable** schreiben wir `s.perc` (das ist die neue Variable, in der die Prozentwerte aus der Stichprobe stehen sollen).
- In das Feld **Numerischer Ausdruck** setzen wir die Formel für die zu berechnenden Prozentwerte ein (`counts/200` gibt die relativen Häufigkeiten, 200 war ja die Stichprobengröße, und die Multiplikation mit 100 ergibt die Prozente).

Die berechneten Prozentwerte finden sich jetzt in der **Datenansicht**. Nun müssen wir noch die Prozentsätze aus der Population hinzufügen. Wir definieren eine Variable `p.perc` und tragen die Werte ein, wie sie im Fallbeispiel 2 angegeben sind. Danach vergeben wir in der **Variablenansicht** noch Variablenlabels für `s.perc`, nämlich **Prozent Stichprobe**, und für `p.perc` den Label **Prozent Population**. Die Daten sehen nun so aus (► Abbildung 4.19).

Die Tabelle, in der die Prozentsätze aus der Stichprobe und der Population einander gegenübergestellt werden, kann man folgendermaßen erzeugen.

SPSS

Analysieren
  Tabellen
    Benutzerdefinierte Tabellen...
      erstes Fenster **Benutzerdefinierte Tabellen** *mit* [OK] *schließen*
      Einträge wie unten beschrieben (siehe auch ► Abbildung 4.20)
    [OK]

Im großen (zweiten) Dialogfenster **Benutzerdefinierte Tabellen** geht man so vor:

	Familientyp	counts	s.perc	p.perc
1	Ehepaare ohne Kinder	42,00	21,00	31,20
2	Ehepaare mit Kindern	98,00	49,00	42,40
3	Lebensgemeinschaft ohne Kinder	6,00	3,00	7,30
4	Lebensgemeinschaft mit Kindern	20,00	10,00	6,10
5	Alleinerziehende Elternteile	34,00	17,00	13,00

Abbildung 4.19: SPSS Statistics Daten-Editor: Ausschnitt der Familientypdaten nach Hinzufügen der Prozentwerte aus der Population

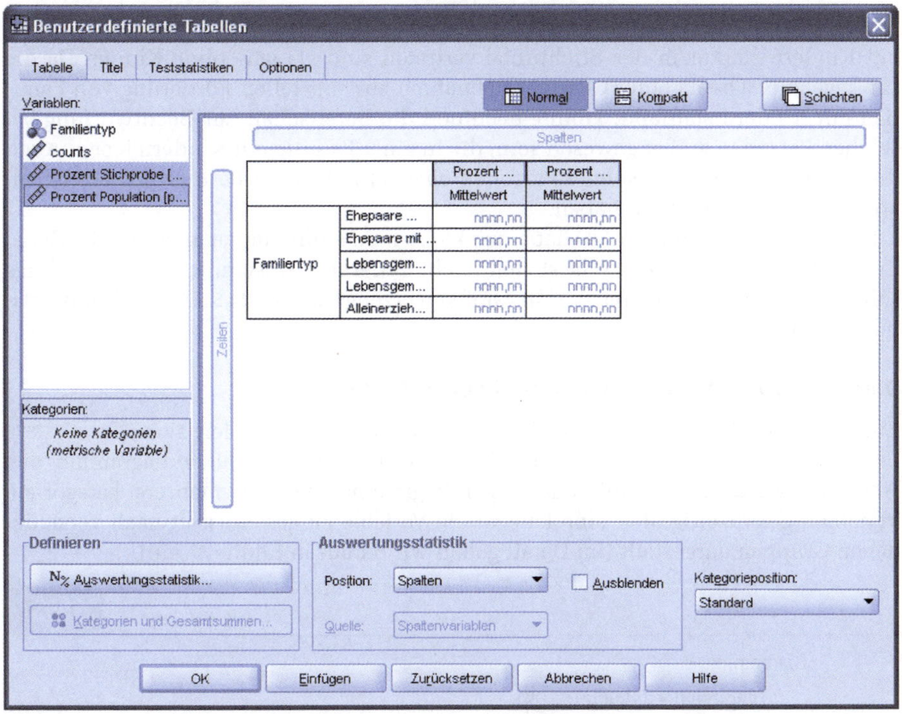

Abbildung 4.20: Dialogfenster Benutzerdefinierte Tabellen zur Erzeugung einer Tabelle aus zwei verschiedenen Variablen

- Aus dem Feld **Variablen** (links oben) zieht man die kategoriale Variable (hier `Familientyp`) auf die Fläche **Zeilen** (in der mittleren Fläche).
- Man markiert die beiden Variablen, für die man die Prozentsätze darstellen will (hier `s.perc` und `p.perc`), wobei man beim Anklicken die Strg-Taste gedrückt hält.
- Diese zieht man dann auf die Fläche **Spalten**.

Das Resultat ist die Tabelle in ► Abbildung 4.21, in der man die Prozentsätze für die Familienarten aus der Stichprobe der Meinungsforscherin und der österreichischen Bevölkerung ablesen kann.

Tabelle 1

		Prozent Stichprobe	Prozent Population
		Mittelwert	Mittelwert
Familientyp	Ehepaare ohne Kinder	21,00	31,20
	Ehepaare mit Kindern	49,00	42,40
	Lebensgemeinschaft ohne Kinder	3,00	7,30
	Lebensgemeinschaft mit Kindern	10,00	6,10
	Alleinerziehende Elternteile	17,00	13,00

Abbildung 4.21: Tabelle mit Prozentsätzen der Familienarten aus einer Stichprobe und der Population

Man erkennt, dass die Prozentsätze differieren. Es fällt auf, dass generell Familien mit Kindern stärker in der Stichprobe vertreten sind als jene ohne Kinder. Da die Umfrage zum Thema einer Gesetzesmaßnahme zur speziellen Förderung von Familien mit Kindern stattfand, könnte eventuell die Bereitschaft zur Beantwortung bei solchen Personen größer gewesen sein, die in einer Familie mit Kindern leben. Auch die Wahrscheinlichkeit, solche Personen eher zu Hause am Festnetz zu erreichen, könnte eine Rolle gespielt haben.

Die Tabelle (Abbildung 4.21) hat einen kleinen Schönheitfehler, nämlich die Zeile, in der Mittelwert steht. Diese lässt sich leicht entfernen (Abschnitt 3.9.1), allerdings sollten wir damit warten, bis wir die Grafiken erzeugt haben, da SPSS die Mittelwertsfunktion dafür benötigt.

Darstellung verschiedener Variablen in einer Grafik

Zur grafischen Beschreibung der Daten aus Fallbeispiel 2 bieten sich GRUPPIERTE BALKENDIAGRAMME an. Sie sind eine Erweiterung der Balkendiagramme aus Abschnitt 4.2.2. Bei gruppierten Balkendiagrammen werden mehrere kategoriale Variablen gleichzeitig oder eine kategoriale Variable aufgeschlüsselt nach verschiedenen Gruppen dargestellt (im Detail gehen wir darauf in Kapitel 7 ein).

SPSS

Diagramme
  Diagrammerstellung... [OK]
    in Galerie *auswählen von* Balken
    Doppelklick auf Galeriediagramm [Gruppierte Balken]
      (die Vorschau erscheint in der Zeichenfläche)
    Variable `Familientyp` *in das Feld* X-Achse? *ziehen*
    Variablen `s.perc` *und* `p.perc`*gemeinsam nach* Anzahl *ziehen*
      [OK] *(Dialogfeld Zusammenfassung erstellen ignorieren)*
    [Elementeigenschaften]
      unter Eigenschaften bearbeiten von *wählen von* X-Achse1
      unter Kleine/leere Kategorien *wählen von*
        Nur in den Daten vorhandene Kategorien anzeigen
      [Zuweisen], dann [Schließen]
    [Grundelemente]
      [Transponieren]
      [OK]

Das so hergestellte gruppierte Balkendiagramm findet sich in ► Abbildung 4.22. Es ist natürlich in dieser Form nicht geeignet für Publikationen, Berichte oder Präsentationen. Durch Verwendung des Diagramm-Editors kann man aber alle notwendig erscheinenden Modifikationen leicht durchführen (siehe Kapitel 1).

Abbildung 4.22 ist zum Vergleich der Prozentsätze aus der Stichprobe und der Population gut geeignet. Man kann sehr schön die Unterschiede und deren Größenordnung erkennen. Es bekräftigt sich der Eindruck, den wir schon aus der Tabelle in

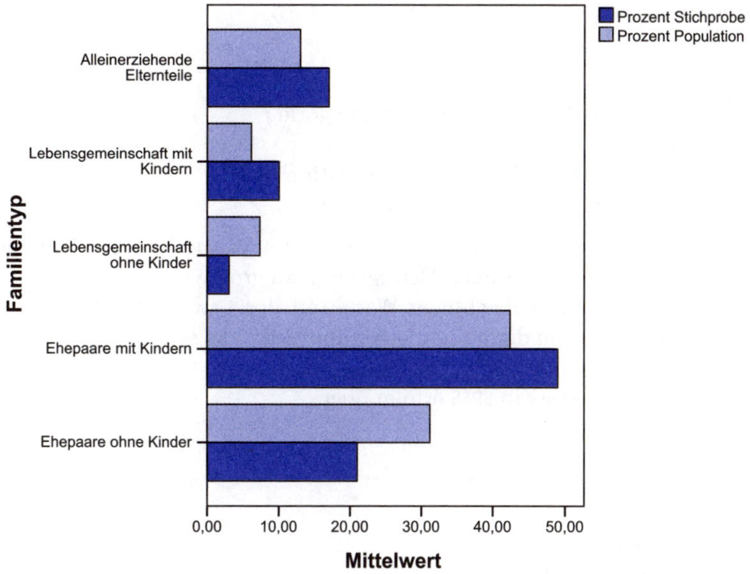

Abbildung 4.22: Transponiertes und umgruppiertes Balkendiagramm mit Prozentsätzen der Familienarten aus einer Stichprobe und der Population

Abbildung 4.21 gewonnen haben. In der Stichprobe sind jene Befragten überproportional vertreten, die in Familien mit Kindern leben. Gegenteiliges gilt für Ehepaare ohne Kinder, die in der Stichprobe unterrepräsentiert sind. Die Frage ist jetzt, sind diese Unterschiede bedeutsam oder nur auf Zufall zurückzuführen.

4.3.2 Statistische Analyse der Problemstellung

Ganz ähnliche Überlegungen, wie wir sie schon im Abschnitt 4.2.3 angestellt haben, treffen auch hier zu. Allerdings ist die Annahme jetzt nicht, dass alle Kategorien gleich häufig vorkommen (Nullhypothese), sondern dass sie in bestimmter Weise festgelegt sind. In unserem Beispiel, der Frage nach Repräsentativität der Stichprobe, sind die festgelegten Anteile jene der Familientypen in der Population. Wir können zwar die Formel (4.1) verwenden, aber wir müssen die erwarteten Häufigkeiten anders bestimmen.

Wir kennen die Anteile in der Population, nämlich 0,312 für Ehepaare ohne Kinder, 0,424 für Ehepaare mit Kindern etc. Wir können aus diesen jene Häufigkeiten bestimmen, die wir erwarten würden, wenn in der Stichprobe der 200 Personen die Stichprobenhäufigkeiten mit den Populationswerten übereinstimmen würden. Wir müssen dazu nur die Populationsanteile mit der Stichprobengröße 200 multiplizieren. Wenn wir eine bezüglich der Familienstruktur repräsentative Stichprobe hätten, dann müssten $200 \times 0{,}312 = 62{,}4$, also 62 Befragte der Kategorie Ehepaar kinderlos angehören. Allgemein gilt

Berechnung von erwarteten Häufigkeiten

$$e_j = n\pi_j \qquad (4.2)$$

- e_j ... erwartete Häufigkeit für die Kategorie j
- n ... Stichprobengröße
- π_j ... relative Häufigkeit in der Population
  (Wahrscheinlichkeit für Kategorie j)

Die weiteren Schritte sind analog zu Abschnitt 4.2.3. Wenn die Abweichungen zwischen beobachteten und erwarteten Häufigkeiten zu groß werden, verwerfen wir die Nullhypothese, dass die beobachteten Werte mit den erwarteten übereinstimmen. Die Abweichungen werden dann nicht mehr dem Zufall zugeschrieben, sondern man glaubt an einen systematischen Unterschied.

Die Berechnung des Tests in SPSS erfolgt über

SPSS

Analysieren
  Nichtparametrische Tests
    Alte Dialogfelder
      Chi-Quadrat...
      Variable (`Familientyp`*)* ➡ Testvariablen
        Erwartete Werte: Werte *markieren*
        in das Feld neben Werte *der Reihe nach:*
          die erwarteten relativen Häufigkeiten einfügen
          durch [Hinzufügen] *in das große weiße Feld bringen*
            (▶ Abbildung 4.23)
      [OK]

Das Ergebnis des Chi-Quadrat-Tests ist in ▶ Abbildung 4.24 zu sehen. In der oberen Tabelle werden die beobachteten und erwarteten Häufigkeiten dargestellt.

Die untere Tabelle gibt uns das Resultat des Tests. Wie wir am Signifikanzwert sehen, ist die Plausibilität der Nullhypothese sehr klein (der p-Wert ist zumindest kleiner als 0,001, ganz null kann er nie werden). Daher verwerfen wir die Annahme, dass die Stichprobenanteile der einzelnen Familientyp-Kategorien jenen in der Population entsprechen.

Fallbeispiel 2: Interpretation

Der Chi-Quadrat-Test zur Überprüfung der Nullhypothese, dass die Häufigkeiten für die Familienarten in der Stichprobe jenen in der Population entsprechen, zeigt ein signifikantes Ergebnis ($X^2 = 21{,}2$, $df = 4$, $p < 0{,}001$). Demnach ist nicht davon auszugehen, dass die Stichprobe bezüglich der Familienarten repräsentativ ist. Familien mit Kindern sind stärker in der Stichprobe vertreten als in der Population.

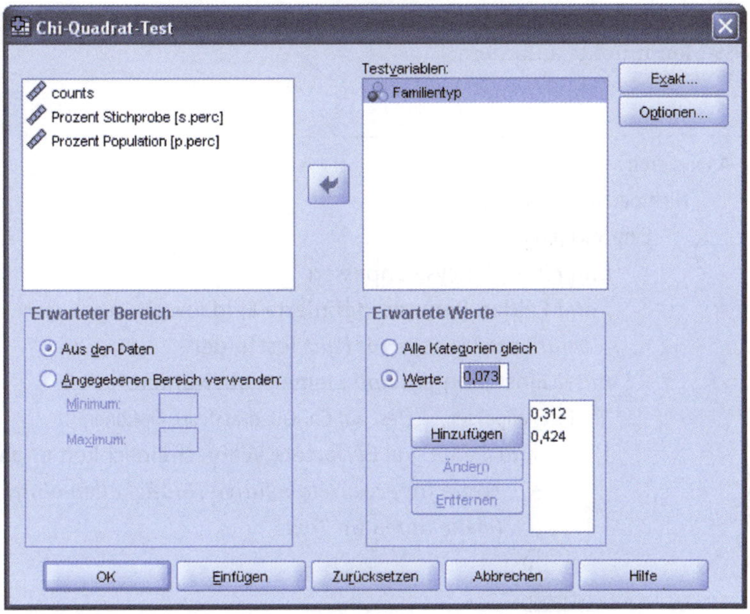

Abbildung 4.23: Chi-Quadrat-Test: Variableauswahl und Spezifikation der erwarteten Anteile

Familientyp

	Beobachtetes N	Erwartete Anzahl	Residuum
Ehepaare ohne Kinder	42	62,4	-20,4
Ehepaare mit Kindern	98	84,8	13,2
Lebensgemeinschaft ohne Kinder	6	14,6	-8,6
Lebensgemeinschaft mit Kindern	20	12,2	7,8
Alleinerziehende Elternteile	34	26,0	8,0
Gesamt	200		

Statistik für Test

Statistik	Variablen Familientyp
Chi-Quadrat	21,238
df	4
Asymptotische Signifikanz	,000

Abbildung 4.24: Ergebnis des Chi-Quadrat-Tests zur Prüfung der Repräsentativität einer Stichprobe

Alternative Berechnung in SPSS

Auch hier können wir die neuen Prozeduren verwenden, aber so einfach wie in Abschnitt 4.2 und völlig automatisiert geht es jetzt nicht mehr. Zunächst müssen wir unseren Datensatz, wenn Sie das nicht schon gemacht haben, mit der Variable counts gewichten (vgl. Abschnitt 3.7). Den entsprechenden Test kann man über folgende **SPSS**-Menüpunkte anfordern:

SPSS

Analysieren
Nichtparametrische Tests
Eine Stichprobe...
unter **Ziel: Analyse anpassen**
unter **Felder: Benutzerdefinierte Feldzuweisungen** *verwenden,*
nur `Familientyp` *im Feld* **Testfelder**
unter **Einstellungen** *und* **Element auswählen:**
Tests anpassen, ... (Test auf Chi-Quadrat-Test), Optionen
markieren von **Erwartete Wahrscheinlichkeit anpassen**
Werte für erwartete relative Häufigkeiten eintragen
(siehe unten im Text)
[OK]
[Ausführen]

Das Subfenster **Chi-Quadrat-Test: Optionen**, bei dem man dem obigen Ablauf entsprechend die erwarteten relativen Häufigkeiten eintragen soll, sieht folgendermaßen aus (► Abbildung 4.25):

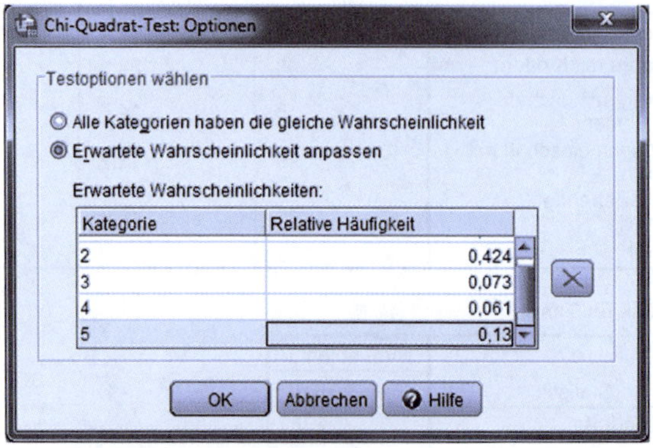

Abbildung 4.25: Eintragen der erwarteten relativen Häufigkeiten

Hier haben wir schon einige Werte eingetragen.

Das Resultat im Ausgabefenster ist nicht sehr informativ, da es nur das Ergebnis des Tests beschreibt, nämlich die Angabe des *p*-Werts und ob die Nullhypothese verworfen oder beibehalten wird (► Abbildung 4.26).

Etwas mehr Information gibt die Modellanzeige (► Abbildung 4.27) her, die man wieder durch Doppelklick auf die Ergebnistabelle (Abbildung 4.26) öffnet.

Von Interesse ist hierbei das rechte Fenster in Abbildung 4.27. Hier findet man ein gruppiertes Balkendiagramm, das die beobachteten und erwarteten (hypothetischen)

Übersicht über Hypothesentest

	Nullhypothese	Test	Sig.	Entscheidung
1	Die Kategorien von Familientyp treten mit den angegebenen Wahrscheinlichkeiten auf.	Chi-Quadrat-Test einer Stichprobe	,000	Nullhypothese ablehnen.

Asymptotische Signifikanzen werden angezeigt. Das Signifikanzniveau ist ,05.

Abbildung 4.26: Ergebnis des Chi-Quadrat-Tests

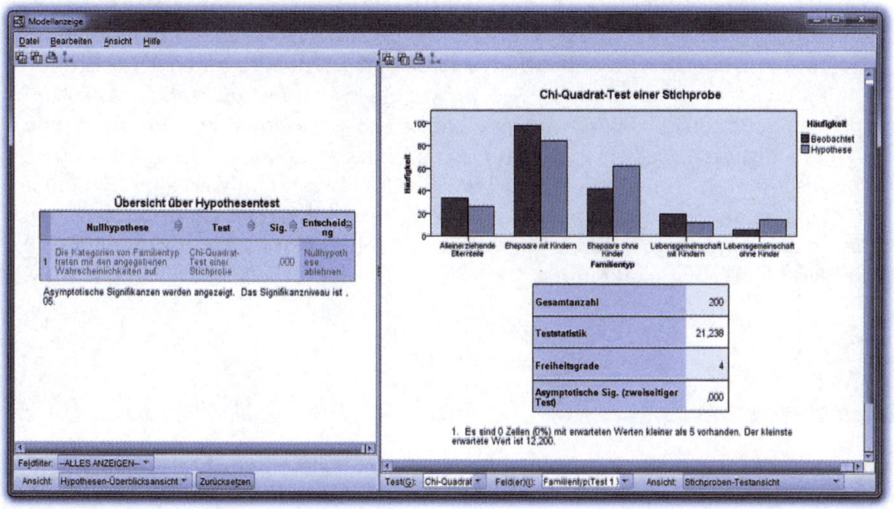

Abbildung 4.27: Ergebnis des Chi-Quadrat-Tests

Häufigkeiten darstellt sowie Informationen zum Chi-Quadrat-Test, wie wir sie auch schon in Abbildung 4.24 erhalten haben. Wenn man den Cursor über die Balken in der Grafik bewegt, erhält man Informationen zu der jeweiligen Kategorie, insbesonders die beobachteten und erwarteten Häufigkeiten.

4.4 Hat ein Prozentsatz (Anteil) einen bestimmten Wert?

Bisher haben wir untersucht, wie man analysieren kann, ob Häufigkeiten bzw. Anteile mehrerer Kategorien bestimmten Vorgaben entsprechen. Jetzt wollen wir uns auf einzelne Kategorien konzentrieren.

Fallbeispiel 3: Fehlerrate bei Lügendetektoren

Datenfile: `detektor.sav`

Nach wie vor gibt es in den USA Bemühungen, den perfekten Lügendetektor zu entwickeln. Neuere Ansätze stammen von Pavlidis et al. (2002), die versuchten, mit einer hochauflösenden, temperatursensiblen Kamera aus Gesichtsaufnahmen Lügen zu entdecken. Rosenfeld (2002) verwendete sogenannte ERPs (ereigniskorrelierte Potentiale), bestimmte Gehirnaktivitätssignale, die mittels an der Kopfhaut angebrachten Elektroden gemessen werden. Er untersuchte Studierende, die unter anderem Sätze, wie *Verwenden Sie einen gefälschten Ausweis?* vorlesen mussten. Es wurde erwartet, dass bei Studierenden, die tatsächlich einen gefälschten Ausweis verwenden, ein entsprechendes Hirnsignal auftritt. Von insgesamt $N = 17$ „Schuldigen" wurden 13 (77%) richtig erkannt. Bei einer vergleichbaren Studie des amerikanischen Verteidigungsministeriums wurden 75% der „Schuldigen" mithilfe eines traditionellen klassischen Lügendetektors (Polygraphen) richtig erkannt.

Liefert der neue Lügendetektor bessere Ergebnisse als der traditionelle?

Wenn man die Daten einer einzelnen Kategorie analysieren möchte, dann kann man im Wesentlichen die gleichen Methoden verwenden wie in den vorhergehenden Abschnitt 4.2.3 und Abschnitt 4.3.2. Man muss sich nur vor Augen halten, dass es für diese einzelne Kategorie eigentlich zwei Möglichkeiten gibt, nämlich *trifft zu* bzw. *trifft nicht zu*. Wenn man also eine einzelne Kategorie untersucht, dann verhält sich diese wie eine „neue" Variable mit zwei Kategorien.

Numerische und grafische Beschreibung

Zur numerischen Beschreibung wird es wohl genügen, eine Häufigkeitstabelle über die Menüpunkte Analysieren ▷ Deskriptive Statistiken ▷ Häufigkeiten wie in Abschnitt 4.2.1 zu erstellen.

Als grafische Darstellung bietet sich wieder ein Balkendiagramm an. In Analogie zu Abschnitt 4.2.2 kann es folgendermaßen erstellt werden.

SPSS

Diagramme
Diagrammerstellung...
in Galerie *auswählen von* Balken
Doppelklick auf linkes oberes Galeriediagramm [einfache Balken]
(die Vorschau erscheint in der Zeichenfläche)
Variable `ueberfuehrt` *in das Feld* X-Achse? *ziehen*
[Elementeigenschaften]
unter Eigenschaften bearbeiten von *auswählen von* Balken
unter Statistiken *auswählen von* Prozentsatz
unter Eigenschaften bearbeiten von *auswählen von* X-Achse1
unter Kleine/leere Kategorien *wählen von*
Nur in den Daten vorhandene Kategorien anzeigen
[Zuweisen], dann [Schließen]
[OK]

Das Resultat findet sich in ► Abbildung 4.28.

Allerdings interessiert für die Fragestellung eigentlich nur die Kategorie `ja` (überführt). Dazu könnte man ein gestapeltes Balkendiagramm verwenden (diese werden in Abschnitt 5.1.2 genauer erklärt). Und man möchte vielleicht auch noch die 75%-Erfolgsrate der traditionellen Methode darstellen. Das Resultat könnte so aussehen (► Abbildung 4.29).

Man sieht, dass die Erfolgsrate des neuen Lügendetektors nur unwesentlich höher als jene traditioneller Detektoren ist. Die entsprechende statistische Methode, im

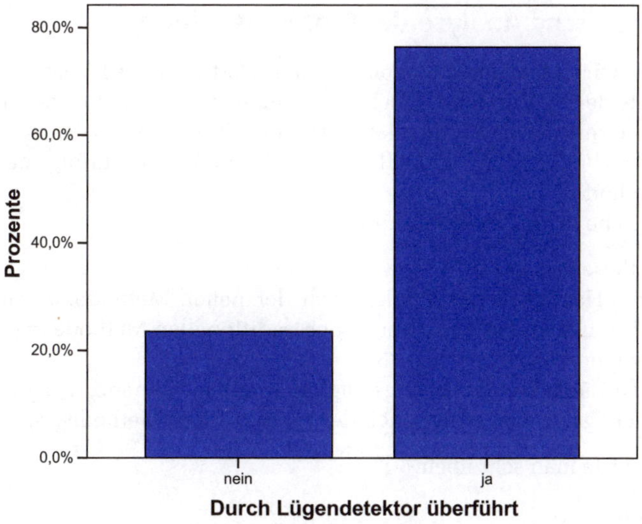

Abbildung 4.28: Balkendiagramm für Erfolg mit neuem Lügendetektor

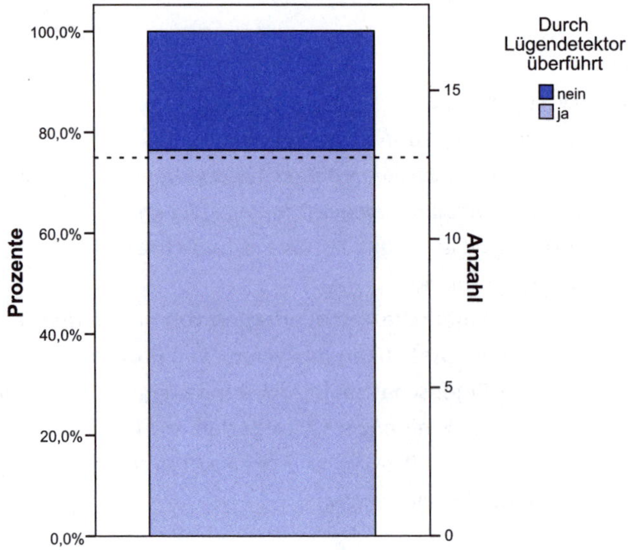

Abbildung 4.29: Gestapeltes Balkendiagramm mit zweiter Achse und Referenzlinie

nächsten Abschnitt, wird uns darüber Aufschluss geben, ob die Erfolgsrate tatsächlich höher ist oder nicht.

Die Grafik in Abbildung 4.29 ist keine Standard-SPSS-Grafik und ihre Erstellung ist ein wenig komplizierter als das bisher Beschriebene. (Versuchen Sie, diese Abbildung durch Anwenden und Ausprobieren der entsprechenden Bedienelemente im Grafik-Editor zu erstellen. Der Aufwand lohnt sich.)

4.4.1 Statistische Analyse der Problemstellung

Die Frage, die wir untersuchen wollen, lautet: Liefert der neue Lügendetektor bessere Ergebnisse als der traditionelle? Übersetzt in eine statistische Fragestellung, könnte man auch so formulieren: Ist die relative Häufigkeit des Erfolgs des neuen Lügendetektors (in Wirklichkeit) höher als die relative Häufigkeit des Erfolgs nach der traditionellen Methode.

Als statistische Hypothesen formuliert:

- Nullhypothese H_0: $\pi = 0{,}75$
  Die relative Häufigkeit des Erfolgs nach der neuen Methode, π, entspricht der relativen Häufigkeit des Erfolgs nach der traditionellen Methode ($\pi_0 = 0{,}75$).
- Alternativhypothese H_A: $\pi > 0{,}75$
  Die relative Häufigkeit des Erfolgs nach der neuen Methode, π, ist größer als die relative Häufigkeit des Erfolgs nach der traditionellen Methode ($\pi_0 = 0{,}75$).

Allgemein würde man schreiben:

Hypothesen beim Test eines Anteils

H_0: $\pi = \pi_0$ (Nullhypothese)

H_A: $\pi > \pi_0$ (Alternativhypothese)

- π ... die unbekannte wirkliche relative Häufigkeit des Erfolgs mit der neuen Methode
  Da wir sie nicht kennen, aber etwas über sie wissen wollen, verwenden wir für sie r, die beobachtete relative Häufigkeit aus der Stichprobe.
- π_0 ... der Wert, den wir kennen (oder den wir festlegen) und gegen den wir prüfen wollen, in unserem Beispiel ist er 0,75.

Die statistische Problemstellung ist von der Idee her gleich, wie wir sie schon in Abschnitt 4.2.3 kennengelernt haben:

- Wir gehen davon aus, dass in Wirklichkeit die relative Häufigkeit des Erfolgs nach der neuen Methode jener der traditionellen Methode entspricht, dass also tatsächlich H_0 gilt.
- Wir sammeln Daten aus einer Stichprobe (nach der neuen Methode), berechnen die relative Häufigkeit r (sie ist die beste Information, die wir für das unbekannte π haben) und vergleichen sie mit jener Zahl, die wir kennen, nämlich 0,75. Allgemein können wir π_0 statt 0,75 einsetzen.
- Da wir ja eine Zufallsstichprobe verwenden, wird r nicht genauso groß wie π sein, sondern ein wenig abweichen. Wenn die Abweichung aber zu groß wird, dann werden wir nicht glauben, dass H_0, sondern eher dass H_A gilt.
- Die Prüfmethode zur Entscheidung, welche der beiden Hypothesen zutrifft, nennen wir statistischer Test.

Im Unterschied zum Chi-Quadrat-Test aus Abschnitt 4.2.3 und Abschnitt 4.3.2, wo wir absolute Häufigkeiten (beobachtete und erwartete) verglichen haben, beschäftigen wir uns jetzt mit Anteilen oder relativen Häufigkeiten (auch beobachtete, nämlich r, und erwartete, nämlich π_0). Der Test, den wir jetzt verwenden werden, heißt EIN-STICHPROBEN-TEST FÜR ANTEILE bzw. BINOMIAL-TEST.

In SPSS führen wir diesen Test folgendermaßen durch:

SPSS

Analysieren
  Nichtparametrische Tests
    Alte Dialogfelder
      Binomial
        Variable (`ueberfuehrt`) ➡ Testvariablen
        unter **Testanteil** *eintragen von* `0,75` *(Nullhypothese)*
        [OK]

Das Ergebnis ist in ► Abbildung 4.30 dargestellt. Neben den absoluten (**N**) finden wir die relativen Häufigkeiten (**Beobachteter Anteil**), den Wert, den wir für die H_0 spezifiziert haben (**Testanteil**) sowie den p-Wert (**Exakte Signifikanz 1-seitig**). Dieser ist 0,574 und damit wesentlich größer als 0,05. Wir behalten daher die Nullhypothese bei. Die Erfolgsrate beim neuen Lügendetektor ist demnach nicht höher als beim traditionellen Lügendetektor.

Test auf Binomialverteilung

		Kategorie	N	Beobachteter Anteil	Testanteil	Exakte Signifikanz (1-seitig)
Durch Lügendetektor überführt	Gruppe 1	ja	13	,76	,75	,574
	Gruppe 2	nein	4	,24		
	Gesamt		17	1,00		

Abbildung 4.30: Ergebnis des Binomial-Tests für die Erfolgsquote des neuen Lügendetektors

Fallbeispiel 3: Interpretation

Der Binomial-Test zur Überprüfung der Nullhypothese, dass der Erfolgsanteil beim neuen größer ist als 75%, ergab kein signifikantes Ergebnis ($p = 0{,}54$). Demnach könnte nicht gezeigt werden, dass mit dem neuen Detektor Lügner in höherem Ausmaß überführt werden können als nach der traditionellen Methode.

Was bedeutet **Exakte Signifikanz (1-seitig)**? Der Begriff *einseitig* wird in Exkurs 4.5 besprochen. **Exakt** bedeutet vereinfacht gesagt, dass **SPSS** statistische Methoden verwendet, bei denen der p-Wert (Signifikanz) für einen Test genau berechnet wird. Das ist aber nicht immer möglich, meist wenn eine Stichprobe groß ist. In diesem Fall werden Methoden verwendet, die den p-Wert möglichst genau approximieren. Je größer die Stichprobe ist, umso besser ist die Approximation. Die Approximationen beruhen auf der Grundidee, die zugrunde liegenden Wahrscheinlichkeiten so zu berechnen, als ob man unendlich viele Stichproben gezogen hätte. **SPSS** nennt dann das Ergebnis **Asymptotische Signifikanz**, wie wir es schon beim Chi-Quadrat-Test gesehen haben (z. B. Abbildung 4.23).

Im Prinzip genügt es, in den **SPSS**-Output-Tabellen nach **Signifikanz** zu suchen und dort den p-Wert abzulesen. Dadurch bekommt man die notwendige Information über die Plausibilität der Nullhypothese (und der Alternativhypothese). Natürlich setzt das voraus, dass man die Nullhypothese und die Alternativhypothese kennt. Aber ohne diese Kenntnis wüsste man ja die zugrunde liegende Fragestellung nicht und man hätte ja auch nicht die entsprechende statistische Methode gewählt, für die der Output erzeugt wurde.

Exkurs 4.5 Einseitige und zweiseitige Alternativhypothesen

Die Nullhypothese ist der Ausgangspunkt eines statistischen Tests. Sie legt die Annahme fest, gegen die wir erhobene Daten prüfen wollen. Meistens ist das Ziel einer Analyse, die Nullhypothese zu verwerfen. Die eigentlich interessierende Fragestellung wird als Alternativhypothese formuliert. Es werden zwei Arten von Alternativhypothesen unterschieden:

EINSEITIGE ALTERNATIVHYPOTHESEN

Bei einseitigen Alternativhypothesen geht die Frage immer in eine bestimmte Richtung:

- $H_A: \pi > \pi_0$
  Die Erfolgsrate (π) der neuen Methode ist größer als erwartet (π_0).

Diese Frage würde z. B. jemand stellen, der Argumente für die Überlegenheit der neuen Methode sucht.

- $H_A: \pi < \pi_0$
  Die Erfolgsrate der neuen Methode ist kleiner als erwartet.

Diese Festlegung könnte von einem Zweifler an der neuen Methode stammen. In beiden Fällen setzt die einseitige Formulierung der Alternativhypothese ein gewisses Vorwissen oder eine bestimmte Absicht voraus. Oft weiß man aber nicht, in welche Richtung die Sache läuft. Es ist dann besser, die Alternativhypothese zweiseitig zu formulieren:

ZWEISEITIGE ALTERNATIVHYPOTHESEN

- $H_A: \pi \neq \pi_0$
  Die Erfolgsrate der neuen Methode ist anders als man erwarten würde, sie kann größer, aber auch kleiner sein.

Es hängt von der Fragestellung ab, welche der drei Möglichkeiten man wählt. Man muss sich aber für eine entscheiden. Keinesfall sollte man alle drei prüfen.

Was macht man, wenn SPSS nur die einseitige Signifikanz (p-Wert) ausgibt, man aber zweiseitig testen möchte? In diesem Fall muss man den p-Wert verdoppeln, bevor man ihn mit dem Signifikanzniveau, üblicherweise 0,05, vergleicht.

Was macht man wenn SPSS nur die zweiseitige Signifikanz (p-Wert) ausgibt, man aber einseitig testen möchte? Dann muss man den p-Wert halbieren. Aber Achtung, das gilt nur dann, wenn die Daten der Alternativhypothese entsprechen, also wenn z. B. $H_A: \pi > \pi_0$ und das r in den Daten tatsächlich größer als π_0 ist.

Was macht man, wenn r kleiner als π_0 ist, man aber als Alternativhypothese $H_A: \pi > \pi_0$ prüfen wollte? In diesem Fall wird die Nullhypothese immer beibehalten. Auf keinen Fall sollte man nachträglich die Hypothesen umformulieren.

Alternative Berechnung in SPSS

Wie in Abschnitt 4.3 kann man auch hier nicht einfach die Prozedur Nichtparametrische Tests automatisiert durchführen lassen. Die folgenden Eingaben würden zu einem falschen Ergebnis führen.

SPSS

Analysieren
    Nichtparametrische Tests
        Eine Stichprobe...
            unter Ziel: *markieren von*
                Beobachtete und hypothetische Daten automatisch vergleichen
            [Ausführen]

Wir erhalten die Ausgabe (▶ Abbildung 4.31), in der ein Test der Nullhypothese H_0: $\pi = 0{,}50$ und nicht H_0: $\pi = 0{,}75$ durchgeführt wurde.

Übersicht über Hypothesentest

	Nullhypothese	Test	Sig.	Entscheidung
1	Die durch Durch Lügendetektor überführt = ja und nein definierten Kategorien treten mit den Wahrscheinlichkeiten 0,5 und 0,5 auf.	Test auf Binomialverteilung einer Stichprobe	,049 [1]	Nullhypothese behalten.

Asymptotische Signifikanzen werden angezeigt. Das Signifikanzniveau ist ,05.

[1] Für diesen Test wird die exakte Signifikanz angezeigt.

Abbildung 4.31: Falsches Ergebnis, weil Nullhypothese falsch spezifiziert wurde

Die automatisierte Prozedur hilft hier also nicht weiter. Wir müssen folgende Vorgangsweise einschlagen.

SPSS

Analysieren
  Nichtparametrische Tests
    Eine Stichprobe...
      unter Ziel: Analyse anpassen
        Tests anpassen, ...(Test auf Binomialverteilung), Optionen
          unter Hypothetischer Anteil: 0,75 *eintragen*
          [OK]
      [Ausführen]

Wir erhalten im Ausgabefenster jetzt das richtige Ergebnis (▶ Abbildung 4.32), das auch mit jenem aus Abbildung 4.30 übereinstimmt.

Übersicht über Hypothesentest

	Nullhypothese	Test	Sig.	Entscheidung
1	Die durch Durch Lügendetektor überführt = ja und nein definierten Kategorien treten mit den Wahrscheinlichkeiten 0,75 und 0,25 auf.	Test auf Binomialverteilung einer Stichprobe	,574 [1]	Nullhypothese behalten.

Asymptotische Signifikanzen werden angezeigt. Das Signifikanzniveau ist ,05.

[1] Für diesen Test wird die exakte Signifikanz angezeigt.

Abbildung 4.32: Korrektes Ergebnis des Binomial-Tests

Wie schon in den vorhergehenden Abschnitten beschrieben, könnte man durch Doppelklick auf die Tabelle die Modellanzeige öffnen, um weitere Informationen zu erhalten.

Achtung: In diesem Beispiel wurde geprüft, ob die Kategorie `ja` der Variable `ueberfuehrt` zu mehr als 75% auftritt. In der oben beschriebenen Prozedur wurde unter den Menüpunkten **Tests anpassen, ...(Test auf Binomialverteilung), Optionen** im Fenster **Binomialoptionen** der hypothetische Anteil 0,75 eingetragen. Sie sehen in diesem Fenster weiter unten, dass die Option **Erste in den Daten gefundene Kategorie verwenden** markiert ist. Wenn Sie in der Datenansicht des Dateneditors nachsehen, dann finden Sie, dass der Eintrag bei der ersten Person `ja` ist. Damit haben wir zufällig die richtige Kategorie für den Hypothesentest bekommen, da der Test ja automatisch die Option **Erste in den Daten gefundene Kategorie verwenden** eingestellt hat. Wäre der erste Eintrag zufällig `nein` gewesen, dann wäre der Test schiefgegangen, weil wir die falsche Hypothese geprüft hätten. In solch einem Fall hätten wir im Fenster **Binomialoptionen** den hypothetischen Anteil mit 0,25 und nicht mit 0,75 spezifizieren müssen. Achten Sie also immer darauf, welche Kategorie der interessierenden Variable in der ersten Zeile der Daten steht.

HINWEIS

4.5 In welchem Bereich kann man einen Prozentsatz (Anteil) erwarten?

Oft findet man in den Medien Grafiken oder Angaben im Text, wo Prozentwerte zu irgendeinem Sachververhalt berichtet werden. Zum Beispiel: „Eine Studie der IASO (International Association for the Study of Obesity) für 2007 ergab, dass drei Viertel der Männer und 59% der Frauen in Deutschland übergewichtig sind.“ Diese Zahlen werden so dargestellt, als ob sie Fakten wären. Nicht berichtet wird aber, ob die Daten aus einer Stichprobe stammen und wie groß diese war. Es ist nicht anzunehmen, dass man das Gewicht aller Deutschen gewogen hat. Aber wie verlässlich sind solche Zahlen? Wir wollen diese Problematik anhand eines prominenten Beispiels, der „Sonntagsfrage“, im Fallbeispiel 4 diskutieren.

Das Ergebnis der Umfrage aus Fallbeispiel 4 ergab, dass CDU/CSU mit 33% gegenüber der SPD mit 29% vorne liegt, Grüne mit 13% und Piraten mit 11% folgen. Am wenigsten Zustimmung erreichen Linke mit 6% und FDP mit 5%. Alle anderen Gruppierungen kommen zusammen auf 3%. Was bedeuten diese Zahlen?

Es gibt einige Gründe, warum man diese Zahlen nicht als bare Münze nehmen sollte. Erstens sind sie nicht das Ergebnis einer Wahl, sondern einer Umfrage, die Monate vor der nächsten Wahl stattgefunden hat. Es kann sich also noch einiges ändern. Zweitens beinhalten Umfragen immer gewisse Unschärfen. Wichtige Ursachen für Ungenauigkeiten liegen unter anderem im Anteil an Unentschlossenen, Nicht- und Ungültig-Wählern und solchen, die nicht ehrlich antworten. Der wichtigste Grund aber, warum wir nicht erwarten dürfen, dass diese Zahlen genau stimmen, liegt darin, dass nur eine Stichprobe befragt wurde. Selbst unter der Annahme, dass die Stichprobe repräsentativ ist (dass sie also ein wirkliches Abbild der deutschen Wähler darstellt), alle ehrlich geantwortet haben und niemand mehr seine Meinung ändert, muss man mit gewissen Ungenauigkeiten rechnen, wenn man das Wahlergebnis vorhersagen wollte.

Fallbeispiel 4: Die Sonntagsfrage

Auf der Webseite http://www.statista.org fand sich im Frühjahr 2012 das Ergebnis einer Meinungsumfrage, in der die Stimmungslage der deutschen Bevölkerung zu den politischen Parteien erhoben wurde.

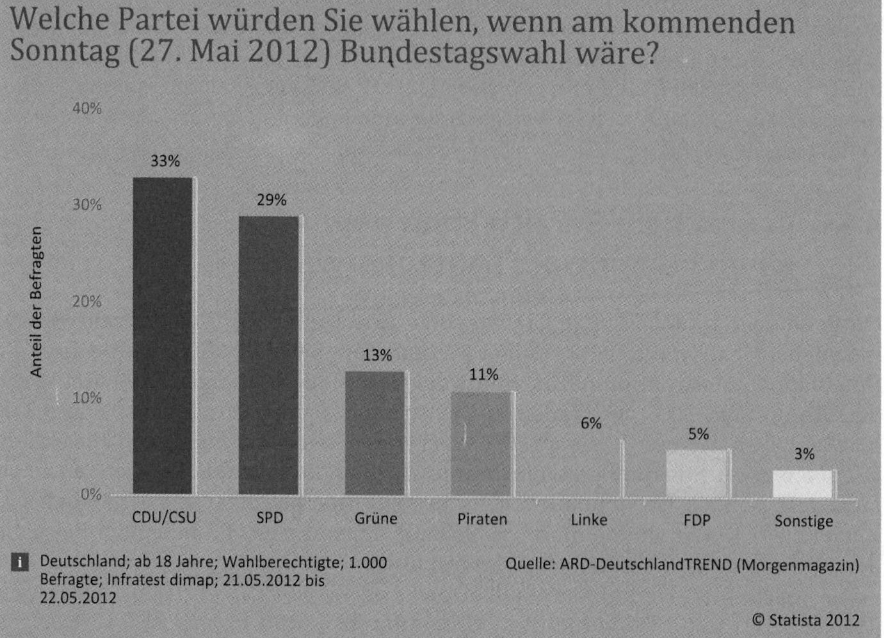

Wie wird die nächste Bundestagswahl ausgehen?

Der Grund hierfür sind Stichprobenschwankungen. Hätten die Meinungsforscher andere 1000 Personen ausgewählt und befragt, wäre das Ergebnis sicherlich ein anderes gewesen. Die gleichen Überlegungen haben wir schon angestellt, als wir uns fragten, ob alle Seiten eines Würfels gleich häufig auftreten. Bei wenigen Versuchen können wir nicht erwarten, dass alle Seiten gleich häufig gewürfelt werden, auch wenn der verwendete Würfel fair ist. Genauso verhält es sich mit Stichproben bei Meinungsumfragen. Es werden nicht alle Parteipräferenzen mit dem gleichen Prozentsatz wie in der Bevölkerung vorkommen. Allerdings, wie auch beim Würfeln, je mehr Personen man befragt, je größer also die Stichprobe ist, umso genauere Ergebnisse wird man bekommen. Wir benötigen also eine Methode, um bestimmen zu können, wie genau das Ergebnis einer Meinungsumfrage ist. Diese Methode nennt man Bestimmen von KONFIDENZINTERVALLEN oder VERTRAUENSBEREICHEN. In den Medien findet man auch oft den Begriff SCHWANKUNGSBREITE. Hinter dieser Methode stecken einige nicht ganz einfache mathematisch-statistische Überlegungen (ähnlich wie im Anhang 4.8), allerdings kann man Schwankungsbreiten relativ leicht ausrechnen.

Berechnung von Schwankungsbreiten für Anteile

$$c = 1{,}96 \cdot \sqrt{\frac{r_j(1-r_j)}{n}} \qquad (4.3)$$

- $c \ldots$ Schwankungsbreite
- $r_j \ldots$ relative Häufigkeit
- $n \ldots$ Stichprobengröße (Gesamtanzahl von Befragten)

Eigentlich müsste man in der obigen Formel c_j statt c schreiben, da die Schwankungsbreite von der Größe der relativen Häufigkeit für die jeweilige Kategorie j (hier Partei) abhängt. Am größten ist die Schwankungsbreite, wenn eine Kategorie einen Anteil von 50% hat. Ein Konfidenzintervall (Vertrauensbereich) besteht aus zwei Zahlen, die einen Bereich festlegen. Die obere Zahl (Grenze) erhält man, wenn man die Schwankungsbreite c zu der relativen Häufigkeit für die jeweilige Kategorie dazuzählt, die untere Zahl, wenn man sie abzieht.

Konfidenzintervall (Vertrauensbereich) für Anteile

$$\text{Konfidenzintervall: } [\, r_j - c\, ;\; r_j + c\,] \qquad (4.4)$$

Welche Bedeutung haben nun Schwankungsbreiten? Sie geben an, wie stark die aus einer Stichprobe errechneten Prozentsätze aufgrund von Zufallseinflüssen schwanken können. Und Konfidenzintervalle? Sie geben mit einer bestimmten Plausibilität (oder Sicherheit) an, zwischen welchen Grenzen der tatsächliche Anteil in der Population zu erwarten ist. Ein Wert von 1,96 (wie in Formel 4.3) würde 95%-ige Sicherheit bedeuten, würde man stattdessen 2,58 verwenden, wäre die Sicherheit 99%, das Intervall wäre dann aber auch größer.

Wie würden die Konfidenzintervalle für die Parteienzustimmung aussehen?

In **SPSS** gibt es leider keine direkte Möglichkeit, Konfidenzintervalle für alle Prozentsätze gleichzeitig auszurechnen, aber man kann das ganz leicht „händisch" bewerkstelligen. Wir erzeugen zunächst die notwendigen Daten und gehen dabei genauso vor wie in Abschnitt 4.3.1. Im Daten-Editor sollte dann Folgendes zu sehen sein (▶ Abbildung 4.33).

Nun müssen wir die oberen und unteren Grenzen berechnen. Wir benutzen die Menüs **Transformieren ▷ Variable berechnen** und machen die Einträge wie in ▶ Abbildung 4.34, wobei wir die Formeln 4.3 und 4.4 verwenden. Die Berechnung wird dann mit [OK] abgeschlossen.

Die untere Grenze nennen wir `unt.Grenze`, **SQRT(...)** ist die Funktion (*square root*), mit der man eine Quadratwurzel berechnen kann. Nun benötigen wir noch die obere Grenze. Dazu

- ersetzen wir im Dialogfenster **Variable berechnen** `unt.Grenze` durch `ob.Grenze` (**SPSS** merkt sich den letzten Eintrag, wir müssen nicht alles neu eintippen)
- und schreiben + statt − im rechten Feld.

	Partei	Anteil
1	CDU/CSU	,33
2	SPD	,29
3	Grüne	,13
4	Piraten	,11
5	Linke	,06
6	FDP	,05
7	Sonstige	,03

Abbildung 4.33: Sonntagsfrage: Anteile der Parteienpräferenz im Daten-Editor

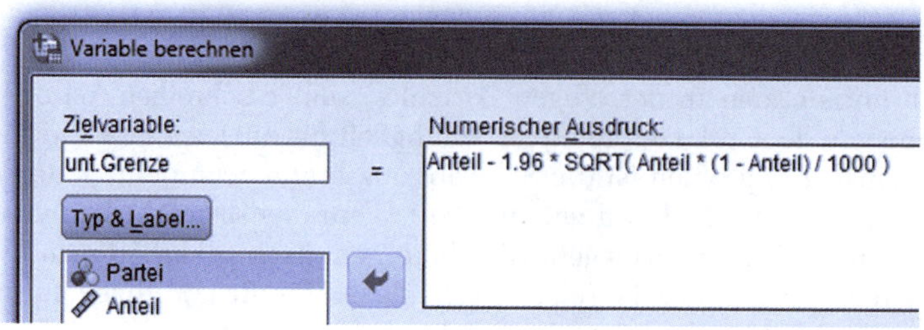

Abbildung 4.34: Berechnung der unteren Grenze von Konfidenzintervallen für Anteile der Parteienpräferenz

Im **Daten-Editor** können wir das Resultat schon sehen. Zur Erzeugung eines Tabellen-Outputs gehen wir genauso vor wie in Abschnitt 4.3 auf Seite 122. Man erhält die Tabelle mit den Konfidenzintervallen (▶ Abbildung 4.35), aus der wir noch die Zeile mit **Mittelwert** entfernt haben.

		unt.Grenze	ob.Grenze
Partei	CDU/CSU	,30	,36
	SPD	,26	,32
	Grüne	,11	,15
	Piraten	,09	,13
	Linke	,05	,07
	FDP	,04	,06
	Sonstige	,02	,04

Abbildung 4.35: Konfidenzintervalle für Anteile der Parteienpräferenz

Zur grafischen Darstellung stellt **SPSS** den Typ der sogenannten **Hoch-Tief-Diagramme** zur Verfügung, der alle Diagramme umfasst, für die ein Datenbereich zwischen zwei Werten angezeigt werden soll. Wir wollen ein **Hoch-Tief-Schluss-Diagramm** verwenden.

SPSS

Diagramme
Diagrammerstellung... [OK]
in Galerie *auswählen von* Hoch-Tief
Doppelklick auf linkes oberes Galeriediagramm [Hoch-Tief-Schluss]
(die Vorschau erscheint in der Zeichenfläche)
Variable `Partei` *in das Feld* X-Achse? *ziehen*
Variable `ob.Grenze` *in das Feld* Hoch-Variable? *ziehen*
Variable `unt.Grenze` *in das Feld* Tief-Variable? *ziehen*
Variable `Anteil` *in das Feld* Schluss-Variable *ziehen*
[Elementeigenschaften]
unter Eigenschaften bearbeiten von *wählen von* X-Achse1
unter Kleine/leere Kategorien *wählen von*
Nur in den Daten vorhandene Kategorien anzeigen
[Zuweisen]
unter Eigenschaften bearbeiten von *wählen von*
Hoch-Tief-Schluss1
unter Statistiken *auswählen von* Wert ... [OK]
[Zuweisen], dann [Schließen]
[OK]

Wir erhalten das Diagramm, das uns die Konfidenzintervalle für die fünf Parteien darstellt (► Abbildung 4.36).

Bei Betrachten der Konfidenzintervalle in den Abbildungen 4.35 und 4.36 fallen einige Dinge auf. Die untere Grenze für die CDU/CSU liegt nicht höher als die obere Grenze für die SPD. Das bedeutet, dass die CDU/CSU nicht eindeutig vor der SPD liegt, die Intervalle überlappen sich. Aber eindeutig liegen sowohl CDU/CSU als auch die SPD vor den Grünen und Piraten. Für diese kann man aber nicht sagen, welche mehr bevorzugt wird. Die Grünen liegen zwar um zwei Prozentpunkte vor den Piraten, allerdings überlappen sich die Konfidenzintervalle hier und dieser scheinbare Vorzug in der Wählergunst kann sich auf Zufall (durch die spezifische Stichprobe bedingt) zurückführen lassen. Eindeutig liegen aber beide vor den Linken und der FDP, die sich wieder nicht eindeutig unterscheiden.

Fallbeispiel 4: Interpretation

Die Konfidenzintervalle für die Parteienzustimmung ergaben, dass die CDU/CSU und die SPD klar vorne liegen. Danach folgen Grüne und Piraten, die wiederum klar vor den Linken und der FDP positioniert sind. Zwischen CDU/CSU und SPD, zwischen Grünen und Piraten sowie zwischen den Linken und der FDP gibt es jeweils keine Unterschiede.

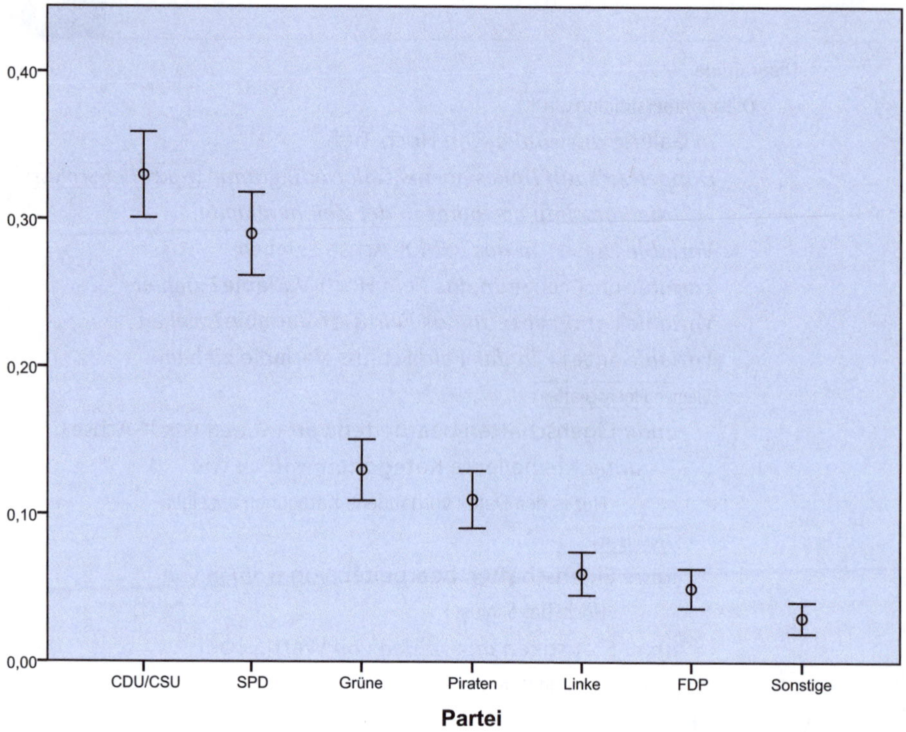

Abbildung 4.36: Hoch-Tief-Schluss-Diagramm: Konfidenzintervalle für Anteile der Parteienpräferenz

Alternative Berechnung in SPSS

Die Konfidenzintervalle für die Parteienzustimmung haben wir in Abschnitt 4.5 händisch berechnet. Das geht in **SPSS** auch über die Menüpunkte Analysieren ▷ Nichtparametrische Tests ▷ Eine Stichprobe ..., allerdings ist es etwas mühsam, weil wir für jede Partei immer durch alle Menüs durchklicken müssen. Außerdem ist der Output alles andere als kompakt. Wir wollen dennoch die Vorgangsweise beispielhaft für die Piraten demonstrieren.

Zunächst benötigen wir in unserem Datensatz eine Gewichtungsvariable. Wir erzeugen eine neue Variable `Anzahl`, indem wir `Anteil` mit der Stichprobengröße ($n = 1000$) multiplizieren und dann `Anzahl` als Gewichtungsvariable definieren (zur Vorgangsweise siehe Abschnitt 3.5.1 und Abschnitt 3.7).

Das Konfidenzintervall für den Stimmenanteil der Piraten erhalten wir folgendermaßen:

SPSS

Analysieren
Nichtparametrische Tests
Eine Stichprobe...
unter Ziel: Analyse anpassen
unter Felder: Benutzerdefinierte Feldzuweisungen *verwenden, dann* Partei ➡ Testfelder
unter Einstellungen *und* Element auswählen:
Tests anpassen, ...(Test auf Binomialverteilung), Optionen
Clopper-Pearson (exakt)
Erfolgswerte festlegen
darunter bei Wert: 4 *(für die Piraten) eintragen*
[OK]
[Ausführen]

Sie erhalten im Ausgabefenster das Ergebnis eines Binomialtests, der uns aber nicht interessiert. Durch Doppelklick auf die Tabelle Übersicht über Hypothesentest öffnet sich die Modellanzeige. Ganz unten links unter Ansicht gibt es ein Auswahlmenü, wo wir Hypothesen-Überblicksansicht auf Konfidenzintervall-Überblicksansicht ändern. Jetzt finden wir die Werte für das Konfidenzintervall, wie wir sie schon vorher berechnet haben (▶ Abbildung 4.37).

Konfidenzintervall-Überblick

Konfidenzintervalltyp	Parameter	Schätzer	95% Konfidenzintervall.	
			Minimum	Maximum
Erfolgsrate der Binomialverteilung einer Stichprobe (Clopper-Pearson)	Wahrscheinlichkeit (Partei=Piraten).	,110	,091	,131

Abbildung 4.37: Konfidenzintervall für die Piraten

Um alle Konfidenzintervalle zu erhalten, muss man den Vorgang für jede Partei wiederholen, und dabei den jeweiligen Kategorienwert unter dem Submenüeintrag Erfolgswerte festlegen angeben. Zu erwähnen ist noch, dass man das Konfidenzniveau von den üblichen 95% auf einen anderen Wert ändern kann. Die entsprechende Einstellung kann man unter dem Submenü Einstellungen und Element auswählen: und dort bei Testoptionen vornehmen (siehe SPSS-Kasten).

4.6 Zusammenfassung der Konzepte

Ein kategoriale Variable entsteht, indem man Beobachtungen nach bestimmten Kategorien klassifiziert.

- Häufigkeiten erhält man durch Auszählen, wie oft eine bestimmte Kategorie vorkommt. Daraus lassen sich relative Häufigkeiten oder Anteile bzw. Prozentsätze berechnen.
- Eine Häufigkeitsverteilung ist die tabellarische oder grafische Zusammenstellung der Häufigkeiten aller Kategorien einer Variable.
- Balken- bzw. Kreisdiagramme dienen zur grafischen Repräsentation der Häufigkeiten bzw. Prozentsätze, mit denen einzelne Kategorien vorkommen.
- Null- und Alternativhypothese: Annahmen, die man beim statischen Testen treffen muss. Das Resultat des Tests legt mit einer bestimmten Wahrscheinlichkeit (p-Wert) nahe, welche der beiden Hypothesen zutrifft.
- Signifikanzniveau: Wahrscheinlichkeit, mit der man eine Nullhypothese verwirft, obwohl sie in Wirklichkeit zutrifft.
- Chi-Quadrat-Test auf Gleichverteilung: prüft, ob alle Kategorien gleich wahrscheinlich sind.
- Chi-Quadrat-Test auf spezifizierte (vorgegebene) Verteilung: prüft, ob Häufigkeiten bzw. Prozentsätze bestimmten Vorgaben entsprechen.
- Test eines Anteilswerts: damit kann ermittelt werden, ob ein Prozentsatz kleiner, größer oder anders als ein bestimmter angenommener Wert ist.
- Konfidenzintervall für Anteile: ist der Bereich, in dem der wirkliche Wert (der Wert in der Population) eines Prozentsatzes mit einer bestimmten Sicherheit erwartet werden kann.

4.7 Übungen

1. Lottozahlen in Österreich 2007 und 2008

In Österreich ist Lotto sehr beliebt. Sechs Zahlen plus Zusatzzahl werden von einer Maschine aus der Menge der Zahlen von 1 bis 45 gezogen. Natürlich erwartet man, dass jede Zahl die gleiche Wahrscheinlichkeit hat, gezogen zu werden. Im Datenfile sind die Ziehungshäufigkeiten für alle 45 Lottozahlen des österreichischen Lottos für die Jahre 2007 und 2008 gegeben. Kann man aus den Daten schließen, dass der Mechanismus, mit dem die Lottozahlen ermittelt werden, fair ist, d. h., dass für alle Zahlen die Auswahlwahrscheinlichkeit gleich ist?

Daten: `lotto0708.sav`
Variablen: `lottozahl`, `h2007`, `h2008`

2. Multiple-Choice-Prüfung

Georg steht vor einer Prüfung, die als Multiple-Choice-Prüfung durchgeführt wird. Wie üblich hat Georg keine Ahnung vom Prüfungsstoff und er hofft, die Prüfung durch reines Raten zu bestehen. Allerdings hat Georg eine frühere Prüfung desselben Prüfers mit markierten richtigen Antworten erhalten. Diese richtigen Antworten sind im Datenfile enthalten. Verteilt der Prüfer die richtigen Antworten zufällig über alle fünf Auswahlmöglichkeiten?

Daten: `mchoice.sav`
Variable: `richtig`

3. Notenverteilung

Die Noten, die von einem BW-Professor vergeben werden, folgten bisher einer symmetrischen Verteilung: 5% Sehr gut, 25% Gut, 40% Befriedigend, 25% Genügend und 5% Nicht genügend. Dieses Jahr wird eine Stichprobe von 150 Noten gezogen. Kann man daraus schließen (5% Signifikanzniveau), dass sich die Notenverteilung dieses Jahr von der früherer Jahre unterscheidet?

Daten: `noten.sav`
Variable: `note`

4. Autoklasse und Unfallhäufigkeit

Zulassungsdaten aus einem Land zeigen, dass 15% der Autos Kleinwagen, 25% Kompaktmodelle, 40% Mittelklassemodelle und der Rest größere oder Sondermodelle sind. Eine Zufallsstichprobe von Verkehrsunfällen mit Autos wird gezogen. Kann man schließen, dass bestimmte Größenklassen von Autos häufiger in Verkehrsunfälle verwickelt sind, als es die Zulassungszahlen vermuten lassen?

Daten: `unfaelle.sav`
Variable: auto

5. Konzentrationsleistung von Studierenden

Bei einem Konzentrationstest kann man 0 bis 50 Punkte erzielen. Es ist bekannt, dass 15% der Personen mehr als 40 Punkte erzielen. Der Test wurde an 200 zufällig ausgewählten Studierenden durchgeführt. Kann man aus den Ergebnissen schließen, dass Studierende besser abschneiden als die Gesamtbevölkerung (1% Signifikanzniveau)?

Daten: `ktest.sav`
Variable: `punkte`

Datendateien sowie Lösungen finden Sie auf der Webseite des Verlags.

4.8 Anhang: Die Chi-Quadrat-Verteilung oder wie entsteht ein *p*-Wert?

Im Exkurs 4.3 in Abschnitt 4.2.3 haben wir zwischen beobachteten und erwarteten Häufigkeiten unterschieden und einen Wert X^2 berechnet, der die Größe der Abweichungen zwischen den beiden beschreibt. Auf Basis dieses X^2 hat SPSS dann eine Wahrscheinlichkeit, den p-Wert bzw. die Signifikanz, ausgegeben, die besagt, wie sehr die Abweichung für oder gegen die Nullhypothese spricht.

Wie kommt nun so ein p-Wert zustande. Stellen wir uns Folgendes vor: Der „faire“ Würfel aus Exkurs 4.3 wird 30 Mal geworfen. Aufgrund der beobachteten Häufigkeiten berechnen wir einen X^2-Wert und notieren ihn. Nun werfen wir den Würfel nochmals 30 Mal (Durchgang 2), berechnen wieder den X^2-Wert und notieren auch ihn. Da der Zufall im Spiel ist, werden die beiden X^2-Werte kaum gleich groß sein. Was uns aber bei diesem (zugegebenermaßen seltsamen) Spiel interessiert, ist, welche Werte X^2 überhaupt annehmen kann. Wir setzen also das Spiel fort und würfeln ein drittes Mal 30 Mal und berechnen und notieren wieder den neu berechneten X^2-Wert. Den ganzen Vorgang führen wir sehr lange fort, sagen wir 10 000 Mal. Nun bekommen wir natürlich einen ganz guten Eindruck davon, welche X^2-Werte überhaupt vorkommen und wie oft sie vorkommen (die Tabelle zeigt einen kleinen Ausschnitt aus den 10 000 Versuchen). Wir erhalten eine Verteilung der X^2-Werte (solch eine Verteilung nennt man in der Statistik *sampling distribution*).

Man kann jetzt bestimmte Aussagen machen, wie z. B. 75% aller X^2-Werte waren kleiner als sagen wir 6,6 oder 5% waren größer als 11,1. Diese letzte Aussage ist der springende Punkt. Wir haben einen „fairen" Würfel geworfen und in 5% der Fälle ergab das Resultat des Würfelns eine X^2-Wert, der größer als 11,1 war. Wie könnte das Ergebnis so eines Würfeldurchgangs aussehen, für das der X^2-Wert größer als 11,1 war. In Tabelle 4.1 finden wir ein solches bei Durchgang 343. Besonders auffällig ist, dass die Augenzahl 5 elfmal vorkam. Das ist doppelt so viel, wie man erwartet hätte. Ein so extremes Ergebnis ist also möglich, aber sehr unwahrscheinlich, es kommt in weniger als 5% der Durchgänge vor.

Jeder Durchgang entspricht dem Ziehen einer Stichprobe vom Umfang $n = 30$. Wir haben also 10 000 Stichproben gezogen. In der Praxis haben wir (meistens) nur eine Stichprobe, mehr Information steht nicht zur Verfügung. Sie muss uns aber helfen, eine Fragestellung zu testen. Hätten wir ein Ergebnis wie in Durchgang 343 bekommen, hätten wir die Nullhypothese (der Würfel ist fair) verworfen, weil der X^2-Wert in weniger als 5% auftritt, also sehr unwahrscheinlich ist. Wäre hingegen ein Ergebnis wie in Durchgang 344 eingetreten, dann hätten wir die Nullhypothese nicht verworfen und weiterhin an die „Fairness" des Würfels geglaubt.

Als Grenze haben wir 11,1 festgelegt, das war jener Wert, über dem nur mehr 5% der gesammelten X^2-Werte auftraten. Diese Grenze basierte auf 10 000 Durchgängen. Falls wir nur 20 Durchgänge gemacht hätten, dann wäre diese Grenze der größte aufgetretene X^2-Wert gewesen. Es ist intuitiv klar, dass je mehr Durchgänge zur Bestimmung dieser Grenze gemacht werden, diese umso genauer wird. Am besten, es wären unendlich viele Durchgänge. Für 50, 10 000 und unendlich viele Durchgänge ist die Verteilung der X^2-Werte in ► Abbildung 4.38 dargestellt.

		Augenzahl					
Durchgang	X^2	1	2	3	4	5	6
⋮							
342	6.0	3	7	1	6	7	6
343	12.4	2	3	2	5	11	7
344	2.8	7	5	3	7	4	4
345	6.4	4	6	9	3	6	2
346	7.6	1	9	3	5	6	6
⋮							

Tabelle 4.1: Ausschnitt aus 10 000 Durchgängen, in denen 30 Mal mit einem „fairen" Würfel gewürfelt wurde. Angegeben werden für jeden Durchgang der X^2-Wert und die beobachteten Häufigkeiten für die einzelnen Augenzahlen.

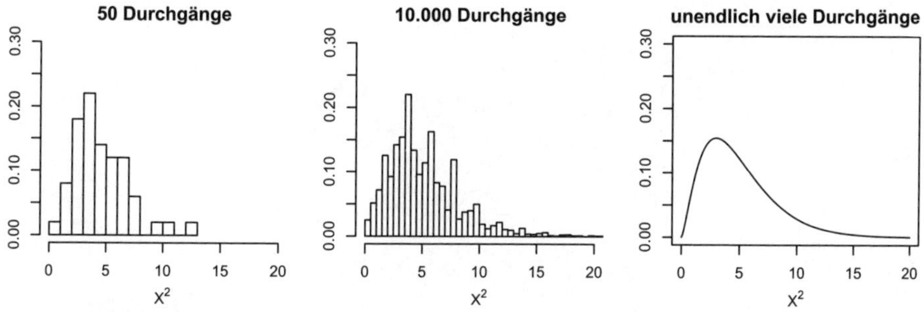

Abbildung 4.38: Sampling

Das ist natürlich in der Praxis nicht möglich, aber die mathematische Statistik kann dieses Problem lösen (die Idee dabei ist, den Grenzwert zu bestimmen, wenn die Anzahl der Durchgänge gegen unendlich und auch die Stichprobengröße, also aus wieviel Mal würfeln besteht ein Durchgang, gegen unendlich geht).

Das Resultat ist eine theoretische Verteilung, die sogenannte χ^2-Verteilung (χ ist der griechische Buchstabe *chi*, das „ch" wird wie in „Sprache" ausgesprochen). In Abbildung 4.38 rechts ist eine spezielle χ^2-Verteilung dargestellt, nämlich eine für 5 Freiheitsgrade. Für einen bestimmten X^2-Wert kann man damit ausrechnen, wie groß die Wahrscheinlichkeit ist, einen solchen oder noch größeren zu bekommen. Diese Wahrscheinlichkeit ist der *p*-Wert oder Signifikanz. Sie entspricht der Fläche unter der χ^2-Kurve, die ab dem X^2-Wert rechts noch übrig bleibt.

Je nach Anzahl der Kategorien, die man beobachtet, hat die χ^2-Verteilung unterschiedliche Form. Dies wird durch die Freiheitsgrade (*df*) ausgedrückt. Je höher die Anzahl der Freiheitsgrade, umso symmetrischer wird die χ^2-Verteilung und umso mehr rückt ihr Gipfel nach rechts. Die mathematisch-statistische Bedeutung von Freiheitsgraden ist nicht ganz einfach zu erklären, aber man kann sich Folgendes vorstellen: Man weiß z. B., dass die Summe aus drei Zahlen 10 ergibt, d. h. $x_1 + x_2 + x_3 = 10$. Wie viele der drei *x*-Werte kann man frei wählen? Man könnte z. B. für x_1 die Zahl 3 wählen. Dann blieben noch zwei weitere Zahlen, die in der Summe 7 ergeben müssen, damit sich die Gesamtsumme 10 ergibt. Wählen wir nun noch für x_2 die Zahl 5, dann haben wir damit auch automatisch $x_3 = 2$ festgelegt. Wir können also zwei Zahlen frei wählen, die dritte ist aufgrund der vorgegebenen Gesamtsumme festgelegt. Wir haben in diesem Beispiel 2 Freiheitsgrade oder $df = 2$. Bei einfachen kategorialen Daten ist die Anzahl der Freiheitsgrade immer die Anzahl der Kategorien minus 1. Beim Würfelbeispiel ist also $df = 5$.

Mehrere kategoriale Variablen

5

ÜBERBLICK

In diesem Kapitel besprechen wir Methoden zur Untersuchung von Datensätzen mit mehreren kategorialen Variablen. Dabei geht es nicht darum, jede Variable für sich zu untersuchen; das war schon Thema des vorigen Kapitels. Unser Interesse ist es, das gemeinsame Auftreten dieser Variablen, meist sind es nur zwei, zu beschreiben und zu analysieren.

Im ersten Abschnitt werden die bivariaten kategorialen Daten mit Kreuztabellen und daraus abgeleiteten Konzepten beschrieben. In den nächsten zwei Abschnitten untersuchen wir, ob es Unterschiede in der Verteilung einer Variablen in mehreren Gruppen gibt. Fragen nach dem Zusammenhang zwischen den zwei Variablen gehen wir in den folgenden zwei Abschnitten nach. Veränderungen von Anteilen schließen dieses Kapitel ab.

5.1 Beschreibung mehrerer kategorialer Variablen

Fallbeispiel 5: Entscheidungen des Verwaltungsgerichtshofes

Datenfile: `vwgh.sav`

Gegen Abgabenbescheide von Behörden kann Berufung eingelegt werden. In Österreich ist die Berufungsbehörde 2. Instanz der Verwaltungsgerichtshof (VwGH). In einer Studie (Hornik et al., 2008) wurden alle Entscheidungen des VwGH zwischen 2000 und 2004 in Abgabensachen untersucht.

Die drei häufigsten Arten von Entscheidungen sind:

- Abweisung: Die Beschwerde wird abgewiesen, der angefochtene Bescheid bleibt bestehen.
- Aufhebung: Der Beschwerdeführer obsiegt, der Bescheid wird als rechtswidrig aufgehoben. Die Behörden müssen noch einmal über die Sache entscheiden.
- Teilweise Aufhebung: meist bei Steuerbescheiden, die sich auf mehrere Steuerarten beziehen. Der Beschwerde gegen zumindest eine Steuerart wird stattgegeben, die gegen die anderen wird abgewiesen.

Daneben gibt es noch andere Entscheidungen (etwa Zurückweisung bei formalen Mängeln), die hier nicht berücksichtigt werden.

Seit Juli 1999 sind als Rechtsvertreter vor dem VwGH nicht nur Rechtsanwälte, sondern auch Wirtschaftsprüfer zugelassen. Ein Untersuchungsgegenstand der Studie war die Vertretung, vor dem VwGH, Rechtsanwalt (RA) oder Wirtschaftsprüfer (WP).

Entscheidung	Vertretung RA	WP
Abweisung	2061	210
Aufhebung	916	102
teilweise Aufhebung	122	8

Wie kann die Stichprobe numerisch und grafisch beschrieben werden?

5.1.1 Numerische Beschreibung

Die zwei kategorialen Variablen *Entscheidung* (mit den drei Kategorien *Abweisung, Aufhebung, tw. Aufhebung*) und *Vertretung* (mit den zwei Kategorien *RA, WP*) wurden an insgesamt 3419 Beobachtungseinheiten, nämlich den Beschwerden, erhoben.

Allgemein sind zwei kategoriale Variablen A (mit I Kategorien a_1, a_2 bis a_I) und B (mit J Kategorien b_1 bis b_J) gegeben.

Absolute Häufigkeiten

Die Auszählung der Häufigkeiten aller Kombinationen von Kategorien führt zu einer KREUZTABELLE (oder auch KONTINGENZTAFEL).

Die Elemente einer Kreuztabelle nennt man ZELLEN, sie enthalten die beobachteten Häufigkeiten, wie oft a_i und b_j gemeinsam in der Stichprobe aufgetreten sind.

Diese beobachteten Häufigkeiten werden in einer Matrix (rechteckiges Zahlenschema) zusammengefasst. Diese Matrix hat soviel Zeilen, wie der Faktor A Kategorien hat; die Kategorienzahl von B entspricht der Spaltenzahl. Aus dem Doppelindex ij werden zuerst der Zeilenindex i, dann der Spaltenindex j abgeleitet (so bedeutet etwa o_{32} das Element in Zeile 3 und Spalte 2).

Ergänzt wird diese Matrix meist noch um die Zeilen- ($o_{i+} = o_{i1} + o_{i2} + \ldots + o_{iJ}$) und Spaltensummen ($o_{+j} = o_{1j} + o_{2j} + \ldots + o_{Ij}$), die die zwei RANDVERTEILUNGEN bestimmen.

	b_1	b_2	$\cdots$	b_J	Summe
a_1	o_{11}	o_{12}	$\cdots$	o_{1J}	o_{1+}
a_2	o_{21}	o_{22}	$\cdots$	o_{2J}	o_{2+}
$\vdots$	$\vdots$	$\vdots$	$\ddots$	$\vdots$	$\vdots$
a_I	o_{I1}	o_{I2}	$\cdots$	o_{IJ}	o_{I+}
Summe	o_{+1}	o_{+2}	$\cdots$	o_{+J}	$o_{++} = n$

Im SPSS-Output für das VwGH-Beispiel (▶ Abbildung 5.1) geben die Zeilen die drei Entscheidungen, die Spalten die zwei Vertretungen an. Die eigentliche Kreuztabelle ist also eine Matrix mit 3 Zeilen und 2 Spalten (oder kurz eine 3 × 2-Matrix).

Neben der eigentlichen Kreuztabelle geben die Spaltensummen an, wie die Aufteilung der Vertretung zwischen Rechtsanwälten und Wirtschaftsprüfern ist. Die Zeilensummen geben die Verteilung der Entscheidungen auf die drei Kategorien wieder.

Eine Kreuztabelle kann man in SPSS folgendermaßen erzeugen:

SPSS

Analysieren
  Deskriptive Statistiken
    Kreuztabellen...
      Zeilenvariable (hier `Entscheidung`*)* ➡ Zeile(n)
      Spaltenvariable (hier `Vertretung`*)* ➡ Spalten
      Zellen...
        Unter Häufigkeiten *markieren von* Beobachtet ✓
        [Weiter]
      [OK]

Die Wahl, welche Variable zur Definition der Zeilen und welche für die Spalten herangezogen wird, ist im Prinzip frei. Lange Tabellen (also mit vielen Zeilen, aber mit wenig Spalten) machen sich in Berichten nicht gut, sind aber manchmal nur schwer vermeidbar. Hinweise zur Gestaltung von Tabellen sind im Exkurs 4.2 aus Abschnitt 4.2 zu finden.

Relative Häufigkeiten

In einer Kreuztabelle sind absolute Häufigkeiten eingetragen. Anders als im vorigen Kapitel ist bei der Angabe und Interpretation relativer Häufigkeiten Sorgfalt angebracht. Je nachdem, was als Vergleichswert verwendet wird, unterscheidet man:

- GESAMTPROZENT
  Die beobachteten Häufigkeiten (o_{ij}) werden in Relation zur Gesamtzahl der Beobachtungen (n) gestellt. Die Gesamtsumme aller relativen Häufigkeiten ist 1 (= 100%).

  $$r_{ij} = \frac{o_{ij}}{n} .$$

  In ▶ Abbildung 5.2 sind in jeder Zelle der Kreuztabelle neben den absoluten Häufigkeiten auch Gesamtprozent (als % der Gesamtzahl beschriftet) angegeben. Die Eintragung in der linken oberen Zelle bedeutet also, dass von insgesamt 3419 Berufungen 2061 von Rechtsanwälten vertreten und abgewiesen wurden, insgesamt also 60,3% (= 2061/3419).
- ZEILENPROZENT
  Vergleichswert für die beobachteten Häufigkeiten (o_{ij}) ist die jeweilige Zeilensumme (o_{i+}). Zeilensummen der bedingten relativen Häufigkeiten ergeben 1.

  $$r_{j|i} = \frac{o_{ij}}{o_{i+}} .$$

Entscheidung * Vertretung Kreuztabelle

Anzahl

		Vertretung		
		RA	WP	Gesamt
Entscheidung	Abweisung	2061	210	2271
	Aufhebung	916	102	1018
	tw.Aufhebung	122	8	130
	Gesamt	3099	320	3419

Abbildung 5.1: Kreuztabelle der VwGH-Entscheidungen

Entscheidung * Vertretung Kreuztabelle

			Vertretung		
			RA	WP	Gesamt
Entscheidung	Abweisung	Anzahl	2061	210	2271
		% der Gesamtzahl	60,3%	6,1%	66,4%
	Aufhebung	Anzahl	916	102	1018
		% der Gesamtzahl	26,8%	3,0%	29,8%
	tw.Aufhebung	Anzahl	122	8	130
		% der Gesamtzahl	3,6%	,2%	3,8%
	Gesamt	Anzahl	3099	320	3419
		% der Gesamtzahl	90,6%	9,4%	100,0%

Abbildung 5.2: VwGH-Entscheidungen: Absolute Häufigkeiten und Gesamtprozent

In ▸ Abbildung 5.3 sind Zeilenprozent (als % von Entscheidung beschriftet) enthalten. Die Eintragung in der linken oberen Zelle bedeutet also, dass von den Berufungen, die abgewiesen wurden, 90,8% (= 2061/2271) von Rechtsanwälten vertreten wurden.

- SPALTENPROZENT
  Vergleichswert für die beobachteten Häufigkeiten (o_{ij}) ist die jeweilige Spaltensumme (o_{+j}). Spaltensummen der bedingten relativen Häufigkeiten ergeben 1.

$$r_{i|j} = \frac{o_{ij}}{o_{+j}} .$$

In ▸ Abbildung 5.4 liegen Spaltenprozent (als % von Vertretung beschriftet) vor. Die Eintragung in der linken oberen Zelle bedeutet also, dass von den Berufungen, die von Rechtsanwälten vertreten wurde, 66,5% (= 2061/3099) abgewiesen wurden.

Sowohl Zeilen- als auch Spaltenprozent sind BEDINGTE RELATIVE HÄUFIGKEITEN. Es wird nicht auf die gesamte Stichprobe Bezug genommen, sondern nur auf einen Teil, nämlich jenen, der eine bestimmte Bedingung erfüllt. Bei Zeilenprozent ($r_{j|i}$) ist das jener Teil der Stichprobe, der in derselben Zeilenkategorie (i) liegt. Für Spaltenprozent ($r_{i|j}$) erfolgt die Einschränkung auf eine bestimmte Spaltenkategorie (j).

Entscheidung * Vertretung Kreuztabelle

% von Entscheidung

		Vertretung		
		RA	WP	Gesamt
Entscheidung	Abweisung	90,8%	9,2%	100,0%
	Aufhebung	90,0%	10,0%	100,0%
	tw.Aufhebung	93,8%	6,2%	100,0%
	Gesamt	90,6%	9,4%	100,0%

Abbildung 5.3: VwGH-Entscheidungen: Zeilenprozent

Entscheidung * Vertretung Kreuztabelle

% von Vertretung

		Vertretung		
		RA	WP	Gesamt
Entscheidung	Abweisung	66,5%	65,6%	66,4%
	Aufhebung	29,6%	31,9%	29,8%
	tw.Aufhebung	3,9%	2,5%	3,8%
	Gesamt	100,0%	100,0%	100,0%

Abbildung 5.4: VwGH-Entscheidungen: Spaltenprozent

HINWEIS

In SPSS sind schnell alle Prozentangaben angeklickt, doch erzeugt dies nur einen unübersichtlichen Zahlenhaufen. Meist ist es ausreichend, die absoluten Häufigkeiten und jene Prozentangabe anzufordern, die die Anteile an den zu vergleichenden Gruppen anzeigt (für das obige Beispiel wären das Spaltenprozent).

Über folgende Menüfolge kommt man zu Kreuztabellen und/oder gewünschten Prozentangaben:

SPSS

Analysieren
  Deskriptive Statistiken
    Kreuztabellen...
      Zeilenvariable (hier `Entscheidung`*)* [➡] Zeile(n)
      Spaltenvariable (hier `Vertretung`*)* [➡] Spalten
      Zellen...
        Unter Häufigkeiten *markieren von* Beobachtet [✓]
        Unter Prozentwerte *gewünschte Angaben markieren* [✓]
        [Weiter]
      [OK]

5.1.2 Grafische Beschreibung

Sind schon bei einer kategorialen Variablen Kreis- und vor allem Balkendiagramme hilfreich, um einen Überblick über die Häufigkeitsverteilung zu gewinnen, so ist das bei bivariaten kategorialen Daten noch weit stärker der Fall. Zur grafischen Beschreibung des Datensatzes eignen sich BALKENDIAGRAMME. Um die Gruppen gut beschreiben zu können, werden die Balken entweder in Gruppen nebeneinander gestellt – GRUPPIERTE BALKENDIAGRAMME – oder die Balken einer Gruppe übereinandergestapelt – GESTAPELTE BALKENDIAGRAMME.

Weil wir im VwGH-Beispiel die beiden Gruppen *RA* und *WP* hinsichtlich *Entscheidung* vergleichen möchten, ist ein gestapeltes Balkendiagramm sinnvoller. Jeder Balken steht für eine Gruppe und ist in die drei Entscheidungskategorien gegliedert. Die Legende hilft bei der Interpretation der einzelnen Balkenteile.

In SPSS können wir das gestapelte Balkendiagramm folgendermaßen erzeugen:

SPSS

Diagramme
  Diagrammerstellung...
    in Galerie *auswählen von* Balken
    Doppelklick auf das Galeriediagramm [gestapelte Balken]
      (die Vorschau erscheint in der Zeichenfläche)
    Variable `Vertretung` *in das Feld* X-Achse? *ziehen*
    Variable `Entscheidung` *in das Feld* Stapel: Farbe festlegen *ziehen*
    Elementeigenschaften *anklicken*
      unter Eigenschaften bearbeiten von.. Balken1 *auswählen*
      unter Statistik Prozentsatz() *auswählen*
        unter Parameter festlegen..
          Gesamt für jede X-Achsen-Kategorie *angeben*
          [Weiter]
      [Zuweisen]
    [OK]

HINWEIS

Diese Prozedur ist relativ umständlich. Man kann zuerst ein Balkendiagramm mit Prozentwerten erstellen und nachträglich die Balken auf eine Höhe von 100% verändern. Dazu muss das Balkendiagramm im Viewer geöffnet werden und anschließend kann über Optionen und Auf 100% skalieren der gewünschte Effekt erzielt werden.

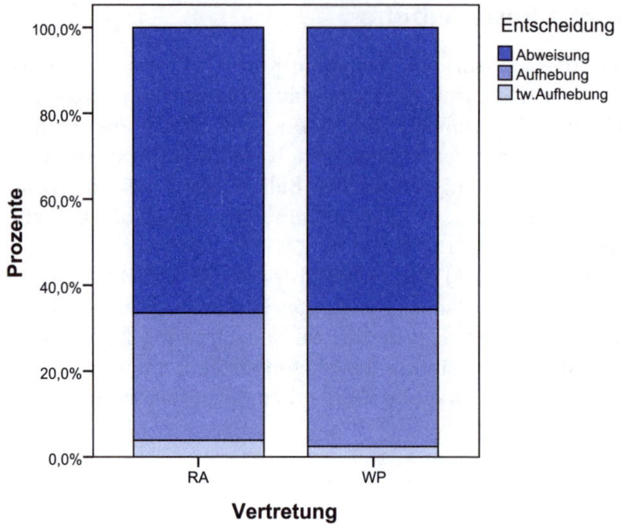

Abbildung 5.5: VwGH: Balkendiagramm

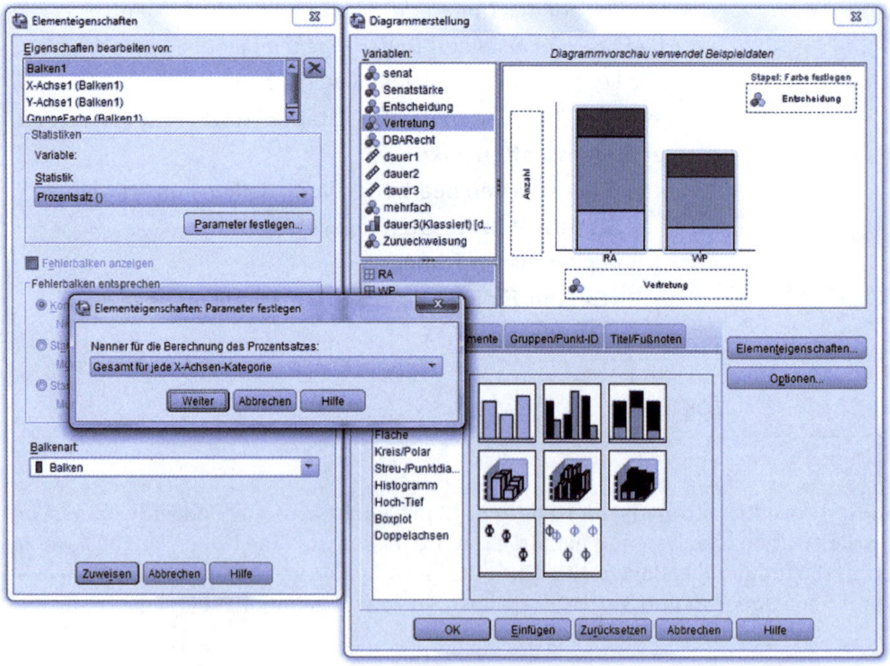

Abbildung 5.6: Menüeinstellungen für ein gestapeltes Balkendiagramm

Fallbeispiel 5: Interpretation der Beschreibungen

Im Beispiel der Entscheidungen des VwGH wurden die Entscheidungen über 3419 Berufungen gegen Abgabenbescheide in einer Kontingenztafel (Abbildung 5.1) dargestellt.

Ein passendes Balkendiagramm (▸ Abbildung 5.5) und/oder die Tabelle mit den Spaltenprozent (Abbildung 5.4) zeigen nur relativ geringe Unterschiede in den Verteilungen für Rechtsanwälte und Wirtschaftsprüfer.

HINWEIS: Während bei der Definition der Kreuztabelle die Zuordnung der Variablen zu Zeilen und Spalten mehr oder weniger beliebig ist, soll bei der Angabe für die gestapelten Balkendiagramme jene Variable für die X-Achse angegeben werde, die die unterschiedlichen Gruppen definiert (im Beispiel ist das die Variable *Vertretung*, die die beiden Gruppen RA und WP enthält).

5.2 Ist die Verteilung von Häufigkeiten in verschiedenen Gruppen gleich?

Fallbeispiel 5: Verwaltungsgerichtshof (Fortsetzung)

Die Entscheidungsstruktur des VwGH zeigt geringe Unterschiede zwischen den zwei Vertretungsarten. Welchen Schluss können wir von der Stichprobe auf die Grundgesamtheit ziehen?

Gibt es Unterschiede in den Verteilungen der Entscheidungen zwischen Rechtsanwälten und Wirtschaftsprüfern?

Allgemein wird eine kategoriale Variable (es ist die abhängige oder Responsevariable) in zwei oder mehreren Gruppen beobachtet. Die Fragestellung lautet: Ist die Verteilung dieser kategorialen Variablen nicht in allen Gruppen gleich?

Im Chi-Quadrat-Homogenitätstest (oder kurz Homogenitätstest) erfolgt die Aufteilung der Fragestellung in eine Null- und eine Alternativhypothese:

- H_0: Die Verteilung der abhängigen Variablen ist in allen Gruppen gleich.
- H_A: Zumindest zwei Gruppen unterscheiden sich in dieser Verteilung.

Als Maßzahl dient wie im vorigen Kapitel das Pearson-X^2 mit der Idee, beobachtete und erwartete Häufigkeiten zu vergleichen.

In der Kreuztabelle haben wir die Matrix der beobachteten Häufigkeiten o_{ij} gegeben (die Notation ist – bedingt durch den Doppelindex – etwas verwirrender). Dieser Matrix wird die Matrix (mit gleich vielen Zeilen und Spalten) der erwarteten Häufigkeiten e_{ij} gegenübergestellt.

Exkurs 5.1 Berechnung erwarteter Häufigkeiten

Zur Berechnung der erwarteten Häufigkeiten sind nur die Randsummen der Kreuztabelle notwendig. Angenommen, eine abhängige Variable *A* mit den Kategorien *A1*, *A2* und *A3* sei in den zwei Gruppen *B1* und *B2* beobachtet worden und habe in einer Kreuztabelle folgende Randsummen ergeben:

	Faktor B		
Faktor A	B1	B2	*gesamt*
A1			60
A2			150
A2			90
gesamt	100	200	300

In Gruppe *B1* sind 100 ($= o_{+1}$), in *B2* 200 ($= o_{+2}$) Beobachtungen.

Eine Schätzung für den Anteil von Kategorie *A1* an allen Beobachtungen aus der Stichprobe wäre: $60/300 = 0{,}2 \quad (= o_{1+}/n)$.

Angenommen, die Anteile für *A1* sind in beiden Gruppen gleich (H_0), wie viele der 100 Beobachtungen von *B1* würden wir in Kategorie *A1* erwarten?

$$100 \cdot 0{,}2 = 20 = 100 \cdot \frac{60}{300} = \frac{o_{+1} \cdot o_{1+}}{n}\,.$$

Die analoge Berechnung für die 200 Beobachtungen von *B2* ergibt:

$$200 \cdot 0{,}2 = 40 = 200 \cdot \frac{60}{300} = \frac{o_{+2} \cdot o_{1+}}{n}\,.$$

Für die zwei restlichen Zeilen können die Werte ähnlich bestimmt werden und folgende Gesetzmäßigkeit lässt sich ableiten.

Die erwarteten Häufigkeiten sind das Produkt der zugehörigen Randsummen dividiert durch Stichprobenumfang.

	Faktor B		
Faktor A	B1	B2	*gesamt*
A1	20	40	60
A2	50	100	150
A2	30	60	90
gesamt	100	200	300

Die im Exkurs abgeleitete Berechnung lautet rein formal:

Berechnung erwarteter Häufigkeiten

$$e_{ij} = \frac{o_{i+} \cdot o_{+j}}{n} \quad (5.1)$$

- o_{i+} i-te Zeilensumme
- o_{+j} j-te Spaltensumme
- $n \ldots$ Stichprobenumfang

Die Berechnung der zu $o_{11} = 2061$ entsprechenden erwarteten Häufigkeit ergibt $e_{11} = 2271 \cdot 3099/3419 = 2058{,}45$.

Erwartete Häufigkeiten müssen im Gegensatz zu beobachteten keine ganzen Zahlen sein!

Die ► Abbildung 5.7 enthält neben den beobachteten auch die erwarteten Häufigkeiten. Spalten- und Zeilensummen der erwarteten Häufigkeiten sind gleich wie jene der beobachteten.

Die Berechnung des Pearson-X^2 geschieht wie im vorigen Kapitel durch Vergleich der beobachteten und erwarteten Häufigkeiten, in der Formel treten wegen der zwei Indizes zwei Summenzeichen auf.

Berechnung von X^2 aus Kreuztabellen

$$X^2 = \sum_{i=1}^{I} \sum_{j=1}^{J} \frac{(o_{ij} - e_{ij})^2}{e_{ij}} \quad (5.2)$$

- $o_{ij} \ldots$ beobachtete Häufigkeit für die Kategorienkombination i und j
- $e_{ij} \ldots$ erwartete Häufigkeit für die Kategorienkombination i und j
- $I, J \ldots$ Gesamtanzahl der Kategorien der beiden Faktoren

Entscheidung * Vertretung Kreuztabelle

			Vertretung		
			RA	WP	Gesamt
Entscheidung	Abweisung	Anzahl	2061	210	2271
		Erwartete Anzahl	2058,4	212,6	2271,0
	Aufhebung	Anzahl	916	102	1018
		Erwartete Anzahl	922,7	95,3	1018,0
	tw.Aufhebung	Anzahl	122	8	130
		Erwartete Anzahl	117,8	12,2	130,0
	Gesamt	Anzahl	3099	320	3419
		Erwartete Anzahl	3099,0	320,0	3419,0

Abbildung 5.7: VwGH-Entscheidungen: Beobachtete und erwartete Häufigkeiten

Für das VwGH-Beispiel bedeutet es rechnerisch:

$$X^2 = \frac{(2061 - 2058{,}4)^2}{2058{,}4} + \frac{(210 - 212{,}6)^2}{212{,}6} + \cdots = 2{,}132 \quad (5.3)$$

Stimmen beobachtete und erwartete Häufigkeiten überein, ist $X^2 = 0$. Sind die Unterschiede nur gering, ist auch der X^2-Wert (relativ) klein. Kleine Werte sprechen also für H_0, große Werte eher dagegen. Die Grenze, ab der ein X^2-Wert als so groß angesehen wird, dass H_0 verworfen wird, geben Werte einer χ^2-Verteilung mit $df = (I - 1) \cdot (J - 1)$ Freiheitsgraden an (siehe auch Anhang 4.8 im vorigen Kapitel).

Fallbeispiel 5: Interpretation des Testergebnisses

In ► Abbildung 5.8 sind die wesentlichen Daten zum Test in der ersten Zeile enthalten.

Unter **Wert** finden wir den X^2-Wert mit 2,132, unter **df** die Angabe zu den Freiheitsgraden ($df = (3 - 1) \cdot (2 - 1) = 2$) und unter **Asymptotische Signifikanz (2-seitig)** den p-Wert mit 0,344.

Die Fußnote besagt, dass in keiner Zelle die erwartete Häufigkeit unter 5 liegt. Das ist eine Entwarnung: Bei kleinen erwarteten Häufigkeiten ist die Approximation der exakten Verteilung der Teststatistik durch die χ^2-Verteilung nicht so gut wie bei großen Werten.

Der p-Wert ist somit größer als das Signifikanzniveau (5%), daher wird H_0 beibehalten.

Wie schon das gestapelte Balkendiagramm (Abbildung 5.5) vermuten ließ, gibt es keine (signifikanten) Unterschiede in den Entscheidungen des VwGH zwischen den Vertretungen durch Rechtsanwälte und Wirtschaftsprüfer.

Chi-Quadrat-Tests

	Wert	df	Asymptotische Signifikanz (2-seitig)
Chi-Quadrat nach Pearson	2,132[a]	2	,344
Likelihood-Quotient	2,318	2	,314
Zusammenhang linear-mit-linear	,029	1	,865
Anzahl der gültigen Fälle	3419		

[a] 0 Zellen (,0%) haben eine erwartete Häufigkeit kleiner 5. Die minimale erwartete Häufigkeit ist 12,17.

Abbildung 5.8: VwGH-Entscheidungen: Chi-Quadrat-Homogenitätstest

Mit SPSS kann man den Homogenitätstest über die Menüfolge anfordern:

SPSS

Analysieren
  Deskriptive Statistiken
    Kreuztabellen...
      Zeilen- und Spaltenvariablen angeben
      (hier sind es `Entscheidung` *und* `Vertretung`*)*
      Statistiken...
        Chi-Quadrat *markieren* ☑
        [Weiter]
      Zellen...
        ev. unter Häufigkeiten *markieren von* Erwartet ☑
        [Weiter]
    [OK]

5.3 Unterscheiden sich Anteile in zwei oder mehreren Gruppen?

In diesem Abschnitt vergleichen wir Anteile einer einzelnen Kategorie in zwei oder mehreren Gruppen. Das kann als Sonderfall des vorigen Abschnitts aufgefasst werden und mit dem Homogenitätstest überprüft werden.

Vergleicht man nur zwei Gruppen und hat nur wenige Beobachtungen, ist der Fisher-Test die bessere Wahl. Diesen stellen wir am Ende dieses Abschnitts vor.

Fallbeispiel 6: Begleitung im Haupturlaub

In Deutschland wurde 2006 eine Befragung zum Thema Reisebegleitung im Urlaub durchgeführt (2008, http://de.statista.org/). Das Ergebnis (in Prozent) für die drei Stadtstaaten ist in folgender Tabelle zusammengefasst:

	Stadt		
Reisebegleitung	Berlin	Bremen	Hamburg
PartnerIn	51,6	55,8	48,3
Familienurlaub	18,3	12,1	10,6
Gruppenurlaub	13,9	19,6	19,9
Allein	12,1	7,8	16,8
Anderes	4,1	4,7	4,4
Anzahl Beobachtungen	430	77	214

Unterscheiden sich die drei Stadtstaaten im Anteil derer, die allein in den Haupturlaub verreisen?

Die Fragestellung führt zu einer wichtigen Anwendung des Homogenitätstests, nämlich zum Vergleich von Anteilen in mehreren Gruppen. Hier sind es drei Gruppen, nämlich die drei Stadtstaaten. Es wird nur auf eine Kategorie (*Allein*) Bezug genommen, der Vergleich erfolgt mit allen anderen Kategorien zusammengelegt, jetzt mit *Sonst* bezeichnet.

5.3.1 Eingabe einer Tabelle

Die Umrechnung auf absolute Häufigkeiten und die Bildung der Restkategorie *Sonst* führt zur Tabelle 5.1.

Wie können wir schnell eine Tabelle dieser Art in SPSS eingeben?

Die Idee ist ähnlich wie im Abschnitt 4.3, wo Daten aus einer Tabelle in SPSS eingegeben wurden. Dort war es eine eindimensionale Tabelle, hier eine zweidimensionale, also eine Matrix.

Mit dem Öffnen einer neuen Datei (Datei, Neu und dann Daten) erscheint ein noch leeres Datenfile. Wir müssen die zwei Variablen definieren, die die Tabelle beschreiben, nämlich `Stadt` und `Begleitung`. In der Variablenansicht führen wir in den ersten zwei Zeilen die notwendigen Eintragungen durch, vor allem der Variablenname. Messniveau und Wertelabels können wir auch dort festgelegen, etwas bequemer geht es über Daten und Variableneigenschaften definieren...

Dann tragen wir im Daten-Editor alle möglichen Kategorienkombinationen der zwei Variablen `Stadt` und `Begleitung` ein. Hier sind es sechs Kombinationen, weil `Stadt` drei Kategorien aufweist und `Begleitung` zwei. In der dritten Spalte tragen wir ein, wie oft diese Kombination in der Stichprobe vorkommt (also Berlin-allein 52-mal, etc.). In der Variablenansicht vergeben wir für diese dritte Variable einen Variablennamen, etwa `Anzahl`; übliche Namen für solche Gewichtungsvariablen sind `counts`, `Anzahl`, `Häufigkeit`.

Dann muss noch die Mitteilung an SPSS erfolgen, dass wir die Daten gewichten wollen. Das erledigen wir schnell über Daten und Fälle gewichten.

	Stadt			
Reisebegleitung	Berlin	Bremen	Hamburg	*Gesamt*
Allein	52	6	36	94
Sonst	378	71	178	627
Gesamt	430	77	214	721

Tabelle 5.1: Begleitung im Urlaub

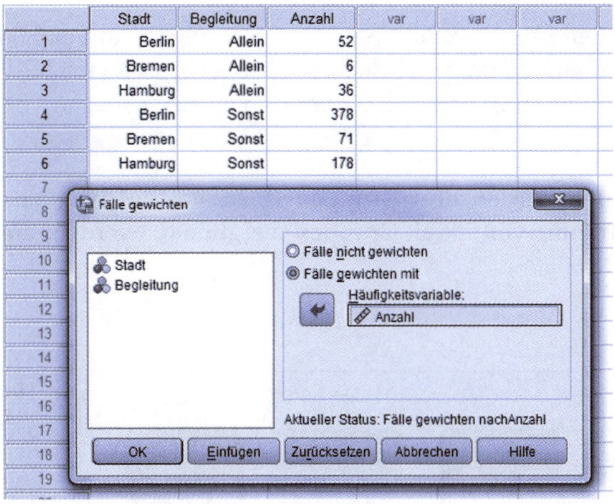

Abbildung 5.9: Screenshot: Gewichtung

SPSS

Daten

Fälle gewichten

Fälle gewichten mit *markieren*

Gewichtungsvariable (hier `Anzahl`*)* ➡ Häufigkeitsvariable

[OK]

5.3.2 Vergleich der Anteile

Die ursprüngliche Fragestellung ist gleich bedeutend damit, dass die Verteilung der kategorialen Variablen mit den zwei Kategorien *Allein* und *Sonst* in allen drei Gruppen gleich ist. Als Testverfahren dafür kommt der Homogenitätstest in Frage, in der Nullhypothese werden gleiche Anteile (entspricht gleichen Verteilungen der Variablen) in allen Gruppen angenommen.

Zur Beschreibung der Stichprobe erstellen (SPSS-Kommandos dazu auf Seite 155) wir ein gestapeltes Balkendiagramm (▶ Abbildung 5.10). Der Homogenitätstest (SPSS-Kommandos dazu auf Seite 161) hilft bei der Entscheidung, ob die Unterschiede signifikant sind.

Fallbeispiel 6: Interpretation

Aus dem Balkendiagramm (Abbildung 5.10) ist ersichtlich, dass in der Stichprobe Personen aus Hamburg am häufigsten und Personen aus Bremen am seltensten den Urlaub ohne Begleitung angetreten haben.

Die Bewertung, ob diese Unterschiede so groß sind, dass schon auf signifikante Unterschiede geschlossen werden kann, erfolgt über den Homogenitätstest. Das Ergebnis (▶ Abbildung 5.11) besagt (p-Wert = 0,086), dass es keine signifikanten Unterschiede in den Anteilen gibt.

Die Unterschiede in der Stichprobe sind zwar nicht unbeträchtlich. Sie sind aber nicht stark genug, um die Annahme gleicher Anteile an Alleinurlaubenden aus Berlin, Hamburg und Bremen verwerfen zu lassen.

In diesem Beispiel wurden drei Gruppen (Stadtstaaten) verglichen. Den Sonderfall, dass die Anteile von zwei Gruppen verglichen werden, nennt man ZWEI-STICHPROBEN-ANTEILSTEST.

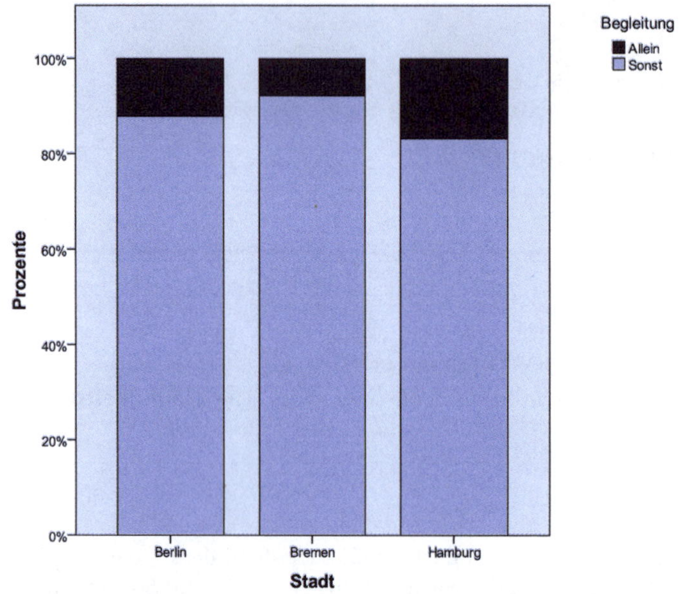

Abbildung 5.10: Begleitung im Urlaub: Balkendiagramm

Chi-Quadrat-Tests

	Wert	df	Asymptotische Signifikanz (2-seitig)
Chi-Quadrat nach Pearson	4,911[a]	2	,086
Likelihood-Quotient	4,996	2	,082
Zusammenhang linear-mit-linear	2,249	1	,134
Anzahl der gültigen Fälle	721		

[a] 0 Zellen (,0%) haben eine erwartete Häufigkeit kleiner 5. Die minimale erwartete Häufigkeit ist 10,04.

Abbildung 5.11: Begleitung im Urlaub: Testergebnis

5.3.3 Exakter Test nach Fisher

Fallbeispiel 7: Vergleich von Lügendetektoren

Datenfile: `luegen-detektor.sav`

Im Abschnitt 4.4 wurde die Fehlerrate von Lügendetektoren auf Basis von ERPs (ereigniskorrelierte Potentiale) untersucht. Eine andere, in der Anwendung möglicherweise einfachere Methode, könnte auf Gesichtsaufnahmen mit hochauflösenden, temperatursensiblen Kameras basieren (Pavlidis et al., 2002).

Mit dieser Methode wurden von insgesamt $N = 8$ „Schuldigen" 6 (75%) richtig erkannt.

Unterscheiden sich die beiden Technologien für Lügendetektoren in der Erkennungsrate der „Schuldigen"?

Die Zusammenfassung für beide Technologien (Tabelle 5.2) ist eine Kreuztabelle mit nur zwei Zeilen und zwei Spalten. Solche minimalen Kreuztabellen werden auch VIERFELDERTAFELN oder 2×2-TAFELN genannt.

Die Auswertung mit dem Homogenitätstest, den wir gerade besprochen haben, ist wegen niedriger erwarteter Häufigkeiten nicht zu empfehlen. Vor allem für die Eintragung in der rechten unteren Zelle läge dieser Wert unter 2 (die Faustregel lautet: die erwarteten Häufigkeiten sollten über 5 liegen).

	ERP	Kamera
richtig	13	6
falsch	4	2
	17	8

Tabelle 5.2: Fehlerraten bei Lügendetektoren

Für 2 × 2-Tabellen bietet **SPSS** die Berechnung des EXAKTEN TESTS NACH FISHER. Dazu trifft man folgende Menüwahl:

SPSS

Analysieren
  Deskriptive Statistiken
    Kreuztabellen...
      Zeilen- und Spaltenvariablen angeben
      (hier sind es `Erkannt` *und* `Detektor`*)*
      Statistiken...
        Chi-Quadrat *markieren* ☑
        [Weiter]
      Exakt...
        Exakt *markieren*
        [Weiter]
      [OK]

Wenn wir Spaltenprozent ebenfalls anfordern, werden folgende Ergebnisse aufscheinen:

Erkannt * Detektor Kreuztabelle

% von Detektor

		Detektor		
		ERP	Kamera	Gesamt
Erkannt	richtig	76,5%	75,0%	76,0%
	falsch	23,5%	25,0%	24,0%
	Gesamt	100,0%	100,0%	100,0%

Abbildung 5.12: Lügendetektoren: Spaltenprozent

Chi-Quadrat-Tests

	Wert	df	Asymptotische Signifikanz (2-seitig)	Exakte Signifikanz (2-seitig)	Exakte Signifikanz (1-seitig)	Punkt-Wahrscheinlichkeit
Chi-Quadrat nach Pearson	,006[a]	1	,936	1,000	,651	
Kontinuitätskorrektur[b]	,000	1	1,000			
Likelihood-Quotient	,006	1	,936	1,000	,651	
Exakter Test nach Fisher				1,000	,651	
Zusammenhang linear-mit-linear	,006[c]	1	,937	1,000	,651	,376
Anzahl der gültigen Fälle	25					

[a] 2 Zellen (50,0%) haben eine erwartete Häufigkeit kleiner 5. Die minimale erwartete Häufigkeit ist 1,92.
[b] Wird nur für eine 2 x 2-Tabelle berechnet.
[c] Die standardisierte Statistik ist ,079.

Abbildung 5.13: Lügendetektoren: Testergebnis

Fallbeispiel 7: Interpretation

Im Testergebnis (▶ Abbildung 5.13) sollte die Fußnote a Hinweis darauf sein, dass die erwarteten Häufigkeiten teilweise zu klein sind, um den χ^2-Test anzuwenden.

Ein Ausweg ist der Fisher-Test mit dem Ergebnis in der Zeile Exakter Test nach Fisher.

Der zweiseitige *p*-Wert (1,000) gilt für die zweiseitige Alternativhypothese, dass sich die Fehlerrate beider Technologien unterscheiden.

In der Stichprobe ist die Fehlerrate für die ERP-Technologie (23,5%) niedriger als für die Kameratechnologie (25%). Daher gilt der einseitige *p*-Wert (0,651) für die Alternativhypothese, dass die Fehlerrate für die ERP-Technologie niedriger als für die Kameratechnologie ist.

Beide *p*-Werte liegen weit über 5%, die Fehlerraten beider Lügendetektortechnologien sind identisch.

Diese Vermutung ist vielleicht schon bei der eigentlichen Kreuztabelle (Tabelle 5.2), spätestens aber bei den ausgegebenen Spaltenprozent (▶ Abbildung 5.12) aufgestiegen.

5.4 Sind zwei kategoriale Variablen unabhängig?

In den zwei vorigen Abschnitt 5.2 und Abschnitt 5.3 wurden Unterschiede einer abhängigen Variablen zwischen Gruppen überprüft. In diesem Abschnitt sind keine Gruppen vorgegeben, die Aufteilung in eine abhängige und eine Gruppenvariable ist nicht gegeben. Ziel ist die Untersuchung, ob eine Beziehung zwischen den Variablen besteht.

Fallbeispiel 8: Gentechnik und Atomenergie

Datenfile: `technologie.sav`

In einer Projektarbeit an der Wirtschaftsuniversität Wien erhoben Studierende im Sommersemester 2005 die Einstellung zu mehreren technologischen Themen. Die Einstellung zu diesen Themen wurde bei ca. 200 Personen auf einer 5-teiligen Likertskala (*sehr negativ, eher negativ, neutral, eher positiv, sehr positiv*) erhoben.

Unter den Themen waren auch die in Österreich eher negativ vorbesetzten Technologien Atomenergie zur Energiegewinnung und Gentechnik. Gentechnik wurde weiter untergliedert in mehrere Anwendungen, hier beziehen wir uns auf die Frage nach Gentechnik in der Medizin.

zur Gentechnik	Einstellung zur Atomenergie				
	sehr neg.	eher neg.	neutral	eher pos.	sehr pos.
sehr negativ	40	2	5	0	0
eher negativ	18	5	9	4	2
neutral	6	9	7	5	3
eher positiv	11	7	3	0	2
sehr positiv	7	4	10	7	2

Ist die Einstellung zum Einsatz der Gentechnik in der Medizin unabhängig von der Einstellung zur Atomenergie?

5.4.1 Datenaufbereitung

Likertskalen sind ordinale Skalen, folglich liegen hier zwei ordinale Variablen vor. Ordinale Variablen werden meist den kategorialen Variablen zugeordnet, obwohl es einige Methoden speziell für ordinale Variablen gibt.

Auch wir lassen die Ordnung innerhalb der Kategorien unberücksichtigt, umso mehr, als wegen des geringen Stichprobenumfanges eine Aggregation innerhalb beider Variablen notwendig ist. Es haben nämlich sowohl zur Atomenergie als auch zur Gentechnik wenig Personen eine eher oder sehr positive Einstellung gezeigt. Daher wurde die 5-stufige Likertskala auf eine 3-stufige Skala reduziert; die Kategorien *sehr positiv* und *eher positiv* wurden zur Kategorie *pro*, die Kategorien *sehr negativ* und *eher negativ* zur Kategorie *contra* zusammengefasst (Tabelle 5.3).

In SPSS kann dies leicht über Umkodieren erfolgen. Hier werden wir nur die Sicherheitsvariante des Umkodierens in eine andere Variable besprechen. Umkodieren in dieselbe Variable birgt die Gefahr in sich, bei einem Fehler die bestehende Variable

alte Labels	alte Werte		neue Werte	neue Labels
sehr negativ	1	→	1	contra
eher negativ	2	→	1	
neutral	3	→	2	neutral
eher positiv	4	→	3	pro
sehr positiv	5	→	3	

Tabelle 5.3: Umkodierung

mit falschen Werten zu überschreiben. Wenn man das zu spät bemerkt und die Daten schon gesichert hat, können Daten verloren gehen.

SPSS

Transformieren
  Umkodieren in andere Variablen
    Auswahl der umzukodierenden Variablen
    hier `Genmed5` *bzw.* `Atom5`
    Alte und neue Werte..
      Zuordnung alter und neuer Werte
      [Weiter]
    Ausgabevariable angeben
    [Ändern]
    [OK]

Im Screenshot (▶ Abbildung 5.14) ist die endgültige Zuweisungtabelle von alten zu neuen Werten noch sichtbar.

Das kann auf verschiedene Arten erreicht werden. Hier wurde so vorgegangen:

- Der Bereich von 1 bis 2 wurde auf 1 kodiert (**Bereich**).
- Dem alten Wert 3 wurde der neue Wert 2 zugewiesen (**Wert**).
- Alle anderen Werte wurden auf 3 geändert (**Alle anderen Werte**).

Die Angabe der Wertelabels für die neue Variable sollte nicht vergessen werden!

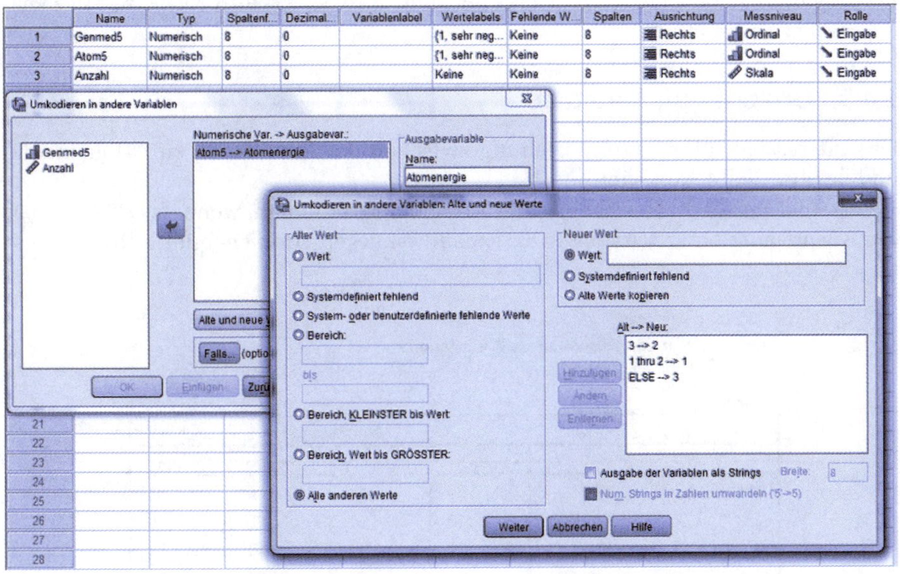

Abbildung 5.14: Screenshot: Umkodieren

5.4.2 Datenbeschreibung

Die gemeinsame Auszählung (SPSS-Kommandos dazu auf Seite 155) führt zu einer Kreuztabelle (▶ Abbildung 5.15) mit nur mehr drei Zeilen und Spalten.

Das Balkendiagramm (▶ Abbildung 5.16) ist kein gestapeltes, sondern ein gruppiertes Balkendiagramm. Es enthält drei Gruppen von jeweils drei Balken. Die Gruppen geben die jeweilige Einstellung zur Gentechnik in der Medizin wieder, feiner unterteilt jeweils in die Einstellung zur Atomenergie. Die Größenverhältnisse zwischen den Balken variieren relativ stark. Der Verdacht, dass die Einstellungen zu den zwei Themen nicht unabhängig sind, taucht auf und soll überprüft werden.

In SPSS erzeugen wir das gruppierte Balkendiagramm folgendermaßen:

SPSS

Diagramme
    Diagrammerstellung...
        in Galerie *auswählen von* Balken
        Doppelklick auf das Galeriediagramm [gruppierte Balken]
            (die Vorschau erscheint in der Zeichenfläche)
        Variable `Gentechn_med` *in das Feld* X-Achse? *ziehen*
        Variable `Atomenergie` *in das Feld*
            Clustervariable auf X: Farbe festlegen ziehen
        [OK]

Bequem erzeugen lassen sich gruppierte Balkendiagramme in der Definition der Kreuztabelle (siehe Seite 152), wenn man im dortigen Menü Gruppierte Balkendiagramme anzeigen markiert.

5.4.3 Unabhängigkeitstest

Uns interessiert, ob es eine Beziehung zwischen der Einstellung zur Atomenergie und der zur Gentechnik gibt.

Von einer Beziehung zwischen zwei Variablen spricht man, wenn das Wissen über die Ausprägung einer Variable (z. B. jemand ist gegen Atomenergie) hilft, die Aus-

Gentechn_med * Atomenergie Kreuztabelle

Anzahl

		Atomenergie			
		contra	neutral	pro	Gesamt
Gentechn_med	contra	65	14	6	85
	neutral	15	7	8	30
	pro	29	13	11	53
	Gesamt	109	34	25	168

Abbildung 5.15: Gentechnik und Atomenergie: Kreuztabelle

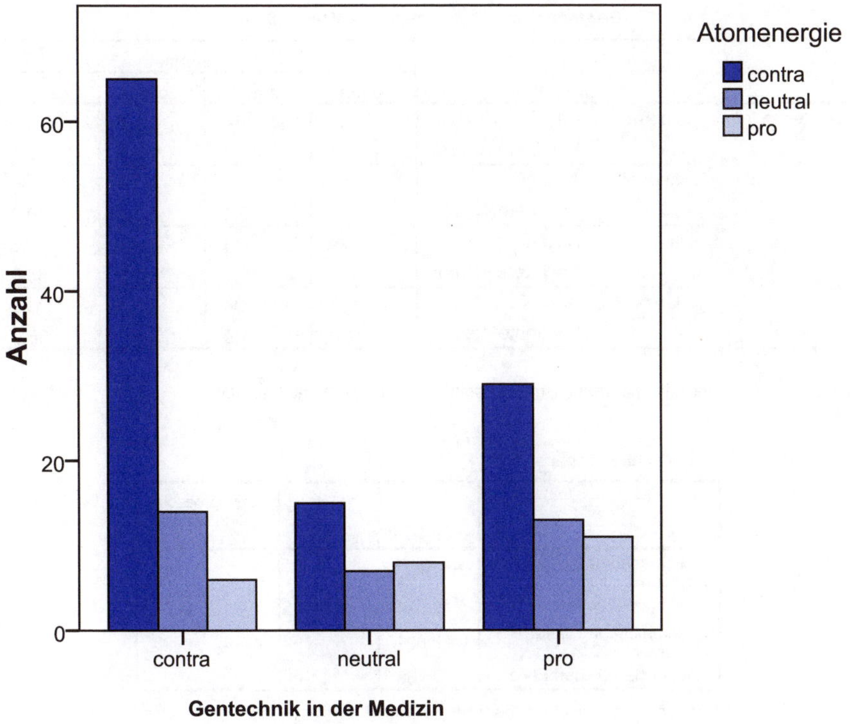

Abbildung 5.16: Gentechnik und Atomenergie: Balkendiagramm

prägung der anderen Variablen vorherzusagen (z. B. jemand ist dann eher gegen Gentechnik). In der Wahrscheinlichkeitstheorie nennt man so eine Beziehung Abhängigkeit. Existiert eine solche Beziehung nicht, nennt man das Unabhängigkeit.

Den zugehörigen Test nennt man CHI-QUADRAT-UNABHÄNGIGKEITSTEST oder kurz UNABHÄNGIGKEITSTEST. Er arbeitet mit dem Hypothesenpaar:

- H_0: Die beiden Variablen sind unabhängig.
- H_A: Die beiden Variablen sind nicht unabhängig.

Technisch ist er identisch mit dem Homogenitätstest (SPSS-Kommandos dazu auf Seite 161). Den beobachteten werden die erwarteten Häufigkeiten gegenübergestellt, deren Berechnung geschieht nach Formel 5.1 (auf eine Begründung verzichten wir hier).

Der Vergleich dieser Häufigkeiten führt zu einem X^2-Wert, der mit einer passenden χ^2-Verteilung verglichen wird.

Gentechn_med * Atomenergie Kreuztabelle

			Atomenergie			
			contra	neutral	pro	Gesamt
Gentechn_med	contra	Anzahl	65	14	6	85
		Erwartete Anzahl	55,1	17,2	12,6	85,0
	neutral	Anzahl	15	7	8	30
		Erwartete Anzahl	19,5	6,1	4,5	30,0
	pro	Anzahl	29	13	11	53
		Erwartete Anzahl	34,4	10,7	7,9	53,0
	Gesamt	Anzahl	109	34	25	168
		Erwartete Anzahl	109,0	34,0	25,0	168,0

Abbildung 5.17: Gentechnik und Atomenergie: Absolute und erwartete Häufigkeiten

Chi-Quadrat-Tests

	Wert	df	Asymptotische Signifikanz (2-seitig)
Chi-Quadrat nach Pearson	12,372[a]	4	,015
Likelihood-Quotient	12,594	4	,013
Zusammenhang linear-mit-linear	8,601	1	,003
Anzahl der gültigen Fälle	168		

[a] 1 Zellen (11,1%) haben eine erwartete Häufigkeit kleiner 5. Die minimale erwartete Häufigkeit ist 4,46.

Abbildung 5.18: Gentechnik und Atomenergie: Testergebnis

Fallbeispiel 8: Interpretation

Ein Wert der erwarteten Häufigkeiten liegt mit 4,46 unter 5 und führt zur Warnung in der Fußnote. Allerdings liegt er nur knapp unter dieser als Faustregel angegebenen Grenze und ist kein Grund zu allzu großer Besorgnis.

Aus dem Testergebnis (▶ Abbildung 5.18) kann der p-Wert mit $p = 0{,}015$ abgelesen werden. Die Nullhypothese der Unabhängigkeit wird daher verworfen.

Wir können also auf Abhängigkeit in der Einstellung zu diesen beiden Themen schließen. Wie sieht diese Abhängigkeit aus?

Ein Vergleich der beobachteten mit den erwarteten Häufigkeiten (▶ Abbildung 5.17) gestattet es, die Abhängigkeit etwas genauer zu untersuchen: Die großen Abweichungen sind in den Zeilen 1 und 3, dort jeweils in den Spalten 1 und 3. Die gleiche Einstellung zu beiden Themen ist überrepräsentiert. Positive Einstellung zur einen Technologie bei negativer Einstellung zur anderen Technologie ist hingegen seltener, als man es bei Unabhängigkeit erwarten würde.

Zustimmung zu beiden – aber auch Ablehnung beider – Technologien ist also überdurchschnittlich oft anzutreffen.

5.5 Unterscheidet sich das Risiko in zwei Gruppen?

In diesem Abschnitt stellen wir eine Maßzahl vor, mit der der Zusammenhang in einer 2 × 2-Tabelle angegeben werden kann. Der Signifikanztest für diese Maßzahl ist eine Alternative zum Anteilstest (Abschnitt 5.3).

Fallbeispiel 9: Armutsrisiko bei Alleinerziehern

Datenfile: `armut.sav`

Ein Aspekt der OECD-Studie „Income Distribution and Poverty in OECD Countries" (OECD, 2008) ist der Zusammenhang von Armut und Betreuung von Kindern. Armut liegt laut Definition dann vor, wenn das Einkommen unter der Hälfte des Medianeinkommens (Median Abschnitt 6.1.2) liegt.

Die Betreuung von Kindern kostet nicht nur Geld, sondern auch Zeit und behindert die Verfügbarkeit auf dem Arbeitsmarkt. In allen europäischen Ländern ist daher die Armutsrate in Haushalten mit Kindern höher als in Haushalten ohne Kinder. Für Alleinerzieher ist dieses Risiko noch einmal höher.

Den im Bericht genannten Zahlen für Alleinerzieher in Deutschland (D) und Österreich (A) entsprechen die Häufigkeiten der Kreuztabelle:

	Land	
Armut	D	A
Ja	49	20
Nein	71	75

Unterscheidet sich für Alleinerzieher das Armutsrisiko zwischen Deutschland und Österreich?

Eine Methode, die Fragestellung zu untersuchen, ist der Anteilstest (Abschnitt 5.3). Damit wird untersucht, ob in der Stichprobe die Unterschiede in den Anteilen so stark sind, dass die Nullhypothese mit der Annahme gleicher Anteile verworfen werden muss.

Oft geht das Interesse über die Frage nach Signifikanz hinaus, man möchte die Stärke des Zusammenhangs messen.

5.5.1 Odds-Ratio

Exkurs 5.2 Assoziation in 2 × 2-Tabellen

Nach Assoziation zwischen zwei Variablen wird gesucht, wenn eine Fragestellung der Art **je/desto** vorliegt. Sinnvoll ist Assoziation also bei ordinalen Variablen, etwa im Beispiel zum Thema Atomenergie/Gentechnik.

In 2 × 2-Tabellen soll Assoziation die Stärke des Zusammenhangs (bei Unabhängigkeitstests) oder den Grad des Unterschieds zwischen zwei Gruppen (bei Homogenitätstests) beschreiben.

X^2-Werte erfüllen diese Aufgabe nicht. Dies zeigt die folgende Tabelle mit drei hypothetischen Datensätzen. Jeweils ist der Prozentsatz in B1 52% (26/50) für A1 und 48% (24/50) für A2, in Gruppe B2 sind die beiden Prozentsätze vertauscht. Die Unterschiede zwischen den beiden Gruppen sind also eher gering.

	n=100			n=1000			n=10000		
	B1	B2	$\sum$	B1	B2	$\sum$	B1	B2	$\sum$
A1	26	24	50	260	240	500	2600	2400	5000
A2	24	26	50	240	260	500	2400	2600	5000
$\sum$	50	50	100	500	500	1000	5000	5000	10000
	$X^2 = 0{,}16$			$X^2 = 1{,}6$			$X^2 = 16$		
	$p = 0{,}689$			$p = 0{,}206$			$p < 0{,}001$		

Je höher der Stichprobenumfang, desto höher der X^2-Wert. Für $n = 100$ und $n = 1000$ ist das Ergebnis nicht signifikant, bei $n = 10\,000$ hoch signifikant.

Der X^2-Wert besagt nur, dass es einen möglicherweise signifikanten Zusammenhang zwischen zwei Variablen gibt. Es ist keine Aussage, dass der Zusammenhang stark ist oder sich die Anteile in zwei Gruppen stark unterscheiden. Als Assoziationsmaß ist der X^2-Wert also nicht geeignet.

Ein durchaus gangbarer Weg ist, die Differenz zwischen den Anteilen als Maß heranzuziehen. Im obigen Beispiel wäre der Unterschied jeweils 4% (= 52%–48%), unabhängig vom Stichprobenumfang.

Ebenso vernünftig und brauchbar ist der Ansatz, das Verhältnis der Anteile zu bilden, also $0{,}52/0{,}48 = 1{,}083$, wiederum unabhängig vom Stichprobenumfang.

Ein anderes und weit verbreitetes Maß wird im Folgenden vorgestellt. Es stammt aus dem englischsprachigen Raum, in dem Wetten üblicher sind und damit verbunden das Bewerten der zugehörigen Quoten bekannter ist.

Die ODDS für eine bestimmte Kategorie ist das Verhältnis der Häufigkeiten dieser Kategorie und der Häufigkeit für die andere Kategorie.

Das ODDS-RATIO in einer 2 × 2-Tabelle ist das Verhältnis der Odds von Spalte 1 und Spalte 2.

Statt Odds wird im Deutschen auch der Begriff CHANCE verwendet, statt Odds-Ratio CHANCENVERHÄLTNIS.

Für das Fallbeispiel 9 mit der Stichprobe bedeutet es:

- Die Odds für Deutschland sind 49/71 = 0,690, für Österreich 20/75 = 0,267.
- In beiden Ländern sind die Odds unter 1, weil es in beiden Ländern weniger Alleinverdiener unter als über der Armutsgrenze gibt.

- Das Odds-Ratio beträgt

$$OR = \frac{49/71}{20/75} = 2{,}588\,.$$

- Das bedeutet, dass in Deutschland die Odds für Armut als Alleinverdiener mehr als doppelt so hoch sind wie in Österreich.

Odds dürfen nicht mit Wahrscheinlichkeiten verwechselt werden. Die (aus der Stichprobe geschätzte) Wahrscheinlichkeit für Armut als Alleinverdiener in Deutschland wäre $49/(49+71) = 0{,}408$. Wahrscheinlichkeiten liegen immer zwischen 0 und 1, Odds können auch Werte größer 1 annehmen.

Eigenschaften des Odds-Ratio

- Das Odds-Ratio ist auch das Verhältnis des Produkts der Diagonalelemente zum Produkt der Gegendiagonalelemente.

$$OR = \frac{49/71}{20/75} = \frac{49 \cdot 75}{20 \cdot 71} = 2{,}588\,.$$

  Aufgrund dieser Eigenschaft taucht das Odds-Ratio in der englischsprachigen Literatur auch als CROSS-PRODUCT-RATIO auf.
- Odds-Ratios können theoretisch alle nichtnegativen Werte annehmen.
- Ist das $OR = 1$, so ist das gleichbedeutend damit, dass die Odds in beiden Gruppen gleich sind. Der Wert von $OR = 1$ kann also als Vergleichswert für Unabhängigkeit (bzw. Homogenität der beiden Gruppen) herangezogen werden.
- Ist $OR > 1$, so sind die Odds für Gruppe 1 höher.
- Ist $OR < 1$, so sind die Odds für Gruppe 1 niedriger und für Gruppe 2 höher.
- Odds-Ratios weit entfernt von 1 bedeuten einen stärkeren Zusammenhang als ein Wert dazwischen. Ein OR von 4 steht für einen stärkeren Zusammenhang als ein OR von 2 (ebenso tut dies ein OR von 0,3 verglichen mit einem OR von 0,5).
- Werden entweder Zeilen oder Spalten vertauscht, so ändert sich das Odds-Ratio auf den Kehrwert.
  Hätte man im obigen Beispiel die Spalten (Länder) vertauscht, wäre man zu einem $OR = 1/2{,}588 = 0{,}386$ gelangt. Die Folge in der Interpretation: Die Odds für Armut in Österreich sind 0,386-mal so hoch wie in Deutschland.
- Werden sowohl Zeilen als auch Spalten vertauscht, so ändert sich das Odds-Ratio nicht.

5.5.2 Odds-Ratio-Test

Durch Logarithmieren der Odds-Ratios (man spricht dann auch von LOG-ODDS-RATIOS) wird ein $OR < 1$ auf negative Werte, ein $OR > 1$ auf positive Werte transformiert. Ein $OR = 1$ entspricht einem Log-Odds-Ratio von 0.

Für logarithmierte Odds-Ratios gilt auch, dass diese asymptotisch (also für große Stichproben) normalverteilt (Abschnitt 6.1.2) sind. Diese Eigenschaft ist die Basis für den ODDS-RATIO-TEST, mit dem wir die Nullhypothese, dass das Odds-Ratio in der Grundgesamtheit den Wert 1 hat, überprüfen können.

In **SPSS** kann dieser Test ebenfalls über Kreuztabellen angefordert werden.

SPSS

Analysieren
  Deskriptive Statistiken
    Kreuztabellen...
    Zeilen- und Spaltenvariablen angeben
    (hier `Armut` *und* `Land`*)*
    Statistiken...
      Cochran- und Mantel-Haenszel-Statistik *markieren* ☑
      [Weiter]
    [OK]

Das Testergebnis (► Abbildung 5.19) enthält folgende Informationen:

- Das in der Stichprobe beobachtete Odds-Ratio: $OR = 2{,}588$
- Das Log-Odds-Ratio: $\ln(2{,}588) = 0{,}951$
- Den Standardfehler für diese Schätzung, hier:

$$s_e(lOR) = \sqrt{1/49 + 1/20 + 1/71 + 1/75} = 0{,}313$$

  (49, 20, 71, 72 sind die Werte aus der Kreuztabelle.)
- Den p-Wert (0,002) für den Odds-Ratio-Test
- Das Konfidenzintervall für das Odds-Ratio (in SPSS als gemeinsames Quotenverhältnis bezeichnet), es reicht von 1,402 bis 4,777. Es ist im Allgemeinen nicht symmetrisch um das beobachtete Odds-Ratio.
- Das Konfidenzintervall für das Log Odds Ratio, symmetrisch um den beobachteten Wert konstruiert, hier $0{,}951 \pm 1{,}96 \cdot 0{,}313$

Schätzung des gemeinsamen Quotenverhältnisses nach Mantel-Haenszel

Schätzung			2,588
ln(Schätzung)			,951
Standardfehler von ln(Schätzung)			,313
Asymptotische Signifikanz (zweiseitig)			,002
Asymptotisches 95% Konfidenzintervall	Gemeinsames Quotenverhältnis	Untergrenze	1,402
		Obergrenze	4,777
	ln(gemeinsames Quotenverhältnis)	Untergrenze	,338
		Obergrenze	1,564

Abbildung 5.19: Armutsrisiko bei Alleinerziehern: Testergebnis

Fallbeispiel 9: Interpretation

Der Odds-Ratio-Test zeigt mit einem p-Wert von 0,002 ein signifikantes Ergebnis an.

Das Armutsrisiko für Alleinerzieher ist in Deutschland signifikant höher als in Österreich; in der Stichprobe war es mehr als zweieinhalb mal so hoch.

Man hätte diesen Schluss auch aus dem Konfidenzintervall ziehen können. Ein Odds-Ratio von 1 (kein Unterschied) ist kein plausibler Wert, da 1 nicht im Konfidenzintervall, das von 1,402 bis 4,777 reicht, liegt.

5.6 Wie kann man Veränderungen von Anteilen testen?

In diesem Abschnitt wollen wir untersuchen, wie und ob sich Anteile verändern. Gegeben sind mindestens zwei Variablen, dichotom und alle mit denselben zwei Kategorien (also jeweils Kategorienpaare der Art *Ja – Nein*, *Richtig – Falsch*, *Trifft zu – Trifft nicht zu*, etc.). Beobachtet wurden diese Variablen an ein und denselben Beobachtungseinheiten.

Die Fragestellung lautet: Ist der Anteil für eine bestimmte Kategorie gleich in allen Variablen?

Weil die Variablen an denselben Beobachtungseinheiten beobachtet wurden, liegen keine unabhängigen Stichproben vor. Man spricht auch von ABHÄNGIGEN STICHPROBEN, VERBUNDENEN STICHPROBEN oder GEPAARTEN STICHPROBEN.

Die Methoden aus dem Abschnitt 5.3 kommen daher nicht in Frage, da dort unabhängige Stichproben vorausgesetzt werden (eine Beobachtung ist nur in einer von mehreren Gruppen, die verglichen werden).

Der häufigste Fall, bei dem Daten dieser Art auftreten, ist die mehrfache Messung einer Variablen, z. B.: einmal **vor** und einmal **nach** einem bestimmten Ereignis.

Etwa, ob sich die Präferenz für eine Partei nach einem TV-Duell der SpitzenkandidatInnen geändert hat. Die Fragestellung ist dann die nach einer Veränderung in den Anteilen.

Im McNemar-Test werden die Anteile von zwei dichotomen Variablen in abhängigen Stichproben verglichen, im Cochran-Test können es mehr als zwei Variablen sein.

5.6.1 McNemar-Test

Fallbeispiel 10: Benchmark bei Spracherkennungsprogrammen

Datenfile: `spracherkennung.sav`

Anrufe bei einem Servicecenter führen meist dazu, dass zuerst einige Fragen beantwortet werden müssen, bevor man zu einer Person gelangt, der man sein Anliegen vorbringen kann. Dadurch sollen anfallende Problemstellungen vorsortiert und speziellen Teams zugeordnet werden.

Die Antworten auf diese Fragen interpretieren Spracherkennungsprogramme. Die Entwicklungen auf diesem Gebiet sind weit fortgeschritten, ein Großteil von Wörtern wird richtig erkannt. Benchmarks, bei denen eine Liste von identen Wörtern bei mehreren Systemen überprüft werden, sollen die Auswahl zwischen den Systemen erleichtern.

Der Vergleich zweier Systeme, GMDS und CDHMM, Agresti und Finlay (2009) hat folgendes Resultat geliefert:

	CDHMM	
GMDS	Richtig	Falsch
Richtig	1921	58
Falsch	16	5

Unterscheiden sich die beiden Spracherkennungsprogramme in ihren Leistungen?

Hätte man 2000 Wörter ausgewählt und damit das eine Programm und mit weiteren 2000 Wörtern das andere Programm überprüft, wäre die Fragestellung leicht mit dem Anteilstest (Abschnitt 5.3) zu beantworten.

Hier liegen aber keine unabhängigen Stichproben vor.

Pro Wort gibt es je ein Ergebnis für GMDS und eines für CDHMM. Die meisten Wörter haben beide Systeme richtig, einige wenige beide falsch erkannt. Einige Wörter sind nur von einem System richtig erkannt worden.

Wenn ein Spracherkennungssystem besser arbeitet als das andere, sollten deutlich mehr Wörter von diesem richtig und vom anderen falsch erkannt worden sein als umgekehrt. Wörter, die von beiden Systemen gleich erkannt wurden, tragen nichts zur Bewertung der Unterschiede zwischen beiden Systemen bei.

Unter der Nullhypothese keiner Unterschiede zwischen den beiden Systemen wäre der Anteil der Wörter, die von GMDS richtig und von CDHMM falsch erkannt wurden, 50%. Das bedeutet, man kann einen Anteilstest (Abschnitt 4.4) mit den Häufigkeiten der Gegendiagonale (16 und 58) auf den vorgegebenen Wert von 50% durchführen.

Im sog. McNemar-Test wird mit den Gegendiagonalelementen aus der 2 × 2-Kreuztabelle ein Anteilstest auf die Vorgabe von 50% (also $\pi_0 = 0{,}5$) gerechnet.

SPSS

Analysieren
Deskriptive Statistiken
Kreuztabellen...
Zeilen- und Spaltenvariablen angeben
(hier GMDS *und* CDHMM*)*
Statistiken...
McNemar *markieren* ✓
[Weiter]
[OK]

HINWEIS

Eine andere Möglichkeit, den McNemar-Test aufzurufen, läuft über die Folge Nichtparametrische Tests und Zwei verbundene Stichproben... Allerdings wird bei diesem Aufruf auch bei kleinem Stichprobenumfang nur der asymptotische p-Wert und nicht der exakte p-Wert ausgegeben.

GMDS * CDHMM Kreuztabelle

Anzahl

		CDHMM		
		Richtig	Falsch	Gesamt
GMDS	Richtig	1921	58	1979
	Falsch	16	5	21
Gesamt		1937	63	2000

Chi-Quadrat-Tests

	Wert	Exakte Signifikanz (2-seitig)
McNemar-Test		,000[a]
Anzahl der gültigen Fälle	2000	

a. Verwendete Binomialverteilung

Abbildung 5.20: Spracherkennung: Kreuztabelle und Testergebnis

Fallbeispiel 10: Interpretation

Der Testoutput (▶ Abbildung 5.20) enthält im mit Chi-Quadrat-Tests beschrifteten Kasten den p-Wert (er ist sehr klein und daher mit 0,000 angezeigt). Wie aus der Fußnote ersichtlich wurde er exakt über die Binomial- und nicht asymptotisch über die Chi-Quadrat-Verteilung berechnet, wie es die Beschriftung des Outputs vermuten ließe.

Von den Wörtern, die nicht beide Systeme gleich erkannt haben, hat GMDS signifikant mehr richtig erkannt als CDHMM, nämlich 58 von GMDS und 16 von CDHMM. Es muss daher als das bessere der beiden Spracherkennungssysteme angesehen werden.

5.6.2 Cochran-Test

Fallbeispiel 11: Images von Fernsehsendern

Datenfile: `tvimage.sav`

In einer Umfrage im Mai 2008, knapp vor der Fußball-EM in Österreich und der Schweiz, wurden 229 Personen (mit Kabel-TV- oder Satelliten-TV-Empfang) im Raum Wien zu ihrem TV-Sehverhalten befragt.

Ein Teil dieser Umfrage zielte darauf ab, Eigenschaften (informativ, sensationslüstern, etc.) von Fernsehsendern herauszufiltern. Wir beschränken uns hier auf eine Eigenschaft, nämlich Aktualität, bei den drei Sendern ORF1, Pro7 und RTL.

Unterscheiden sich die drei Sender in der Einschätzung der Seher bezüglich Aktualität?

Da ein und dieselben 229 Personen die drei TV-Sender beurteilten, haben wir abhängige Stichproben vorliegen. Die Verallgemeinerung des McNemar-Tests auf mehr als zwei Variablen ist der sog. COCHRAN-TEST. Die Nullhypothese ist, dass die Anteile

Übersicht über Hypothesentest

	Nullhypothese	Test	Sig.	Entscheidung
1	Die Verteilungen von aktuell ORF 1, aktuell Pro 7 and aktuell RTL sind gleich.	Cochran-Q-Test verbundener Stichproben	,000	Nullhypothese ablehnen.

Asymptotische Signifikanzen werden angezeigt. Das Signifikanzniveau ist ,05.

Abbildung 5.21: TV-Images: Testergebnis

in allen drei Variablen (hier Bewertungen der drei Sender) ident sind, die Alternativhypothese ist, dass sich mindestens zwei Sender in diesen Anteilen unterscheiden.

Wir verzichten hier auf eine Erläuterung, wie die Unterschiede in der Stichprobe gemessen und bewertet werden. Wir beschränken uns auf die Darstellung der Ergebnisse. Zuerst erscheint im Ausgabefenster (► Abbildung 5.21) nur eine Kurzzusammenfassung des Testergebnisses.

Durch einen Doppelklick auf diese Kurzzusammenfassung öffnet sich die **Modellanzeige** mit zwei Fenstern. Das Fenster mit der **Zusatzansicht** zum Test (► Abbildung 5.22) enthält neben genaueren Angaben zum Test auch eine Grafik, deren eigenständige Erstellung mit **SPSS** sehr mühsam wäre.

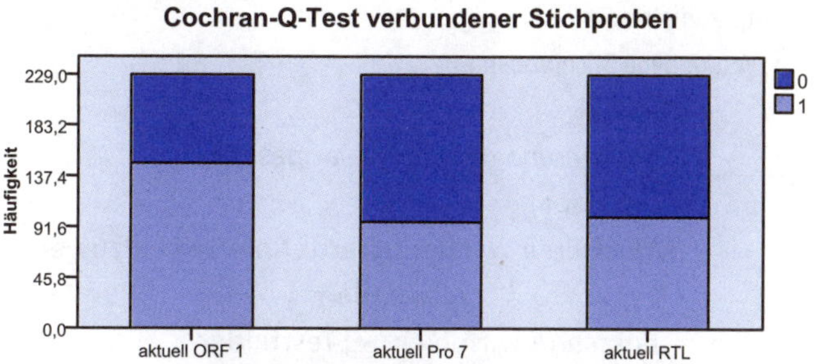

Gesamtanzahl	229
Teststatistik	37,543
Freiheitsgrade	2
Asymptotische Sig. (zweiseitiger Test)	,000

Abbildung 5.22: TV-Images: Zusatzansicht zum Cochran-Test

Fallbeispiel 11: Interpretation

Im Balkendiagramm der Zusatzansicht (Abbildung 5.22) ist ersichtlich, dass ORF1 den höchsten Anteil an Zustimmung bezüglich Aktualität hat. (Die Kodierung mit 1 bedeutet, dass die Befragten den Sender als aktuell eingestuft haben). Vermutlich haben wesentlich (signifikant) mehr ORF1 als aktuell und die anderen zwei Sender als nicht aktuell beurteilt als umgekehrt.

Aus dem zweiten Teil der Zusatzansicht erhalten wir eine Bestätigung für diese Vermutung. Das Testergebnis ist mit einem Wert der Teststatistik von 37,543 bei 2 Freiheitsgraden signifikant. Der p-Wert wird unter **Asymptotische Sig.** ausgegeben und mit 0,000 angezeigt.

Der Anteil der Antwort *trifft zu* auf die Frage nach der Aktualität der drei Sender ist unterschiedlich. Aus dem Balkendiagramm oder dem ersten Teil des Testergebnisses können wir ersehen, dass ORF1 in der Aktualität deutlich besser als die beiden anderen Sender beurteilt wird.

Folgende Menüwahl führt zu den Testergebnissen:

SPSS

Analysieren
  Nichtparametrische Tests
    Verbundene Stichproben...
      unter Ziel
        Markieren von Analyse anpassen
      unter Felder
        Markieren von Benutzerdefinierte Feldzuweisungen verwenden
        passende Variablen ➡ Testfelder
        hier: `aktuell ORF 1, aktuell Pro 7, aktuell RTL`
      [Ausführen]

5.7 Zusammenfassung der Konzepte

Die Beschreibung der gemeinsamen Verteilung von zwei kategorialen Variablen führt zu Kreuztabellen. Bei der Angabe relativer Häufigkeiten ist darauf zu achten, worauf sich die Angaben beziehen. Grafische Beschreibungen sind meist in Form von Balkendiagrammen realisiert.

Tests im Zusammenhang mit Kreuztabellen basieren meist auf dem Vergleich von beobachteten und erwarteten Häufigkeiten, die Teststatistik folgt (asymptotisch) einer Chi-Quadrat-Verteilung.

- Kreuztabelle: numerische Beschreibung der gemeinsamen Verteilung zweier kategorialer Variablen.
- Balkendiagramme: grafische Beschreibung kategorialer Daten. Für Informationen aus Kreuztabellen werden gestapelte oder gruppierte Balkendiagramme eingesetzt.
- Homogenitätstest: Test zur Überprüfung, ob die Verteilung einer kategorialen Variablen in mehreren Gruppen gleich ist.
- Unabhängigkeitstest: Test zur Überprüfung, ob zwei kategoriale Variablen unabhängig sind.
- Zwei-Stichproben-Anteilstest: Test, ob sich Anteile in zwei Gruppen unterscheiden.
- Odds-Ratio: Verhältnis von Chancen in zwei Gruppen.
- McNemar-Test: Test, ob sich Anteile in zwei abhängigen Stichproben unterscheiden.

- Cochran-Test: Test, ob sich Anteile in mehreren abhängigen Stichproben unterscheiden.

5.8 Übungen

1. Reisebegleitung im Haupturlaub

Im Fallbeispiel 6 haben wir die Anteile Alleinreisender aus den Stadtstaaten Berlin, Bremen und Hamburg verglichen.

In diesem Übungsbeispiel soll der Fokus nicht auf den Alleinreisenden liegen, es sollen Arten von Reisebegleitungen untersucht werden. In einer Stichprobe ergab die Aufteilung in Männer und Frauen, die in Urlaub fahren, folgende Tabelle:

Reisebegleitung	Frau	Mann
PartnerIn	2273	2418
Familienurlaub	1212	1023
Gruppenurlaub	960	744
Allein	454	325
Anderes	151	93

- Erstellen Sie ein Datenfile mit den Daten obiger Tabelle!
- Ist die Reisebegleitung bei Frauen und Männern unterschiedlich?

2. DBA-Recht

Doppelbesteuerungsabkommen (DBA) zwischen Staaten sollen verhindern, dass Personen (auch juristische Personen), die in mehreren Staaten Einkommen beziehen, diese mehrfach versteuern müssen. Trotz (oder wegen) solcher Abkommen kann es aber auch zu unklaren steuerrechtlichen Situationen kommen, die durch alle verwaltungsrechtlichen Instanzen gehen.

In diesem Beispiel sollen die Entscheidungen des VwGH der Republik Österreich aus den Jahren 2000 bis 2004 zum Thema DBA-Recht untersucht werden.

- Schränken Sie sich in der weiteren Analyse auf Fälle ein, bei denen es um das DBA-Recht ging (`DBARecht` im Datenfile `vwgh.sav`).
- Unterscheidet sich bei diesen Fällen der Anteil an Ablehnungen zwischen Rechtsanwälten und Wirtschaftsprüfern?

3. Spaß am Sex bei Ehepartnern

In einer amerikanischen Untersuchung, 1987 (Agresti, 1990), wurde beiden Ehepartnern unter anderem die folgende Frage gestellt: „Sex macht mir und meinem Partner Spaß (1) nie oder selten (2) manchmal (3) sehr oft oder immer“. Die folgenden Daten beschreiben die Häufigkeiten der Antworten, kreuzklassifiziert nach den Antworten der Ehefrauen und Ehemänner.

Ehemann	Ehefrau selten	manchmal	oft	*gesamt*
selten	7	7	5	19
manchmal	2	8	10	20
oft	3	13	36	52
gesamt	12	28	51	91

- Gibt es einen Zusammenhang zwischen den Antworten der Ehepartner?

4. **Waffenregistrierung und Einstellung zu Todesstrafe**

In den USA wurden im Rahmen des 1982 General Social Survey Einstellungen zu Waffenregistrierung und Todesstrafe erhoben (Agresti, 1990).

Waffenregistrierung	Todesstrafe dafür	dagegen
dafür	784	236
dagegen	311	66

- Gibt es einen Zusammenhang zwischen den Einstellungen zu diesen Themen?
- Wenn ja, wie ist der Zusammenhang?

5. **Zurückweisung von Beschwerden am VwGH**

Die Zurückweisung von Beschwerden durch den VwGH erfolgt meist aufgrund formaler Mängel. In der Variablen `Zurueckweisung` ist dieser Fall im Datenfile `vwgh.sav` dokumentiert.

- Ist das Risiko für eine Zurückweisung je nach Vertretung (RA oder WP) unterschiedlich?
- Vergleichen Sie auch die p-Werte für den Odds-Ratio-Test mit dem für den Test, ob sich die Anteile an Zurückweisungen bei Rechtsanwälten und Wirtschaftsprüfern unterscheiden.

6. **Sonntagsfrage**

500 Personen wurden einmal zwei Monate vor einer Wahl über ihre Parteipräferenz befragt. Die 356 Anhänger der beiden größten Parteien wurden am Tag nach einer TV-Konfrontation (zehn Tage vor der Wahl) der beiden Spitzenkandidat(inn)en noch einmal befragt. In der folgenden Tabelle sind die Parteipräferenzen dieser 336 Personen zu den zwei Befragungszeitpunkten zusammengefasst:

2 Monate vor Wahl	nach TV-Konfrontation Partei A	Partei B
Partei A	120	11
Partei B	23	182

- Hat es eine signifikante Änderung in den Anteilen gegeben und wenn ja, in welche Richtung?
- Hat es eine *wesentliche* Änderung in den Mehrheitsverhältnissen gegeben?

7. TV-Sender und politische Unabhängigkeit

Im Fallbeispiel 11 untersuchten wir Befragungsergebnisse von 229 Personen zur Einschätzung der Aktualität von TV-Sendern.

Im Datenfile `tvimage.sav` sind auch die Einschätzungen der Befragten zur politischen Unabhängigkeit der TV-Sender enthalten (`polunab_ORF1`, `polunab_Pro7` und `polunab_RTL`).

- Unterscheiden sich die drei TV-Sender darin?

Die Datendateien sowie Lösungen finden Sie auf der Webseite des Verlags.

TEIL II

Metrische Daten

Eine metrische Variable

6

ÜBERBLICK

In diesem Kapitel besprechen wir Methoden zur Beschreibung einer metrischen Variablen und zur Überprüfung von Vermutungen über die Lage und die Verteilung der Variablen.

Wir sprechen von METRISCHEN *Variablen, wenn Beobachtungen nach Festlegen der Maßeinheit sinnvoll durch Zahlen repräsentiert und umgekehrt diese Zahlen klar interpretiert werden können. Differenzen von Variablenwerten haben eine Bedeutung (mindestens Intervallskala).*

DISKRETE *metrische Variablen liegen vor, wenn die Messung in nicht mehr weiter unterteilbaren Einheiten erfolgt. Meist sind es Zählvariablen mit ganzen Zahlen als Werten. Typische Beipiele sind etwa Anzahl Geschwister oder Dauer eines Krankenstands (in Tagen gemessen).*

STETIGE *metrische Variablen werden in beliebig teilbaren Einheiten gemessen und können zumindest in bestimmten Bereichen der reellen Zahlenachse im Prinzip jeden Wert annehmen. Viele Beispiele, bei denen die Messung mit physikalischen Messgeräten erfolgt, fallen darunter, etwa Körpergewicht und -größe, Wartezeit vor einem Bankschalter.*

In der Praxis gibt es Grauzonen, wie an folgenden zwei Beispielen klar wird:

- *Rechnungsbeträge im Supermarkt*
  Die kleinste Geldeinheit ist (im EU-Raum) Cent. Jeder Rechnungsbetrag kann als ganzzahliges Vielfaches von Cent angegeben werden. Insofern kann der Rechnungsbetrag als diskrete Variable aufgefasst werden. Es sind aber sehr viele unterschiedliche Rechnungsbeträge denkbar, auf der reellen Zahlenachse sind es sehr viele Punkte. Daher werden Rechnungsbeträge wie stetige Variablen behandelt.
- *Alter von Personen*
  Theoretisch ist das Alter einer Person eine stetige Variable. Man könnte sich vorstellen, dass bei der Geburt eine Uhr in Gang gesetzt wird, die das Alter der Person ganz genau anzeigt. Tatsächlich ist es so, dass das Alter meist nur in vollendeten ganzen Jahren angegeben ist, also diskret.

Fast alle der hier vorgestellten Methoden und Verfahren benötigen keine genaue Unterscheidung zwischen diskret und stetig. Einzige Ausnahme sind diskrete Variablen, die nur wenig Werte annehmen können (etwa Geschwisteranzahl oder Alter bei Volksschulkindern).

Für den Großteil des Kapitels wird ein Datensatz als Grundlage dienen, an dem Konzepte und Methoden für die Untersuchung einer metrischen Variablen vorgestellt werden. Das hat den Vorteil, dass man sich nicht laufend in neue Fallbeispiele hineindenken muss. Wir müssen aber auch aufpassen, in späteren Abschnitten nicht durch Analysen an ein und demselben Datensatz zu ermüden.

6.1 Wie kann man die Verteilung einer metrischen Variablen beschreiben?

Unter VERTEILUNG fassen wir mehrere Aspekte zusammen:

- In welchem Bereich liegen die Daten?
- Wo innerhalb dieses Bereiches sind die Daten stärker, wo schwächer vertreten?
- Gibt es ein Zentrum der Daten oder mehrere Zentren oder gar keines?
- Variieren die Daten stark oder nur wenig?

Fallbeispiel 12: Verfahrensdauer am Verwaltungsgerichtshof

Datenfile: `vwgh.sav`

Im vorigen Kapitel (Abschnitt 5.1) untersuchten wir die Entscheidungen des Verwaltungsgerichtshofs (VwGH) der Republik Österreich bei Berufungen gegen Abgabenbescheide.

Jetzt liegt das Augenmerk nicht auf der Entscheidung selbst, sondern auf der Zeit, die zwischen Einbringung der Beschwerde bis zur Entscheidung im VwHG vergeht. Wiederum umfasst die Stichprobe alle Entscheidungen des VwGH zwischen 2000 und 2004 in Abgabensachen (Hornik et al., 2008), insgesamt 3827 Entscheidungen. In 82 Fällen konnte das Datum der Einbringung der Beschwerde beim VwGH nicht erhoben werden, somit liegen insgesamt Verfahrensdauern zu 3745 Beschwerden vor.

Wie kann die Verteilung der Verfahrensdauern in der Stichprobe beschrieben werden?

Im Datenfile ist die Verfahrensdauer vor dem VwGH in Tagen gegeben. In den veröffentlichten VwGH-Entscheidungen ist diese Dauer nicht enthalten. Man musste diese Dauer aus zwei Datumsangaben berechnen, dem Datum des Einbringens der Beschwerde und dem Datum der Entscheidung am VwGH.

HINWEIS! Das Ergebnis der Berechnung von Datumsdifferenzen wird in SPSS in Sekunden angegeben. So ergibt die Differenz zwischen 1.1.2009 und 1.1.2008 in SPSS nicht die erwarteten 366 Tage (2008 war ein Schaltjahr!), sondern 31 708 800 Sekunden (= 366 · 86 400). Um auf Tage umzurechnen, müssen die Angaben in Sekunden durch 86 400 (Anzahl Sekunden pro Tag) dividiert werden.

Nach dieser Nebenbemerkung zum Rechnen mit Datumsangaben widmen wir uns der Beschreibung der Verfahrensdauern.

6.1.1 Klassifizieren, Tabellen und Histogramme

Klassifizieren

Liegen nur wenig Beobachtungen vor oder kann die Variable, die beschrieben werden soll, nur wenige Werte annehmen, ist es denkbar, wie bei einer kategorialen Variablen eine einfache Auszählung (Abschnitt 4.2.1) durchzuführen.

Für dieses Beispiel ist es sinnlos, da mehrere Hundert unterschiedliche Werte vorliegen und uns die entstehende Auflistung kaum einen Überblick über die Verteilung bietet. Wir können aber die Werte in KLASSEN (Bereiche, Intervalle) zusammenfassen und die Auszählung für die Klassen erstellen lassen.

Faustregeln dafür, in wie viele Klassen die Einteilung erfolgen soll, gibt es zuhauf. Allen liegt die Idee zugrunde, einerseits wenig Klassen zu bilden, um eine kompakte

Darstellung der Daten zu erhalten, und andererseits doch so viele Klassen, um möglichst wenig Informationsverlust zu erleiden.

Hier einige Vorschläge für die Klassenanzahl k bei n Beobachtungen:

- $5 \leq k \leq 20$:
  Im VwGH-Beispiel ($n = 3745$ relativ groß) würde man eher in Richtung Obergrenze gehen.
- $k \approx \sqrt{n}$:
  Dieser Vorschlag würde zu mehr als 60 ($\sqrt{3745} = 61{,}2$) Klassen führen, das ist eindeutig zu viel. Diese Faustregel ist nur für einen moderaten Stichprobenumfang ($n \leq 200$) brauchbar.
- k so, dass $2^k \approx n$
  Also etwa 12 ($2^{12} = 4096$) Klassen.

In SPSS steht mit Visuelles Klassieren ein etwas seltsam bezeichnetes Werkzeug zur Verfügung, mit dem leicht der Wertebereich von Variablen eingeteilt und eine gewählte Einteilung abgeändert und verbessert werden kann. Vorkenntnisse über die Verteilung der Variablen sind nicht notwendig, die Verteilung wird grafisch angezeigt.

SPSS

Transformieren
Visuelles Klassieren
Variable(n) (hier `dauer3`*)* [➡] Variablen für Klassierung
[Weiter]
Es erscheint ein Fenster namens Visuelles Klassieren
Variable aus Liste auswählen
Es erscheint ein Verteilungsdiagramm dieser Variablen
und eine leere Tabelle von Trennwerten (nur Eintrag HOCH*)*
Eintrag von selbst gewählten Trennwerten in dieser Tabelle
Trennwerte werden auf der x-Skala im Diagramm angezeigt
bei Wunsch Trennwerte auf der x-Skala mit Maus verändern
Nach Eingabe aller Trennwerte:
[Beschriftung erstellen] erzeugt Wertelabels mit Trennwerten
unter Klassierte Variable *(neuen) Variablennamen angeben*
[OK]
Warnung, dass neue Variable erstellt wird, ignorieren

Die Trennwerte sind natürlich so zu wählen, dass in Bereichen, wo die Daten stark konzentriert sind, mehr Trennwerte als in anderen Bereichen liegen.

HINWEIS

Im Rahmen dieser Aktion sollte man nicht den Schritt Beschriftung erstellen vergessen. Ohne diesen Schritt werden die Klassen nur durchnummeriert (etwa in diesem Beispiel von 1 bis 12). Wenn man nach einiger Zeit die gewählten Trennwerte vergessen hat, ist die neue Variable ohne Wertelabels nicht mehr sehr hilfreich.

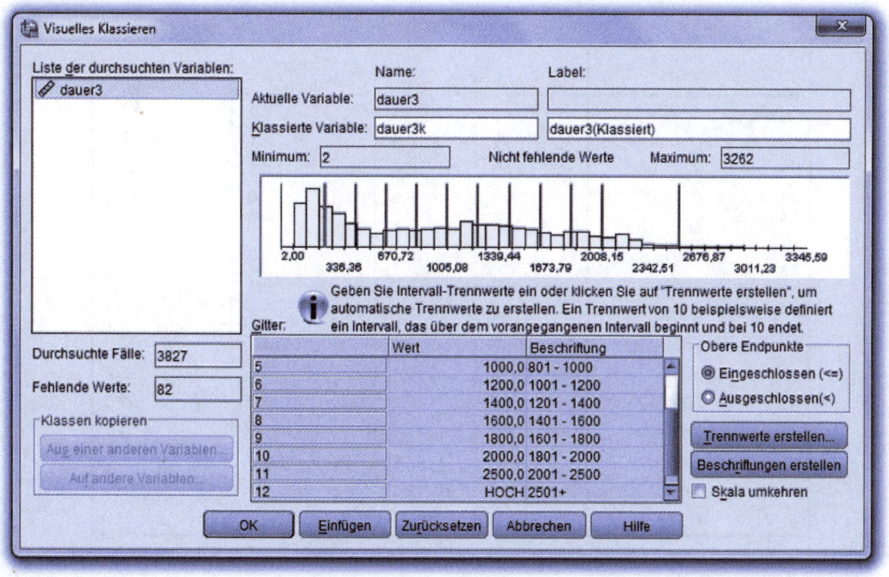

Abbildung 6.1: Menüeinstellungen für visuelles Klassieren

Tabellen

Mit der vorigen Aktion haben wir ein Variable mit den klassifizierten Verfahrensdauern im Datenfile angelegt. Über eine Auszählung dieser neuen Variablen gewinnen wir nun einen Überblick über die Verteilung.

Eine Häufigkeitstabelle wie in ▶ Abbildung 6.2 kann man in SPSS folgendermaßen erzeugen:

SPSS

Analysieren
  Deskriptive Statistiken
    Häufigkeiten...
    Variable (hier `dauer3k`*)* ➡ Variable(n):
    [OK]

Histogramme

Zur grafischen Beschreibung der Verteilung sind Histogramme (▶ Abbildung 6.3) gut geeignet.

Das Erscheinungsbild ist auf den ersten Blick ähnlich dem von Balkendiagrammen (Abschnitt 4.2.2), die Höhe der Balken korrespondiert mit den Häufigkeiten für die jeweiligen Klassen.

Ein Unterschied ist, dass die Balken ohne Zwischenraum nebeneinander stehen. Grund dafür ist, dass eine metrische Variable zur Definition der x-Achse dient und nicht wie beim Balkendiagramm eine kategoriale. Die dem Histogramm zugrunde liegende Klassifizierung der Variablenwerte hat zu direkt benachbarten Klassen geführt.

dauer3(Klassiert)

		Häufigkeit	Prozent	Gültige Prozente	Kumulierte Prozente
Gültig	<= 200	771	20,1	20,6	20,6
	201 - 400	490	12,8	13,1	33,7
	401 - 600	254	6,6	6,8	40,5
	601 - 800	261	6,8	7,0	47,4
	801 - 1000	290	7,6	7,7	55,2
	1001 - 1200	346	9,0	9,2	64,4
	1201 - 1400	339	8,9	9,1	73,5
	1401 - 1600	288	7,5	7,7	81,1
	1601 - 1800	227	5,9	6,1	87,2
	1801 - 2000	206	5,4	5,5	92,7
	2001 - 2500	248	6,5	6,6	99,3
	2501+	25	,7	,7	100,0
	Gesamt	3745	97,9	100,0	
Fehlend	-9999	82	2,1		
	Gesamt	3827	100,0		

Abbildung 6.2: Tabelle der VwGH-Verfahrensdauern

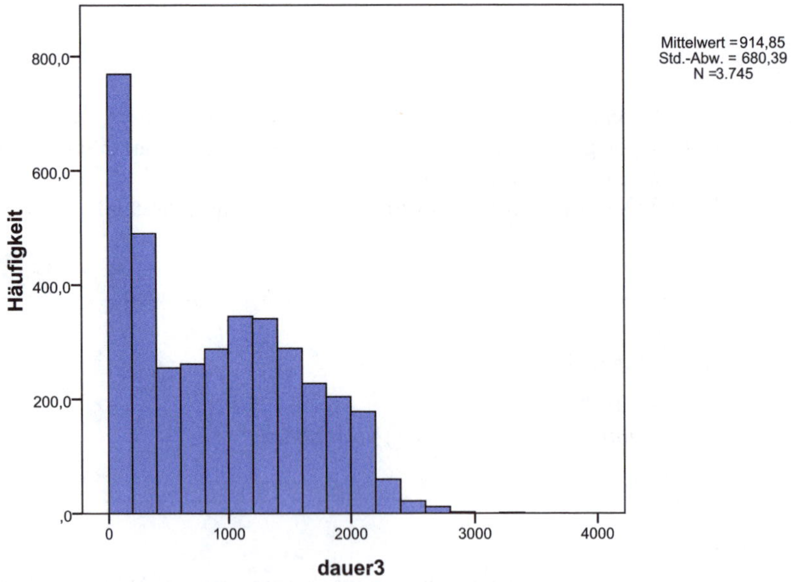

Abbildung 6.3: Histogramm der VwGH-Verfahrensdauern

Im vorigen Abschnitt haben wir eine Tabelle mit unterschiedlichen Klassenbreiten erzeugt. Ein Nachteil in SPSS ist, dass Histogramme nur auf Basis gleich breiter Klassen erstellt werden. Andere Statistiksoftware ist in dieser Hinsicht flexibler und gestattet auch unterschiedliche Klassenbreiten. Allerdings ist in diesen Fällen Vorsicht geboten, da nicht die Höhe des Balkens allein Auskunft über die relative Häufigkeit für die Klasse gibt, sondern die Fläche des Balkens, neben der Höhe also auch die Breite. Bei konstanter Breite ist es daher ausreichend, nur die Höhe der Balken zu betrachten.

Histogramme für ein und dieselbe Variable können stark unterschiedlich erscheinen, je nachdem wie viele Klassen und/oder welche Trennwerte gewählt werden. In SPSS stellt die Wahl der Trennwerte kaum ein Problem dar, es geht nur um die Klassenanzahl. Es wird ja (ungefähr) der Bereich, in dem Werte vorkommen, also vom Minimum bis zum Maximum der Werte, in gleich große Intervalle eingeteilt.

Somit bleibt die Klassenzahl, bei der man eine ungünstige Wahl treffen kann. Die automatische Klassenwahl in SPSS ist allgemein nicht schlecht, doch ist die Anzahl Klassen bei großem Stichprobenumfang tendenziell zu hoch. Eine gute Vorgangsweise ist, sich vom Programm einen Vorschlag machen zu lassen und diesen gegebenenfalls abzuändern.

Fallbeispiel 12: Interpretation des Histogramms

Jeweils fünf Balken des Histogramms decken eine Zeitdauer von 1000 Tagen ab. Somit liegt dem Histogramm eine Einteilung der Verfahrensdauer in Klassen der Breite von 200 Tagen zugrunde.

Gleich zu Beginn stehen zwei hohe Balken, die Häufigkeiten von etwas weniger als 800 und etwas weniger als 500 anzeigen. Das bedeutet, dass über ungefähr ein Drittel der Beschwerden relativ rasch (innerhalb von 400 Tagen also ca. einem Jahr) entschieden wird.

Danach gibt es noch einmal eine Häufung zwischen 1000 und 1400 Tagen (also ca. 3 und 4 Jahren). Anschließend nehmen die beobachteten Verfahrensdauern langsam ab. Zwischen 3000 und 4000 Tagen ist kein Balken erkennbar. Das bedeutet nicht, dass in diesen Bereich keine Beobachtungen fallen. Tatsächlich ist es genau eine Beschwerde, bei der es 3262 Tage und somit fast 9 Jahre gedauert hat, bis der VwGH darüber entschieden hat.

Auf der rechten Seite des Histogramms sind noch Mittelwert, Standardabweichung (Abschnitt 6.1.2) und Anzahl Beobachtungen angegeben.

Von juristischer Seite werden die kurzen Verfahren hauptsächlich auf Formalerledigungen zurückgeführt (etwa Zurückweisung wegen Formalfehlern). Für die eine Beschwerde mit fast 9 Jahren Verfahrensdauer bleibt eine Erklärung natürlich aus.

Zu einem Histogramm gelangt man am besten über:

SPSS

Diagramme
Diagrammerstellung...
in Galerie *auswählen von* Histogramm
Doppelklick auf das Galeriediagramm [Einfaches Histogramm]
(die Vorschau erscheint in der Zeichenfläche)
Variable (hier dauer3*) in das Feld* X-Achse? *ziehen*
Elementeigenschaften *anzeigen*
unter Statistik Histogramm *auswählen*
unter Parameter festlegen..
Klassenbreite oder -anzahl wählen
[Weiter]
[Zuweisen]
[OK]

HINWEIS

Ein anderer Weg ist, bei der Berechnung von Maßzahlen (Abschnitt 6.1.2) ein Histogramm miterstellen zu lassen. Allerdings müssen auf diesem Weg eigene Formvorstellungen auf ein nachträgliches und mühsames Editieren des Diagramms warten.

6.1.2 Maßzahlen zur Beschreibung der Verteilung

Mit Histogrammen kann die Verteilung einer metrischen Variablen grafisch gut beschrieben werden. Oft besteht aber auch der Wunsch, mit wenigen Zahlen wesentliche Angaben über die Verteilung zu treffen.

In der ▶ Abbildung 6.4 sind zwei Histogramme, je eines für die Schuhgröße und die Körpergröße, auf einer gemeinsamen x-Achse aufgebaut. Maßzahlen, die

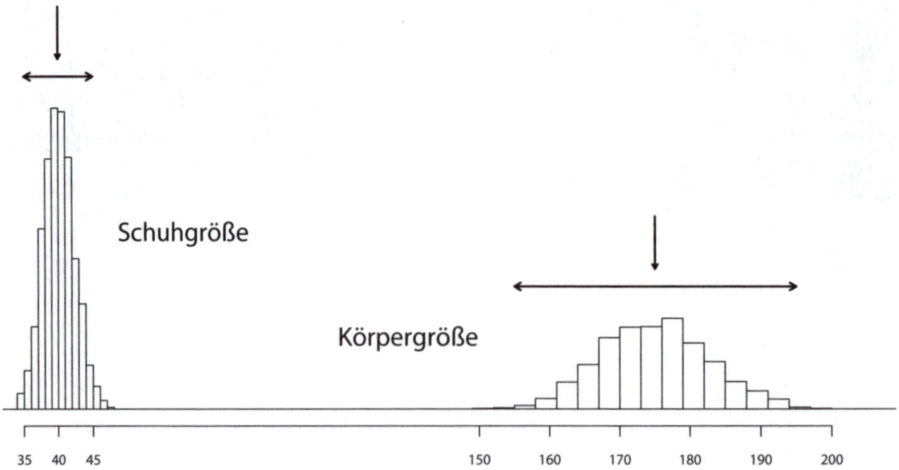

Abbildung 6.4: Verteilung von Schuhgröße und Körpergröße

beschreiben, wo das Zentrum der Daten ist, nennt man LAGEMASSE. Für die Schuhgröße sollen das Werte um 40, für die Körpergröße um 175 sein. Maßzahlen, die angeben, wie stark die Daten variieren, nennt man STREUUNGSMASSE. Die Schuhgrößen variieren weit weniger stark als die Körpergrößen, die Streuungsmaße sollen daher für die Schuhgröße kleinere Werte als für die Körpergröße ergeben.

Für die Erläuterung und die Berechnung der verschiedenen Lage- und Streuungsmaße soll der folgende kleine hypothetische Datensatz mit nur 10 Werten dienen:

$$7\ 10\ 16\ 9\ 12\ 13\ 9\ 8\ 10\ 9\,.$$

Lagemaße

Die drei wichtigste Lagemaße sind:

- MITTELWERT $\bar{x}$
  Das wohl bekannteste Lagemaß, das durch Aufsummieren der Werte x_i und anschließendes Dividieren durch die Anzahl n der Werte gewonnen wird

  $$\bar{x} = \frac{1}{n}\sum_{i=1}^{n} x_i\,.$$

  Für den kleinen Beispielsdatensatz bedeutet es also:

  $$(7 + 10 + 16 + 9 + 12 + 13 + 9 + 8 + 10 + 9)/10 = 103/10 = 10{,}3\,.$$

- MEDIAN $\tilde{x}$
  Nach dem Sortieren der Daten wird der Wert in der Mitte bestimmt. Bei einer ungeraden Anzahl von Werten ist der Wert eindeutig, bei einer geraden Anzahl von Werten mittelt man die beiden Werte, die der Mitte am nächsten sind.
  Sortieren führt zu:

  $$7\ 8\ 9\ 9\ 9\ 10\ 10\ 12\ 13\ 16\,.$$

  Die Werte 9 und 10 sind der Mitte am nächsten, also ist:

  $$\tilde{x} = (9 + 10)/2 = 9{,}5\,.$$

- MODUS (MODALWERT)
  Der am häufigsten auftretende Wert im Datensatz ist der Modus. Im Beispieldatensatz ist dies 9 (kommt dreimal vor).

Eigenschaften der vorgestellten Lagemaße:

- Der Modus ist als einziges auch als Lagemaß für nominal skalierte Variablen geeignet und wird auch dort fast ausschließlich eingesetzt.
- Für die sinnvolle Anwendung des Medians genügen ordinal skalierte Variablen.
- Der Mittelwert erfordert metrische Daten.
- Der Mittelwert kann weit stärker als der Median durch einzelne extreme Werte (Ausreißer) beeinflusst werden als der Median (Abschnitt 6.1.4).

Exkurs 6.1 Quartile, Quantile und Perzentile

Zur Beschreibung von Verteilungen dient auch die Angabe von bestimmten Positionen in der Verteilung. So gibt etwa das Medianeinkommen jenes Einkommen an, das die Hälfte der Bevölkerung höchstens und die andere Hälfte der Bevölkerung mindestens erreicht.

Eine erste Verallgemeinerung führt zu QUARTILEN, wenn man von den zwei Hälften des Datensatzes zu den vier Vierteln übergeht. Das 1. QUARTIL (auch unteres Quartil genannt und mit Q_1 bezeichnet) ist jener Wert, der das Viertel der kleinen Werte von den oberen drei Vierteln trennt. Analog ist das 3. QUARTIL (obere Quartil, Q_3) jener Wert, der das Viertel der großen Werte von den unteren drei Vierteln trennt. In diesem Sinn kann der Median auch als 2. Quartil aufgefasst werden.

Die Bestimmung der Quartile ist im Prinzip einfach: Q_1 (bzw. Q_3) ist der Median der unteren (bzw. oberen) Hälfte. So einfach die Idee, so uneinheitlich die Ausführungen (etwa bei ungeradem Stichprobenumfang, wenn nicht eindeutig klar ist, was untere bzw. obere Hälfte des Datensatzes ist).

Geht man von Vierteln zu beliebigen Aufteilungen über, spricht man von QUANTILEN. Das α-Quantil (α ist ein Wert zwischen 0 und 1) ist jener Wert so, dass der Anteil der Beobachtungen, die **höchstens** so groß sind, gleich α ist. Q_1 (bzw. Q_3) ist also das 0,25-Quantil (bzw. 0,75-Quantil) und der Median das 0,5-Quantil.

Verwendet man statt Anteilen zwischen 0 und 1 für α Prozentangaben zwischen 0 und 100, spricht man auch von PERZENTILEN. Q_1 ist also das 25-Perzentil.

Ist man also an der Grenze (nach unten) interessiert, ab der die 10% der am schlechtesten Verdienenden beginnen, geht es um das 0,1-Quantil (10-Perzentil) des Einkommens. Geht es auf der anderen Seite um das 1% der Topverdiener, kommt das 0,99-Quantil (99-Perzentil) ins Spiel, weil 99% höchstens bis zu dieser Grenze kommen.

Die bis jetzt besprochenen Quartile, Quantile und Perzentile beziehen sich auf eine gegebene Stichprobe. Analoge Fragestellungen für theoretische Verteilungen treten oft in Zusammenhang mit statistischen Tests auf. Implizit sind sie uns schon in den vorigen zwei Kapiteln mit der χ^2-Verteilung begegnet. Es ging um die Bewertung, ob ein aus der Stichprobe berechneter X^2-Wert so groß ist, dass eine Nullhypothese verworfen werden muss. Anstelle eines Vergleichs des p-Werts mit dem Signifikanzniveau α, etwa $\alpha = 0{,}05$, wäre es auch möglich, den errechneten X^2-Wert mit einem passenden Quantil $1-\alpha$, also meist 0,95, einer χ^2-Verteilung zu vergleichen (Anhang 4.8).

Streuungsmaße

An Streuungsmaßen besprechen wir:

- VARIANZ s^2

  Man berechnet die Abweichungen der Beobachtungen x_i vom Mittelwert $\bar{x}$, quadriert diese und berechnet davon den Mittelwert:

$$s^2 = \frac{1}{n} \sum_{i=1}^{n} (x_i - \bar{x})^2 .$$

Aus technischen Gründen ist es günstiger, nicht durch n, sondern durch $n-1$ zu dividieren:

$$s^2 = \frac{1}{n-1}\sum_{i=1}^{n}(x_i - \bar{x})^2$$

$$s^2 = \left[(7-10{,}3)^2 + (10-10{,}3)^2 + \cdots + (9-10{,}3)^2\right]/(10-1)$$

$$= 64{,}1/9 = 7{,}1222\,.$$

- STANDARDABWEICHUNG s
  Dies ist die Wurzel der Varianz

$$s = \sqrt{\frac{1}{n-1}\sum_{i=1}^{n}(x_i - \bar{x})^2}$$

$$s = \sqrt{7{,}1222} = 2{,}6687\,.$$

- SPANNWEITE
  Differenz zwischen größtem und kleinstem Wert

$$16 - 7 = 9\,.$$

- QUARTILSABSTAND (INTERQUARTILBEREICH, QD)
  Differenz zwischen drittem und erstem Quartil

$$QD = Q_3 - Q_1\,.$$

Berechnet man Q_1 (bzw. Q_3) als Median der unteren (bzw. oberen) Datenhälfte, erhält man:

$$QD = 12 - 9 = 3\,.$$

SPSS würde etwas andere Werte für die Quartile und auch für den Quartilsabstand ergeben, da es für die Bestimmung der Quartile und Quantile unterschiedliche Vorschläge gibt und diese zu leicht unterschiedlichen Ergebnissen führen können.

Eigenschaften der vorgestellten Streuungsmaße:

- Die Berechnung von Streuungsmaßen ist nur bei metrischen Daten sinnvoll.
- Streuungsmaße können nicht negativ werden.
- Varianz, Standardabweichung und Spannweite sind nur dann 0, wenn alle Werte ident sind.
- Varianz, Standardabweichung und Spannweite können weit stärker von einzelnen Werten (Ausreißern) beeinflusst werden als der Quartilsabstand (Abschnitt 6.1.4).
- Im Allgemeinen werden die Werte nicht direkt interpretiert, sondern nur die entsprechenden Werte zwischen Gruppen verglichen (etwa: die Streuung in zwei Gruppen unterscheidet sich, weil ein bestimmtes Streuungsmaß deutlich unterschiedliche Werte in den Gruppen annimmt).

Weitere Kennzeichen einer Verteilung

Lage- und Streuungsmaße sind die wichtigsten Maßzahlen für die Verteilung einer Stichprobe. Es gibt noch weitere Kennzahlen, die andere Aspekte der Verteilung beschreiben sollen, etwa:

- SCHIEFE
  Mit dem SCHIEFEKOEFFIZIENTEN wird versucht, die Abweichung der Häufigkeitsverteilung von einer symmetrischen Verteilung (im Idealfall auch in einem symmetrischen Histogramm ersichtlich) zu messen.
  Man unterscheidet RECHTSSCHIEFE und LINKSSCHIEFE Verteilungen. Bei rechtsschiefen Verteilungen ist der Median (deutlich) kleiner als der Mittelwert und der Schiefekoeffizient positiv. In so gut wie jedem Land ist die Einkommensverteilung rechtsschief. Bei linksschiefen Verteilungen sind die Verhältnisse gerade umgekehrt.
  Eine Verteilung, die weder links- noch rechtsschief ist, nennt man SYMMETRISCH.
- WÖLBUNG (KURTOSIS, EXZESS)
  Im Vergleich zur Normalverteilung (Exkurs 6.2) wird untersucht, ob mehr oder weniger Gewicht auf den Enden der Verteilung liegt. Sinnvoll ist der sog. WÖLBUNGSKOEFFIZIENT nur bei (in etwa) symmetrischen Verteilungen interpretierbar.
- UNIMODALITÄT und MULTIMODALITÄT
  Haben die Daten ein Zentrum, um das herum die Daten verteilt liegen, spricht man von einer EINGIPFELIGEN (UNIMODALEN) Verteilung. Gibt es mehrere Zentren, so ist die Verteilung MEHRGIPFELIG (MULTIMODAL). Für Ein- bzw. Mehrgipfeligkeit gibt es keine Maßzahlen, sie wird am besten an einem Histogramm überprüft.

In ▶ Abbildung 6.5 sind mehrere Verteilungsformen dargestellt. In der linken Grafik sind schiefe Verteilungen abgebildet. Die mittlere Grafik enthält symmetrische Verteilungen, eine Normalverteilung und dazu eine Verteilung mit stärkerer Wölbung. Die Verteilung rechts ist nicht ein-, sondern mehrgipfelig (multimodal).

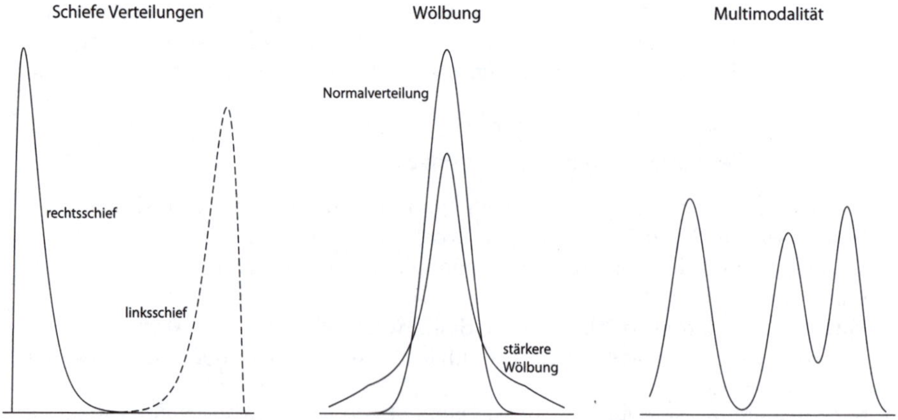

Abbildung 6.5: Verteilungsformen

Fallbeispiel 12: Interpretation der Maßzahlen

Die Tabelle der standardmäßig ausgegebenen Maßzahlen (▶ Abbildung 6.6) ist eine geballte Ladung an Information. Sie enthält einige noch nicht besprochene Begriffe:

- Konfidenzintervall des Mittelwerts: mit den Grenzen 893,05 und 936,65 (siehe Abschnitt 6.2)
- 5% getrimmtes Mittel: 887,65. Dabei werden die 5% der kleinsten und 5% der größten Werte weggelassen und aus dem Rest der Mittelwert bestimmt. Dadurch ist der Einfluss extremer Werte reduziert.
- Die Spalte Standardfehler werden wir vernachlässigen.

Der Mittelwert von ca. 915 Tagen bedeutet, dass es im Durchschnitt ziemlich genau 2,5 (= 915/365) Jahre gedauert hat, bis am VwGH über eine Beschwerde entschieden wurde. Dass das getrimmte Mittel und der Median kleiner sind, liegt daran, dass einige Verfahren sehr lange gedauert haben und diese den Mittelwert wesentlich beeinflussen.

Der Wert für die Varianz ist deshalb sehr hoch, weil die Verfahrensdauern nicht nur stark variieren, sondern auch einen großen Wertebereich abdecken (von 2 bis 3262). Hätte man die Verfahrensdauern nicht in Tagen, sondern in Wochen erhoben, wäre der Wert für die Varianz nur $462931{,}2/(7^2) = 9447{,}58$.

Der Schiefekoeffizient ist positiv, es liegt also eine rechtsschiefe Verteilung vor; also ist auch der Median kleiner als der Mittelwert. Natürlich wäre das auch aus dem Histogramm (Abbildung 6.3) ersichtlich.

Da eindeutig keine symmetrische Verteilung vorliegt, ist die Interpretation des Wölbungskoeffizienten hinfällig.

Deskriptive Statistik

			Statistik	Standardfehler
dauer3		Mittelwert	914,85	11,118
	95% Konfidenzintervall des Mittelwerts	Untergrenze	893,05	
		Obergrenze	936,65	
		5% getrimmtes Mittel	887,65	
		Median	868,00	
		Varianz	462931,203	
		Standardabweichung	680,390	
		Minimum	2	
		Maximum	3262	
		Spannweite	3260	
		Interquartilbereich	1185,5	
		Schiefe	,399	,040
		Kurtosis	-,945	,080

Abbildung 6.6: Maßzahlen zu VwGH-Verfahrensdauern

Diese Liste (Abbildung 6.6) kann mit SPSS folgendermaßen angefordert werden:

SPSS

Analysieren
  Deskriptive Statistiken
    Explorative Datenanalyse...
      Variable (hier dauer3*)* ➡ Abhängige Variable
      ev. unter Diagramme... *diverse Plots anfordern*
      [OK]

In der Voreinstellung von SPSS werden auch ein Stem-and-Leaf Plot und ein Boxplot mit ausgegeben.

Ein Stem-and-Leaf Plot ist eine semi-grafische Darstellung der Daten ähnlich einem Histogramm. Für große Datensätze wie diesen ist er nicht sehr hilfreich und da er im Viewerfile etwas zerzaust ankommt, besprechen wir ihn nur im Anhang (Abschnitt 6.6). Der Boxplot wird im nächsten Abschnitt (Abschnitt 6.1.3) besprochen.

Quantile und Modus werden hier nicht ausgegeben. Ist man an diesen interessiert, muss folgender Weg beschritten werden:

SPSS

Analysieren
  Deskriptive Statistiken
    Häufigkeiten...
      Variable (hier dauer3*)* ➡ Variable(n):
      Statistiken...
        Quartile, bestimmte Perzentile oder Modalwert anfordern
        [Weiter]
      [OK]

Exkurs 6.2 Normalverteilung

Die Normalverteilung ist eine theoretische Verteilung, deren Form durch die berühmte Glockenkurve bestimmt ist.

Normalverteilung steht nicht für eine einzelne Verteilung, sondern für eine Familie von Verteilungen, die durch zwei Parameter (Kenngrößen) bestimmt sind, die mit μ und σ^2 bezeichnet werden. μ ist dabei der Erwartungswert (Mittelwert), σ^2 die Varianz (somit σ die Standardabweichung) der theoretischen Verteilung. Die Kurzschreibweise ist: $N(\mu, \sigma^2)$.

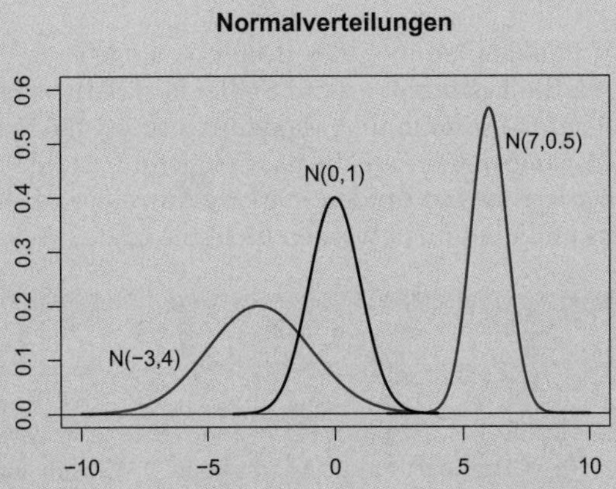

Normalverteilungen sind symmetrisch und eingipfelig. Im zentralen Bereich sind die Daten am stärksten konzentriert. Im Bereich $\mu \pm \sigma$ (also vom Mittelwert eine Standardabweichung nach links und nach rechts) liegen 68,3% (also etwas mehr als 2 Drittel) und im Bereich $\mu \pm 2\sigma$ 95,4% der Daten.

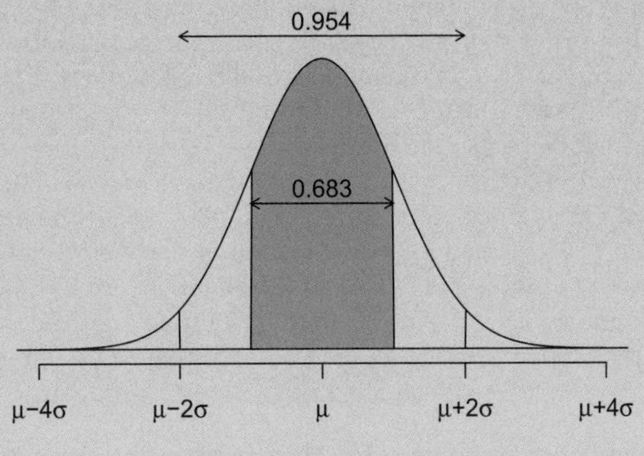

Mit der Wahl $\mu \pm 1{,}96\sigma$ überdeckt man genau 95% der Daten. Dieser Wert von 1,96 ist schon bei Konfidenzintervallen für Anteile (Abschnitt 4.5) in der Formel 4.3 ohne große Erklärung aufgetaucht. Ersetzt man 1,96 durch 2,58, sind 99% der Daten im zentralen Bereich.

Diese Anteile gelten für normalverteilte Variablen. Wenn die Verteilung symmetrisch und eingipfelig ist, sind die Abweichungen von diesen Werten aber nicht sehr groß, wenn keine Normalverteilung vorliegt.

6.1.3 Boxplot

Minimum, 1. Quartil, Median, 3. Quartil und Maximum werden oft als 5-Punkt-Zusammenfassung für eine Variable angegeben. Darin enthalten sind mit dem

Median ein Lagemaß und implizit auch Spannweite und Quartilsabstand, also zwei Streuungsmaße.

Auf diesen fünf Punkten ist auch der BOXPLOT aufgebaut. Die Grenzen der Box sind durch die Quartile bestimmt, an der Stelle des Medians ist die Box unterteilt. Linien (Whiskers) zum Minimum und Maximum vervollständigen den Boxplot.

SPSS hängt eine Ausreißersuche an, die das Erscheinungsbild leicht abändern kann. Moderate Ausreißer werden mit runden, stärkere Ausreißer mit sternförmigen Punktsymbolen markiert und die Linien werden nicht bis zu den Ausreißern gezogen.

Fallbeispiel 12: Interpretation des Boxplots

► Abbildung 6.7 enthält den Boxplot für die Verfahrensdauern vor dem VwGH.

Die Skala auf der y-Achse erlaubt das ungefähre Ablesen wichtiger Werte: Q_1 als untere Begrenzung der Box ist irgendwo zwischen 200 und 300, Q_3 als obere Begrenzung etwa bei 1500 und der Median als Unterteilung der Box ist kleiner als 1000. Der Quartilsabstand als Differenz $Q_3 - Q_1$ ist etwas größer als 1000 und kann auch aus der Länge der Box abgelesen werden.

Das Minimum ist ca. 0 und das Maximum ist nicht durch das Ende der Linie nach oben (unter 3000) angezeigt, sondern wird durch den beschrifteten Punkt markiert und liegt also eindeutig über 3000.

Dieser Punkt ist als moderater Ausreißer (Punktsymbol ist ein Kreis) markiert, die Beschriftung mit 2632 gibt die Zeilennummer im Datenfile an und erleichtert eine etwaige Suche nach Ursachen für diesen hohen Wert.

Eine feinere Skala auf der y-Achse hätte das Ablesen der Werte erleichtert (Änderung über den Diagrammeditor).

Das erste Viertel der Daten ist auf den Bereich zwischen 0 und höchstens 300 konzentriert, das nächste Viertel geht bis ca. 900 ist also breiter. Das dritte Viertel reicht bis ca. 1500, ist also in etwa gleich breit wie das vorige Viertel. Das letzte Viertel ist allein mindestens so breit wie die vorigen drei Viertel.

Daraus können wir auf eine schiefe Verteilung schließen; da die Daten zu Beginn stärker konzentriert sind, ist die Verteilung rechtsschief.

Zur Beschreibung der Verteilung sind Histogramme besser als Boxplots geeignet. So konnten wir aus dem Histogramm (Abbildung 6.3) ersehen, dass eine zweigipfelige Verteilung vorliegt. Der Boxplot bietet diese Einsicht nicht.

Der Vorteil von Boxplots liegt im grafischen Vergleich von Verteilungen einer Variablen in mehreren Gruppen und wird uns im Kapitel 8 wieder begegnen.

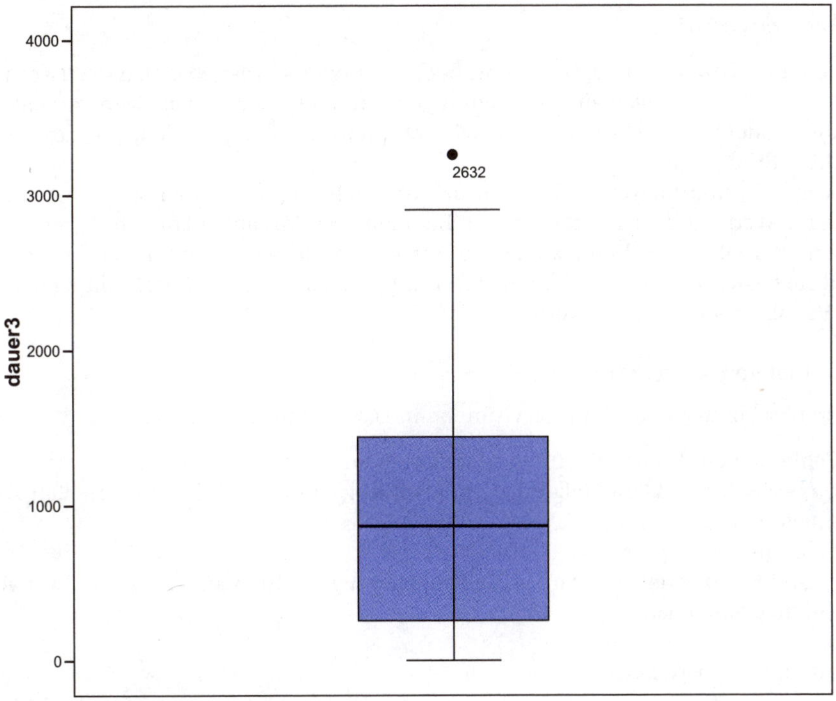

Abbildung 6.7: Boxplot der VwGH-Verfahrensdauern

Erstellen eines Boxplots in SPSS

SPSS

Diagramme
Diagrammerstellung...
in Galerie *auswählen von* Boxplot
Doppelklick auf das Galeriediagramm [1-D-Boxplot]
(die Vorschau erscheint in der Zeichenfläche)
Variable (hier dauer3*) in das Feld* Y-Achse? *ziehen*
[OK]

Eine Gestaltung des Boxplots nach eigenen Vorstellungen kann direkt über Elementeigenschaften erfolgen oder nachträglich durch Bearbeiten des Boxplots im Viewer.

Ein Boxplot wird, stellt man dies nicht explizit ab, auch bei der Berechnung von Maßzahlen (Abschnitt 6.1.2) miterstellt.

HINWEIS

Die Länge der Box zeigt den Interquartilsabstand an. Es kann (sollte aber nicht) vorkommen, dass der bei Maßzahlen ausgewiesene Quartilsabstand nicht mit der Länge der Box im Boxplot übereinstimmt. Grund ist, dass die Berechnung der Quartile nicht eindeutig ist und bei den Maßzahlen eine andere Methode zum Einsatz kommt als für die Erstellung des Boxplots.

6.1.4 Ausreißer

Im Boxplot (Abbildung 6.7) ist eine Beobachtung als Ausreißer markiert worden. AUSREISSER sind allgemein Beobachtungen, die nicht zur selben Grundgesamtheit gehören oder zu gehören scheinen wie die (meisten) übrigen Elemente der untersuchten Stichprobe.

Liegt nur eine metrische Variable pro Beobachtung vor, fallen Ausreißer durch extreme Werte in dieser Variablen auf. Bei mehreren Variablen können Extremwerte in einer Variablen zur Entdeckung von Ausreißern führen, in komplizierteren Fällen sind sie besser versteckt und können nur durch die simultane Untersuchung mehrerer Variablen ausspioniert werden.

Ursachen von Ausreißern

Ausreißer können aus mehreren Gründen in Datensätzen auftauchen:

- Fehler bei der Datenaufnahme, etwa durch ein defektes Messgerät
- Codierfehler; unklare Maßeinheiten, etwa Körpergröße wird in Metern statt Zentimetern angegeben.
- Schreib- oder Tippfehler
- Ausreißer ist reliabel; zwar ist die Beobachtung deutlich anders als der Rest aber durchaus denkbar.

Umgang mit Ausreißern

Ausreißer können Ergebnisse statistischer Auswertungen stark beeinflussen, in schlechten Fällen verfälschen. Was macht man mit Beobachtungen, die man als Ausreißer entdeckt hat?

Natürlich wird man bei eindeutigen Datenfehlern versuchen, den Fehler zu korrigieren. Ist eine Korrektur nicht möglich, muss die Beobachtung weggelassen werden bzw. der fehlerhafte Variablenwert auf fehlender Wert (missing) gesetzt werden.

Schwieriger ist der Umgang mit reliablen Ausreißern. Eine Möglichkeit ist, Analysen ohne diese Ausreißer durchzuführen, aber dieses Weglassen auch zu dokumentieren. Eine andere Möglichkeit ist, die Resultate der Analyse mit und ohne Ausreißer zu berichten.

Für manche Fragestellungen gibt es statistische Verfahren, die gegenüber vorhandenen Ausreißern wenig empfindlich sind. Solche Verfahren werden als ROBUST bezeichnet und sie stellen eine weitere Möglichkeit dar, möglichen Ausreißern in den Daten zu begegnen.

Median und auch das getrimmte Mittel sind robuste Lagemaße, der Quartilsabstand ist ein robustes Streuungsmaß.

Fallbeispiel 12: Interpretation des Ausreißers

Eine Überprüfung dieser Beobachtung konnte Schreib- und Tippfehler ausschließen, es ist also ein reliabler Ausreißer. Ursachenforschung für die Länge des Verfahrens ist nicht Aufgabe dieses Buchs. Was sind die Auswirkungen auf die Maßzahlen?

Der Ausreißer im Datensatz ist kein Grund zu großer Sorge. Einerseits ist er nur als moderat eingestuft worden, andererseits ist bei einer so großen Stichprobe ($n = 3745$) eine etwas abweichende Beobachtung nicht sehr einflussreich. Das zeigt auch die folgende Auflistung einiger Maßzahlen:

	mit Ausreißer	ohne Ausreißer
$\bar{x}$	914,8	914,2
$\tilde{x}$	868,0	868,0
s	680,4	679,4
QD	1185,5	1185,5

Mittelwert und Standardabweichung haben eine geringe Änderung durch das Weglassen des Ausreißers erfahren, die robusten Maße $\tilde{x}$ und QD haben überhaupt nicht reagiert.

6.2 In welchem Bereich kann man den Mittelwert in einer Grundgesamtheit erwarten?

Fallbeispiel 12: Verwaltungsgerichtshof (Fortsetzung)

Im vorigen Abschnitt haben wir die Verteilung der Verfahrensdauern durch ein Histogramm und einen Boxplot grafisch und durch Maßzahlen numerisch beschrieben.

Damit haben wir die Stichprobe gut beschrieben. Aber weitere Beobachtungen würden zu geänderten Grafiken und Maßzahlen führen.

Wie groß ist der Mittelwert aller Verfahrensdauern?

Wir haben eine sehr große Stichprobe als Basis unserer Maßzahlen, dennoch würden weitere Beobachtungen bewirken, dass sich die Werte – vermutlich nur leicht, aber dennoch – verändern. Eine völlig andere Stichprobe würde auch kaum genau die Werte unserer Stichprobe reproduzieren. Den Mittelwert der Stichprobe als Wahrheit, also als den Mittelwert der Grundgesamtheit auszugeben, wäre also entweder naiv oder überheblich.

Die Idee, die zur Anwendung kommt, ist analog der bei Konfidenzintervallen für Anteile (Abschnitt 4.5). Man ersetzt den einzelnen Wert (hier den Mittelwert) der Stichprobe durch ein Intervall, in dem vermutlich der unbekannte Mittelwert der Grundgesamtheit liegt. Das Resultat ist ein KONFIDENZINTERVALL FÜR DEN MITTELWERT, das durch die Angabe der Unter- und Obergrenze des Intervalls festgelegt ist.

Exkurs 6.3 Zentraler Grenzwertsatz

Es ist einfach, in der Wahrscheinlichkeitsrechnung zu zeigen, dass Mittelwerte aus einer normalverteilten Grundgesamtheit ebenfalls normalverteilt sind. Gemeint ist dabei Folgendes (ähnlich Anhang 4.8):

- Man zieht wiederholt Stichproben eines festgelegten Stichprobenumfangs.
- In jeder Stichprobe wird der Mittelwert bestimmt.
- Wenn der Vorgang oft (etwa 10000-mal) wiederholt wird, erhalten wir viele Mittelwerte.
- Die Verteilung dieser Werte kann z. B. in einem Histogramm dargestellt werden. Die Form des Histogramms wird sehr ähnlich der Glockenform der Normalverteilung sein.

In der grafischen Beschreibung der Verfahrensdauern haben wir aber eine schiefe und zweigipfelige Verteilung festgestellt. Zwar trifft das nur auf die Stichprobe zu, die Abweichungen von einer Normalverteilung sind aber so groß, dass wir auch für die Grundgesamtheit annehmen können, dass keine Normalverteilung vorliegt (für Tests Abschnitt 6.4). Was gilt für Mittelwerte aus solchen Grundgesamtheiten?

Hier hilft der ZENTRALE GRENZWERTSATZ:

Für große Zufallsstichproben sind die Mittelwerte approximativ normalverteilt.

Was bedeutet das?

- Die Aussage gilt für großes n, in mathematischer Formulierung noch abschreckender für $n \to \infty$. Simulationen zeigen, dass schon für moderates n ($n \geq 30$) die Abweichungen von der Normalverteilung nur mehr gering sind.
- Die approximative Normalverteilung ist unabhängig von der Ausgangsverteilung. Also auch schiefe, mehrgipfelige oder auch diskrete Verteilungen führen bei ausreichend großem n zu ungefährer Normalverteilung des Mittelwerts. In die Bestimmung des Konfidenzintervalls für Anteile (Abschnitt 4.5) ist auch der zentrale Grenzwertsatz eingeflossen.
- Der Gipfel in der Mittelwertsverteilung ist beim Mittelwert der Ausgangsverteilung.
- Die Varianz der Mittelwerte fällt mit dem Stichprobenumfang gemäß $\sigma_{\bar{x}} = \sigma/\sqrt{n}$.

Mit dem folgenden Plot sollen die eben besprochenen Punkte an Ausgangsverteilungen, die klar von der Normalverteilung abweichen, veranschaulicht werden. Die Ausgangsverteilungen (obere Zeile) sind:

- Gleichverteilung: eine zwar symmetrische Verteilung aber ohne klaren Gipfel
- U-förmige Verteilung: symmetrisch, aber zwei Gipfel, noch dazu an den Enden der Verteilung
- Schiefe Verteilung: nicht symmetrisch, Gipfel am linken Ende der Verteilung

Für die Simulation wurden jeweils 100 000 Mittelwerte berechnet und diese in Histogrammen zusammengefasst.

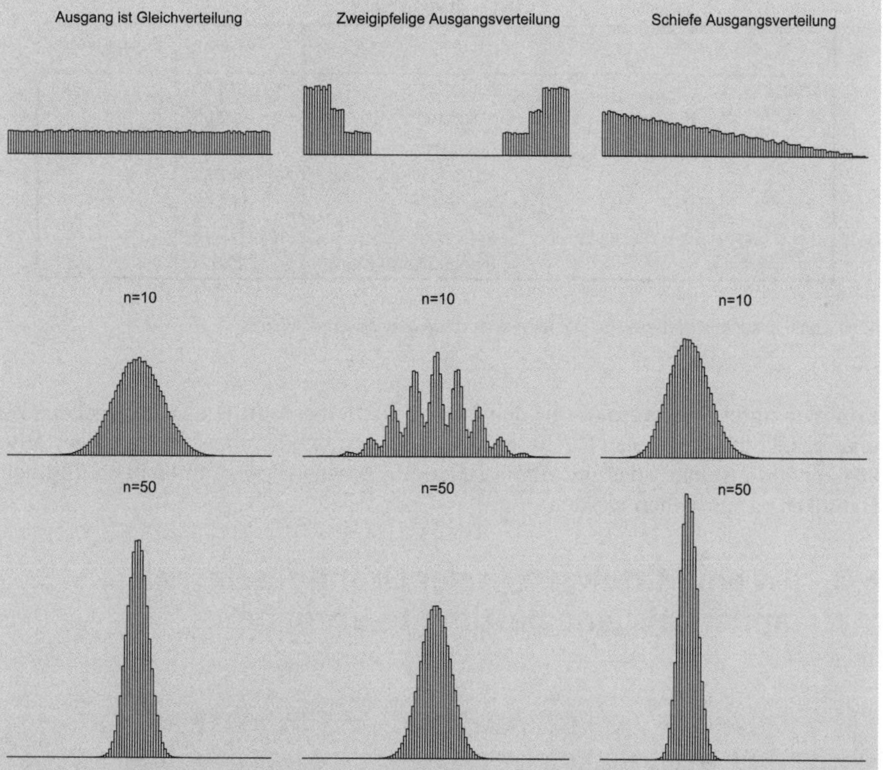

In der zweiten bzw. dritten Zeile sind die Verteilungen der Mittelwerte von jeweils 10 bzw. 50 Beobachtungen geplottet. Spätestens bei Mittelwerten aus 50 Beobachtungen liegt ungefähre Normalverteilung vor. Man erkennt auch, dass die Varianz der Mittelwerte mit zunehmendem Stichprobenumfang kleiner wird.

Sind die Daten normalverteilt oder kann, weil der Stichprobenumfang ausreichend groß ist, aufgrund des zentralen Grenzwertsatzes auf eine Normalverteilung des Stichprobenmittels geschlossen werden, können Konfidenzintervalle über die Normalverteilung berechnet werden.

Fallbeispiel 12: Interpretation des Konfidenzintervalls

Trotz schiefer Ausgangsverteilung können wir wegen des sehr großen Stichprobenumfanges der üblichen Berechnung für das Konfidenzintervall des Mittelwerts trauen.

Die Ausgabe der Maßzahlen (▶ Abbildung 6.8) enthält auch die Grenzen des Konfidenzintervalls, nämlich 893,05 und 936,65.

In diesem Bereich liegt vermutlich der Mittelwert der Verfahrensdauern **aller** Beschwerden an den VwGH.

Deskriptive Statistik

			Statistik	Standardfehler
dauer3		Mittelwert	914,85	11,118
	95% Konfidenzintervall des Mittelwerts	Untergrenze	893,05	
		Obergrenze	936,65	
		5% getrimmtes Mittel	887,65	
		Median	868,00	
		Varianz	462931,203	
		Standardabweichung	680,390	

Abbildung 6.8: Konfidenzintervall für den Mittelwert der VwGH-Verfahrensdauern

Konfidenzintervalle werden mit den Maßzahlen (Abschnitt 6.1.2) ausgegeben. Will man das Konfidenzniveau (Sicherheitsniveau) von den standardmäßig eingestellten 95% abändern, kann das im Menü Explorative Datenanalyse... unter dem Teilmenü Statistiken... angegeben werden.

6.3 Ist ein Mittelwert in der Grundgesamtheit anders als eine bestimmte Vorgabe?

Fallbeispiel 12: Verwaltungsgerichtshof (Fortsetzung)

Eine frühere Untersuchung über die VwGH-Entscheidungen der Jahre 1979 bis 1985 hat ergeben, dass in diesen Jahren die durchschnittliche Verfahrensdauer 1 Jahr und 3 Monate betragen hatte.

Dauern die Verfahren durchschnittlich länger als in den Jahren 1979 bis 1985?

In der Untersuchung der VwGH-Entscheidungen der Jahre 1979 bis 1985 wurden die Verfahrensdauern in Monaten, in unseren Daten über die Jahre 2000 bis 2004 in Tagen erhoben. Für den Vergleich mit unseren Daten müssen wir den Wert von einem Jahr und drei Monaten umrechnen, wir erhalten 456 Tage.

In den Boxplot (▶ Abbildung 6.9) ist der Vergleichswert 456 als Referenzlinie eingezeichnet.

Wenn die Daten selbst normalverteilt sind oder der zentrale Grenzwertsatz argumentieren lässt, dass für den Mittelwert eine Normalverteilung vorliegt, kann der Ein-Stichproben-t-Test zur Untersuchung der Fragestellung eingesetzt werden. Wie beim Anteilstest (Abschnitt 4.4) können zwei- oder einseitige Alternativhypothesen überprüft werden.

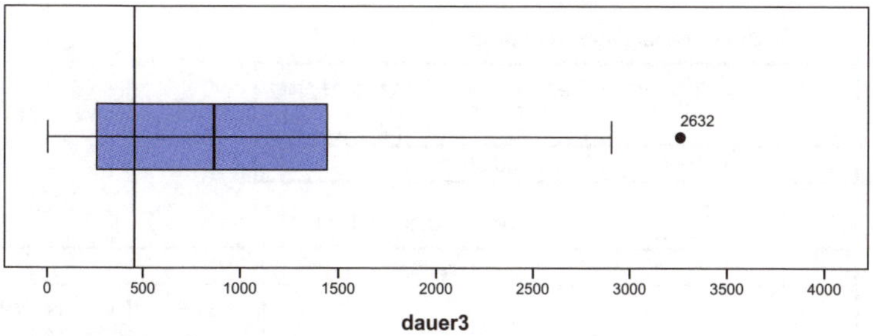

Abbildung 6.9: Boxplot der VwGH-Verfahrensdauern mit Vergleichswert

Ein-Stichproben-t-Test eines Mittelwerts

Nullhypothese H_0: $\mu = \mu_0$

Alternativhypothese H_A: $\mu \neq \mu_0$ oder $\mu > \mu_0$ oder $\mu < \mu_0$

$$t = \frac{\bar{x} - \mu_0}{s}\sqrt{n} \qquad (6.1)$$

- μ ... der unbekannte Mittelwert der Grundgesamtheit (hier aller VwGH-Entscheidungen)
- μ_0 ... der Wert, den wir kennen (oder den wir festlegen) und gegen den wir prüfen wollen, in unserem Beispiel ist er 456.
- $\bar{x}$ ... Mittelwert der Stichprobe
- n ... Stichprobenumfang
- s ... Standardabweichung in der Stichprobe
- Die Teststatistik t folgt unter H_0 einer t-Verteilung.
- Die Fragestellung, ob die Verfahren länger dauern, entspricht der Alternativhypothese $H_A : \mu > 456$.

Fallbeispiel 12: Interpretation des Mittelwerttests

Das Testergebnis (▶ Abbildung 6.10) enthält im ersten Block eine Beschreibung der Variablen, die getestet werden soll; unter anderem ist auch der Stichprobenmittelwert mit 914,85 angeführt.

Im zweiten Block ist das eigentliche Testergebnis enthalten. Mit Testwert = 456 ist der Wert, gegen den die Stichprobe getestet werden soll, angegeben.

Neben dem Wert der Teststatistik (41,271), die einer t-Verteilung mit $n - 1 = 3744$ Freiheitsgraden folgt, ist unter Sig. (2-seitig) der p-Wert mit 0,000 angegeben.

Der p-Wert gilt für den zweiseitigen Test ($H_A : \mu \neq 456$), wie groß ist dieser für den einseitigen ($H_A : \mu > 456$) Test? Der Stichprobenmittelwert (914,85) deutet in die Richtung der Alternativhypothese. Der p-Wert des einseitigen Tests ist daher die Hälfte des zweiseitigen p-Werts, also ebenfalls sehr klein. Die Nullhypothese wird somit verworfen, die Alternativhypothese angenommen.

Inhaltlich bestätigt das Testergebnis die Vermutung, die man aufgrund der Stichprobe schon gewonnen hat: Der Mittelwert ist ziemlich genau das Doppelte

Statistik bei einer Stichprobe

	N	Mittelwert	Standardabweichung	Standardfehler des Mittelwertes
dauer3	3745	914,85	680,390	11,118

Test bei einer Sichprobe

	Testwert = 456					
					95% Konfidenzintervall der Differenz	
	T	df	Sig. (2-seitig)	Mittlere Differenz	Untere	Obere
dauer3	41,271	3744	,000	458,853	437,05	480,65

Abbildung 6.10: Test für den Mittelwert der VwGH-Verfahrensdauern

des Werts für den Zeitraum 1979 bis 1985. Die Verfahren dauern durchschnittlich länger.

Juristen führen die längeren Verfahrensdauern auf die größere Anzahl von Beschwerden, die vor den VwGH gebracht werden, zurück.

In SPSS fordert man diesen Test wie folgt an:

SPSS

Analysieren

Mittelwerte vergleichen

T-Test bei einer Stichprobe...

Variable (hier `dauer3`*)* ➡ Testvariable(n)

unter Testwert *den Wert der Nullhypothese angeben (hier 456)*

OK

6.4 Folgt eine metrische Variable einer bestimmten Verteilung?

Fallbeispiel 13: Golf: US-Masters in Augusta 2008

Datenfile: `augusta2008.sav`

Eines der traditionsreichen Turniere im Golf ist das US-Masters in Augusta, das auf dem sehr berühmten Platz des Augusta National Golf Club gespielt wird.

Dieser 18-Loch-Platz hat Bahnen unterschiedlichen Schwierigkeitsgrades; für manche Bahnen werden von einem guten Spieler drei Schläge, für die meisten vier Schläge und für einige schwierig zu spielende Bahnen fünf Schläge bis zum Einlochen erwartet. Der Platz ist so angelegt, dass der Sollwert für eine Runde (also alle 18 Bahnen) bei 72 Schlägen liegt.

Nach zwei Spielrunden scheiden die schlechter platzierten Spieler aus, die anderen spielen weitere zwei Runden. Im Datenfile sind die Ergebnisse des Masters aus dem Jahr 2008 enthalten, nämlich für jede der vier Runden. Sieger wurde Trevor Immelman, drei Schläge – also recht deutlich – vor Tiger Woods.

Ein Rundenergebnis setzt sich aus 18 Teilergebnissen auf den einzelnen Bahnen zusammen. Solche Summen aus Einzelergebnissen lassen sich oft durch Normalverteilungen beschreiben. So auch die Ergebnisse früherer US-Masters.

Sind die benötigten Schläge für eine Runde normalverteilt?

Wir werden uns auf die Daten der ersten Runde stürzen, ein Übungsbeispiel befasst sich mit der letzten Runde.

Eine Möglichkeit einer grafischen Überprüfung bietet ein Histogramm. Zwar sind nur ganze Zahlen denkbar (die Rundenergebnisse sind diskret), aber ein Histogramm gibt einen besseren Eindruck einer Verteilung einer metrischen Variablen als ein Balkendiagramm, das Platz zwischen den Balken lässt.

In SPSS gibt es die Option, in das Histogramm eine Normalverteilungskurve (▶ Abbildung 6.11) einzeichnen zu lassen. Im Histogramm-Menü kann das Einzeichnen der Normalverteilungskurve in den Elementeigenschaften durch einfaches Markieren angefordert werden.

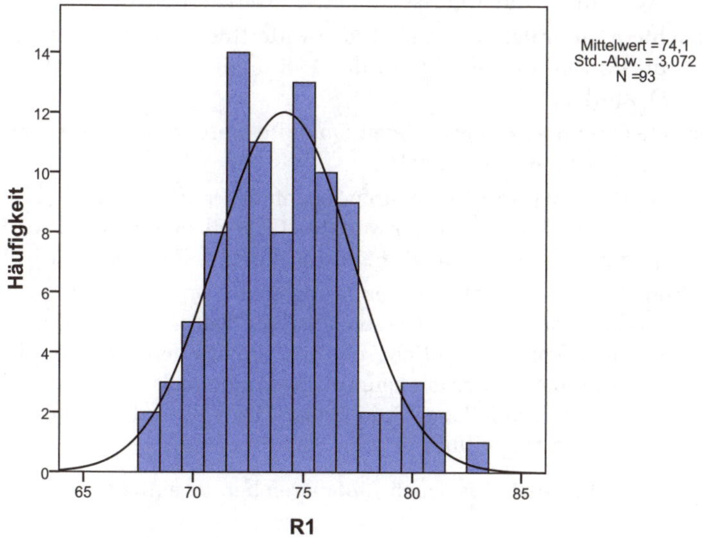

Abbildung 6.11: Histogramm der Golfdaten mit Normalverteilungskurve

Das Histogramm selbst weist zwei Gipfel, nämlich bei 72 und 75 Schlägen auf. Das kann in Stichproben auftreten und spricht noch nicht gegen eine Normalverteilung. Für die eingezeichnete Normalverteilung werden die Werte der Stichprobe, also Mittelwert 74,1 und Standardabweichung 3,072, als Parameter genommen.

Die Unterschiede zwischen Histogramm und eingezeichneter Kurve sind nicht groß.

Gründe dafür, auch andere Methoden anzuwenden sind:

- Nicht immer ist die Stichprobe so groß, dass ein Histogramm sinnvoll erstellt werden kann.
- Am häufigsten wird die Frage nach einer Normalverteilung gestellt. Vergleiche gegen andere Verteilungen kommen aber auch vor.
- Ein Histogramm mit Normalverteilungskurve gibt einen grafischen Überblick darüber, wie die Daten verteilt und ob sie normalverteilt sind. Es fehlt aber ein Test, der uns zu einer Entscheidung führt.

6.4.1 Q-Q-Plot

Auch bei geringem Stichprobenumfang und für viele Verteilungen kann in SPSS ein Q-Q-PLOT (Quantil-Quantil-Plot) erstellt werden.

Elemente des Q-Q-Plots

Testverteilung: Von der zu testenden Verteilung wird meist nur die allgemeine Form angegeben. Nicht alle Parameterwerte werden spezifiziert, sondern aus der Stichprobe geschätzt. Im Beispiel der Golfdaten kann etwa nur Normalverteilung angegeben werden, die Werte für μ und σ müssen nicht konkretisiert werden.

Beobachtete Quantile: Die Stichprobenwerte (hier von 93 Teilnehmern die Anzahl der Schläge in der 1. Runde) sind die beobachteten Quantile.

Erwartete Quantile: Die erwarteten Quantile werden aus der zu testenden Verteilung berechnet.

Q-Q-Plot: Der Plot selbst ist ein Streudiagramm. Pro Beobachtung bestimmen beobachtetes und erwartetes Quantil einen Punkt im Diagramm. Als Vergleich wird eine 45°-Gerade eingezeichnet.

Idealbild: Für die zu testende Verteilung spricht im Idealfall, dass die Punkte exakt auf der Geraden liegen. Natürlich ist so ein Bild in einer konkreten Stichprobe nie anzutreffen, leichte Abweichungen davon werden kaum Argwohn erwecken. Systematische Abweichungen fallen auf und bieten Hinweise auf Abweichungen von der Testverteilung.

Der von SPSS erstellte Output ist noch umfangreicher, er enthält noch zwei Blöcke und einen Plot:

- Modellbeschreibung: gewählte Einstellungen
- Zusammenfassung der Fallbearbeitung: Angabe über Anzahl Beobachtungen und fehlende Werte
- Trendbereinigter Q-Q-Plot: ist nur bei Zeitreihen sinnvoll

Aus Platzgründen haben wir auf deren Wiedergabe und Beschreibung verzichtet.

Fallbeispiel 13: Interpretation des Q-Q-Plots

In ▶ Abbildung 6.12 sind die geschätzten Parameter für die ausgewählte Normalverteilung angeführt. Unter **Lage** steht der Mittelwert (74,1) und unter dem etwas missverständlichen Begriff **Skala** die Standardabweichung (3,072) für die ausgewählte Normalverteilung.

Der Q-Q-Plot (▶ Abbildung 6.13) hat als x-Achse die beobachteten Quantile (also die benötigten Schläge), als y-Achse aus der Normalverteilung errechnete Quantile. Fast alle beobachteten Werte sind mehrfach vorgekommen; der im Plot eingezeichnete y-Wert ist der Mittelwert aller erwarteten Quantile. Über eine andere Menüwahl (in **Zugewiesener Rang bei Rangbindungen** mit der Wahl **Bindungen willkürlich lösen**) hätte man pro Beobachtung einen eigenen Punkt im Plot anfordern können.

Die Abweichungen von der mit eingezeichneten 45°-Geraden sind nicht sehr groß.

Es gibt also kaum Grund, an der Normalverteilung der benötigten Schläge für Runde 1 in Augusta 2008 zu zweifeln.

In SPSS kann seit Version 17 im Q-Q-Plot-Menü unter mehr als zehn Verteilungsfamilien eine Auswahl erfolgen.

SPSS

Analysieren
  Deskriptive Statistiken
    Q-Q-Diagramme...
      Testvariable (hier R1*)* [➡] **Variablen:**
      unter **Testverteilung** *gewünschte Verteilung auswählen*
      unter **Verteilungsparameter** *ev. eigene Parameterwahl treffen*
      [OK]

Geschätzte Verteilungsparameter

		R1
Normalverteilung	Lage	74,10
	Skala	3,072

Abbildung 6.12: Maßzahlen der Golfdaten

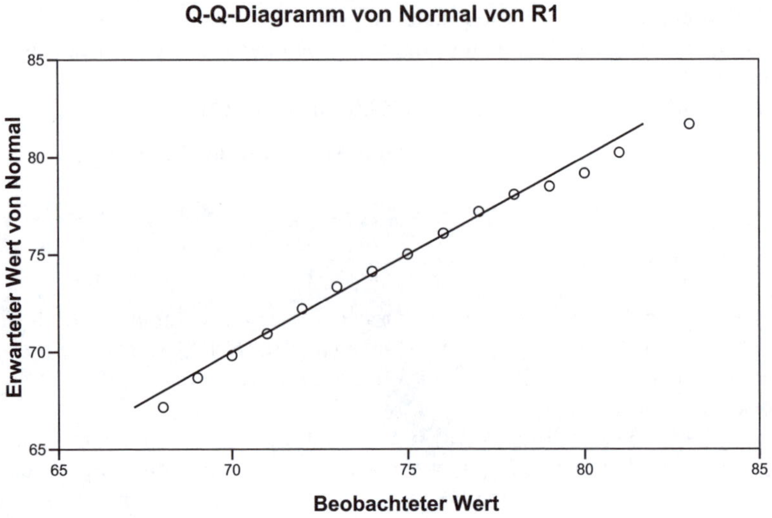

Abbildung 6.13: Q-Q-Plot der Golfdaten

In SPSS stehen auch sog. P-P-Plots (Probability-Probability-Plots) zur Auswahl (unter Deskriptive Statistik). Das Menü dazu ist ident zu dem für Q-Q-Plots und auch der ausgegebene Plot ist auf den ersten Blick ähnlich einem Q-Q-Plot. Allerdings sind die Punkte nicht durch beobachtete und erwartete Quantile, sondern durch beobachtete und erwartete Wahrscheinlichkeiten bestimmt. Wenn Punkte stark von der eingezeichneten 45°-Geraden abweichen, ist die Identifikation der zu diesen Punkten gehörenden Beobachtungen weit schwieriger als bei Q-Q-Plots.

6.4.2 Kolmogorov-Smirnov-Test

Mit Q-Q-Plots gewinnen wir grafisch einen Eindruck, ob die Stichprobe einer vermuteten Verteilung folgt. Mit dem KOLMOGOROV-SMIRNOV-TEST können wir die möglicherweise etwas subjektiven Vermutungen mit dem Arsenal der Testtheorie überprüfen. In der Nullhypothese wird eine bestimmte Verteilungsfamilie unterstellt. Der Test basiert rechnerisch auf dem Vergleich der empirischen Verteilungsfunktion (in Häufigkeitstabellen durch die Spalte **Kumulierte Prozente** gegeben) mit der theoretischen Verteilungsfunktion. Die größte Differenz zwischen den beiden wird untersucht und wird im Output ausgewiesen.

Übersicht über Hypothesentest

	Nullhypothese	Test	Sig.	Entscheidung
1	Die Verteilung von R1 ist normal mit Mittelwert 74,10 und Standardabweichung 3,07.	Kolmogorov-Smirnov-Test einer Stichprobe	,290	Nullhypothese behalten.

Asymptotische Signifikanzen werden angezeigt. Das Signifikanzniveau ist ,05.

Abbildung 6.14: Golf: Kolmogorov-Smirnov-Test

Die Kurzzusammenfassung des Testergebnisses erscheint im Ausgabefenster. Ein Doppelklick darauf (▶ Abbildung 6.14) öffnet die **Modellanzeige** des Tests. In einem eigenen Fenster (▶ Abbildung 6.15) taucht darin ein Histogramm mit eingezeichneter Normalverteilungskurve – die Parameter wurden aus den Daten geschätzt – auf. Danach folgen numerische Angaben zum Test.

Kolmogorov-Smirnov-Test einer Stichprobe

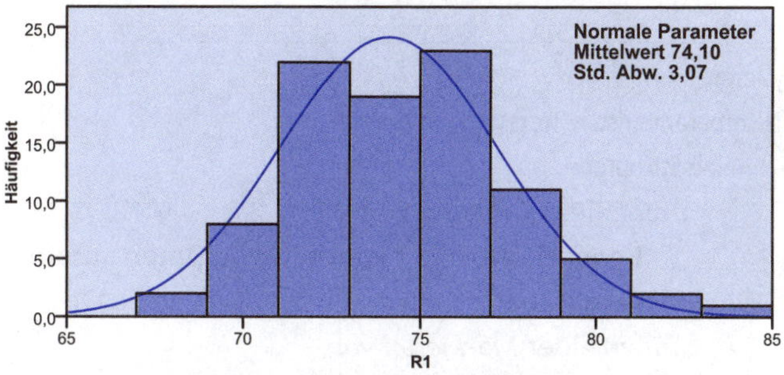

Gesamtanzahl		93
Extremste Differenzen	**Absolut**	,102
	Positiv	,102
	Negativ	-,067
Teststatistik		,982
Asymptotische Sig. (zweiseitiger Test)		,290

Abbildung 6.15: Golf: Zusatzansicht zum Kolmogorov-Smirnov-Test

Fallbeispiel 13: Interpretation des Kolmogorov-Smirnov-Tests

Die Kurzversion des Tests (▶ Abbildung 6.14) enthält die Angabe über die geschätzten Werte für Mittelwert und Standardabweichung, 74,10 und 3,07. Dann folgt der p-Wert des Tests. Dieser ist mit 0,290 größer als das Signifikanzniveau (0,05). Die Nullhypothese (Normalverteilung) wird beibehalten.

Aus der Zusatzinformation (▶ Abbildung 6.15) kann man zusätzlich die Extremwerte der Differenz zwischen hypothetischer und beobachteter Verteilungsfunktion (–0,067 und 0,102) und den Wert der Teststatistik (0,982) erfahren.

Wie schon der Q-Q-Plot vermuten ließ, gibt es keinen ausreichenden Grund, die Normalverteilung als Verteilung für die Anzahl Schläge für eine Runde auszuschließen.

Über die folgenden Schritte fordert man einen Kolmogorov-Smirnov-Test an:

SPSS

Analysieren
Nichtparametrische Tests
Eine Stichprobe...
unter Ziel *Markieren von*
Beobachtete und hypothetische Daten automatisch vergleichen
unter Felder *Markieren von*
Benutzerdefinierte Feldzuweisungen verwenden
passende Variablen ➡ Testfelder
hier: R1
[Ausführen]

Im SPSS-Menü für den Kolmogorov-Smirnov-Test können unter Einstellungen weitere Verteilungen überprüft werden, die Auswahl ist aber geringer als bei Q-Q-Plots:

- Normalverteilung: die mit Abstand häufigste Verteilungsannahme für diesen Test. Aus den Daten werden Mittelwert und Standardabweichung geschätzt.
- Gleichverteilung: Minimum und Maximum werden aus den Daten bestimmt. Zwischen diesen Extrema sollen die Werte gleichmäßig verteilt sein.
- Poissonverteilung: Verteilung für „seltene Ereignisse", nur ganzzahlige, nichtnegative Werte sind möglich. Der Mittelwert der Daten ergibt den Parameter für die Poissonverteilung.
- Exponentialverteilung: eine einfache Wartezeitverteilung, nur nichtnegative Werte sind möglich.

6.4.3 Anpassungstest mit χ^2-Verteilung

Fallbeispiel 13: Golf: US-Masters (Fortsetzung)

In früheren Jahren hat eine Normalverteilung mit Mittelwert 73 und Standardabweichung 3 die Rundenergebnisse der Teilnehmer sehr gut beschrieben.

Haben die Teilnehmer im Jahr 2008 so wie in den Jahren davor gespielt?

Mit dem Kolomogorov-Smirnov-Test ist es in SPSS möglich, die Verteilung der Daten gegen eine Verteilung aus einer von vier Verteilungsfamilien, etwa die Normalverteilung, zu testen. Für die gewünschte Verteilung können passende Parameterwerte (etwa Mittelwert und Standardabweichung bei der Normalverteilung) aus der Stichprobe geschätzt werden. Es können aber auch selbst gewählte Parameterwerte vorgegeben werden.

Eine Testmöglichkeit für den Fall beliebiger Verteilungen besteht in der Anwendung des χ^2-TESTS AUF EINE VORGEGEBENE VERTEILUNG (Abschnitt 4.3.2). Dieser Test ist eigentlich zur Anwendung auf eine kategoriale Variable bestimmt. Um eine metrische Variable zu testen, ist das folgende Arbeitsschema hilfreich:

1. Klassifizierung der metrischen Variablen
2. Berechnen der Wahrscheinlichkeiten für die einzelnen Klassen unter der Annahme, dass die zu testende Verteilung vorliegt
3. Durchführung des χ^2-Tests für vorgegebene Wahrscheinlichkeiten

Für das Golfbeispiel mit den benötigten Schlägen in der ersten Runde bedeutet es:

1. Einteilung der Rundenergebnisse in Klassen. Die Klasseneinteilung muss aufgrund der unterstellten Verteilung, nicht der beobachteten Verteilung, erfolgen. Zu beachten ist dabei, dass die Klassen ausreichend hohe erwartete Häufigkeiten aufweisen.

   Hier wählen wir sechs Klassen:

   bis 68, 69–71, 72–73, 74–75, 76–77 und ab 78.

   Die Klassenzugehörigkeit der Beobachtung wird gespeichert (unter Transformieren geht das leicht etwa durch Umkodieren in andere Variablen... oder Visuelles Klassieren...).
2. Berechnen der Wahrscheinlichkeiten für die einzelnen Klassen unter der Annahme, dass eine $N(73{,}3^2)$ vorliegt. Das erfordert Rechenarbeit mit der Normalverteilung und den Klassengrenzen 68,5 (nicht 68 und/oder 69), 71,5 etc.

   Hier gelangt man zu den Wahrscheinlichkeiten:

   6,7%, 24,2%, 25,8%, 23,1%, 13,5%, 6,7%
3. Durchführung des χ^2-Tests für die Variable mit den Klassenzugehörigkeiten und den berechneten Wahrscheinlichkeiten (wie im Kapitel 4 mittels Nichtparametrische Tests und Chi-Quadrat...)

Fallbeispiel 13: Interpretation des Q-Q-Plots und χ^2-Tests

Im Q-Q-Plot (▸ Abbildung 6.16) liegen alle Punkte unterhalb der 45°-Geraden. Es sind somit die beobachteten Schläge in der ersten Runde über den (unter der Annahme $N(73{,}3^2)$) erwarteten Schlägen. Ein Grund ist sicher in der schlechten Witterung zu suchen, die das Training stark behindert und auch Teile des eigentlichen Turniers beeinflusst hat.

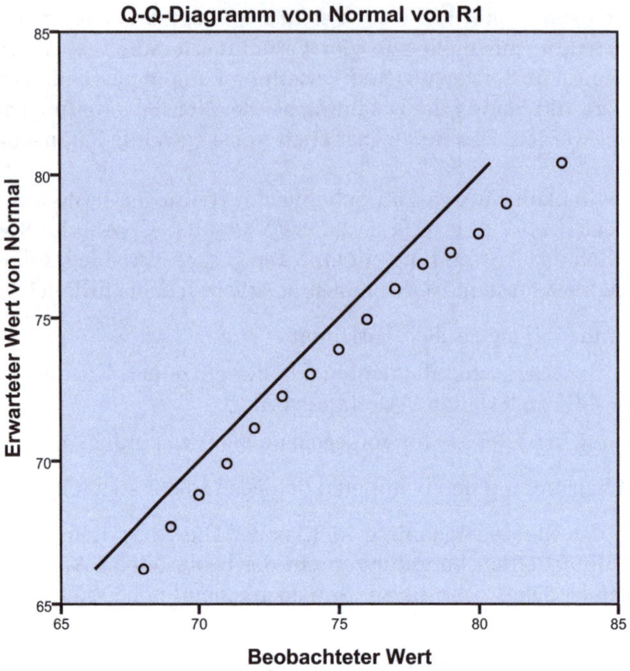

Abbildung 6.16: Golf: Q-Q-Plot der Erstrundendaten unter $N(73,3^2)$

Vom Test-Output präsentieren wir nur die in der Zusatzansicht (▶ Abbildung 6.17) mit den ausführlicheren Angaben zum Test. In einem gruppierten Balkendiagramm sind einander beobachtete und erwartete Häufigkeiten für die sechs Klassen gegenübergestellt. Die ersten zwei Klassen – sie stehen für wenig benötigte Schläge in der ersten Runde – sind in der Stichprobe unterrepräsentiert.

Im zweiten Teil ist das eigentliche Testergebnis enthalten: Das Pearson-X^2 beträgt 10,395 (in der Zeile Teststatistik), bei fünf Freiheitsgraden führt das zu einem p-Wert von 0,065 (unter Asymptotische Sig.).

Das Ergebnis ist somit nicht signifikant, die Nullhypothese wird beibehalten.

Obwohl der Q-Q-Plot die Vermutung nährt, dass die Normalverteilung $N(73,3^2)$ den Daten nicht gerecht wird, erhalten wir vom Anpassungstest keine ausreichende Bestätigung.

Aus dem Ergebnis dürfen wir nicht ableiten, dass die spezielle Normalverteilung $N(73,3^2)$ eine gute Beschreibung der Daten ist. Ein nicht signifikantes Ergebnis – schon gar nicht eines mit so niedrigem p-Wert – ist nie eine empirische Bestätigung der Nullhypothese. Es besagt nur, dass die Daten zu wenig für die Alternativhypothese und somit zu wenig gegen die Nullhypothese sprechen, um die Alternativhypothese ausreichend zu unterstützen.

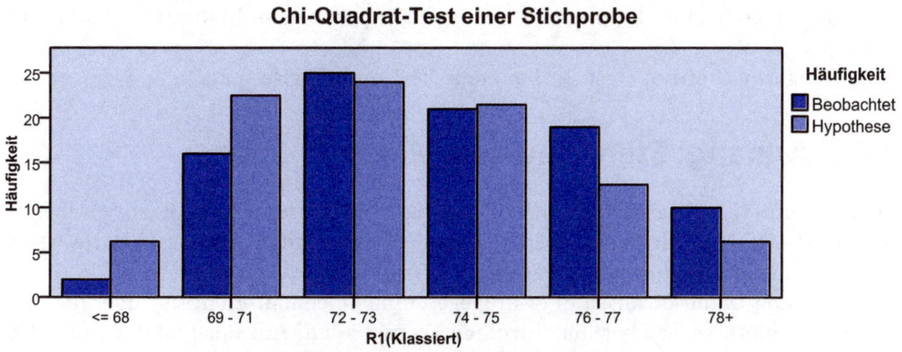

Gesamtanzahl	93
Teststatistik	10,395
Freiheitsgrade	5
Asymptotische Sig. (zweiseitiger Test)	,065

1. Es sind 0 Zellen (0%) mit erwarteten Werten kleiner als 5 vorhanden. Der kleinste erwartete Wert ist 6,231.

Abbildung 6.17: Golf: Chi-Quadrat-Test für erste Runde (in Klassen)

6.5 Zusammenfassung der Konzepte

Um die Verteilung einer metrischen Variablen grafisch zu beschreiben, werden hauptsächlich Histogramme eingesetzt. Die numerische Beschreibung in Tabellen wird leicht unübersichtlich, eine Zusammenfassung auf einzelne Werte führt zu Lage- und Streuungsmaßen. Im Boxplot sind mehrere solcher Maße enthalten.

Schlüsse auf die Grundgesamtheit führen zu Konfidenzintervallen und Tests für den Mittelwert.

Zur Überprüfung, ob eine bestimmte Verteilung angenommen werden kann, stehen Q-Q-Plots und Kolmogorov-Smirnov-Tests zur Verfügung.

- Verteilung: Angaben dazu, wie stark die Daten in verschiedenen Bereichen vertreten sind
- Histogramm: grafische Darstellung der Verteilung einer metrischen Variablen
- Boxplot: grafische Darstellung der größenmäßigen Einteilung in Viertel
- Lagemaße: Kennzahlen, die das Zentrum der Daten angeben sollen.
- Streuungsmaße: Kennzahlen, die angeben sollen, wie stark die Daten variieren
- Ausreißer: Beobachtungen, die sich stark von den meisten anderen unterscheiden
- Konfidenzintervall für den Mittelwert: Angabe eines Intervalls, in dem der Mittelwert der Grundgesamtheit vermutlich liegt
- Ein-Stichproben t-Test: Test, ob der Mittelwert in einer Stichprobe sehr stark von einem vorgegebenen Wert abweicht

- Q-Q-Plot: grafische Überprüfung, ob eine Stichprobe einer bestimmten Verteilung folgt
- Kolmogorov-Smirnov-Test: Test auf eine bestimmte Verteilung

6.6 Anhang: Stem-and-Leaf-Plot

Im Abschnitt über Maßzahlen haben wir den standardmäßig mit ausgegebenen Stem-and-Leaf-Plot nicht besprochen. Der dort verwendete Datensatz der VwGH-Verfahrensdauern ist für die Vorzüge dieser Darstellung zu umfangreich.

Bei kleinen Datensätzen kann er hingegen eine Übersicht nicht nur über die Verteilung, sondern sogar über die einzelnen Werte bieten. Am Beispiel der Golfdaten (`augusta2008.sav`) sei dies demonstriert. Wir beschränken uns auf die nach den ersten zwei Runden besten 45 Spieler, die den Cut geschafft haben. In `Strokes` sind die für alle vier Runden benötigten Schläge enthalten. Der Stem-and-Leaf-Plot hat folgendes Aussehen:

Strokes

```
Strokes Stem-and-Leaf Plot

 Frequency    Stem &  Leaf

     1,00 Extremes     (=<280)
     3,00       28 .  344
    12,00       28 .  666777888999
    19,00       29 .  0001111122222222333
     8,00       29 .  55566899
     1,00       30 .  0
     1,00 Extremes     (>=302)

 Stem width:      10
 Each leaf:        1 case(s)
```

Die einzelnen Zahlen des Datensatzes werden in einen Stamm (Stem) und ein Blatt (Leaf) aufgeteilt. So wird etwa das Ergebnis eines Spielers mit 295 Schlägen in einen Stamm 290 und ein Blatt 5 aufgeteilt.

Was können wir aus dem Plot ablesen?

- Unter `Stem` sind die Eintragungen `Extremes`, 28, 29 und 30 zu finden. Die Stammweite (Stem width) von 10 sagt, dass die angezeigten Stämme 28 bis 30 mit jeweils 10 zu multiplizieren sind und somit für die eigentlichen Stämme 280, 290 und 300 stehen.
  Die Stämme 280 und 290 treten zweimal auf. Je einmal für die niedrigen Werte 280–284 (bzw. 290–294) und einmal für die hohen Werte 285–289 (bzw. 295–299). Unter `Extremes` stehen die als Ausreißer erkannten Beobachtungen; hier also ein unterer Ausreißer 280 und ein oberer Ausreißer 302.
- Die einzelnen Werte des Datensatzes könnte man rekonstruieren, indem man Stamm und Blatt der einzelnen Beobachtungen zusammenführt. Wenn wir also mit der niedrigen 280er Klasse beginnen, gibt es einen Wert 283 und zwei Werte mit 284.
- Die Werte liegen also in sortierter Reihenfolge vor. Es ist leicht, etwa den viertkleinsten Wert (284) zu bestimmen.

- Unter `Frequency` stehen die Häufigkeiten für die einzelnen Klassen. So besagt die Angabe von 19 bei der häufigsten Klasse, dass insgesamt 19 Spieler zwischen 290 und 293 für alle vier Runden benötigten.
- Der Stem-and-Leaf-Plot ist ein um 90 Grad gedrehtes Histogramm.

Stem-and-Leaf-Plots boten die Möglichkeit einer grafischen Darstellung einer Verteilung schon zu Zeiten, als für Drucker kaum mehr als der Zeichensatz einer Schreibmaschine verfügbar war. Daher haben diese Plots etwas Verstaubtes an sich. Für kleine Datensätze sind sie aber sehr sinnvoll einsetzbar.

Bei großen Datensätzen werden mehrere Werte in einem Blatt zusammengefasst. Dass dies beim Golfdatensatz nicht der Fall ist, erkennen wir aus:

Each leaf: 1 case(s).

In SPSS ist der Stem-and-Leaf-Plot unter dem schrecklichen Begriff Stengel-Blatt anzufordern:

SPSS

Analysieren
  Deskriptive Statistiken
    Explorative Datenanalyse...
      Variable (hier `Strokes`*)* ➡ Abhängige Variable
      unter Diagramme... Stengel-Blatt *markieren*
      [Weiter]
      [OK]

Möglicherweise kommt der Plot schlecht formatiert an (leider ist es im Vergleich zu frühen Versionen von SPSS eine Verschlechterung eingetreten). Durch Editieren des Plots kann dieses Manko schnell behoben werden. Nach einem Doppelklick auf den Plot und Markieren des gesamten Bereiches kann über Format und Schriftart... eine Nichtproportionalschriftart (z. B.: DialogInput) ausgewählt werden.

6.7 Übungen

1. Alter bei Amtsantritt der US-Präsidenten

Im Datenfile `us-president.sav` ist das Alter der US-Präsidenten bei Amtsantritt angegeben.

- Beschreiben Sie den Datensatz mit Histogramm, Boxplot und Maßzahlen!

2. VwGH-Daten: Verfahrensdauer in der ersten Instanz

In diesem Kapitel haben wir schon festgestellt, dass die Verfahren vor dem VwGH (2. Berufungsinstanz) im Vergleich zur Situation von vor 20 Jahren länger dauern. Im Datenfile `vwgh.sav` ist auch die Länge des Verfahrens in der ersten Berufungsinstanz angegeben (`dauer2`).

- Dauern auch die Verfahren in der 1. Instanz länger als vor 20 Jahren, als sie im Schnitt 2 Jahre und 7 Monate dauerten?
- Ist das Ergebnis nur deshalb signifikant, weil nicht wenige Ausreißerwerte vorliegen?

3. US-Masters 2008: Runde 4

- Beschreiben Sie die Ergebnisse der vierten Runde im US-Masters in Augusta 2008 (Variable `R4` im Datenfile `augusta2008.sav`).
- In welchem Intervall würde man aufgrund dieser Stichprobe die notwendigen Schläge für eine Runde annehmen?

4. US-Masters 2008: Runde 4

Für die Beschreibung des Q-Q-Plots und des Kolmogorov-Smirnov-Tests haben wir die Schläge für die erste Runde der Teilnehmer am US-Open in Augusta 2008 verwendet (Variable `R1` im Datenfile `augusta2008.sav`).

- Führen Sie die analogen Untersuchungen für die vierte Runde (varnameR4) durch!

Die Datendateien sowie Lösungen finden Sie auf der Webseite des Verlags.

Mehrere metrische Variablen

7

ÜBERBLICK

Zunächst wird die Stärke des Zusammenhangs zwischen zwei metrischen Variablen beschrieben. Im Rahmen der linearen Regression werden wir die konkrete Form eines linearen Zusammenhangs ermitteln und daraus Prognosen ableiten. Die Erweiterung auf mehrere erklärende Variablen führt zur multiplen linearen Regression und gestattet auch die Einbindung kategorialer erklärender Variablen.

Unterschiede zwischen zwei Variablen, meist ist es eine Variable zu zwei Zeitpunkten erhoben, führen zu Tests für verbundene Stichproben.

7.1 Wie stark ist der Zusammenhang zwischen zwei metrischen Variablen?

Fallbeispiel 14: Selbstmord mit Schusswaffen

Datenfile: `suizid.sav`

In einem Bericht über Selbstmorde mit Schusswaffen wird auf die verfügbaren Waffen Bezug genommen (Etzersdorfer et al., 2006). Für die einzelnen österreichischen Bundesländer wurden die Selbstmordraten mit Schusswaffen und die Waffenlizenzen (bezogen jeweils auf 100 000 Einwohner und gemittelt für die Jahre 1990 bis 2000) aufgelistet.

Bundesland	Waffenlizenzen	Schusswaffen-SM
Burgenland	2028	4,5
Kärnten	1451	4,1
Niederösterreich	1627	4,3
Oberösterreich	1028	3,4
Salzburg	1413	3,9
Steiermark	1647	4,6
Tirol	925	2,4
Voraralberg	780	2,0
Wien	1206	4,0

Gibt es einen Zusammenhang zwischen der Anzahl an Waffenlizenzen und an Selbstmorden mit Schusswaffen?

7.1.1 Grafische Beschreibung

Zur grafischen Beschreibung der Daten werden STREUDIAGRAMME erstellt. Bei diesen bestimmen die Werte einer Variablen die x-Koordinaten, die Werte der anderen

Variablen die y-Koordinaten der Punkte. In ▶ Abbildung 7.1 wurden die Waffenlizenzen für die x-Achse und die Schusswaffenselbstmorde für die y-Achse gewählt.

Zusätzlich wurden die Punkte mit den Bundesländernamen beschriftet. Punktbeschriftungen bei allen Datenpunkten sind nur bei kleinen Stichproben sinnvoll.

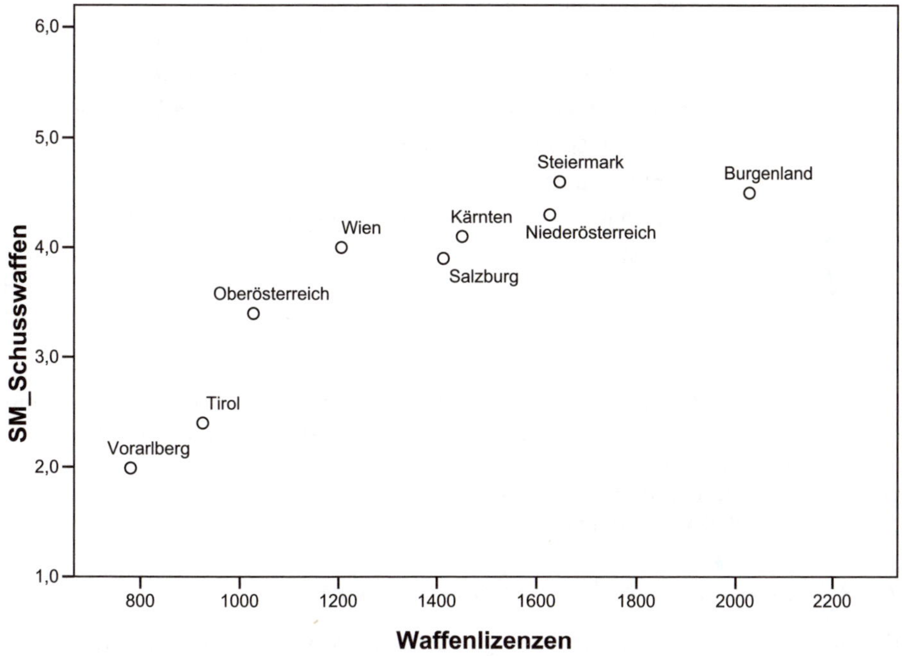

Abbildung 7.1: Streudiagramm der Schusswaffensuizide

Das Streudiagramm vermittelt den Eindruck, dass in Bundesländern mit relativ vielen Waffenlizenzen auch relativ viele Selbstmorde mit Schusswaffen ausgeführt werden. Diese Beziehung gilt zwar nicht unbedingt für jeden Vergleich von zwei Bundesländern; für den Großteil solcher Vergleiche trifft diese **je größer desto größer**-Beziehung zu.

Zu Streudiagrammen kommt man in SPSS mit:

SPSS

Diagramme
Diagrammerstellung...
in Galerie *auswählen von* Streu-/Punktdiagramm
Doppelklick auf das Galeriediagramm [Einfaches Streudiagramm]
(die Vorschau erscheint in der Zeichenfläche)
Variable `Waffenlizenzen` *in das Feld* X-Achse? *ziehen*
Variable `SM_Schusswaffen` *in das Feld* Y-Achse? *ziehen*
nach Wunsch kann eine Punktbeschriftung miterstellt werden:
Klick auf Gruppen/Punkt-ID
Punkt-ID-Beschriftung *markieren*
Variable `Bundesland` *in das Feld* Punktbeschriftungsvari... *ziehen*
[OK]

HINWEIS

Die Analysemethoden dieses Kapitels sind nicht robust gegen Ausreißer. Einzelne oder einige wenige Beobachtungen, die deutlich vom Muster der anderen Beobachtungen abweichen, können Ergebnisse stark beeinflussen. Ein Blick auf ein Streudiagramm kann dazu beitragen, Ausreißer zu identifizieren, und sollte immer vor dem Aufruf von Analyseverfahren erfolgen.

7.1.2 Korrelationskoeffizient nach Pearson

Ein Streudiagramm vermittelt einen guten Eindruck von der Art und der Stärke des Zusammenhangs zweier Variablen. Dem Wunsch, diesen Zusammenhang auch numerisch zu beschreiben, kommen KORRELATIONSKOEFFIZIENTEN nach. Ist der Zusammenhang linear, kann der meist verwendete dieser Koeffizienten Verwendung finden, der KORRELATIONSKOEFFIZIENT NACH K. PEARSON.

Korrelationskoeffizient nach K. Pearson

$$r_{x,y} = \frac{\sum (x_i - \bar{x})(y_i - \bar{y})}{\sqrt{\sum (x_i - \bar{x})^2}\sqrt{\sum (y_i - \bar{y})^2}} \qquad (7.1)$$

- $x_i, y_i \ldots$ Werte der zwei Variablen in Beobachtung i
- $\bar{x}, \bar{y}$ ... Mittelwerte der zwei Variablen

In der Literatur findet man dafür auch den Begriff Produkt-Moment-Korrelation. Die händische Berechnung ist schon bei kleinen Datensätzen mühselig und fehleranfällig. Wichtig ist, die Eigenschaften des Korrelationskoeffizienten zu kennen:

- Der Korrelationskoeffizient ist symmetrisch; es ist nicht von Bedeutung, welche Variable als erste, welche als zweite gewählt wird. $r_{x,y} = r_{y,x}$. Meist schreibt man kurz: $r = r_{x,y}$

- Der Wert ist unabhängig vom Maßstab. Für den Korrelationskoeffizienten ist es nicht von Bedeutung, ob etwa die Körpergröße in Metern oder Zentimetern gemessen wird oder die Ausgaben für Mobiltelefonie in Euro oder Cent angegeben werden.
- Der Korrelationskoeffizient ist normiert, $-1 \leq r \leq 1$.
- Das Vorzeichen gibt die Richtung des Zusammenhangs an. Negativer Zusammenhang bedeutet: Je höher die x-Werte, desto niedriger sind durchschnittlich die y-Werte. Bei einem positivem Zusammenhang entsprechen höhere x-Werte durchschnittlich auch höheren y-Werten.
- Die Extremwerte -1 und 1 werden nur angenommen, wenn die Punkte exakt auf einer Geraden liegen.
- Je größer der Absolutbetrag von r, desto stärker ist der Zusammenhang zwischen den Variablen und desto konzentrierter liegen die Punkte um eine (gedachte) Gerade.

Sechs Streudiagramme mit zugehörigen Korrelationskoeffizienten sind in ► Abbildung 7.2 enthalten. In den zwei letzten Beispielen ist der Korrelationskoeffizient schlecht eingesetzt. Einmal ($r = 0{,}02$) gibt es Teilbereiche mit einem klar negativen, aber auch Teilbereiche mit einem klar positiven Zusammenhang. Im letzten Beispiel ($r = 0{,}87$) ist der Zusammenhang klar positiv, aber nicht linear.

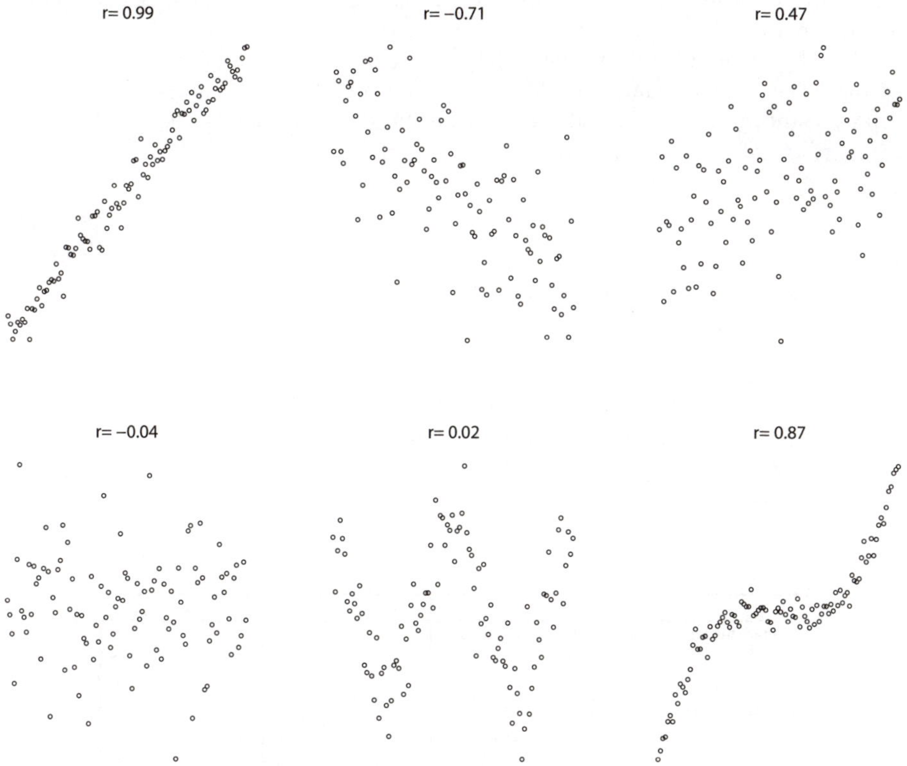

Abbildung 7.2: Streudiagramme und Korrelationskoeffizienten

In SPSS wird mit der Berechnung des Korrelationskoeffizienten implizit ein Test für den Korrelationskoeffizienten mitgerechnet (Voraussetzung ist die bivariate Normalverteilung der Beobachtungen). Der Nullhypothese keiner Korrelation wird eine Alternativhypothese mit Korrelation gegenübergestellt.

Fallbeispiel 14: Interpretation der Korrelationsberechnung

Das Streudiagramm (Abbildung 7.1) zeigt einen positiven Zusammenhang zwischen Anzahl der Wafffenlizenzen und Anzahl an Selbstmorden mit Schusswaffen.

Bei der Berechnung des Korrelationskoeffizienten (► Abbildung 7.3) werden für die angegebenen Variablen alle paarweisen Korrelationskoeffizienten berechnet. So werden auch die uninteressanten Fälle der Korrelationskoeffizienten einer Variablen mit sich selbst ausgegeben. Natürlich ist dort der Wert 1, da die Punkte im Streudiagramm exakt auf einer 45°-Geraden liegen würden.

In der Zeile Korrelation nach Pearson ist der Wert des Korrelationskoeffizienten mit 0,888 angegeben. Dies ist ein hoher Wert; der *p*-Wert (Signifikanz (2-seitig)) beträgt 0,001 und spricht für ein signifikantes Ergebnis. In der dritten Zeile (N) ist die Anzahl Beobachtungen angegeben, aus denen der Korrelationskoeffizient berechnet wurde.

Es gibt einen starken Zusammenhang zwischen Anzahl Waffenlizenzen und Anzahl an Selbstmorden mit solchen Waffen. Dort, wo viele Schusswaffen zugelassen sind, gibt es auch relativ viele Selbstmorde mit diesen Waffen.

SPSS

Analysieren
  Korrelation
    Bivariat...
      zu korrelierende Variablen ➡ Variablen:
      (hier `Waffenlizenzen` *und* `SM_Schusswaffen`*)*
      OK

Korrelationen

		Waffenlizenzen	SM_Schusswaffen
Waffenlizenzen	Korrelation nach Pearson	1	,888
	Signifikanz (2-seitig)		,001
	N	9	9
SM_Schusswaffen	Korrelation nach Pearson	,888	1
	Signifikanz (2-seitig)	,001	
	N	9	9

Abbildung 7.3: Pearson-Korrelation für Schusswaffensuizide

Die bivariate Korrelation ist eine der wenigen Analysemethoden, bei denen SPSS die Berechnung einseitiger p-Werte im Menü anbietet. Allerdings kann die einseitige Alternativhypothese (H_A: $\rho < 0$ oder H_A: $\rho > 0$, ρ steht für den Korrelationskoeffizienten der Population) nicht spezifiziert werden. Der angezeigte p-Wert gilt für den Test mit jener Alternativhypothese, für die die Daten sprechen.

Für den Datensatz mit den Selbstmorden mit Schusswaffen würde der einseitige Test für H_A: $\rho > 0$ berechnet, da in der Stichprobe eine positive Korrelation vorliegt.

7.1.3 Korrelationskoeffizient nach Spearman

Unter Korrelation wird meist die von Karl Pearson vorgeschlagene Methode verstanden. Der dazu gehörende Test für den Korrelationskoeffizienten ist allerdings an die Normalverteilung beider Variablen gebunden, die nicht immer erfüllt sind.

Die Frage nach der Stärke des Zusammenhangs zwischen zwei Variablen kann aber auch in Fällen von Interesse sein, in denen keine normalverteilten Variablen vorliegen, der Zusammenhang keiner linearen Beziehung folgt oder wenn die Variablen vielleicht nur ordinal skaliert sind.

In solchen Fällen kann die RANGKORRELATION NACH SPEARMAN angewendet werden. Bei dieser werden die Ursprungsdaten durch die Ränge der einzelnen Variablen ersetzt. Den Korrelatiosnkoeffizienten nach Spearman erhält man, indem man von den Rangdaten den Korrelationskoeffizienten nach Pearson berechnet.

Im Streudiagramm der Schusswaffen-Selbstmorddaten (Abbildung 7.1) könnte man etwa einwenden, dass die Beziehung nicht sehr gut durch eine Gerade (lineare Funktion) beschrieben wird. So weicht das Burgenland etwas vom Muster der anderen acht Bundesländer ab.

Der Spearman-Korrelationskoeffizient (▶ Abbildung 7.4) ist mit 0,967 etwas höher als der nach Pearson (0,888). Der p-Wert ist sehr klein ($< 0{,}001$); er wird etwas ungenau als 0,000 angezeigt.

Im Korrelationsmenü kann die Berechnung dieses Werts durch Markieren von Spearman unter Korrelationskoeffizienten erreicht werden.

Korrelationen

			Waffenlizenzen	SM_Schusswaffen
Spearman-Rho	Waffenlizenzen	Korrelationskoeffizient	1,000	,967**
		Sig. (2-seitig)	.	,000
		N	9	9
	SM_Schusswaffen	Korrelationskoeffizient	,967**	1,000
		Sig. (2-seitig)	,000	.
		N	9	9

**. Die Korrelation ist auf dem 0,01 Niveau signifikant (zweiseitig).

Abbildung 7.4: Spearman-Korrelation für Schusswaffensuizide

7.2 Welche Form hat der Zusammenhang zwischen zwei Variablen?

Fallbeispiel 15: Gebrauchtwagenpreise

Datenfile: `gebrauchtwagen.sav`

In den meisten europäischen Ländern bietet die Eurotax-Liste eine Orientierungshilfe beim Kauf oder Verkauf von Gebrauchtwagen. In dieser sind Preise der häufigsten Automodelle mit einigen zusätzlichen Informationen veröffentlicht. In den USA erfüllt das „Red Book“ eine analoge Aufgabe.

Mit weiteren Informationen lassen sich vielleicht noch bessere Angaben machen. Für 100 Autos der Marke Ford Taurus, alle drei Jahre alt, liegen Daten über den Preis in USD, die Anzahl an gefahrenen Meilen, die Farbe, die Anzahl an Services und eine Angabe vor, ob sie meist in einer Garage oder im Freien abgestellt waren.

Welche Form hat der Zusammenhang zwischen Meilenstand und Preis der Gebrauchtwagen?

Wir interessieren uns jetzt nicht für die Stärke des Zusammenhangs sondern für dessen konkrete Form. Wir wollen den Preis für einen Gebrauchtwagen durch den Meilenstand erklären, indem wir ihn in eine funktionale Form mit dem Meilenstand stellen.

Allgemein soll eine RESPONSEVARIABLE (oder ABHÄNGIGE VARIABLE) durch eine ERKLÄRENDE VARIABLE (oder UNABHÄNGIGE VARIABLE) beschrieben werden.

Ein Streudiagramm ist ein passendes Mittel, um sich ein Bild vom Zusammenhang der beiden Variablen zu machen. In diesen Streudiagrammen soll die Responsevariable die y-Achse und die erklärende Variable die x-Achse bilden.

Das Streudiagramm der Gebrauchtwagendaten (▶ Abbildung 7.5) zeigt den erwarteten negativen Zusammenhang zwischen den zwei Variablen: Je höher der Meilenstand, desto niedriger ist durchschnittlich der Preis.

Zusätzlich ist eine Gerade eingezeichnet, die die Beziehung zwischen Meilenstand und Verkaufspreis zwar vereinfacht, aber recht gut zusammenfasst. Eine einfache Annäherung an die „Realität“ nennt man auch MODELL und die eingezeichnete Gerade ist die grafische Repräsentation des Modells:

$$\text{Preis} = \alpha + \beta \text{Meilen}$$

Wenn wir vom konkreten Beispiel abstrahieren, kommen wir zum Modell der EINFACHEN LINEAREN REGRESSION:

Einfache lineare Regression

$$Y = \alpha + \beta X + \varepsilon \tag{7.2}$$

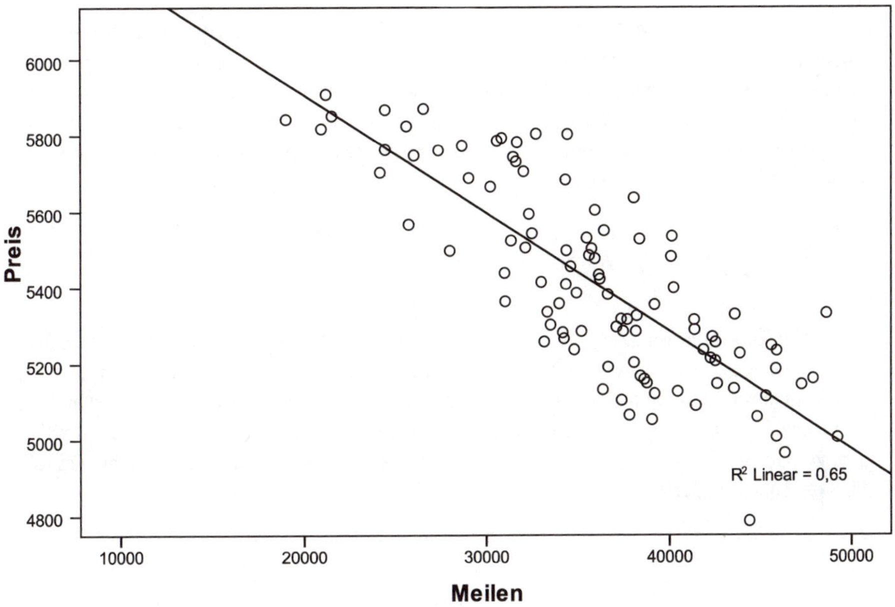

Abbildung 7.5: Streudiagramm der Gebrauchtwagendaten

- Y ... Responsevariable
- X ... erklärende Variable
- α, β sind die REGRESSIONSKOEFFIZIENTEN (kurz Koeffizienten) und stehen für Konstante und Anstieg der Regressionsgeraden.
- ε ... normalverteilter FEHLERTERM mit Mittelwert 0 und konstanter Varianz

Für die erwarteten Werte von Y gilt die REGRESSIONSGLEICHUNG:

$$\hat{Y} = \alpha + \beta X \,. \tag{7.3}$$

Mit Stichprobendaten kann man die Werte a und b für die Parameter α und β in 7.2 schätzen. Dieses Schätzverfahren soll im folgenden Exkurs 7.1 ohne explizites Rechnen verdeutlicht werden.

Exkurs 7.1 Quadratsummen und Kleinst-Quadrat-Schätzung

Zur Erläuterung des Schätzverfahrens nehmen wir den folgenden Minidatensatz mit nur fünf Punkten:

x	3	5	6	8	9
y	9	10	13	12	15

Gesucht ist die zu diesen Daten am „besten passende" Gerade $y = a+bx$. Am „besten passend" bedeutet, dass es jene Gerade ist, bei der die Summe der quadrierten vertikalen Abstände der Punkte von der Geraden minimal ist. Man nennt diesen Wert auch RESIDUENQUADRATSUMME oder kurz RSS (aus dem Englischen für Residual Sum of Squares). Bezeichnen wir mit e_i den vertikalen Abstand eines Punkts von der Geraden, so bedeutet die obige Optimalitätsbedingung, dass wir Zahlen a und b suchen, für die gilt:

$$RSS = \sum_{i=1}^{n} e_i^2 = \sum_{i=1}^{n} (y_i - a - bx_i)^2 \to min\,.$$

Von den waagrechten Geraden, also solchen, bei denen der Anstieg 0 ist, geht die beste durch den Mittelwert der y-Werte, also $\bar{y}$ (also $a = 11{,}8$, $b = 0$). In der folgenden Abbildung ist diese Gerade im linken Diagramm eingezeichnet. Die quadrierten vertikalen Abstände entsprechen den Flächeninhalten der eingezeichneten Quadrate, aufsummiert ergeben sie RSS = 22,8. Die Residuenquadratsumme für die waagrechte Gerade durch $\bar{y}$ heißt GESAMTQUADRATSUMME oder kurz TSS (für Total Sum of Squares).

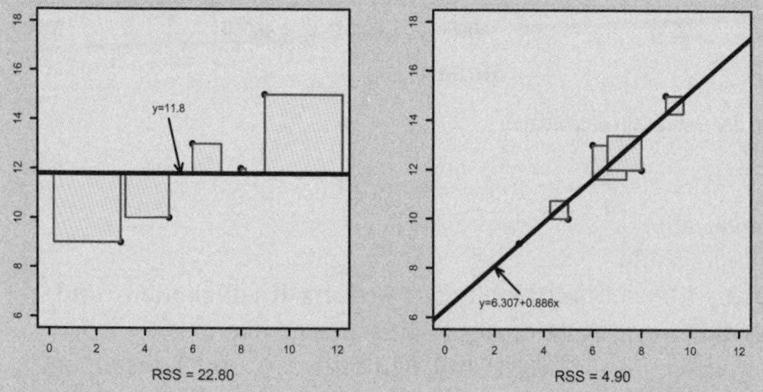

Die beste Gerade insgesamt ($a = 6{,}307$, $b = 0{,}886$) ist im Diagramm rechts eingezeichnet. Für die meisten Punkte ist diese Gerade weit besser, RSS geht auf 4,9 zurück.

Die Berechnung von a und b ist schon bei geringem Datenumfang aufwändig. Hier gehen wir nur auf die Beziehung zum Korrelationskoeffizienten r ein:

$$b = r\frac{s_x}{s_y} \qquad \text{und} \qquad a = \bar{y} - b\bar{x}$$

(s_x und s_y sind die Standardabweichungen der x- bzw. y-Werte).

Nach dem Prinzip, die Gerade so zu bestimmen, dass die RSS minimal wird, nennt man die Schätzmethode KLEINST-QUADRAT-SCHÄTZUNG oder kurz OLS-SCHÄTZUNG (für Ordinary Least Squares).

Im SPSS-Output zur Regression sind diese Quadratsummen im Block ANOVA enthalten (▶ Abbildung 7.6). Die Gesamtquadratsumme steht in der Zeile Gesamt (TSS = 64 348 90, 190), die Residuenquadratsumme in der Zeile Nicht standardisierte Residuen (RSS = 22 513 62, 469). Die Differenz zwischen diesen Werten ist in der Zeile Regression mit 41 835 27, 721 angeführt. Den mit diesen Größen verbundenen Test besprechen wir erst im Abschnitt 7.4.

Da die Varianz von Y direkt mit der Gesamtquadratsumme TSS zusammenhängt ($s_y^2 = TSS/(n-1)$), wird diese Aufteilung der Gesamtquadratsumme auch VARIANZANALYSE oder abgekürzt ANOVA (für Analysis of Variance) genannt.

Auf dem Vergleich der Gesamtquadratsumme (TSS) mit der Residuenquadratsumme (RSS) basiert eine Maßzahl für die Güte der Approximation der Daten durch eine Gerade, das BESTIMMTHEITSMASS oder R^2.

Bestimmtheitsmaß R^2

$$R^2 = \frac{TSS - RSS}{TSS} \tag{7.4}$$

- $TSS \ldots$ Gesamtquadratsumme
- $RSS \ldots$ Residuenquadratsumme

Eigenschaften des Bestimmtheitsmaßes:

- Die Differenz $TSS - RSS$ gibt den Rückgang in der Quadratsumme an, wenn man eine waagrechte Gerade in der Höhe von $\bar{y}$ durch die Regressionsgerade ersetzt.
- R^2 gibt somit den Anteil dieses Rückgangs an TSS an und kann je nach Beispiel Werte zwischen 0 (die Regressionsgerade ist waagrecht) und 1 (alle Punkte liegen exakt auf einer Geraden) annehmen. Man spricht von R^2 auch als dem Anteil der erklärten Varianz an der Gesamtvarianz von Y.
- Im Fall der Einfachregression ist R^2 ident mit dem quadrierten Korrelationskoeffizienten.

Sind TSS und RSS gegeben, ist es eine leichte Übung, R^2 zu berechnen. Man kann es sich auch leichter machen, wenn man den Block Modellzusammenfassung im SPSS-Output (▶ Abbildung 7.7) heranzieht und in Spalte R-Quadrat den Wert für R^2 abliest, für dieses Beispiel also $R^2 = 0{,}650$.

Die Regressionskoeffizienten sind im Block Koeffizienten (▶ Abbildung 7.8) in der Spalte Regressionskoeffizient B zu finden. Ebenfalls in diesem Block sind Testergebnisse für die Koeffizienten enthalten, der p-Wert steht in der Spalte Sig. Die Konstante

ANOVA[b]

Modell		Quadratsumme	df	Mittel der Quadrate	F	Sig.
1	Regression	4183527,721	1	4183527,721	182,106	,000[a]
	Nicht standardisierte Residuen	2251362,469	98	22973,086		
	Gesamt	6434890,190	99			

[a] Einflussvariablen: (Konstante), Meilen.
[b] Abhängige Variable: Preis.

Abbildung 7.6: Quadratsummen

Modellzusammenfassung

Modell	R	R-Quadrat	Korrigiertes R-Quadrat	Standardfehler des Schätzers
1	,806[a]	,650	,647	151,569

[a] Einflussvariablen: (Konstante), Meilen.

Abbildung 7.7: Modellzusammenfassung

Koeffizienten[a]

Modell		Nicht standartisierte Koeffizienten		Standardisierte Koeffizienten	T	Sig.
		Regressions-koeffizient B	Standardfehler	Beta		
1	(Konstante)	6533,383	84,512		77,307	,000
	Meilen	-,031	,002	-,806	-13,495	,000

[a] Abhängige Variable: Preis.

Abbildung 7.8: Regressionskoeffizienten

wird üblicherweise unabhängig von der Signifikanz mit in die Regressionsgleichung aufgenommen. Daher können wir aus der zweiten Zeile das Ergebnis für den T-TEST DES REGRESSIONSKOEFFIZIENTEN ablesen:

t-Test für den Regressionskoeffizienten β

Nullhypothese H_0: $\beta = 0$

Alternativhypothese H_A: $\beta \neq 0$ oder $\beta > 0$ oder $\beta < 0$

$$t = \frac{b}{se_b} \tag{7.5}$$

- H_0 bedeutet, dass es keinen (linearen) Zusammenhang zwischen den beiden Variablen gibt. H_A bedeutet Zusammenhang, das Vorzeichen von β gibt die Richtung des Zusammenhangs an.
- $b\ldots$ Regressionskoeffizient der Stichprobe
- $se_b\ldots$ Standardfehler von b
- t folgt unter der Nullhypothese einer t-Verteilung.

Fallbeispiel 15: Interpretation des Regressionsergebnisses

Die Schätzung für die Regressionsgleichung lautet:

$$\text{Preis} = 6533{,}383 - 0{,}031 \cdot \text{Meilen}$$

Der Zusammenhang ist negativ und bestätigt den Eindruck aus dem Streudiagramm (Abbildung 7.5).

Der p-Wert für den Test (Abbildung 7.8), ob β von 0 abweicht, ist zwar mit 0,000 angegeben, bedeutet aber nur, dass er sehr klein ist. Somit ist der Anstieg signifikant von 0 verschieden.

Zwischen Meilenstand und Verkaufspreis von Gebrauchtwagen besteht ein signifikanter negativer Zusammenhang.

SPSS

Analysieren
Regression
Linear...
Responsevariable (hier `Preis`*)* ➡ Abhängige Variable:
Erklärende Variable (hier `Meilen`*)* ➡ Unabhängige:
[OK]

Ein Streudiagramm mit eingezeichneter Regressionsgeraden kann man erstellen, wenn man zuerst ein Streudiagramm erstellt und dieses anschließend im SPSS-Viewer bearbeitet.

Dort kann unter Elemente im Submenü Anpassungslinie die Option Linear (ist auch die Voreinstellung) ausgewählt werden.

7.3 Lässt sich der Wert einer Variablen anhand des Werts einer zweiten vorhersagen?

Fallbeispiel 15: Gebrauchtwagenpreise (Fortsetzung)

Wir haben aus den Gebrauchtwagendaten eine Geradengleichung abgeleitet, die den Zusammenhang zwischen Meilenstand und Verkaufspreis von Gebrauchtwagen beschreibt.

Kann man aufgrund des Meilenstands eine Prognose für den Preis eines Gebrauchtwagens abgeben?

7.3.1 Punktprognosen

Mit $\widehat{\text{Preis}} = 6533{,}383 - 0{,}031 \cdot \text{Meilen}$ haben wir aus den Gebrauchtwagendaten die Regressionsgerade abgeleitet. Diese Gleichung ist das Hilfsmittel, um für einen Gebrauchtwagen mit zum Beispiel 30 000 Meilen den erwarteten Preis zu berechnen. Nach Einsetzen des Werts 30 000 für Meilen in der Gleichung ist alles nur mehr

Anwendung der Grundrechenarten:

$$\widehat{\text{Preis}} = 6533{,}383 - 0{,}031 \cdot 30\,000 = 5603{,}383$$

Analog kann man natürlich für andere Meilenstände die erwarteten Preise berechnen.

Exkurs 7.2 Prognose und Residuen

Die PROGNOSEWERTE $\hat{y}$ erhält man durch Einsetzen in die Regressionsgleichung. Das bedeutet, dass sie im Streudiagramm auf der eingezeichneten Geraden liegen.

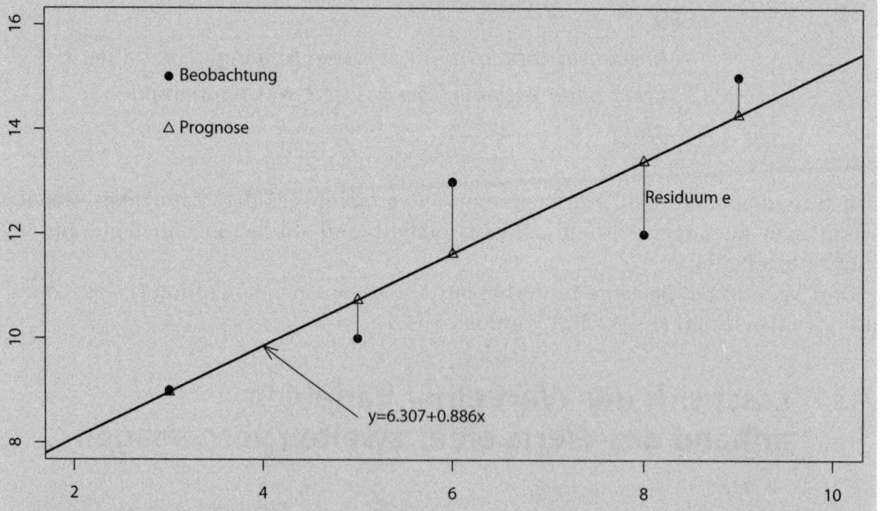

Für das 5-Punktebeispiel aus dem Exkurs 7.1 sind Beobachtungen und Prognosen speziell markiert. Man kommt zu den Prognosewerten für die Beobachtungen, indem man vertikal (nicht orthogonal!) zur Geraden geht.

Die Differenzen $e = y - \hat{y}$ nennt man RESIDUEN. Ein positives Residuum bedeutet, dass der beobachtete Wert größer als der prognostizierte ist und somit die Beobachtung über der Regressionsgeraden liegt. Für die Residuen gelten:

$$\sum_{i=1}^{n} e_i = 0 \quad \text{und} \quad \sum_{i=1}^{n} e_i{}^2 = RSS$$

Für die später folgende Besprechung von Methoden zur Überprüfung der Modellvoraussetzungen (Abschnitt 7.4.7) sind Residuen und Prognosewerte wichtige Eingangsdaten.

Vorhersagen, bei denen nur der Anstieg der Geraden von Bedeutung ist, beziehen sich auf Änderungen in der erklärenden Variablen. Zwei Beispiele verdeutlichen das ausreichend:

- Wie groß ist der Unterschied in den Prognosen zwischen zwei Autos, die um 1000 Meilen unterschiedlich weit gefahren sind?

Die Antwort ist einfach, um $-0{,}031 \cdot 1000 = -31$ Dollar. Natürlich ist beim Auto, das 1000 Meilen weiter gefahren wurde, der prognostizierte Preis geringer.

- Um wie viel ändert sich der prognostizierte Verkaufspreis pro gefahrener Meile? Auch hier ist die Antwort schnell gegeben. Um $-0{,}031 \cdot 1 = -0{,}031$ Dollar, also etwas mehr als 3 Cent, geht der prognostizierte Preis zurück.

7.3.2 Intervallprognosen

Die Berechnung eines Prognosewerts, etwa für einen Gebrauchtwagen mit 30 000 Meilen, ist einleuchtend und bei gegebenen Koeffizienten mit einem Taschenrechner rasch erledigt. Soll statt dieser Punktschätzung ein Intervall ermitteln werden, werden die auszuwertenden Formeln kompliziert und der Rechenaufwand wird unverhältnismäßig groß.

In SPSS können aber für die Beobachtungen sowohl die Punktprognosen als auch die Intervallprognosen berechnet und im Datenfile als eigene Variablen abgelegt werden. Bei den Intervallprognosen muss zwischen dem eigentlichen Prognoseintervall (passend zur Frage: in welchem Intervall liegt vermutlich der Verkaufspreis für einen Wagen mit 30 000 Meilen?) und dem Intervall für den Mittelwert (passend zur Frage: in welchem Intervall liegt vermutlich der mittlere Verkaufspreis für Wagen mit 30 000 Meilen?) unterschieden werden.

In ► Abbildung 7.9 sind solche 95%-Konfidenzintervalle für den Mittelwert grafisch angegeben, nämlich für jeden einzelnen Meilenstand, der im Datenfile vorhanden ist. Die untere Punktfolge zeigt die Untergrenzen der Konfidenzintervalle an, die

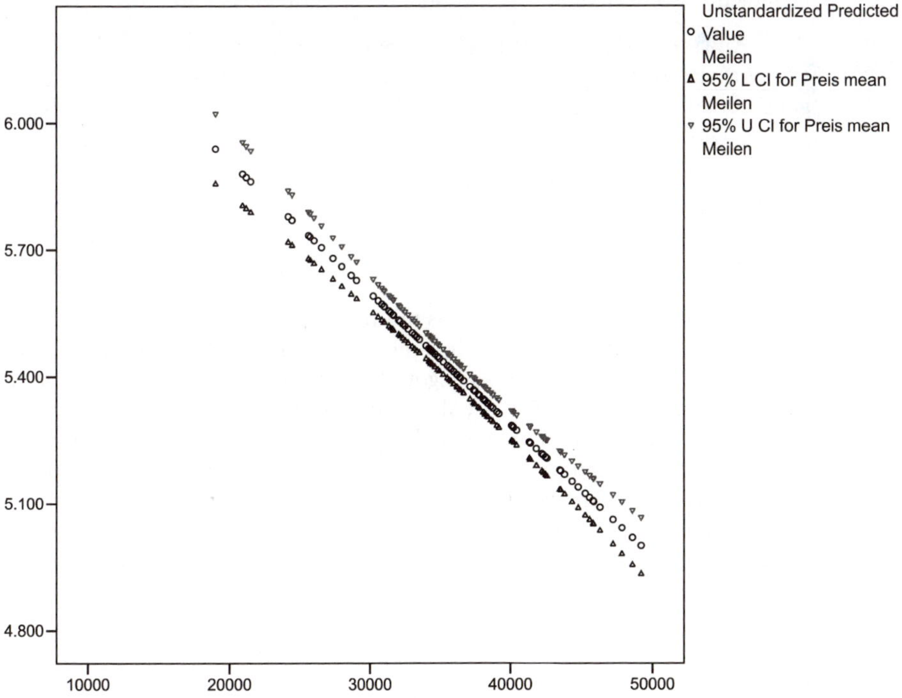

Abbildung 7.9: Konfidenzintervall für den Mittelwert von Prognosen

obere Punktfolge die Obergrenzen. Dazwischen liegen die Punktprognosen (auf einer Geraden aufgefädelt).

Man sieht, dass für mittlere Meilenstände die Konfidenzintervalle enger sind als für Meilenstände nahe 20 000 oder nahe 50 000 Meilen. In der Legende rechts oben tauchen die automatisch generierten Variablenlabel für die Prognosewerte auf (sie warten immer noch auf eine Übersetzung ins Deutsche).

In SPSS kann das Abspeichern wichtiger Ergebnisse leicht im Menü für die Lineare Regression bewirkt werden. Durch einen Klick auf [Speichern...] gelangt man in ein Submenü, über das viele Details gesichert werden können. Für uns sind von Interesse:

- Prognosewerte: nicht standardisiert unter Vorhergesagte Werte markieren
- Residuen: nicht standardisiert unter Residuen markieren
- Intervallprognosen: Gewünschtes unter Vorhersageintervalle markieren

7.4 Kann der Zusammenhang einer mit mehreren Variablen beschrieben werden?

Fallbeispiel 15: Gebrauchtwagenpreise (Fortsetzung)

Wir haben die gefahrenen Meilen als erklärende Variable in ein Regressionsmodell eingebracht. Es liegen aber noch weitere erklärende Variablen vor:

- `Service`: Anzahl, wie oft ein Auto zum Service gebracht wurde.
- `Garage`: War das Auto hauptsächlich in einer Garage abgestellt?
- `Farbe`: Farbe des Wagens

Kann man die weiteren erklärenden Variablen auch in ein Modell zur Erklärung des Preises für Gebrauchtwagen aufnehmen?

In einem ersten Schritt beschäftigen wir uns mit der Aufnahme einer zweiten erklärenden Variablen (`Service` in das Regressionsmodell, die metrisch skaliert ist. Später ergänzen wir das Modell um die binäre kategoriale Variable `Garage` (Abschnitt 7.4.5), dann um die kategoriale Variable `Farbe` (Abschnitt 7.4.6).

Ein Blick auf die Daten soll immer vor dem Einsatz komplexer Rechenmethoden erfolgen. Das Streudiagramm von Preis gegen Meilen kennen wir schon (Abbildung 7.5), das von Preis gegen Service (▶ Abbildung 7.10) zeigt ein ungewohntes Muster. Der Grund dafür ist, dass die Variable Service nur einige wenige ganzzahlige Werte annimmt. Der Eindruck ist aber, dass im Durchschnitt die Preise höher sind, je öfter die Wagen zum Service gebracht wurden.

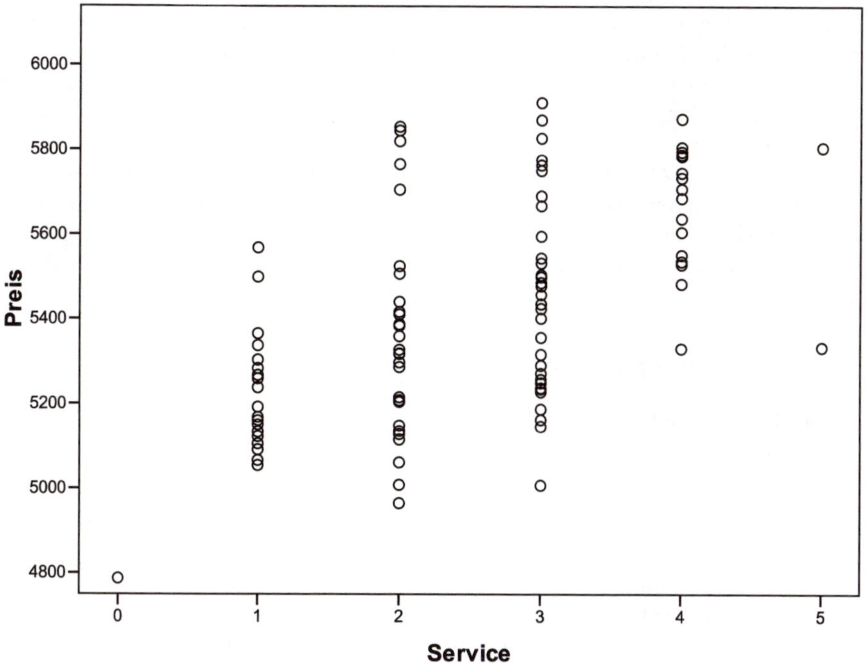

Abbildung 7.10: Streudiagramm Preis-Service

7.4.1 Multiple lineare Regression

Die Erweiterung von einer auf mehrere erklärende Variablen wird durch die Erweiterung der Regressionsgleichung bewirkt und führt zum Modell der MULTIPLEN LINEAREN REGRESSION.

Multiple lineare Regression

$$Y = \alpha + \beta_1 X_1 + \cdots \beta_k X_k + \varepsilon \tag{7.6}$$

- $Y \ldots$ Responsevariable
- $X_1, \ldots, X_k$ erklärende Variablen
- α, β_1,..,$\beta_k \ldots$ REGRESSIONSKOEFFIZIENTEN
- $\varepsilon \ldots$ normalverteilter FEHLERTERM mit Mittelwert 0 und konstanter Varianz

Für die erwarteten Werte von Y gilt die REGRESSIONSGLEICHUNG:

$$\hat{Y} = \alpha + \beta_1 X_1 + \cdots \beta_k X_k \tag{7.7}$$

7.4.2 Bestimmtheitsmaß und F-Test

Wie in der einfachen linearen Regression verwendet man die Kleinst-Quadrat-Schätzung zur Bestimmung der Regressionsparameter aus einer Stichprobe. Statt vertikaler Abstände zu einer Regressionsgeraden gehen Differenzen zu Werten der Regressionsgleichung in die Berechnung der Residuenquadratsumme ein.

Im Output-Block Modellzusammenfassung (▶ Abbildung 7.11) wird das von der Einfachregression bekannte Bestimmtheitsmaß ausgegeben. Mit $R^2 = 0{,}974$ ist es sehr hoch ($0 \leq R^2 \leq 1$).

Im Output-Block ANOVA werden nicht nur Residuen- und Gesamtquadratsumme ausgegeben, aus denen man das Bestimmtheitsmaß selbst über Formel 7.4 (Seite 235) schnell berechnen könnte. In diesem Block ist auch ein bei der multiplen Regression wichtiges Testergebnis für den kollektiven Einfluss der erklärenden Variablen enthalten, das des F-TESTS.

F-Test der multiplen Regression

Nullhypothese H$_0$: $\beta_1 = \beta_2 = \cdots = \beta_k = 0$
Alternativhypothese H$_A$: mindestens ein $\beta_j \neq 0$

$$F = \frac{R^2 \cdot (n-k-1)}{(1-R^2) \cdot k} \tag{7.8}$$

- R^2 ... Bestimmtheitsmaß
- n ... Stichprobenumfang
- k ... Anzahl erklärender Variablen
- Die Teststatistik F folgt unter H_0 einer F-Verteilung.

Natürlich wird bei Vorlage von SPSS-Output (▶ Abbildung 7.12) eigenes Rechnen in den Hintergrund gestellt. Der p-Wert (Sig.) ist mit 0,000 angegeben (das bedeutet, dass er sehr klein ist) und zeigt ein hochsignifikantes Ergebnis an.

Somit hat mindestens eine der beiden Variablen einen Einfluss auf den Verkaufspreis.

Modellzusammenfassung

Modell	R	R-Quadrat	Korrigiertes R-Quadrat	Standardfehler des Schätzers
1	,987[a]	,974	,974	41,479

[a] Einflussvariablen: (Konstante), Service, Meilen.

Abbildung 7.11: Modellzusammenfassung bei zwei erklärenden Variablen

ANOVA[b]

Modell		Quadratsumme	df	Mittel der Quadrate	F	Sig.
1	Regression	6267998,666	2	3133999,333	1821,530	,000[a]
	Nicht standardisierte Residuen	166891,524	97	1720,531		
	Gesamt	6434890,190	99			

[a] Einflussvariablen: (Konstante), Service, Meilen.
[b] Abhängige Variable: Preis.

Abbildung 7.12: ANOVA-Tabelle bei zwei erklärenden Variablen

7.4.3 Koeffizienten

Wenn, wie in unserem Beispiel, der F-Test ein signifikantes Resultat ergibt, ist nur die Aussage möglich, dass überhaupt eine erklärende Variable signifikanten Einfluss auf die Responsevariable hat. Die Aussage, welche Variablen signifikanten Einfluss haben, kann nach Analyse des Blocks Koeffizienten getroffen werden. In diesem sind die T-TESTS DER REGRESSIONSKOEFFIZIENTEN enthalten.

t-Tests für individuelle Regressionskoeffizienten

Nullhypothese H_0: $\beta_j = 0$

Alternativhypothese H_A: $\beta_j \neq 0$ oder $\beta_j > 0$ oder $\beta_j < 0$

$$t = \frac{b_j}{se_{b_j}} \tag{7.9}$$

- H_0 bedeutet, dass es keinen Einfluss von Variable X_j gibt. H_A bedeutet Einfluss, das Vorzeichen von β_j gibt die Richtung des Einflusses an.
- $\beta_j \ldots$ Parameter für X_j in der Population $(1 \leq j \leq k)$
- $b_j \ldots$ Regressionskoeffizient der Stichprobe
- $se_{b_j} \ldots$ Standardfehler von b_j
- Die Teststatistik t folgt unter H_0 einer t-Verteilung.

Im SPSS-Output (▶ Abbildung 7.13) ist jeder dieser k Tests in einer separaten Zeile angegeben. Die einzelnen Spalten enthalten:

- Regressionskoeffizient B entspricht b_j.
- Standardfehler entspricht se_{b_j}.
- Beta gibt die Änderung des Mittelwerts der Responsevariablen an, wenn sich x_j um eine Standardabweichung ändert.
- T: Wert der t-Teststatistik (7.9)
- Sig. ist der p-Wert für den zweiseitigen Test für β_j

Koeffizienten[a]

Modell		Nicht standardisierte Koeffizienten		Standardisierte Koeffizienten		
		Regressions-koeffizient B	Standardfehler	Beta	T	Sig.
1	(Konstante)	6206,128	24,966		248,581	,000
	Meilen	-,031	,001	-,814	-49,788	,000
	Service	135,837	3,903	,569	34,807	,000

Abbildung 7.13: Koeffizienten bei zwei erklärenden Variablen

Fallbeispiel 15: Interpretation der multiplen Regression

Das Bestimmtheitsmaß (Abbildung 7.11) ist mit $R^2 = 0{,}974$ sehr hoch und erreicht schon fast die Obergrenze ($0 \leq R^2 \leq 1$). Eine oft anzutreffende Interpretation lautet, dass mit den zwei Variablen Meilen und Service über 97% der Varianz erklärt werden konnten.

Die ANOVA-Tabelle (Abbildung 7.12) gibt ein hochsignifikantes Ergebnis für den F-Test an.

Die anschließende Untersuchung der Koeffizienten (Abbildung 7.13) weist beide erklärende Variablen als signifikant aus. Wir leiten daraus die Regressionsgleichung

$$\widehat{\text{Preis}} = 6206{,}128 - 0{,}031 \cdot \text{Meilen} + 135{,}837 \cdot \text{Service}$$

ab.

Die Koeffizienten für Meilen und Service zeigen die nach den Streudiagrammen (Abbildung 7.5 und Abbildung 7.10) erwarteten Vorzeichen.

Pro gefahrener Meile geht der erwartete Verkaufspreis um ca. 3 Cent zurück, pro Service am Auto steigt dieser Verkaufspreis um nicht ganz 136 Dollar.

In SPSS kann die Mehrfachregression wie die Einfachregression aufgerufen werden. Statt einer unabhängigen Variablen werden mehrere in das entsprechende Feld Unabhängige: eingefügt.

7.4.4 Prognose

Die Prognose erfolgt wie bei der Einfachregression über die Regressionsgleichung (7.7). Für einen Wagen mit 40 000 Meilen, der dreimal beim Service war, würde man also

$$\widehat{\text{Preis}} = 6206{,}128 - 0{,}031 \cdot 40\,000 + 135{,}837 \cdot 3 = 5373{,}639$$

als Verkaufspreis erwarten (über die Sinnhaftigkeit der 3. Nachkommastelle bei Geldbeträgen wollen wir nicht diskutieren).

Wie bei der Einfachregression können mit SPSS für die Beobachtungen prognostizierte Werte, Konfidenzintervalle für die Prognosen und Residuen berechnet und im Datenfile als eigene Variablen abgespeichert werden.

7.4.5 Dummyvariablen

Bis jetzt sind zwei erklärende Variablen im Modell, beide sind metrisch. Jetzt wenden wir uns mit der Angabe, ob das Auto hauptsächlich in einer Garage geparkt war, einem anderen Variablentyp zu. Es ist eine kategoriale Variable mit nur zwei Ausprägungen, wir können sie uns als Ja-Nein-Variable vorstellen (in der Garage geparkt Ja-Nein). Auch die Codierung mit 0 für Nein und 1 für Ja ist allgemein üblich und somit liegt mit Garage eine DUMMYVARIABLE vor.

Zur Untersuchung des Zusammenhangs mit der Responsevariablen ist ein Streudiagramm kaum geeignet, wir verwenden parallele Boxplots (▶ Abbildung 7.14). Die Werte für Autos, die in Garagen abgestellt waren, sind etwas höher.

In der ANOVA-Tabelle (▶ Abbildung 7.15) ist in der Aufteilung der Gesamtquadratsumme auf Residuenquadratsumme und erklärte Quadratsumme (in Zeile Regression) der Anteil Letzterer zurückgegangen. Der F-Test selbst ist weiterhin hoch signifikant.

Die Koeffizienten der Regressionsgleichung können aus dem Koeffizientenblock (▶ Abbildung 7.16) abgelesen werden und ergeben die Regressionsgleichung:

$$\widehat{\text{Preis}} = 6187{,}366 - 0{,}031 \cdot \text{Meilen} + 134{,}541 \cdot \text{Service} + 19{,}007 \cdot \text{Garage}\,.$$

Was bedeutet der letzte Term $19{,}007 \cdot \text{Garage}$ in der Gleichung? Die mit diesem Term verbundene Variable nimmt nur dann den Wert 1 an, wenn der Wagen hauptsächlich in einer Garage geparkt war; sonst ist ihr Wert 0. Das bedeutet, dass der erwartete

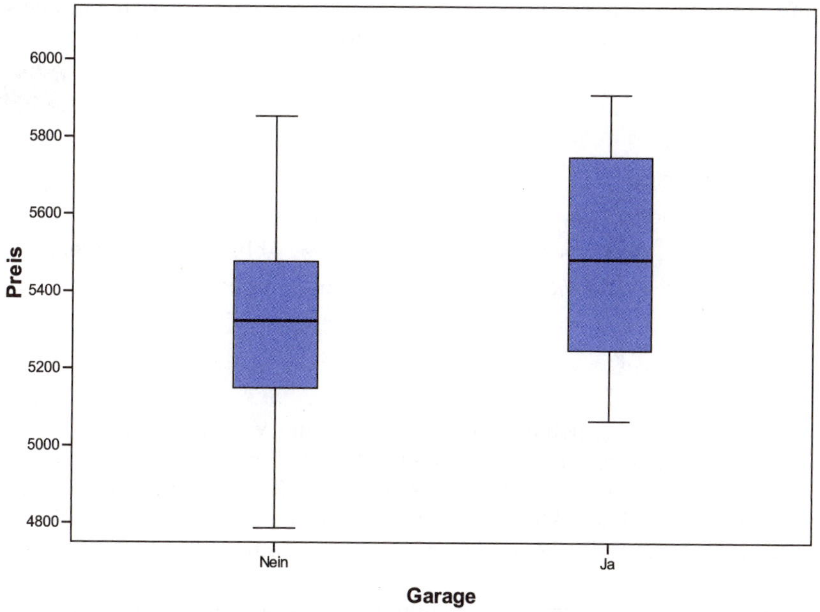

Abbildung 7.14: Boxplot Preis – Garage

ANOVA[b]

Modell		Quadrat-summe	df	Mittel der Quadrate	F	Sig.
1	Regression	6276334,236	3	2092111,412	1266,699	,000[a]
	Nicht standardisierte Residuen	158555,954	96	1651,625		
	Gesamt	6434890,190	99			

[a] Einflussvariablen: (Konstante), Garage, Service, Meilen.
[b] Abhängige Variable: Preis.

Abbildung 7.15: ANOVA-Tabelle bei drei erklärenden Variablen

Koeffizienten[a]

Modell		Nicht standardisierte Koeffizienten		Standardisierte Koeffizienten		
		Regressions-koeffizient B	Standardfehler	Beta	T	Sig.
1	(Konstante)	6187,366	25,848		239,379	,000
	Meilen	-,031	,001	-,806	-48,966	,000
	Service	134,541	3,867	,564	34,793	,000
	Garage	19,007	8,461	,037	2,247	,027

[a] Abhängige Variable: Preis.

Abbildung 7.16: Koeffizienten bei drei erklärenden Variablen

Verkaufspreis für einen hauptsächlich in einer Garage geparkten Wagen um ungefähr 19 Dollar höher ist als für einen hauptsächlich im Freien geparkten Wagen.

Dummyvariablen können in der Regression wie metrische Variablen eingesetzt werden. Man stellt sie einfach in die Liste der erklärenden Variablen:

SPSS

Analysieren
  Regression
    Linear...
      Responsevariable (hier `Preis`*)* ➡ Abhängige Variable:
      Erklärende Variablen ➡ Unabhängige:
      (hier `Meilen`*,* `Service` *und* `Garage`*)*
      [OK]

Vorsicht ist allerdings geboten, wenn die dichotome Variable nicht mit 0 und 1, sondern anders, etwa mit 1 und 2, kodiert ist. Für diesen Fall ist der Aufruf der Regression über den der Menüpunkt **Allgemeines lineares Modell** möglich, wie wir es allgemein für kategoriale erklärende Variablen mit mehr als zwei Kategorien empfehlen (Abschnitt 7.4.6). Die Regressionskoeffizienten müssen dort allerdings eigens angefordert werden.

Die Aufteilung der Gesamtquadratsumme im Output auf mehr als zwei Teile besprechen wir im nächsten Abschnitt (Abschnitt 7.4.6). Für dieses Beispiel schauen wir nur auf die Regressionskoeffizienten, die im Output-Block **Parameterschätzer** (▶ Abbildung 7.17) ablesbar sind.

Von erklärenden kategorialen Variablen muss im allgemeinen linearen Modell eine Kategorie als Referenzkategorie gewählt werden. In **SPSS** ist dies jene Kategorie mit dem höchsten numerischen Wert. Von der dichotomen Variablen `Garage` wird also die Kategorie 1 (hauptsächlich in Garage geparkt) als Referenzkategorie gewählt. Im **SPSS**-Output ist dies aus der Zeile **[Garage=1]** ersichtlich, in der als Regressionskoeffizient 0 angegeben ist (bitte auch Fußnote beachten), die anderen Einträge aber leer bleiben.

Die Koeffizienten für `Meilen` und `Service` sind identisch mit dem Output aus der Regression (Abbildung 7.16). Der Koeffizient für `Garage` hat sein Vorzeichen geän-

Parameterschätzer

Abhängige Variable: Preis

Parameter	Regressions-koeffizient B	Standardfehler	T	Sig.
Konstanter Term	6206,373	24,461	253,721	,000
Meilen	-,031	,001	-48,966	,000
Service	134,541	3,867	34,793	,000
[Garage=0]	-19,007	8,461	-2,247	,027
[Garage=1]	0[a]	.	.	.

[a] Dieser Parameter wird auf Null gesetzt, weil er redundant ist.

Abbildung 7.17: Schätzung Allgemeines Lineares Modell

dert. Der Grund ist, dass hier im Vergleich zur Referenzkategorie ein Rückgang um 19,007 im erwarteten Verkaufspreis eintritt.

Ebenfalls geändert hat sich die Konstante. Im Output über die Regression steht die Konstante für die Wagen, für die `Garage` = 0 ist, im Output über das allgemeine lineare Modell für jene Wagen mit `Garage` = 1.

Daher stehen die Konstanten mit $6206{,}373 - 19{,}007 = 5187{,}366$ in einfacher Beziehung.

7.4.6 Kategoriale Variablen

Als erklärende Variablen sind bis jetzt `Meilen` und `Service` als metrische Variablen und `Garage` als Dummyvariable in das Regressionsmodell integriert worden. Jetzt wenden wir uns der Autofarbe und damit der Variablen `Farbe` zu. In dieser ist die Farbe nicht genau enthalten sondern nur zu einer der drei Kategorien zugeteilt (in Klammern der Zahlenwert von `Farbe`): farbig (1), hell (2) oder dunkel (3).

Die direkte Eingabe als erklärende Variable im Regressionsmodul von SPSS wäre ein Fehler, da die Zuordnung von Zahlenwerten zu Kategorien willkürlich ist. Ein Ausweg ist die Generierung von Dummyvariablen:

- Eine Variable nimmt nur dann den Wert 1 an, wenn der Wagen farbig ist (sonst 0),
- die nächste Variable nur dann den Wert 1, wenn der Wagen hell ist, und
- die letzte Variable nur dann den Wert 1, wenn der Wagen dunkel ist.

Diese Dummyvariablen könnten statt der ursprünglichen Variable `Farbe` als erklärende Variablen angegeben und das Regressionsmodell geschätzt werden. Aus technischen Gründen ist es ausreichend, nur zwei dieser Dummyvariablen anzugeben.

Bei drei Kategorien wie bei `Farbe` ist der Aufwand noch überschaubar, bei vielen Kategorien wird es jedoch zusehends mühsamer. Bei einer kategorialen Variablen mit k Kategorien müssen $k-1$ Dummyvariablen berechnet und im Modell angegeben werden.

Einen bequemeren Weg bietet in SPSS der Menüpunkt Allgemeines lineares Modell, in dem kategoriale erklärende Variablen direkt als Faktoren angegeben werden können. Die Berechnung von Dummyvariablen und die damit verbundene Aufblähung des Datenfiles mit zusätzlichen Variablen entfällt.

Statt des ANOVA-Blocks mit erklärter, Residuen- und Gesamtquadratsumme wird der Block **Tests der Zwischensubjekteffekte** (▶ Abbildung 7.18) ausgegeben. Es wird die Bedeutung der einzelnen Effekte (erklärenden Variablen in der Spalte **Quelle**) getestet (p-Werte in der Spalte **Sig.**). Für das Beispiel werden `Garage` (p-Wert: 0,020), `Meilen` (p-Wert: 0,000) und `Service` (p-Wert: 0,000) als signifikant und `Farbe` (p-Wert: 0,624) als nicht signifikant ausgewiesen.

Die **SPSS**-Voreinstellung (**Quadratsumme vom Typ III** führt dazu, dass die Gesamtquadratsumme (in der Zeile **Korrigierte Gesamtvariation**) nicht mehr gleich der Summe aus Residuenquadratsumme (in Zeile **Fehler**) und den Quadratsummen für die einzelnen Effekte ist.

Die Regressionsgleichung kann aus dem Block **Parameterschätzer** (▶ Abbildung 7.19) abgeleitet werden. **SPSS** wählt von erklärenden kategorialen Variablen die Kategorie mit dem höchsten Zahlenwert als Referenzkategorie, bei `Garage` also 1 (hauptsächlich in Garage geparkt) und bei `Farbe` 3 (dunkel).

Tests der Zwischensubjekteffekte

Abhängige Variable. Preis

Quelle	Quadratsumme vom Typ III	df	Mittel der Quadrate	F	Sig.
Korrigiertes Modell	6,278E6	5	1255583,128	751,872	,000
Konstanter Term	9,736E7	1	9,736E7	58299,628	,000
Garage	9362,784	1	9362,784	5,607	,020
Farbe	1581,404	2	790,702	,473	,624
Meilen	3362746,367	1	3362746,367	2013,690	,000
Service	1732516,249	1	1732516,249	1037,471	,000
Fehler	156974,549	94	1669,942		
Gesamt	2,935E9	100			
Korrigierte Gesamtvariation	6434890,190	99			

[a] R-Quadrat = ,976 (korrigiertes R-Quadrat = ,974).

Abbildung 7.18: ANOVA aus dem Allgemeinen Linearen Modell

Parameterschätzer

Abhängige Variable: Preis

Parameter	Regressionskoeffizient B	Standardfehler	T	Sig.	95%-Konfidenzintervall	
					Untergrenze	Obergrenze
Konstanter Term	6211,076	26,853	231,297	,000	6157,759	6264,394
[Garage=0]	-20,455	8,639	-2,368	,020	-37,607	-3,303
[Garage=1]	0[a]	.	.	.	.	.
[Farbe=1]	6,703	9,924	,675	,501	-13,002	26,408
[Farbe=2]	-3,735	11,920	-,313	,755	-27,402	19,931
[Farbe=3]	0[a]	.	.	.	.	.
Meilen	-,031	,001	-44,874	,000	-,033	-,030
Service	135,186	4,197	32,210	,000	126,852	143,519

[a] Dieser Parameter wird auf Null gesetzt, weil er redundant ist.

Abbildung 7.19: Koeffizienten aus dem Allgemeinen Linearen Modell

Auch wenn sich die Werte gegenüber dem Modell ohne Farbe (Abbildung 7.17) leicht geändert haben, gehen die Effekte in dieselbe Richtung. Für Farbe sind die ausgewiesenen Koeffizienten nicht signifikant. Das bedeutet, dass sich die Farbkategorien farbig (1) und hell (2) nicht von dunkel (3) unterscheiden.

Im Sinn eines einfachen Modells sollte Farbe nicht in das Regressionsmodell aufgenommen werden.

Bei mehreren kategorialen erklärenden Variablen werden in SPSS beim Aufruf des Regressionsmodells über Allgemeines lineares Modell in der Voreinstellung auch Wechselwirkungseffekte mitgerechnet. Diese behandeln wir erst später (Abschnitt 8.5) und deren Berechnung kann folgendermaßen unterdrückt werden:

SPSS

Analysieren
  Allgemeines lineares Modell
    Univariat...
      Responsevariable (hier Preis*)* ➡ Abhängige Variable:
      Metrische erklärende Variablen ➡ Kovariate(n):
      (hier Meilen *und* Service*)*
      Kategoriale erklärende Variable ➡ Feste Faktoren:
      (hier Garage, Farbe*)*
      Unter [Optionen...]
        Parameterschätzer *markieren*
        [Weiter]
      Unter [Modell...]
        Anpassen *markieren*
        Bei Term(e) konstruieren *unter* TypHaupteffekte *auswählen*
        Alle Variablen zu Modell *geben*
        [Weiter]
      [OK]

7.4.7 Überprüfung der Annahmen

Fallbeispiel 15: Gebrauchtwagenpreise (Fortsetzung)

Für den Preis von Gebrauchtwagen ist ein Regressionsmodell mit drei erklärenden Variablen gefunden worden, das die Daten gut zu beschreiben scheint.

$$\widehat{\text{Preis}} = 6187{,}366 - 0{,}031 \cdot \text{Meilen} + 134{,}541 \cdot \text{Service} + 19{,}007 \cdot \textit{Garage}$$

bzw.

$$\widehat{\text{Preis}} = 6206{,}373 - 0{,}031 \cdot \text{Meilen} + 134{,}541 \cdot \text{Service} - 19{,}007 \cdot [\text{Garage} = 0]$$

Die Variable Farbe ist kaum eine Verbesserung des Modells und wird daher nicht in dieses Modell aufgenommen.

Wie kann man überprüfen, ob die Voraussetzungen für die Anwendung des Regressionsmodells erfüllt sind?

Das Regressionsmodell ist durch 7.6 beschrieben:

$$Y = \alpha + \beta_1 X_1 + \cdots \beta_k X_k + \varepsilon$$

Die Annahmen dafür sind:

- Die Beziehung zwischen der Responsevariable und den erklärenden Variablen ist so, wie in der Regressionsgleichung formuliert.
- Der Fehlerterm ist normalverteilt.
- Die Varianz des Fehlerterms ist konstant im gesamten Bereich der erklärenden Variablen. Diese Eigenschaft nennt man HOMOSKEDASZIDITÄT.

Die Fehlerterme werden durch die Residuen geschätzt, also durch $e = y - \hat{y}$. Sie stellen neben den progostizierten Werten $\hat{y}$ das wesentliche Hilfsmittel bei der Überprüfung der Modellvoraussetzungen dar. Beide müssen nicht umständlich selbst berechnet werden, sondern können bei der Modellschätzung als Variablen im Datenfile gespeichert werden (Abschnitt 7.3).

Normalverteilung der Residuen

Zur Überprüfung der Normalverteilung der Residuen stehen allgemein Methoden des Abschnitt 6.4 zur Verfügung. Zuerst gehen wir auf die grafische Überprüfung über den Q-Q-Plot (▶ Abbildung 7.20) ein. Das Bild zeigt keine starken Abweichungen von der eingezeichneten 45°-Geraden.

Mit dem Kolmogorov-Smirnov-Test (▶ Abbildung 7.21) kann ein testtheoretisches Verfahren für den Verteilungstest angewendet werden. Das Ergebnis hier bestätigt die Einschätzung vom Q-Q-Plot, dass die Abweichungen von der Normalverteilung nur minimal sind (p-Wert = 0,942).

Regressionsgleichung und Homoskedaszidität

Eine wichtige Grafik für die Überprüfung mehrerer Voraussetzungen ist der RESIDUENPLOT, bei dem die vorhergesagten Werte (x-Achse) gegen die Residuen (y-Achse) in einem Streudiagramm aufgetragen werden. Wenn in diesem Plot kein Muster erkennbar ist, sind keine Zweifel an der Erfüllung der Voraussetzungen angebracht.

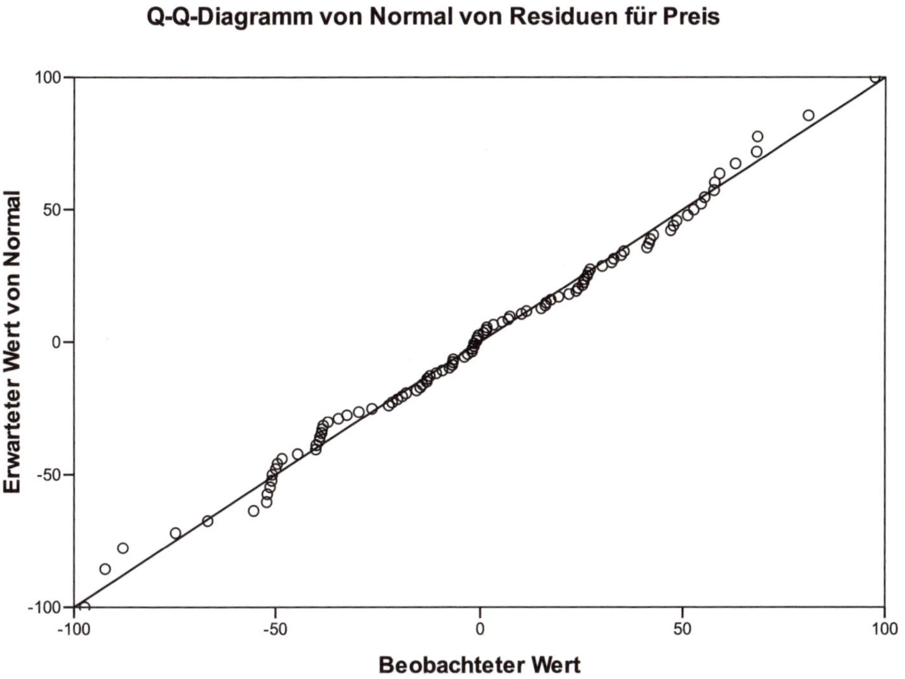

Abbildung 7.20: Q-Q-Plot der Residuen

Kolmogorov-Smirnov-Anpassungstest

		Residuen für Preis
N		100
Parameter der Normalverteilung [a,,b]	Mittelwert	,0000
	Standardabweichung	40,01969
Extremste Differenzen	Absolut	,053
	Positiv	,053
	Negativ	-,043
Kolmogorov-Smirnov-Z		,529
Asymptotische Signifikanz (2-seitig)		,942

[a] Die zu testende Verteilung ist eine Normalverteilung.
[b] Aus den Daten berechnet.

Abbildung 7.21: Kolmogorov-Smirnov-Test

Fallbeispiel 15: Interpretation der Modellüberprüfung

Sowohl der Q-Q-Plot der Residuen (Abbildung 7.20) als auch der Kolmogorov-Smirnov-Test (Abbildung 7.21) lassen keine Zweifel an der Normalverteilung der Residuen aufkommen.

Aus dem Residuenplot (► Abbildung 7.22) ist kein Muster ableitbar.

Die Voraussetzungen für die Regression sind offenbar erfüllt.

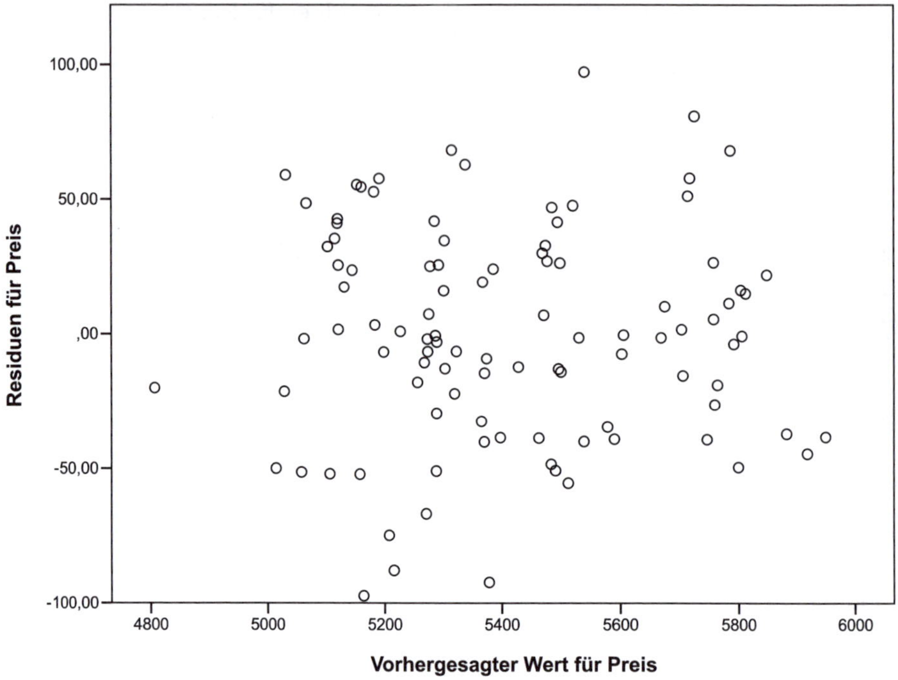

Abbildung 7.22: Residuenplot

Modellüberprüfung mit SPSS

In SPSS sind die Modellüberprüfungen leicht mit schon bekannten Befehlen zu realisieren.

- Bei der Modellschätzung können Prognosewerte und Residuen abgespeichert werden (Abschnitt 7.3).
- Das Erstellen von Q-Q-Plots und der Aufruf eines Kolmogorov-Smirnov-Tests sind in Abschnitt 6.4 behandelt worden.
- Der Residuenplot ist über ein einfaches Streudiagramm realisierbar (Abschnitt 7.1.1).

HINWEIS

Die Residuen werden in der Voreinstellung oft mit vielen Dezimalstellen gespeichert. Das hat zur Folge, dass in den Plots die Beschriftung für die Residuenachse oft auch mit vielen, aber unnützen Nachkommastellen erfolgt. Man kann das verhindern, indem man in der Variablenansicht bei den gespeicherten Residuen die Dezimalstellen reduziert. Ist der Plot schon erstellt, sollte nachträglich im Diagramm-Editor das Zahlenformat der entsprechenden Achsenbeschriftung verändert werden.

7.4.8 Typische Verletzungen von Modellannahmen

In der Mehrfachregression können die Gründe für Verletzungen von Modellvoraussetzungen sehr versteckt liegen. Im Folgenden werden anhand klarer Beispiele der

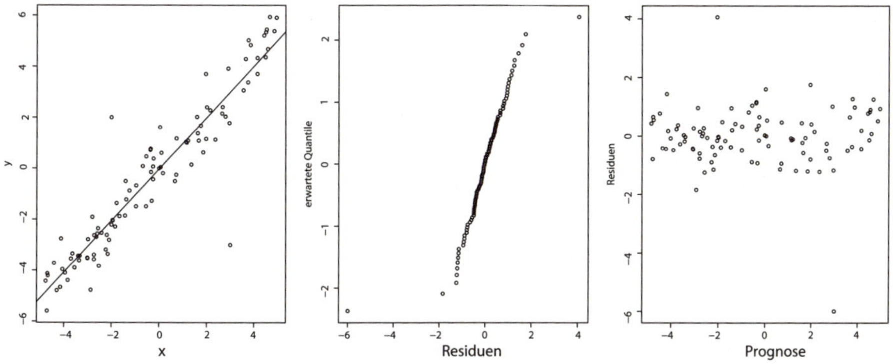

Abbildung 7.23: Ausreißer

Einfachregression, bei denen schon im Streudiagramm von erklärender und Responsevariablen die Modellverletzung ersichtlich ist, die wichtigsten Fälle von Modellverletzungen besprochen und ihre Diagnose anhand von Q-Q-Plot und Residuenplot demonstriert.

Ausreißer

Ein Datensatz ($n = 100$) mit zwei Ausreißern (▶ Abbildung 7.23) ist im Streudiagramm links dargestellt, in das auch die Regressionsgerade eingezeichnet ist. Ein Ausreißer ist unterhalb, einer oberhalb der Geraden.

Sowohl im Q-Q-Plot (mittleres Diagramm) als auch im Residuenplot sollte man erkennen, dass es zwei Beobachtungen mit vom Absolutbetrag her sehr großen Residuen gibt.

In diesem Beispiel heben sich die beiden Ausreißer in ihrer Wirkung auf die Regressionsgerade fast auf. Man kann sich aber leicht gravierendere Auswirkungen vorstellen, etwa dann, wenn die Ausreißer auf derselben Seite der Regressionsgerade liegen.

Im Regressionsmodul von SPSS können mehrere Werte gespeichert werden, die potenziellen und tatsächlichen Einfluss auf die Ergebnisse widergeben:

- Unter Distanzen können mehrere Maße ausgewählt werden, die einen Abstand einer (mehrdimensionalen) Beobachtung vom Zentrum der Daten angeben. Je höher dieser Abstand, desto größer ist auch der potenzielle Einfluss dieser Beobachtung auf die Parameterschätzer.
- Unter Einflussstatistiken gibt es mit DfBeta bzw. Standardisierte(s) DfBeta Maße, die für jede Beobachtung den Einfluss auf die einzelnen Regressionskoeffizienten angeben.

Nichtlinearer Zusammenhang

▶ Abbildung 7.24 zeigt ein Beispiel mit einem S-förmigen Zusammenhang zwischen erklärender und Responsevariablen. Die Regressionsgerade kann diesem Verlauf natürlich nicht gerecht werden. Im Q-Q-Plot (mittleres Diagramm) kommt dies allerdings nicht ans Licht. Offenbar sind die Residuen normalverteilt.

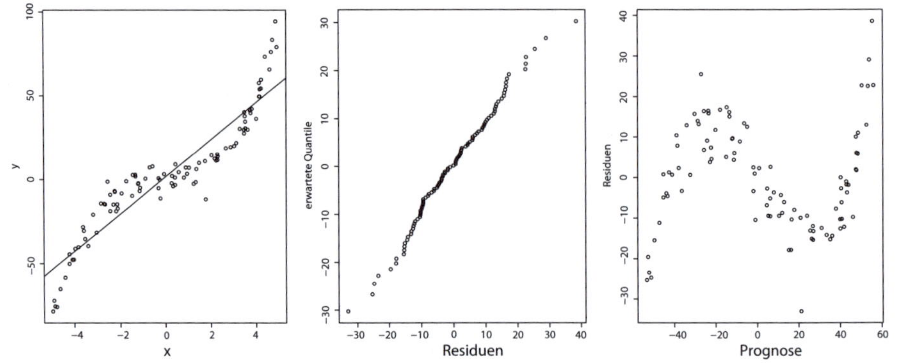

Abbildung 7.24: Nichtlinearer Zusammenhang

Der Residuenplot deckt das Manko allerdings klar auf; ein eindeutig erkennbares Muster zeigt einen nichtlinearen Zusammenhang an.

Die Daten für dieses Beispiel wurden nicht über eine Geradengleichung, sondern über ein Polynom dritter Ordnung, nämlich $y = 1 + 2 \cdot x + 0,6 \cdot x^3$ erzeugt. In Fällen wie diesen können zwei Wege beschritten werden:

- Man berechnet aus den erklärenden Variablen neue Variablen, die dem funktionalen Zusammenhang besser gerecht werden, etwa die zweiten und dritten Potenzen oder den Logarithmus der erklärenden Variablen. Diese neuen Variablen werden zusätzlich als erklärende Variablen in das Modell aufgenommen.
- In SPSS wird einem die eben geschilderte, aber etwas umständliche Arbeit abgenommen. Im Regressionsmenü können unter Kurvenanpassung... verschiedene funktionale Zusammenhänge zwischen der Response- und nur einer erklärenden Variablen untersucht werden.

Heterogene Varianzen

Im letzten Beispiel (▶ Abbildung 7.25) ist der Zusammenhang hinreichend gut durch eine Gerade beschrieben. Jedoch werden die Abweichungen von dieser Geraden größer, je weiter wir nach rechts gehen. Der Q-Q-Plot (mittleres Diagramm) zeigt ein

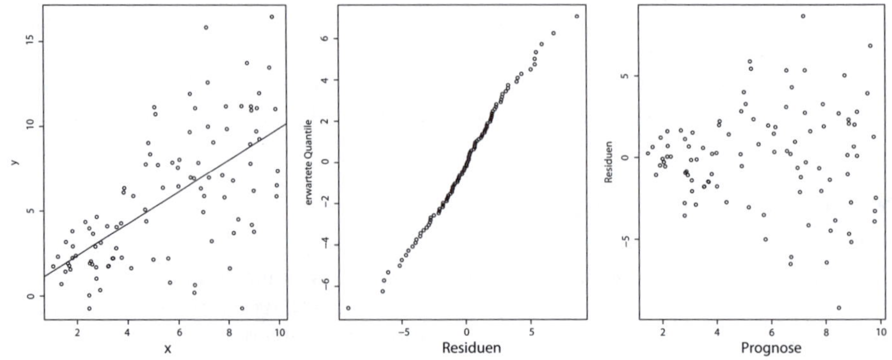

Abbildung 7.25: Heterogene Varianzen

unverdächtiges Bild, im Residuenplot (rechtes Diagramm) sticht die größer werdende Varianz ins Auge.

Das widerspricht der Annahme konstanter Varianz der Fehlerterme, man spricht von HETEROSKEDASZIDITÄT.

Allgemein gültige Rezepte für solche Fälle können nur schwer abgegeben werden; in der Literatur werden varianzstabilisierende Transformationen empfohlen Kockelkorn (2000).

7.5 Unterscheiden sich Mittelwerte zu zwei oder mehreren Zeitpunkten?

Fallbeispiel 16: Bundesliga 2007/08: Halbzeiten

Datenfile: `bl200708.sav`

Die folgende Tabelle zeigt den Endstand der 1. Fußball-Bundesliga der Saison 2007/08. Neben den üblichen Angaben enthalten die zwei letzten Spalten die erzielten Tore in den einzelnen Halbzeiten.

						Tore in Halbzeit	
Verein	**S**	**U**	**N**	**Tore**	**Punkte**	1	2
Bayern München	22	10	2	68:21	76	30	38
Werder Bremen	20	6	8	75:45	66	31	44
FC Schalke 04	18	10	6	55:32	64	29	26
Hamburger SV	14	12	8	47:26	54	20	27
VfL Wolfsburg	15	9	10	58:46	54	25	33
VfB Stuttgart	16	4	14	57:57	52	26	31
Bayer Leverkusen	15	6	13	57:40	51	21	36
Hannover 96	13	10	11	54:56	49	27	27
Eintracht Frankfurt	12	10	12	43:50	46	18	25
Hertha BSC	12	8	14	39:44	44	16	23
Karlsruher SC	11	10	13	38:53	43	7	31
VfL Bochum	10	11	13	48:54	41	27	21
Borussia Dortmund	10	10	14	50:62	40	21	29
Energie Cottbus	9	9	16	35:56	36	14	21
Arminia Bielefeld	8	10	16	35:60	34	11	24
1.FC Nürnberg	7	10	17	35:51	31	17	18
Hansa Rostock	8	6	20	30:52	30	12	18
MSV Duisburg	8	5	21	36:55	29	16	20

Werden in den Halbzeiten unterschiedlich viel Tore erzielt?

Das Interesse liegt nicht in der Frage, ob es einen Zusammenhang zwischen den erzielten Toren in den jeweiligen Halbzeiten gibt (Abschnitt 7.1). In dieser Fragestellung müssen wir auf den Unterschied zwischen den beiden Hälften eingehen.

Wie schon bei der analogen Fragestellung für kategoriale Daten (Abschnitt 5.6) liegen abhängige Stichproben vor.

7.5.1 Grafische Beschreibung

Für die grafische Beschreibung der Daten wird ein Streudiagramm verwendet, in das zusätzlich eine 45°-Gerade eingezeichnet ist. Diese Gerade gibt also jene Punkte an, bei denen der x- und y-Wert gleich sind. In diesem Beispiel also jene Mannschaften, die in der ersten Hälfte gleich viel Tore wie in der zweiten erzielt haben.

Fallbeispiel 16: Interpretation des Streudiagramms

Im Streudiagramm (▶ Abbildung 7.26) liegen die meisten Mannschaften über der eingezeichneten Geraden, zwei Mannschaften darunter.

Hannover 96 liegt genau auf der Geraden, es wurden gleich viel Tore in den beiden Halbzeiten erzielt.

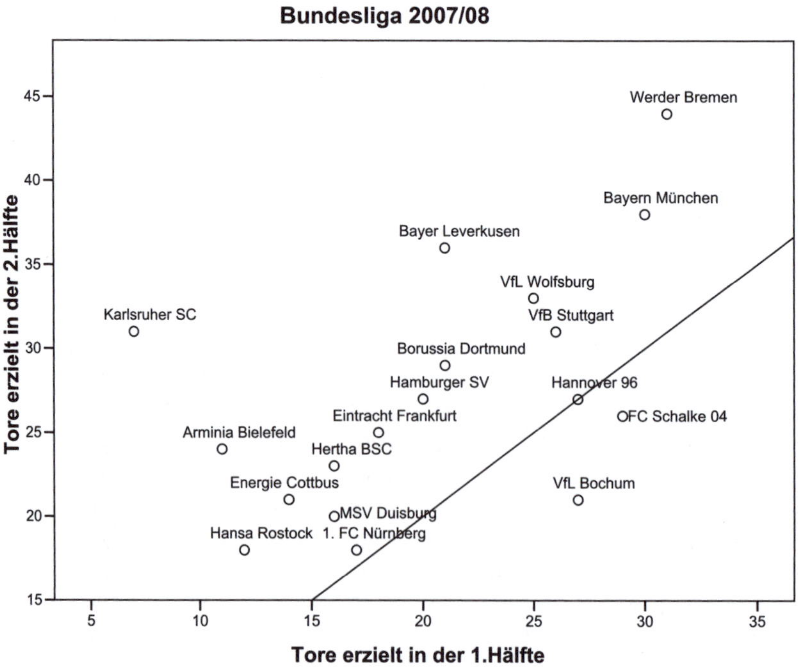

Abbildung 7.26: Streudiagramm für Bundesligatore

Schalke und Bochum liegen unter der Geraden, weil das die Mannschaften waren, die in der ersten Hälfte insgesamt mehr Tore erzielten als in der zweiten.

Alle anderen Mannschaften (insgesamt 15) haben in der zweiten Hälfte insgesamt mehr Tore erzielt, daher liegen sie über der eingezeichneten Referenzgeraden.

Ein Streudiagramm mit einer 45°-Referenzlinie kann man in SPSS dadurch erzeugen, dass man in einem ersten Schritt ein Streudiagramm erstellt und dieses dann im Viewer bearbeitet. In diesem anschließenden Bearbeitungsschritt kann über Optionen ▷ Bezugslinie aus Gleichung im Kasten Benutzerdefinierte Gleichung die Gleichung der gewünschten Geraden eingegeben werden. Für eine 45°-Gerade lautet die Gleichung y = 1 * x.

7.5.2 Analyse der Fragestellung

Wir haben Daten einer Saison zur Verfügung, die die Vermutung unterstützen, dass in der Bundesliga unterschiedlich viele Tore in den zwei Halbzeiten fallen.

Da abhängige Stichproben (oder auch verbundene Stichproben) vorliegen, kann der T-TEST FÜR ABHÄNGIGE STICHPROBEN vielleicht unsere Frage beantworten.

t-Test für abhängige Stichproben

Nullhypothese H_0: $\mu_1 = \mu_2$
Alternativhypothese H_A: $\mu_1 \neq \mu_2$ oder $\mu_1 > \mu_2$ oder $\mu_1 < \mu_2$

- $\mu_1, \mu_2 \ldots$ die unbekannten Mittelwerte der Grundgesamtheit zu den Zeitpunkten 1 und 2
- Voraussetzung für den Einsatz dieser Methode ist, dass die Differenzen normalverteilt sind.
- Da H_0 gleichbedeutend damit ist, dass $H_0 : \mu_1 - \mu_2 = 0$, besteht eine Möglichkeit zur Untersuchung der Fragestellung, die Differenzen der Beobachtungspaare zu bilden und diese Differenzen auf den Wert 0 zu testen (Abschnitt 6.3).

In SPSS wird dies insofern erleichtert, als nur die beiden Variablen mit den Beobachtungen angegeben werden müssen.

Fallbeispiel 16: Interpretation des Tests

Das Testergebnis (▸ Abbildung 7.27) umfasst drei Blöcke. Im ersten werden für die beiden Variablen einige Kennzahlen ausgegeben. Daraus kann abgelesen werden, dass in der gesamten Saison die Mannschaften durchschnittlich etwas mehr als 20 Tore in der ersten und etwas mehr als 27 Tore in der zweiten Halbzeit erzielt haben.

Der zweite Block (überschrieben mit Korrelationen bei gepaarten Stichproben) enthält die Untersuchung, ob es einen Zusammenhang zwischen den Toren in Hälfte 1 und Hälfte 2 gibt. Der Korrelationskoeffizient beträgt 0,54 und ist signifikant von 0 verschieden (*p*-Wert: 0,21). Allerdings darf dies nicht mit der Antwort auf die Fragestellung verwechselt werden. Dieses Ergebnis besagt nur, dass Mannschaften, die in der ersten Hälfte viele Tore schießen auch eher in der zweiten Hälfte oft treffen. Es sagt nichts darüber aus, wann mehr Tore fallen.

Die Antwort darauf finden wir im dritten Block (Test bei gepaarten Stichproben). Den Mittelwert der Differenzen (−6,889) hätten wir aus den Angaben des ersten Blocks auch selbst schnell bestimmen können (20,44 − 27,33), die Standardabweichung der Differenzen beträgt 6,842. Die anderen Angaben zum Test entsprechen denen des Ein-Stichproben t-Tests. $T = -4{,}272$ und $df = 17$ können als technische Details aufgefasst werden, der *p*-Wert (Sig.(2-seitig)) zeigt mit 0,001 ein signifikantes Ergebnis an.

Die Mannschaften in der deutschen Bundesliga erzielen signifikant mehr Tore in der zweiten Halbzeit.

Der dritte Block enthält noch drei weitere, weniger wichtige Spalten, die diesen Ausgabeteil zu breit für eine normale Buchseite machen. Sie wurden daher für diesen Zweck weggelassen.

Statistik bei gepaarten Stichproben

		Mittelwert	N	Standardabweichung	Standardfehler des Mittelwertes
Paaren 1	Tore erzielt in der 1.Hälfte	20,44	18	7,090	1,671
	Tore erzielt in der 2.Hälfte	27,33	18	7,170	1,690

Korrelationen bei gepaarten Stichproben

		N	Korrelation	Signifikanz
Paaren 1	Tore erzielt in der 1.Hälfte & Tore erzielt in der 2. Hälfte	18	,540	,021

Test bei gepaarten Stichproben

		Gepaarte Differenzen				
		Mittelwert	Standardabweichung	T	df	Sig. (2-seitig)
Paaren 1	Tore erzielt in der 1.Hälfte - Tore erzielt in der 2. Hälfte	-6,889	6,842	-4,272	17	,001

Abbildung 7.27: Testergebnis für Bundesligatore

SPSS

Analysieren
Mittelwerte vergleichen
T-Test bei verbundenen Stichproben...
Variablenpaar ➡ Gepaarte Variablen
(hier `Tore_1H` *und* `Tore_2H`*)*
OK

7.6 Zusammenfassung der Konzepte

Mit der Korrelation wird die Stärke des Zusammenhangs von zwei metrischen Variablen gemessen, mit der Regression wird die Form des Zusammenhangs beschrieben. Die Regression kann auf mehrere erklärende Variable erweitert werden, es können auch kategoriale Variablen als erklärende Variablen auftreten.

Wenn Unterschiede zwischen zwei Variablen, die an denselben Beobachtungseinheiten erhoben wurden, untersucht werden, kommt ein Test für verbundene Stichproben zum Einsatz.

- Streudiagramm: grafische Darstellung der Verteilung von zwei Variablen
- Korrelation: Mit Korrelationskoeffizienten wird die Stärke des Zusammenhangs von zwei Variablen beschrieben.
- Lineare Regression: Beschreibung des Zusammenhangs einer Variablen mit einer oder mehreren anderen Variablen
- Prognose: Vorhersage von erwarteten Werten einer Variablen über eine Regressionsgleichung
- Residuen: Differenz zwischen beobachteten und vorhergesagten Werten
- t-Tests für Koeffizienten: Tests zur Überprüfung, ob eine Variable Einfluss auf eine abhängige Variable hat
- t-Test für abhängige Stichproben: Test, ob sich Variablenwerte von zwei Zeitpunkten unterscheiden

7.7 Übungen

1. Sozialstaatsvolksbegehren

Im April 2002 fand in Österreich ein Volksbegehren mit dem Ziel statt, soziale Rechte in der Verfassung festzuschreiben. Da dieses Volksbegehren durch die damals oppositionelle sozialdemokratische Partei (SP) unterstützt wurde, bezeichneten Kritiker des Volksbegehrens diese Unterstützung als vorweggenommenen Wahlkampf.

Das Datenfile `volksbegehren.sav` enthält Daten zu den Ergebnissen in Wien in folgenden Variablen:

BEZIRK	Nummer des Bezirks in Wien
VB_ABS	Anzahl Unterschriften für das Volksbegehren
VB_REL	Anteil der Unterschriften an Wahlberechtigten
SP_ABS	Stimmen für die SP bei den Gemeinderatswahlen 2001
SP_REL	Stimmenanteil für die SP bei den Gemeinderatswahlen 2001

- Erstellen Sie ein Streudiagramm mit den absoluten Angaben (SP_ABS und VB_ABS) und ermitteln Sie den Korrelationskoeffizienten!
- Warum kann aus diesem Ergebnis noch nicht auf einen Zusammenhang zwischen Stärke der SP und Unterstützung für das Volksbegehren geschlossen werden?
- Führen Sie obige Untersuchung mit den relativen Angaben (SP_REL und VB_REL) durch!

2. Tennisranglisten

Von den 20 besten Nachwuchstennisspielern im Alter von 12 Jahren wurde nach acht Jahren überprüft, welchen Rang sie in der nationalen Rangliste einnehmen.

Das Datenfile tennis.sav enthält die beiden Variablen:

rang12	Ranglistenplatz in der Alterskategorie
rang20	nationaler Ranglistenplatz (Missing bedeutet Karriere beendet)

- Gibt es einen Zusammenhang zwischen der Spielstärke mit 12 Jahren und der mit 20 Jahren?

3. US-Präsidentschaftswahl 2000 in Florida

In Florida war der Ausgang der US-Präsidentschaftswahl 2000 zwischen George W. Bush und Al Gore sehr knapp und umstritten. Unter anderem wurde in einem County ein Wahlzettel verwendet, mit dem leicht statt einer Stimme für Gore eine Stimme für Buchanan abgegeben werden konnte.

Im Datenfile (florida2000.sav) sind für die 67 Counties von Florida die Stimmen für alle Kandidaten aufgelistet. Wir untersuchen die Stimmen für Bush und Buchanan.

- Identifizieren Sie im Streudiagramm den Ausreißer unter diesen Daten!
- Gibt es einen Zusammenhang zwischen der Anzahl an für Bush und Buchanan?
- Schätzen Sie (ohne den Ausreißer) die erwartete Stimmenzahl für Buchanan aus der Stimmenzahl für Bush! Wie viele Stimmen hätte man für Buchanan im Ausreißer-County erwartet?

4. MBA-Programm

Im Datenfile mba.sav sind folgende Variablen enthalten:

MBA_GPA	Punktedurchschnitt im MBA-Programm
UNDERGPA	Punktedurchschnitt im Undergraduate-Kurs
GMAT	Punktezahl im Zulassungstest
WORK	Berufserfahrung in Jahren

Die Leiterin eines MBA-Programms, das vor 20 Jahren gegründet wurde, will analysieren, welche Faktoren die Leistungen der Kursteilnehmer beeinflussen und bestimmen. Die Leistung wird durch den Punktedurchschnitt im MBA-Programm (grade point average – GPA) gemessen, als Einflussfaktoren werden der Punktedurchschnitt im Undergraduate-Kurs, die Punktezahl im Zulassungstest und die Berufserfahrung beim Eintritt in das MBA-Programm untersucht. Von 100 zufällig bestimmten MBA-Kusrsteilnehmern werden die entsprechenden Daten gesammelt.

- Finden Sie ein passendes Modell zur Prognose der Leistung im MBA-Kurs.

5. US-Masters 2008: Runde 3 und 4

- Haben die nach Teilnehmer am US-Masters 2008 (`augusta2008.sav`) die Runden 3 und 4 gleich gut absolviert (Variablen `R3` und `R4`)?

Die Datendateien sowie Lösungen finden Sie auf der Webseite des Verlags.

TEIL III

Kategoriale und metrische Daten

Metrische und kategoriale Variablen

8

ÜBERBLICK

In diesem Kapitel werden Fragestellungen untersucht, in die sowohl metrische als auch kategoriale Variablen einfließen. In den ersten Abschnitten werden wir Methoden zur Analyse, ob sich Mittelwerte oder Mediane in zwei oder mehr Gruppen unterscheiden, vorstellen. Eine metrische Variable ist dabei die abhängige Variable, für die Zuteilung der Beobachtungen zu Gruppen ist eine kategoriale Variable zuständig.

In den letzten zwei Abschnitten übernimmt die kategoriale Variable die Rolle der Responsevariablen, meist in Form einer Ja-Nein-Variablen. Als erklärende Variablen können sowohl metrische als auch kategoriale Variablen auftauchen.

8.1 Unterscheiden sich die Mittelwerte in zwei Gruppen?

Fallbeispiel 17: Aggression im Straßenverkehr

Datenfile: `aggression.sav`

Im Rahmen einer Lehrveranstaltung an der Wirtschaftsuniversität Wien wurde ein Experiment durchgeführt. An einer ampelgeregelten Kreuzung wurde ein Fahrstreifen eine Grünphase lang durch ein nicht weiterfahrendes Auto blockiert.

Das Experiment wurde an mehreren Tagen durchgeführt, nicht immer mit demselben Blockadeauto. An einigen Tagen war dies ein Ford KA, also eher ein Kleinwagen. An anderen Tagen wurde dafür ein Oberklassewagen, nämlich ein BMW X5, eingesetzt.

Beobachtet wurde hauptsächlich das Hupverhalten (Häufigkeit des Hupens, Dauer bis zum ersten Hupen, Hupdauer insgesamt) der Blockierten, natürlich gab es auch ausreichend andere Unmutsäußerungen. Dieses Hupverhalten wurde in Bezug zu anderen Variablen gesetzt; darunter das Geschlecht der Person, die das blockierte Auto lenkt, und der Status des blockierenden Fahrzeugs.

Werden unterschiedlich große Autos unterschiedlich oft angehupt?

Hier ist Häufigkeit des Hupens, mit der die blockierten AutofahrerInnen auf die Blockade geantwortet haben, die abhängige Variable. Die Angabe, ob das blockierende Auto der Ford KA oder der BMW X5 war, teilt die Beobachtungen in zwei Gruppen.

8.1.1 Grafische Beschreibung

Zur grafischen Beschreibung einer Stichprobe bei solchen Fragestellungen werden meist Boxplots verwendet. Für dieses Beispiel setzen wir ein spezielles Histogramm ein, das den Vergleich von Verteilungen einer Variablen in zwei Gruppen gestattet.

Diese Grafik (▶ Abbildung 8.1) besteht aus zwei Histogrammen, im Unterschied zum Abschnitt 6.1.1 um 90 Grad gedreht, aber mit einer gemeinsamen Variablenachse. So ist gut ersichtlich, dass das Histogramm links (BMW) kleinere Huphäufigkeiten zusammenfasst als das Histogramm rechts (KA).

Bekannt sind solche Diagramme aus der Darstellung der Altersverteilung bei Frauen und Männern (Alterspyramide). Dies gibt auch dem Galeriediagramm, das in SPSS den Histogrammtyp bestimmt, den Namen POPULATIONSPYRAMIDE.

SPSS

Diagramme

Diagrammerstellung...

in Galerie *auswählen von* Histogramm

Doppelklick auf das Galeriediagramm [Populationspyramide]

(die Vorschau erscheint in der Zeichenfläche)

Metrische Variable (hier `frequenz`*) zu* Verteilungsvariable? *ziehen*

Kategoriale Variable (hier `auto`*) zu* Teilungsvariable? *ziehen*

[OK]

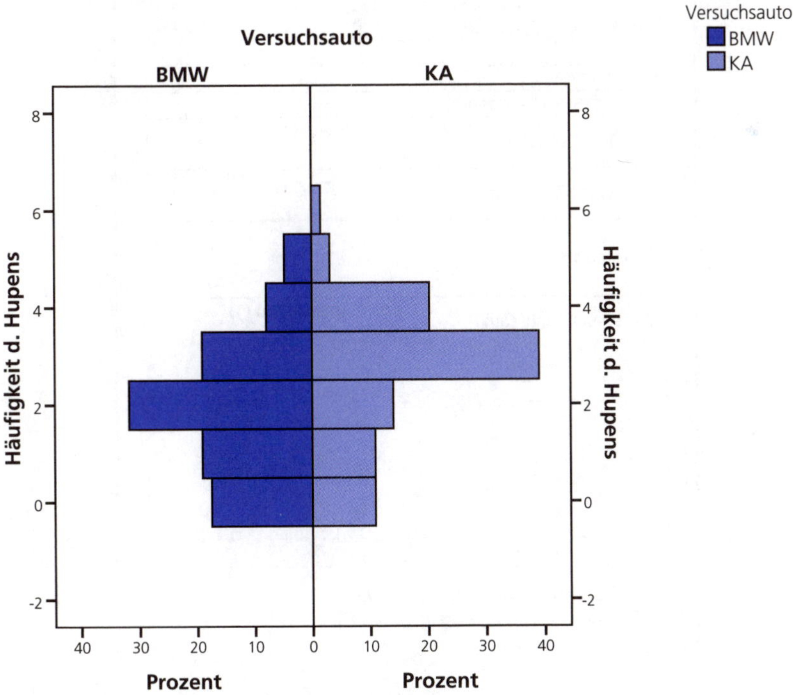

Abbildung 8.1: Histogramm der Huphäufigkeit

Mit den Standardeinstellungen wird die Achse für die Balkenhöhen mit absoluten Häufigkeiten beschriftet. Da in diesem Beispiel beide Gruppen fast gleich stark besetzt sind, wäre das völlig ausreichend. Ist dies nicht der Fall, ist eine Prozentskala wesentlich besser.

Das kann über eine nachträgliche Bearbeitung des Histogramms im Viewer erreicht werden. Unter **Bearbeiten** muss mit **Y-Achse auswählen** angegeben werden, dass eine Bearbeitung der Y-Achse erfolgen soll. In dem sich einblendenden Menü muss unter **Variablen** bei **Prozent** eingegeben werden, dass so die **Y-Achse** skaliert sein soll (▶ Abbildung 8.2).

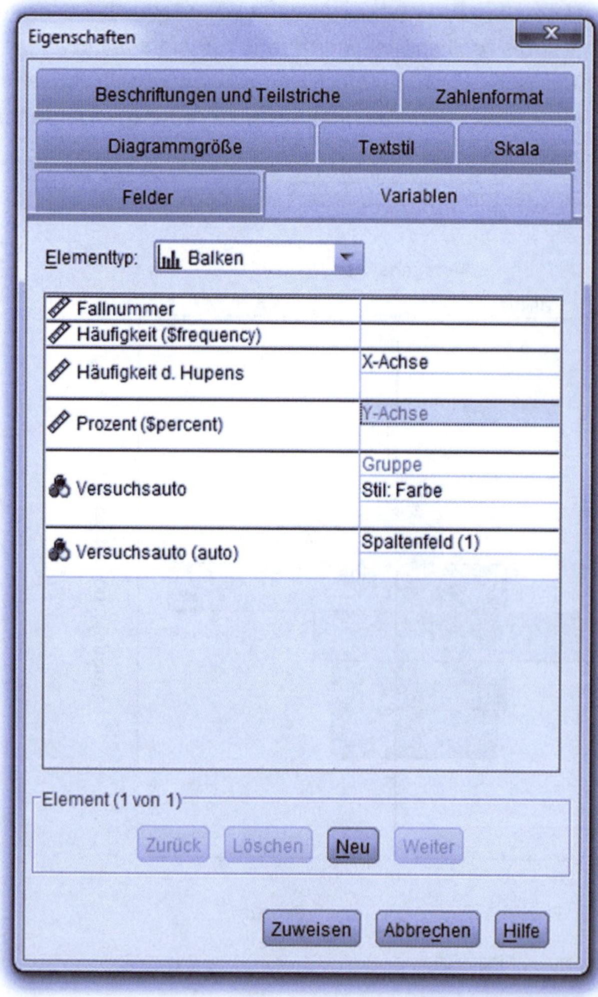

Abbildung 8.2: Menüeinstellung für Histogramm mit Prozentskala

Obwohl die Prozentskala im angezeigten Histogramm die x-Achse betrifft, muss sie im Menü für die y-Achse definiert werden. Der Grund ist wohl der, dass bei den anderen Histogrammtypen die y-Achse jeweils die absoluten oder relativen Häufigkeiten anzeigt.

8.1.2 Analyse der Fragestellung

Die Beschreibung der Stichprobe zeigt Unterschiede zwischen den beiden Gruppen. Ob diese Unterschiede so groß sind, um von signifikanten Unterschieden sprechen zu können, kann mit einem ZWEI-STICHPROBEN-T-TEST beantwortet werden.

Zwei-Stichproben-t-Test

Nullhypothese H_0: $\mu_1 = \mu_2$
Alternativhypothese H_A: $\mu_1 \neq \mu_2$ oder $\mu_1 > \mu_2$ oder $\mu_1 < \mu_2$

- $\mu_i \ldots$ der unbekannte Mittelwert der Grundgesamtheit in Gruppe i.
- Voraussetzung für den Einsatz dieser Methode ist, dass die abhängige Variable (hier die Huphäufigkeit) in beiden Gruppen normalverteilt ist oder dass aufgrund des hohen Stichprobenumfangs über den zentralen Grenzwertsatz auf Normalverteilung der Stichprobenmittel geschlossen werden kann.
- Es gibt einen t-Test unter der Annahme gleicher Varianzen in den beiden Gruppen ($\sigma_1^2 = \sigma_2^2$) und einen unter der Annahme ungleicher Varianzen ($\sigma_1^2 \neq \sigma_2^2$).

In SPSS ist dem eigentlichen t-Test ein Test zur Überprüfung der Varianzgleichheit in den zwei Gruppen, der LEVENE-TEST, vorgelagert. In Abhängigkeit von der Entscheidung nach diesem Test wird das Ergebnis eines der beiden ausgewerteten t-Tests interpretiert.

Fallbeispiel 17: Interpretation des t-Tests

Die Fragestellung im Einleitungsbeispiel entspricht der zweiseitigen Alternativhypothese $H_A : \mu_1 \neq \mu_2$.

Das Histogramm (Abbildung 8.1) verdeutlicht, dass in der Stichprobe blockierende BMWs seltener (weit mehr als die Hälfte höchstens zweimal) angehupt wurden als Ford KAs (weit mehr als die Hälfte mindestens dreimal).

Der Output des t-Tests (▶ Abbildung 8.3) gibt in seinem ersten Teil (Gruppenstatistiken) eine Kurzbeschreibung der beiden Gruppen. Aus dieser ist ersichtlich, dass ein blockierender BMW durchschnittlich weniger als zweimal angehupt wurde, bei einem blockierenden Ford KA war der Durchschnitt 2,63.

Im folgenden zweiten Teil des Outputs (Test bei unabhängigen Stichproben) enthalten die ersten zwei Spalten das Ergebnis des Levene-Tests der Varianzgleichheit). Der p-Wert ist mit 0,685 so, dass kaum Zweifel an der Nullhypothese (gleiche Varianzen in den beiden Gruppen) aufkommen. Damit können wir uns in der

Interpretation des restlichen Outputs auf die erste Zeile (Varianzen sind gleich) beschränken. Der p-Wert des t-Tests (Sig. (2-seitig)) zeigt mit 0,007 ein signifikantes Ergebnis an.

Blockierende BMWs werden signifikant weniger oft angehupt als Ford KAs. Die Vermutung, dass dies mit der Größe und damit verbunden dem Status des Autos zu tun hat, liegt nahe. Es würde aber ähnliche Experimente mit anderen Automarken benötigen, um diesen Einfluss nachzuweisen.

HINWEIS

Der zweite Ausgabeblock (Test bei unabhängigen Stichproben) enthält noch vier weitere, weniger wichtige Spalten, die diesen Ausgabeteil zu breit für eine normale Buchseite machen. Sie wurden daher für diesen Zweck weggelassen.

In SPSS geschieht der Aufruf des t-Tests nach:

SPSS

Analysieren
  Mittelwerte vergleichen
    T-Test bei unabhängigen Stichproben...
      Metrische Variable (hier `frequenz`*)* ➡ Testvariable(n)
      Variable (hier `auto`*) für Gruppendefinition* ➡ Gruppenvariable
      Unter [Gruppen def. ...] *erfolgt die Definition der Gruppen*
        (hier die Werte 1 und 2 für Gruppe 1 *und* Gruppe 2*)*
        [Weiter]
      [OK]

Gruppenstatistiken

	Versuchsauto	N	Mittelwert	Standard-abweichung	Standardfehler des Mittelwertes
Häufigkeit d. Hupens	BMW	63	1,95	1,361	,171
	KA	64	2,63	1,386	,173

Test bei unabhängigen Stichproben

		Levene-Test der Varianzgleichheit		T-Test für die Mittelwertgleichheit		
		F	Signifikanz	T	df	Sig. (2-seitig)
Häufigkeit d. Hupens	Varianzen sind gleich	,165	,685	-2,759	125	,007
	Varianzen sind nicht gleich			-2,759	125,00	,007

Abbildung 8.3: Test für den Mittelwertvergleich

Die Gruppendefinition kann auch über einen Trennwert einer Variablen erfolgen. Wenn etwa untersucht werden soll, ob höchstens 40-Jährige öfter hupen, so könnte der entsprechende Trennwert für die Variable `alter` angegeben werden.

8.2 Unterscheidet sich die Lage einer Variablen zwischen zwei Gruppen?

Fallbeispiel 18: Tore in England und Spanien

Datenfile: `fussball-tore.sav`

Im Datenfile sind von mehreren Ländern zusammenfassend die Ergebnisse der Mannschaften der jeweils höchsten Spielklasse im Fußball in der Saison 2007/08 angeführt.

Zwei der stärksten europäischen Ligen sind die englische und die spanische. Während die englische Premier League bekannt für Kampfgeist und Härte ist, gilt die spanische Primera Division als sehr spielstark mit offensiv ausgerichteten Mannschaften.

Werden in der Topliga Spaniens mehr Tore als in der Englands geschossen?

Da in beiden Ligen jeweils gleich viel Mannschaften antreten und diese daher auch gleich viel Spiele in der Meisterschaft absolvieren, können wir direkt die Anzahl erzielter Tore (Variable `erzielt`) untersuchen.

8.2.1 Grafische Beschreibung

Das Zweigruppenhistogramm (Abschnitt 8.1) kann hier nicht gut eingesetzt werden, da nur jeweils 20 Beobachtungen pro Gruppe vorliegen, für ein gutes Histogramm zu wenig. Eine andere und bei Gruppenvergleichen fast immer eingesetzte Methode sind PARALLELE BOXPLOTS. Bei ihnen werden Boxplots für jede Gruppe so nebeneinander gestellt, dass über eine gemeinsame Skala ein guter grafischer Vergleich wichtiger Verteilungsaspekte möglich ist.

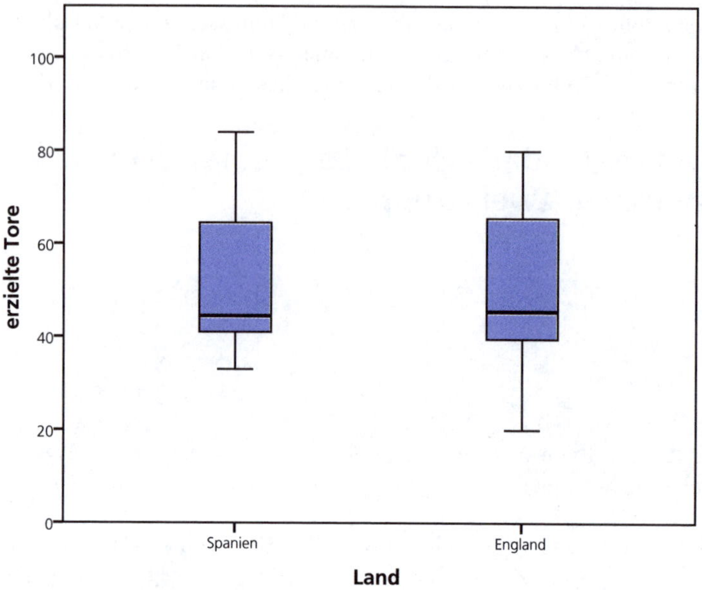

Abbildung 8.4: Boxplot der erzielten Tore

Erstellen paralleler Boxplots in SPSS

SPSS

Diagramme
Diagrammerstellung...
in Galerie *auswählen von* Boxplot
Doppelklick auf das Galeriediagramm [Einfacher Boxplot]
(die Vorschau erscheint in der Zeichenfläche)
Metrische Variable (hier `erzielt`*) in das Feld* Y-Achse? *ziehen*
Gruppenvariable (hier `Land`*) in das Feld* X-Achse? *ziehen*
[OK]

Das Datenfile enthält Ergebnisse aus acht Ländern. Boxplots von nur zweien davon sollen angezeigt werden. Die vorhin angegebene Befehlsfolge würde dies bewirken, allerdings mit dem unerwünschten Nebeneffekt, dass auf der *x*-Achse auch Labels für alle acht Länder aufscheinen, obwohl nur zwei Boxplots vorhanden sind.

Möglichkeiten, dieses Manko auszugleichen oder die Reihenfolge der Boxplots (in diesem Beispiel also der angezeigten Länderboxplots) selbst festzulegen, sind:

- Direkt bei der Diagrammerstellung:
  Elementeigenschaften ▷ Eigenschaften bearbeiten von: Auswahl der X-Achse
  Unter Kategorien und Reihenfolge kann angegeben werden, welche Boxplots überhaupt und in welcher Reihenfolge angezeigt werden sollen.

- Nachträglich im Viewer (nach Doppelklick auf die Grafik):
  Bearbeiten ▷ X-Achse auswählen
  Im sich öffnenden Menü kann unter Kategorien und Reihenfolge wie vorhin die gewünschte Auswahl getroffen werden.

8.2.2 Analyse der Fragestellung

Zur Untersuchung der Fragestellung kommt der Zwei-Stichproben-t-Test kaum in Frage. Eine Voraussetzung für dessen Einsatz ist die Normalverteilung in beiden Gruppen. Der Boxplot (▶ Abbildung 8.4) deutet aber auf jeweils schiefe Verteilungen hin. Da auch der Stichprobenumfang nicht sehr hoch ist, kann auch nicht über den zentralen Grenzwertsatz auf Normalverteilung des Stichprobenmittels gesetzt werden.

In solchen Fällen können nichtparametrische Tests einen Ausweg öffnen, in diesem Fall der MANN-WHITNEY-U-TEST oder kurz U-TEST. Statt mit den eigentlichen Werten arbeitet dieser mit Rangzahlen. Aus der gemeinsamen Stichprobe beider Gruppen werden diese Rangzahlen bestimmt. Wenn die Verteilung in beiden Gruppen gleich ist, sollten auch in den Stichproben die mittleren Rangzahlen beider Gruppen in etwa gleich sein.

Mann-Whitney-U-Test

Nullhypothese H_0: In beiden Gruppen ist die Verteilung gleich.

Alternativhypothese H_A: Die Verteilungen sind in der Lage verschoben, also
$\tilde{x}_1 \neq \tilde{x}_2$ oder $\tilde{x}_1 > \tilde{x}_2$ oder $\tilde{x}_1 < \tilde{x}_2$.

- $\tilde{x}_i \ldots$ Median der Grundgesamtheit in Gruppe i.
- Voraussetzung für den Einsatz dieser Methode ist, dass die abhängige Variable (hier die erzielten Tore) mindestens ordinal skaliert ist. Sie ist also auch in Fällen mit schiefen Verteilungen oder Verteilungen mit Ausreißern einsetzbar.

Nach einer passenden Datenauswahl, also der Einschränkung auf die Ligen in England und Spanien durch die Variable `Land`, kann der U-Test in SPSS folgendermaßen angefordert werden:

SPSS

Analysieren
Nichtparametrische Tests
Unabhängige Stichproben…
unter Ziel *Markieren von*
Verteilungen zwischen Gruppen automatisch vergleichen
unter Felder *Markieren von*
Benutzerdefinierte Feldzuweisungen verwenden
passende Variable [➡] Testfelder:
hier: `erzielt`
Gruppenvariable [➡] Gruppen:
hier: `Land`
[Ausführen]

Mann-Whitney-U-Test unabhängiger Stichproben

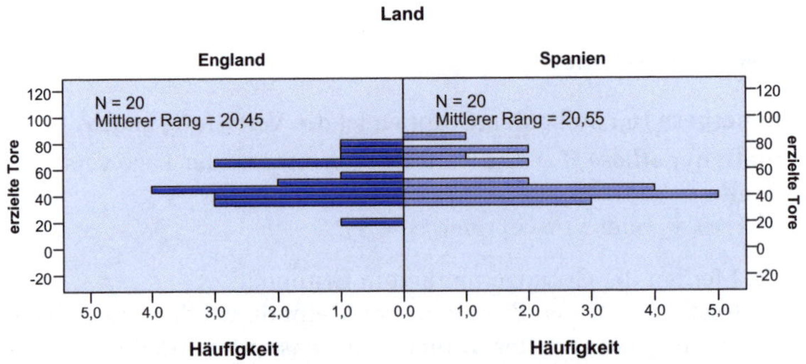

Gesamtanzahl	40
Mann-Whitney-U	199,000
Wilcoxon-W	409,000
Teststatistik	199,000
Standardfehler	36,927
Standardisierte Teststatistik	-,027
Asymptotische Sig. (zweiseitiger Test)	,978

Abbildung 8.5: U-Test der erzielten Tore

Im Ausgabefenster erscheint nur eine grobe Zusammenfassung des Tests, erst ein Doppelklick auf dieses führt in der Zusatzansicht zu genaueren Angaben für den Test (► Abbildung 8.5). Zunächst wird ein Zweigruppenhistogramm mit der Torverteilung in der englischen und spanischen Liga geboten. Dieser Darstellung sollten wir nicht viel Bedeutung beimessen. Es sind aus jeder Liga nur jeweils 20 Beobachtungen vorhanden, daher ist ein Histogramm mit zehn Klassen eine zu feine Einteilung dieser wenigen Beobachtungen. Nach dem Histogramm folgt der eigentliche Output zum U-Test.

Fallbeispiel 18: Interpretation des U-Tests

Die Fragestellung im Einleitungsbeispiel entspricht der einseitigen Alternativhypothese $\mathrm{H}_A : \tilde{x}_{Spa} > \tilde{x}_{Eng}$.

Der Boxplot (Abbildung 8.4) zeigt, dass das Maximum an erzielten Toren in Spanien höher als das in England ist und das Minimum in England unter dem in Spanien liegt. Nimmt man jedoch den Median als Repräsentanten, sind die Unterschiede nur minimal.

Der U-Test (Abbildung 8.5) unterstützt diesen Eindruck. Die mittlere Rangzahl ist in beiden Gruppen (20,55 bzw. 20,45) fast identisch.

Das eigentliche Testergebnis ist im zweiten Block enthalten. Das Wilcoxon-W gibt die aufsummierten Ränge ($W = 409$) der Gruppe an, in der diese Rangsumme kleiner ist (England). Das Mann-Whitney-U steht mit W funktional in Beziehung $U = W - (20 + 1) \cdot 20/2 = 409 - 210 = 199$ (20 ist der Stichprobenumfang der England-Gruppe).

Die Transformation der Teststatistik auf eine approximativ standardnormalverteilte Zufallsvariable gibt Standardisierte Teststatistik mit dem Wert −0,027 an. Der daraus berechnete p-Wert (Asymptotische Sig. (zweiseitiger Test)) ist mit 0,978 sehr hoch.

Angegeben sind nur die p-Werte des zweiseitigen Tests. Da die Fragestellung aber einseitig gestellt ist, müssen wir noch die Frage der einseitigen p-Werte klären. In der Stichprobe ist es so, dass in Spanien etwas mehr Tore als in England fallen. Da dies die Richtung der Alternativhypothese ist, können wir den zweiseitigen p-Wert halbieren und erhalten somit als einseitigen p-Wert $0{,}978/2 = 0{,}489$.

In der obersten Spielklasse werden in Spanien nicht mehr Tore als in England geschossen.

8.3 Unterscheiden sich die Mittelwerte mehrerer Gruppen?

Fallbeispiel 19: Intelligenz bei Schülern

Datenfile: `k-abc.sav`

In einer Studie wurden bei 149 Schülern Fertigkeiten und Intelligenz mit dem K-ABC-Test (Kaufman Assessment Battery for Children) gemessen. Die Schüler waren in der dritten, fünften oder siebten Schulstufe.

Gibt es Unterschiede im Testergebnis zwischen den drei Schulstufen?

Die Fragestellung ist ähnlich der aus den zwei vorigen Abschnitten, der Unterschied liegt nur in der Anzahl der Gruppen. Die bisher vorgestellten Methoden (t-Test und U-Test) sind auf zwei Gruppen beschränkt.

Der Zugang bei mehr als zwei Gruppen, alle paarweisen Vergleiche zwischen zwei Gruppen mittels t-Test oder U-Test anzustellen, ist nicht zulässig. Die Anzahl notwendiger Tests steigt stark mit der Anzahl vorhandener Gruppen; bei fünf Gruppen wären schon zehn einzelne Tests notwendig und die Gefahr zufällig auftretender signifikanter Ergebnisse wäre groß. Man spricht auch davon, dass das Signifikanzniveau nicht eingehalten werden kann.

8.3.1 Grafische und numerische Beschreibung

Bevor inferenzstatistische Methoden eingesetzt werden, soll immer ein Blick auf die Daten geworfen werden. Bei mehr als zwei Gruppen kommen Histogramme in Form von Populationspyramiden (Abschnitt 8.1) nicht mehr in Frage. Fast ausschließlich werden Boxplots verwendet.

Für diese Daten (▶ Abbildung 8.6) weist der Boxplot für keine Schulstufe besondere Auffälligkeiten aus. Nur für die niedrigste Schulstufe wird ein moderater Ausreißer angezeigt (in Zeile 8 des Datenfiles).

Um zu den wichtigsten Maßzahlen jeder Gruppe zu gelangen, stehen mehrere Wege zur Verfügung. Eine Zusammenfassung in einer kleinen Tabelle (▶ Abbildung 8.7) erhält man nach:

SPSS

Analysieren
Tabellen
Benutzerdefinierte Tabellen...
passende Variablen in die Felder Spalten *und* Zeilen *ziehen (hier* `kabc` *und* `klasse`*)*
(Tabelle in Vorschau hat Anzahl *als Voreinstellung)*
unter Auswertungsstatistik... *Auswahl aus vielen Maßzahlen*
[OK]

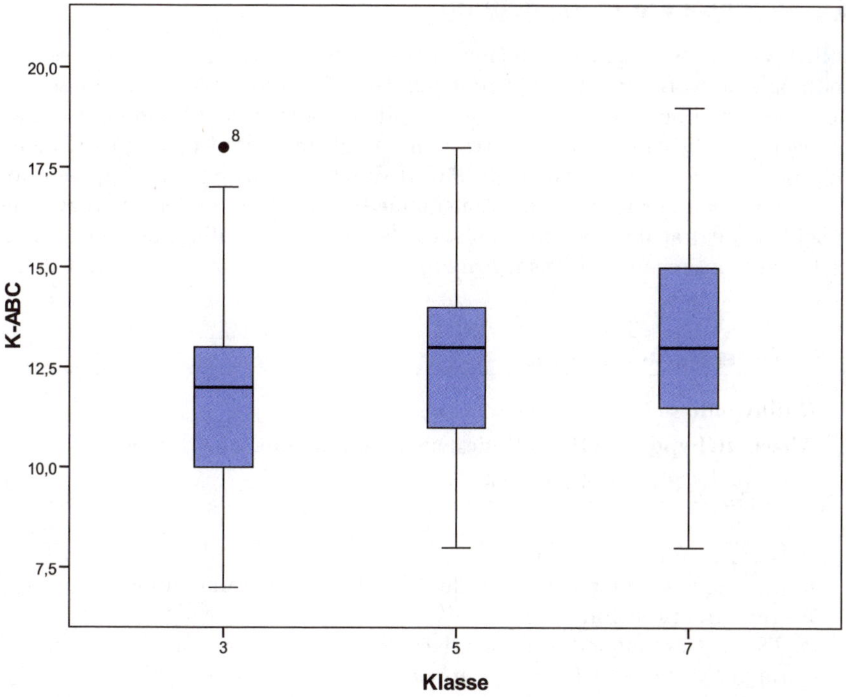

Abbildung 8.6: Boxplot der K-ABC-Daten

		K-ABC			
		Anzahl	Mittelwert	Median	Standard-abweichung
Klasse	3	56	11,8	12,0	2,38
	5	54	12,8	13,0	2,50
	7	39	13,1	13,0	2,83

Abbildung 8.7: Maßzahlen der K-ABC-Daten

Eine umfangreichere Liste – aus Platzgründen ist sie hier nicht angeführt – kann folgendermaßen angefordert werden:

SPSS

Analysieren
Deskriptive Statistiken
Explorative Datenanalyse...
Metrische Variable (hier `kabc`*)* ➡ Abhängige Variablen:
Kategoriale Variable (hier `klasse`*)* ➡ Faktorenliste:
[OK]

8.3.2 Analyse der Fragestellung

Ähnlich wie bei der Regressionsanalyse (Abschnitt 7.2) erfolgt auch bei dieser Fragestellung eine Aufteilung von Quadratsummen. Wird ein Mittelwert für alle Beobachtungen berechnet und die Summe von allen quadrierten Abständen der Beobachtungen von diesem Mittelwert bestimmt, erhält man die Gesamtquadratsumme (TSS). Ersetzt man den globalen Mittelwert durch den jeweiligen Gruppenmittelwert, kommt man zur Residuenquadratsumme (RSS). Ist der Unterschied zwischen den beiden Quadratsummen groß, so ist es also besser, von nicht identen Gruppenmittelwerten auszugehen. Diesem Prinzip folgt die VARIANZANALYSE mit dem F-TEST.

F-Test der Varianzanalyse

Nullhypothese H$_0$: $\mu_1 = \mu_2 = \cdots = \mu_g$

Alternativhypothese H$_A$: Mindestens zwei μ_is unterscheiden sich.

$$F = \frac{(TSS - RSS)/(g-1)}{RSS/(n-g)} \tag{8.1}$$

- g ... Anzahl der Gruppen
- μ_i ... unbekannter Mittelwert der Grundgesamtheit in Gruppe i
- n ... Stichprobenumfang
- TSS ... Gesamtquadratsumme, berechnet auf der Basis eines gemeinsamen Mittelwerts für alle Gruppen
- RSS ... Residuenquadratsumme, berechnet auf der Basis separater Mittelwerte für jede Gruppe
- Unter der Nullhypothese folgt die Teststatistik einer F-Verteilung.
- Voraussetzung für den Einsatz dieser Methode ist, dass die abhängige Variable (hier die K-ABC-Ergebnisse) in allen Gruppen (hier in allen Klassen) normalverteilt mit gleicher Varianz ist.

Vom Boxplot (Abbildung 8.6) her spricht nichts gegen den Einsatz der Varianzanalyse. Die Verteilung in den Gruppen ist einigermaßen symmetrisch, die Streuung ist ähnlich in allen drei Gruppen.

Der Levene-Test zur Überprüfung, ob die Varianzen in den Gruppen gleich sind, kann separat angefordert werden. Für dieses Beispiel (▶ Abbildung 8.8) wird mit dem p-Wert von 0,635 grünes Licht für den Einsatz der Varianzanalyse gegeben.

Test der Homogenität der Varianzen

K-ABC

Levene-Statistik	df1	df2	Signifikanz
,456	2	146	,635

Abbildung 8.8: Levene-Test auf homogene Varianzen

ONEWAY ANOVA

K-ABC

	Quadratsumme	df	Mittel der Quadrate	F	Signifikanz
Zwischen den Gruppen	49,139	2	24,570	3,784	,025
Innerhalb der Gruppen	948,028	146	6,493		
Gesamt	997,168	148			

Abbildung 8.9: ANOVA der K-ABC-Daten

In **SPSS** ist der F-Test im Block **Oneway ANOVA** (► Abbildung 8.9) enthalten. In der Spalte **Quadratsumme** finden sich in der Zeile **Innerhalb der Gruppen** die Residuenquadratsumme (948,028) und in der Zeile **Gesamt** die Gesamtquadratsumme (997,168).

Der Wert der Teststatistik aus 8.1 (3,784) ist in Spalte **F**, der *p*-Wert in Spalte **Signifikanz** (0,025).

Fallbeispiel 19: Interpretation der Varianzanalyse

Aufgrund des Levene-Tests (Abbildung 8.8) kann angenommen werden, dass sich in den drei Gruppen die Varianzen nicht unterscheiden. Damit ist eine wichtige Voraussetzung für die Anwendung der Varianzanalyse erfüllt.

Die Varianzanalyse selbst (Abbildung 8.9) zeigt mit einem *p*-Wert von 0,025 ein signifikantes Resultat an.

Die durchschnittlichen K-ABC-Testergebnisse sind also nicht in allen Schulstufen gleich.

8.3.3 Post-hoc-Tests

Ein Fehlschluss aus obigem Ergebnis wäre, Unterschiede zwischen allen Gruppen anzunehmen. Das kann, muss aber nicht der Fall sein. In der Alternativhypothese werden nur Mittelwertsunterschiede zwischen mindestens zwei Gruppen behauptet.

Die Frage, welche Gruppen sich nun in den Mittelwerten unterscheiden, helfen, POST-HOC-TESTS zu beantworten. In **SPSS** stehen mehr als zehn unterschiedliche Methoden für Post-hoc-Tests zur Auswahl. Manche sind nur bei bestimmten Datenlagen (etwa gleich viel Beobachtungen in jeder Gruppe) einsetzbar, manche werden dann empfohlen, wenn man nur an Unterschieden zwischen bestimmten (nicht allen) Gruppen interessiert ist.

Wir empfehlen den STUDENT-NEWMAN-KEULS-TEST oder kurz S-N-K-TEST. Bei diesem werden die Gruppen nach der Größe der Mittelwerte sortiert und t-Tests zwischen Gruppen durchgeführt, die sich stark in den Mittelwerten unterscheiden. Ist ein solches Testergebnis nicht signifikant, werden die t-Tests für dazwischenliegende Gruppen nicht mehr gerechnet.

Für die K-ABC-Daten gibt der Student-Newman-Keuls-Test (► Abbildung 8.10) den Eindruck wieder, den schon der Boxplot (Abbildung 8.6) vermittelt hat. Die Schüler der dritten Schulstufe haben schlechter abgeschnitten als die der fünften und siebten. Die zwei oberen Schulstufen unterscheiden sich nicht signifikant (*p*-Wert = 0,589) im Testergebnis.

Die Varianzanalyse kann in SPSS folgendermaßen aufgerufen werden:

SPSS

Analysieren
  Mittelwerte vergleichen
    Einfaktorielle ANOVA...
      Metrische Variable (hier `kabc`*)* [➡] Abhängige Variablen:
      Variable für Gruppendefinition (hier `klasse`*)* [➡] Faktor:
      unter [Optionen...]
        Levene-Test durch Test auf Homogenität der Varianzen [✓]
        [Weiter]
      unter [Post hoc...]
        Auswahl von Post-Hoc-Tests
        [Weiter]
      [OK]

K-ABC

	Klasse	N	Untergruppe für Alpha = 0.05. 1	2
Student-Newman-Keuls-Prozedur[a,b]	3	56	11,75	
	5	54		12,80
	7	39		13,08
	Signifikanz		1,000	,589

[a] Verwendet ein harmonisches Mittel für Stichprobengröße = 48,374.
[b] Die Gruppengrößen sind nicht identisch. Es wird das harmonische Mittel der Gruppengrößen verwendet. Fehlerniveaus des Typ I sind nicht garantiert.

Abbildung 8.10: Post-hoc-Test. Die Mittelwerte für die in homogenen Untergruppen befindlichen Gruppen werden angezeigt

8.4 Unterscheidet sich die Lage einer Variablen zwischen mehreren Gruppen?

Fallbeispiel 20: Tore in drei Fußballmeisterschaften

Datenfile: `fussball-tore.sav`

Wir haben schon die höchsten Spielklassen Englands und Spaniens verglichen (Abschnitt 8.2). Jetzt sind die obersten Ligen Deutschlands, Frankreichs und der Niederlande in unserem Blickpunkt.

Gibt es Unterschiede zwischen den drei Ligen in der Anzahl erzielter Tore?

Bevor wir uns kopfüber in die Auswertung stürzen, soll eine kleine Überlegung angestellt werden. Im Datenfile sind die erzielten Tore im Laufe einer Meisterschaft enthalten. In Frankreich sind 20 Mannschaften in der obersten Liga, somit werden 38 Runden gespielt. In Deutschland und den Niederlanden sind es nur 18 Mannschaften und 34 Runden. Der einfachste Weg, um zu einer gemeinsamen Basis zu kommen, ist die Auswertung der durchschnittlich erzielten Tore pro Spiel (in der Variablen `Tore` gespeichert).

Wir verzichten auf die Erstellung eines eigenen Boxplots und verweisen auf den beim noch zu besprechenden Test mitgelieferten Boxplot (▶ Abbildung 8.12). Dieser warnt uns vor der Anwendung der normalen Varianzanalyse. Für Frankreich wird ein, für die Niederlande werden zwei Ausreißer angezeigt.

Da nicht viele Beobachtungen in den Gruppen vorliegen, ist die Auswirkung dieser Ausreißer auf die normale Varianzanalyse sehr stark. Wie schon beim U-Test (Abschnitt 8.2) ist der Ausweg das Ersetzen der eigentlichen Werte durch deren Rangzahlen; wir erhalten so den KRUSKAL-WALLIS-TEST.

Kruskal-Wallis-Test

Nullhypothese H_0: In allen Gruppen ist die Verteilung gleich.

Alternativhypothese H_A: Mindestens zwei Gruppen haben in der Lage verschobene Verteilungen, also mindestens zwei Mediane unterscheiden sich $\tilde{x}_l \neq \tilde{x}_m$.

- $\tilde{x}_i \ldots$ Median der Grundgesamtheit in Gruppe i
- Voraussetzung für den Einsatz dieser Methode ist, dass die abhängige Variable (hier die durchschnittlich erzielten Tore) mindestens ordinal skaliert ist. Sie ist also auch in Fällen mit schiefen Verteilungen oder Verteilungen mit Ausreißern einsetzbar.

Wie bei nichtparametrischen Tests üblich, ist der erscheinende Output im Ausgabefenster sehr knapp gehalten (▶ Abbildung 8.11). Erst ein Doppelklick auf diesen

Übersicht über Hypothesentest

	Nullhypothese	Test	Sig.	Entscheidung
1	Die Verteilung von Tore ist über Kategorien von Land gleich.	Kruskal-Wallis-Test unabhängiger Stichproben	,006	Nullhypothese ablehnen.

Asymptotische Signifikanzen werden angezeigt. Das Signifikanzniveau ist ,05.

Abbildung 8.11: Kruskal-Wallis-Test der erzielten Tore

Output öffnet die **Modellanzeige**. Diese enthält neben einem Boxplot die eigentlichen Ergebnisse des Kruskal-Wallis-Tests.

Kruskal-Wallis-Test unabhängiger Stichproben

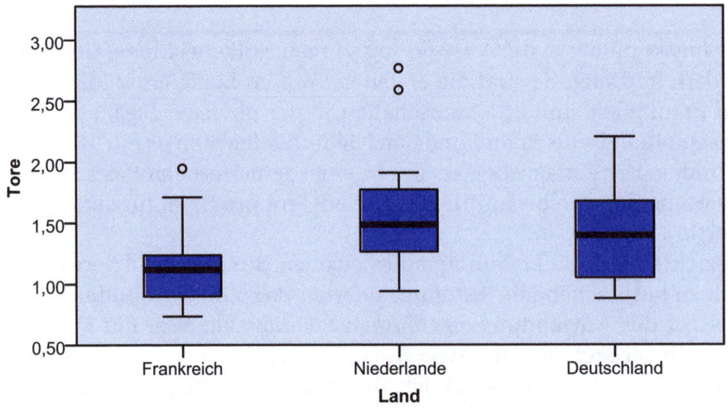

Gesamtanzahl	56
Teststatistik	10,309
Freiheitsgrade	2
Asymptotische Sig. (zweiseitiger Test)	,006

1. Die Teststatistik wird auf Bindungen angepasst.

Abbildung 8.12: Kruskal-Wallis-Test der erzielten Tore

Fallbeispiel 20: Interpretation

Wenn wir im Boxplot (Abbildung 8.12) jeweils den Median zum Vergleich der drei Ligen heranziehen, scheint Frankreich gegenüber Deutschland und den Niederlanden im Torschnitt pro Spiel abzufallen.

Die Angaben zum Test bestehen aus dem Stichprobenumfang (Gesamtzahl), dem Wert der Teststatistik (10,309), der Angabe der Freiheitsgrade (Gruppenanzahl – 1, also 2) und dem *p*-Wert, unter Asymptotische Sig. zu finden. Mit 0,006 zeigt der *p*-Wert ein klar signifikantes Ergebnis an. Post-hoc-Tests wie in der Varianzanalyse stehen hier nicht zur Verfügung. Der Boxplot hilft aber bei der Suche nach großen Unterschieden.

In den drei Ligen werden durchschnittlich nicht gleich viel Tore erzielt. Frankreich hinkt in der Torhäufigkeit hinter Deutschland und den Niederlanden her.

Wenn durch eine entsprechende Auswahl der Daten dafür gesorgt ist, dass nur die drei besprochenen Ligen verglichen werden, kann der Aufruf des Kruskal-Wallis-Tests durch folgende Menüeinstellungen erfolgen:

SPSS

Analysieren
- Nichtparametrische Tests
  - Unabhängige Stichproben...
    - *unter* Ziel *Markieren von*
      - Verteilungen zwischen Gruppen automatisch vergleichen
    - *unter* Felder *Markieren von*
      - Benutzerdefinierte Feldzuweisungen verwenden
      - *passende Variable* [➡] Testfelder:
      - *hier:* `Tore`
      - *Gruppenvariable* [➡] Gruppen:
      - *hier:* `Land`
    - [Ausführen]

8.5 Wie wirken zwei kategoriale Variablen kombiniert auf Mittelwerte?

Fallbeispiel 21: Aggression im Straßenverkehr

Datenfile: `aggression.sav`

Wir haben schon für den t-Test (Abschnitt 8.1) das Beispiel mit den Reaktionen auf eine blockierte Kreuzung vorgestellt. Ging es dort um die Huphäufigkeit, konzentrieren wir uns in diesem Abschnitt auf die Dauer bis zum ersten Hupen.

Diese abhängige Variable stellen wir in Bezug zur Marke des Blockadeautos (Ford KA oder BMW X5) und zum Geschlecht der Person, die den blockierten Wagen lenkt.

Wie hängt die Dauer bis zum ersten Hupen von den beiden Faktoren ab?

8.5.1 Numerische und grafische Beschreibung

Da die Dauer bis zum ersten Hupen nur bei jenen sinnvolle Werte annimmt, die überhaupt gehupt haben, ist eine erste Aufgabe die Auswahl nur dieser Fälle für die weitere Analyse.

Beide Faktoren haben jeweils nur zwei Stufen (Geschlecht mit Mann-Frau, Versuchsauto mit BMW-KA); insgesamt liegen also vier Gruppen vor. Da die Aufgabe darin besteht, die Mittelwerte in diesen Gruppen auf ihre Abhängigkeit von den Faktoren zu untersuchen, machen wir einen ersten Schritt, indem wir uns einen Überblick über diese Werte verschaffen.

Der GRUPPIERTE BOXPLOT (▶ Abbildung 8.13) besteht aus zwei Zweiergruppen von Boxplots, jeweils für BMW und KA. Jede dieser Zweiergruppen enthält einen Boxplot für Männer und einen für Frauen. Zwar können aus Boxplots keine Mittelwerte abgeleitet werden, aber der Median ist als Unterteilung der Box eingezeichnet.

Die Boxplots weichen nicht stark von der Symmetrie ab. Die MITTELWERTTABELLE (▶ Abbildung 8.14) enthält die exakten Gruppenmittelwerte, sagt daher nichts Neues über die Größenverhältnisse in den vier Gruppen.

Fallbeispiel 21: Interpretation der Datenbeschreibung

Die Tabelle der Mittelwerte (▶ Abbildung 8.14) spiegelt die Relationen zwischen den Gruppen numerisch wider, die der Boxplot (▶ Abbildung 8.13) grafisch vermittelt hat.

Blockiert ein BMW die Kreuzung, hupen Männer durchschnittlich etwas schneller (im Durchschnitt nach 5,1 Sekunden) als Frauen ($\bar{x} = 5{,}3$). Bei einem blockierenden Ford KA ist es umgekehrt, Frauen ($\bar{x} = 3{,}8$) hupen früher als Männer ($\bar{x} = 5{,}3$).

Der Unterschied zwischen Frauen und Männern in der Dauer bis zum ersten Hupen, scheint also vom blockierenden Auto abzuhängen.

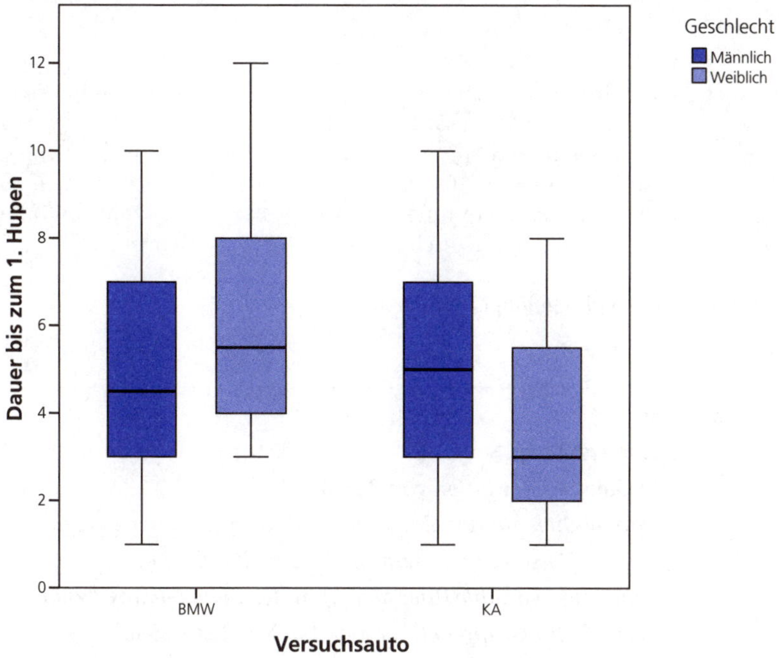

Abbildung 8.13: Gruppierter Boxplot für die Dauer bis zum ersten Hupen

Die Tabelle der Mittelwerte kann in SPSS folgendermaßen abgerufen werden:

SPSS

Analysieren

Tabellen

Benutzerdefinierte Tabellen...

Passende Variablen in die Felder Spalten *und* Zeilen *ziehen (hier* `auto` *und* `sex`*)*

(Tabelle in Vorschau hat Anzahl *als Voreinstellung)*

Auszuwertende Variable (`dauer`*) ins Tabelleninnere ziehen*

[OK]

		Versuchsauto	
		BMW	KA
		Dauer bis zum 1. Hupen	Dauer bis zum 1. Hupen
		Mittelwert	Mittelwert
Geschlecht	Männlich	5,1	5,3
	Weiblich	6,2	3,8

Abbildung 8.14: Mittelwerttabelle für die Dauer bis zum ersten Hupen

HINWEIS

Per Voreinstellung wird der Mittelwert der auszuwertenden Variable in die Tabelle eingetragen. Sollen andere oder zusätzlich weitere Werte in die Tabelle eingehen, kann dies dadurch erreicht werden, dass in der Vorschau jener Teil der Spaltenbeschriftung rechts angeklickt wird, der das Variablenlabel bzw. den -namen anzeigt. Im aufgehenden Menüfenster kann unter Auswertungsstatistik... eine Auswahl unter einer Vielzahl von Auswertungsmöglichkeiten getroffen werden.

Zum gruppierten Boxplot gelangt man nach:

SPSS

Diagramme
Diagrammerstellung...
in Galerie *auswählen von* Boxplot
Doppelklick auf das Galeriediagramm [gruppierter Boxplot]
(die Vorschau erscheint in der Zeichenfläche)
abhängige Variable (hier `dauer`*) in das Feld* Y-Achse? *ziehen*
Variable für Gruppen (hier `auto`*) in* X-Achse? *ziehen*
die andere Variable (hier `sex`*) in* Clustervariable auf X *ziehen*
[OK]

Ein anderer Plot, der die Tabelle der Mittelwerte grafisch darstellt, wird erst im Analyseteil besprochen, weil er dort als Nebenprodukt des Berechnungsteils angefordert werden kann.

8.5.2 Analyse der Fragestellung

Bei der einfachen Varianzanalyse (Abschnitt 8.3) war die Untersuchung auf Unterschiede von Gruppenmittelwerten ausgerichtet. Dabei war nur eine Variable (Faktor) für die Gruppeneinteilung zuständig. Im vorliegenden Beispiel werden die Gruppen durch zwei Variablen definiert und es geht nicht nur darum, ob überhaupt Unterschiede in den Gruppenmittelwerten vorliegen, sondern auch darum, woher diese Unterschiede stammen.

Haupteffekte und Wechselwirkung

Nehmen wir an, dass es signifikante Unterschiede zwischen den Gruppen gibt. Wenn die Unterschiede allein durch das blockierende Auto erklärbar wären, würde man vom signifikanten HAUPTEFFEKT Auto sprechen. Genauso spricht man von einem Haupteffektmodell mit Faktor Geschlecht, wenn die Unterschiede allein auf den Faktor Geschlecht zurückzuführen sind.

Sind beide Haupteffekte signifikant und wirkt sich das so aus, dass sich beide Effekte addieren, spricht man von einem ADDITIVEN MODELL.

Es kann aber auch der Fall vorkommen, dass eine bestimmte Kombination aus Stufen der beiden Faktoren überdurchschnittlich stark, positiv oder negativ, wirkt. Ist das der Fall, spricht man von einem WECHSELWIRKUNGSMODELL. Nehmen wir etwa die Mittelwerttabelle (Abbildung 8.14) her und versuchen, die Eintragung rechts unten (Frau wird durch KA blockiert) allein aus den Haupteffekten zu schätzen. Beim BMW beträgt der Unterschied in den Mittelwerten zwischen Männern und Frauen $5{,}1 - 6{,}2 = -1{,}1$. Bei Frauen dauert es also durchschnittlich 1,1 Sekunden länger, bis sie zu hupen beginnen. Wenn das beim Ford KA auch so ist, würde man für Frauen einen Mittelwert erwarten, der 1,1 Sekunden über dem der Männer liegt, also $5{,}3 + 1{,}1 = 6{,}4$. Tatsächlich beträgt er aber nur 3,8. Der Unterschied zwischen dem Wert aufgrund der Haupteffekte und dem tatsächlich beobachteten Mittelwert ist sehr groß, vermutlich ist ein signifikanter Wechselwirkungseffekt dafür verantwortlich.

Zweifache Varianzanalyse

Mit der ZWEIFACHEN VARIANZANALYSE kann das den Daten adäquate Modell gewählt werden. Der Rechenteil besteht in der Aufteilung der Gesamtquadratsumme auf mehrere Teilsummen, die den beiden Haupteffekten, der Wechselwirkung und den Residuen zugeordnet werden können. Als Voraussetzung wird von der abhängigen Variablen Normalverteilung mit gleicher Varianz in allen Gruppen angenommen.

Hilfreich für die Interpretation ist ein MITTELWERTPLOT, der die Tabelle der Mittelwerte grafisch anzeigt. Im SPSS-Umfeld wird er als PROFILPLOT bezeichnet.

Fallbeispiel 21: Interpretation

Der erste Block des Testergebnisses (Zwischensubjektfaktoren Abschnitt 8.15) gibt nur die eindimensionalen Verteilungen der beiden erklärenden Variablen in der Stichprobe an. Der zweite Block (Tests der Zwischensubjekteffekte) enthält das eigentliche Testergebnis, nämlich die Aufteilung der Gesamtquadratsumme auf die einzelnen Teile und die zugehörigen Tests.

Für uns sind die drei Zeilen mit den beiden Haupteffekten (`auto` und `sex`) und dem Wechselwirkungseffekt (`auto*sex`) von Interesse. In der Interpretation gilt der erste Blick der Wechselwirkung. Da der *p*-Wert (0,018) besagt, dass ein signifikanter Wechselwirkungseffekt vorliegt, werden die Haupteffekte nicht mehr interpretiert (obwohl für `auto` mit 0,039 ein signifikantes Ergebnis vorliegt).

Die Art der Wechselwirkung kann entweder aus der Mittelwerttabelle (Abbildung 8.14) oder dem dazu gleichwertigen Profilplot (► Abbildung 8.16) abgeleitet werden. Wir haben das schon in der Interpretation der Datenbeschreibung gemacht.

Die Unterschiede zwischen Frauen und Männern in der Dauer bis zum ersten Hupen hängen von den blockierenden Autos ab. Männer hupen BMWs früher an, Frauen Ford KAs.

In SPSS wird eine zweifaktorielle Varianzanalyse folgendermaßen angefordert:

SPSS

Analysieren
  Allgemeines lineares Modell
    Univariat...
      Abhängige Variable (hier `dauer`*)* ➡ **Abhängige Variable:**
      Faktoren (hier `auto` *und* `sex`*)* ➡ **Feste Faktoren:**
      bei Wunsch Profilplot(s) unter **Diagramme...** *anfordern:*
        Faktor für x-Achse (hier `auto`*)* ➡ **Horizontale Achse:**
        Faktor für separate Linien (hier `sex`*)* ➡ **Separate Linien:**
        [Hinzufügen]
        [Weiter]
      [OK]

Zwischensubjektfaktoren

		Wertelabel	N
Versuchsauto	1	BMW	52
	2	KA	57
Geschlecht	1	Männlich	75
	2	Weiblich	34

Tests der Zwischensubjekteffekte

Abhängige Variable:Dauer bis zum 1. Hupen

Quelle	Quadratsumme vom Typ III	df	Mittel der Quadrate	F	Sig.
Korrigiertes Modell	52,628[a]	3	17,543	2,663	,052
Konstanter Term	2391,255	1	2391,255	363,030	,000
auto	28,930	1	28,930	4,392	,039
sex	,983	1	,983	,149	,700
auto * sex	38,086	1	38,086	5,782	,018
Fehler	691,629	105	6,587		
Gesamt	3560,000	109			
Korrigierte Gesamtvariation	744,257	108			

[a] R-Quadrat = ,071 (korrigiertes R-Quadrat = ,044).

Abbildung 8.15: Zweifache Varianzanalyse für die Dauer bis zum ersten Hupen

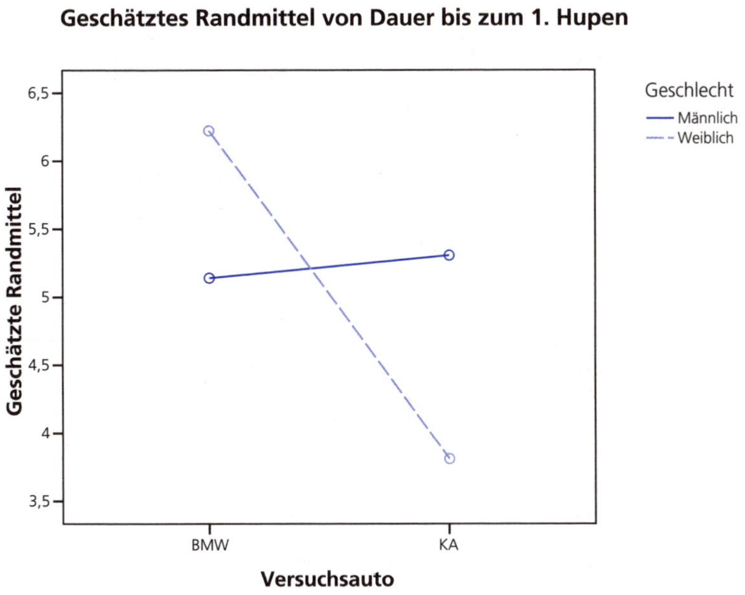

Abbildung 8.16: Mittelwertplot für die Dauer bis zum ersten Hupen

Es kann keine allgemeine Empfehlung dafür ausgesprochen werden, welcher Faktor für die Beschriftung der x-Achse und welcher für das Zeichnen separater Linien ausgewählt wird. Da auf einmal mehrere Profilplots angefordert werden können, ist es ein gangbarer Weg, aus diesen mehreren Plots jenen zu verwenden, der am besten interpretierbar ist.

Unter Optionen... kann auch der Levene-Test zur Überprüfung der Varianzhomogenität aufgerufen werden.

Andere Ergebnisse

Im präsentierten Beispiel ist der interessanteste Fall vorgestellt worden, das Wechselwirkungsmodell. In ► Abbildung 8.17 sind andere mögliche Modelle mit künstlich generierten Daten in Form von Mittelwertplots dargestellt.

- Nullmodell:
  Nur relativ geringe Abweichungen von der Parallelität, also kaum Verdacht einer signifikanten Wechselwirkung (p-Wert von `auto*sex`: 0,796). Linien sind einander nahe, vermutlich kein Unterschied zwischen den Geschlechtern (p-Wert von `sex`: 0,587). Es sind auch nur geringe Unterschiede zwischen den Versuchsautos erkennbar (p-Wert von `auto`: 0,868).
- Haupteffekt: `auto`
  Wiederum kaum Verdacht einer signifikanten Wechselwirkung (p-Wert von `auto*sex`: 0,654) und kaum Unterschiede zwischen den Geschlechtern (p-Wert von `sex`: 0,353). Hingegen sind die Unterschiede zwischen den Versuchsautos nicht unbedeutend (p-Wert von `auto`: <0,001).
- Haupteffekt: `sex`

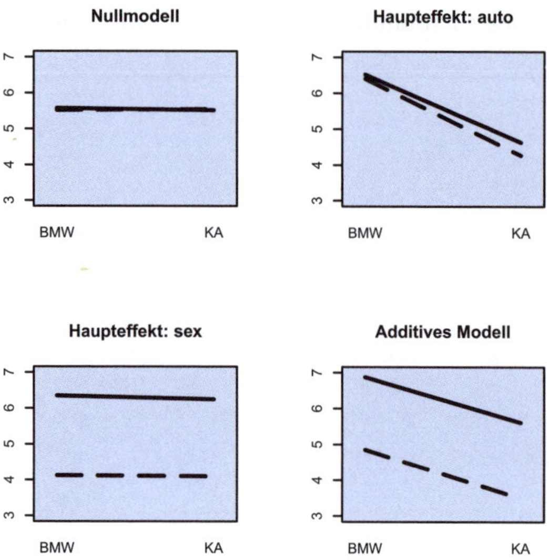

Abbildung 8.17: Mittelwertplots mehrerer Modelle (strichlierte Linie steht für Frauen)

Kein Verdacht einer signifikanten Wechselwirkung (p-Wert von `auto*sex`: 0,577). Linien sind ungefähr horizontal, also kaum Unterschiede zwischen den Versuchsautos (p-Wert von `auto`: 0,583). Allerdings sind die Linien weiter auseinander als in den vorigen Beispielen, also relativ starke Unterschiede zwischen den Geschlechtern (p-Wert von `sex`: <0,001).

- Additives Modell: `sex+auto`
  Kein Verdacht einer signifikanten Wechselwirkung (p-Wert von `auto*sex`: 0,886). Sowohl große Unterschiede zwischen den Linien (p-Wert von `sex`: <0,001), als auch deutlich nicht horizontal (p-Wert von `auto`: <0,001).

In der Voreinstellung werden Wechselwirkungen berechnet, man spricht vom gesättigten Modell. Will man dies ausschalten, weil etwa die Wechselwirkung nicht signifikant war, können unter Modell... und Anpassen nur Haupteffekte angegeben werden.

8.6 Hängen Chancen von einer oder mehreren Variablen ab?

Fallbeispiel 22: Verkehrsmittelwahl

Datenfile: `modalsplit.sav`

In einer Diplomarbeit an der Wirtschaftsuniversität Wien wurde die Verkehrsmittelwahl im Ballungsraum Wien für die regelmäßigen Fahrten zum Arbeitsplatz untersucht. Hauptaugenmerk lag auf der Entscheidung zwischen Privatauto und öffentlichen Verkehrsmitteln (ÖV). Es gab aber auch Fälle mit einspurigen Fahrzeugen, Taxis oder Fahrgemeinschaften und bei kleinen Distanzen kam es auch vor, dass der Weg zu Fuß zurückgelegt wurde.

Für dieses Beispiel konzentrieren wir uns auf Pendlerfahrten aus dem Umland nach Wien, in denen die Wahl nur zwischen Auto und ÖV bestand. Im Datenfile gibt es folgende Variablen:

Variable	Bedeutung
`mode`	Gewähltes Verkehrsmittel (0 = ÖV, 1 = Auto)
`zeit`	Fahrzeitdifferenz zwischen ÖV und Auto (falls negativ, ist ÖV schneller)
`kosten`	Kostendifferenz zwischen Auto und ÖV
`geschlecht`	1 = Frau, 2 = Mann
`umsteigen`	Wie oft muss man mit ÖV umsteigen

Von welchen Faktoren hängt die Wahl des Verkehrsmittels ab?

8.6.1 Logistische Regression

Die Situation ist ähnlich der im Regressionsfall (Abschnitt 7.2). Eine Responsevariable (`mode`) soll durch einen Satz erklärender Variablen beschrieben werden. Der Unterschied liegt in der Skalierung der Responsevariablen. Während bei der linearen Regression die Responsevariable metrisch skaliert sein muss, ist sie hier kategorial mit nur zwei Ausprägungen (ÖV und Auto).

In einem ersten Schritt werden wir nur die Abhängigkeit der Wahl des Verkehrsmittels von der Variablen `zeit` untersuchen. Zur grafischen Beschreibung kann ein Streudiagramm oder ein Boxplot herangezogen werden. Das Streudiagramm (► Abbildung 8.18) bietet ein etwas ungewohntes Bild, da die Responsevariable (y-Achse) nur zwei Ausprägungen hat und daher die Punkte nur auf zwei Linien aufgefädelt sind.

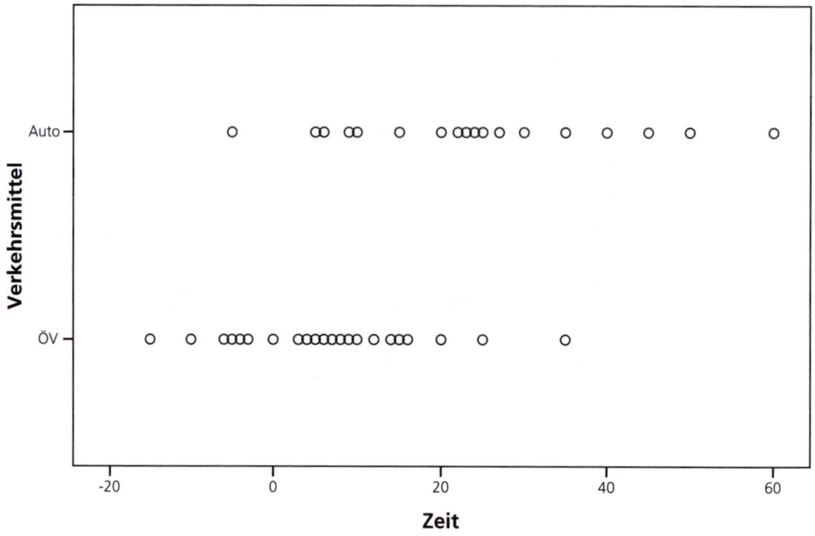

Abbildung 8.18: Streudiagramm für Verkehrsmittelwahl

HINWEIS

Da für den Boxplot (▶ Abbildung 8.19) die abhängige Variable die y-Achse bilden soll, ist eine Darstellung mit liegenden Boxen zu wählen. In SPSS kann das dadurch erreicht werden, dass entweder ein Boxplot mit stehenden Boxen nachträglich im Viewer transponiert wird oder schon beim Erstellen eine transponierte Darstellung gewählt wird (unter Grundelemente können mit [Weiter] die Achsen vertauscht werden).

Beide Darstellungen zeigen, dass mit zunehmendem Zeitvorteil für das Auto dieses auch vermehrt zur Fahrt zum Arbeitsort gewählt wird.

Konzepte

Allein schon wegen der kategorial skalierten abhängigen Variablen Y kann es nicht sinnvoll sein, eine lineare Beziehung zwischen dieser und der erklärenden Variablen X zu modellieren. Ein erster Versuch, aus dieser Klemme zu kommen, ist, statt Y die Wahrscheinlichkeit, dass Y einen bestimmten Wert (etwa 1=Auto) annimmt, heranzuziehen. Also

$$p(Y = 1) = \alpha + \beta X \; .$$

Leider hat auch diese Formulierung ihre Nachteile, es können bei entsprechenden Werten für X unpassende Werte (negativ oder größer als 1) aus der Gleichung entstehen. Die EINFACHE LOGISTISCHE REGRESSION hat dieses Manko nicht:

Einfache logistische Regression

$$\ln\left(\frac{p(Y = 1)}{1 - p(Y = 1)}\right) = \alpha + \beta X \qquad (8.2)$$

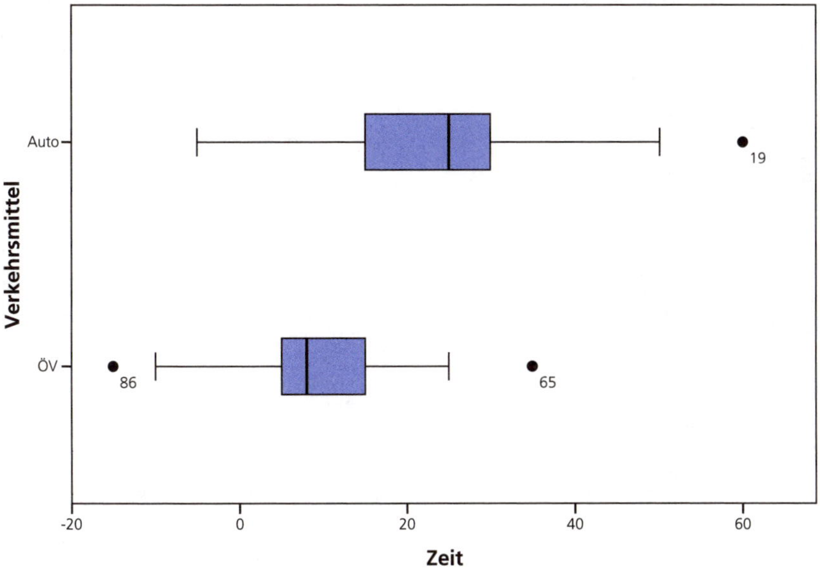

Abbildung 8.19: Boxplot für Verkehrsmittelwahl

- $p(Y = 1)\ldots$ Wahrscheinlichkeit, dass die Responsevariable den Wert 1 annimmt.
- X ist die erklärende Variable.
- Die Werte für α und β werden meist über die Maximum-Likelihood-Methode geschätzt, die wir hier nicht besprechen. Für $\beta > 0$ wächst $p(Y = 1)$ mit steigenden Werten von X, für $\beta < 0$ nimmt $p(Y = 1)$ mit steigenden Werten von X ab.
- Die Verbindung von $p(Y = 1)$ zum linearen Prediktor $\alpha + \beta X$ nennt man LOGISTISCHE TRANSFORMATION oder kurz LOGIT.

Das Verhältnis $p(Y = 1)/(1 - p(Y = 1))$ entspricht den Odds, ein Maß aus Abschnitt 5.5. Es werden also die logarithmierten Odds als lineare Funktion der erklärenden Variablen angesetzt.

Berechnungen

Wenn man die Wahl des Verkehrsmittels nur durch den Zeitunterschied erklären will, ergeben Berechnungen für $\alpha = -1{,}804$ und $\beta = -0{,}104$. Somit liegt konkret folgende Beziehung vor:

$$\text{logit}[p(Y = 1)] = -1{,}804 + 0{,}104 \cdot \texttt{zeit}\,.$$

Welche Wahrscheinlichkeit für die Benutzung eines Autos für die Fahrt zum Arbeitsplatz würde man nach diesem Modell für jemanden erhalten, wenn man mit dem Auto um 10 Minuten schneller zum Arbeitsplatz kommt als mit ÖV?

$$\text{logit}[p(Y = 1)] = -1{,}804 + 0{,}104 \cdot \texttt{zeit} = -1{,}804 + 0{,}104 \cdot 10 = -0{,}764\,.$$

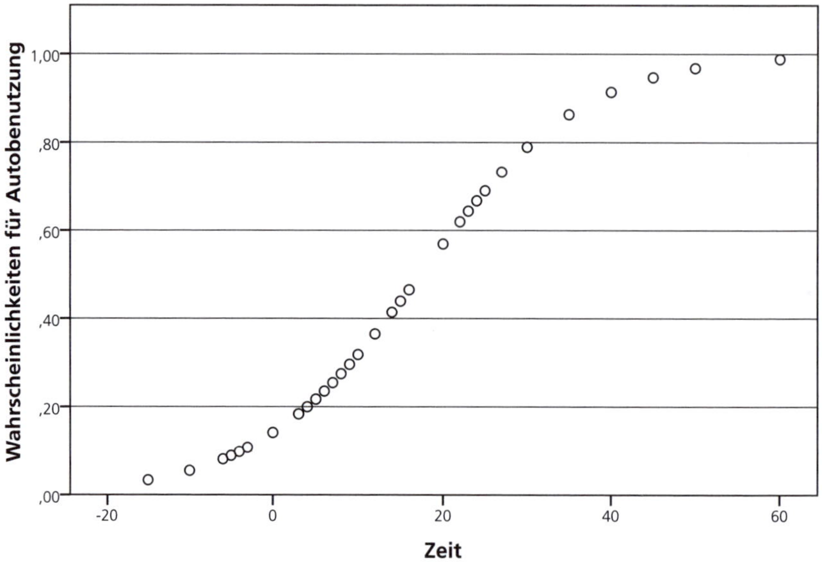

Abbildung 8.20: Logistische Transformation

Also kommen wir zu:

$$\ln\left(\frac{p(Y=1)}{1-p(Y=1)}\right) = -0{,}764$$

und nach etwas Umformen zu:

$$p(Y=1) = \frac{e^{-0{,}764}}{1+e^{-0{,}764}} = 0{,}318\ .$$

Für alle in der Stichprobe vorkommenden Zeitvorteile sind die berechneten Wahrscheinlichkeiten leicht aus der ▶ Abbildung 8.20 ablesbar. Insgesamt ist erkennbar, dass die logistische Transformation eine S-förmige Beziehung zwischen der erklärenden Variablen und den modellierten Wahrscheinlichkeiten beschreibt.

Bei 20 Minuten Zeitvorteil ist die Wahrscheinlichkeit für die Autobenutzung schon über 50%, bei 30 Minuten schon ca. 80%.

8.6.2 Logistische Regression mit mehreren erklärenden Variablen

Das Prinzip der logistischen Regression ist im vorigen Abschnitt mit einer erklärenden Variablen erläutert worden. In diesem Abschnitt geht es um die Erweiterung auf mehrere erklärende Variablen, die Diskussion der Rechenergebnisse und die Interpretation dieser Ergebnisse im Fallbeispiel der Verkehrsmittelwahl.

Die Erweiterung auf *k* erklärende Variablen erfolgt wie bei der linearen Regression (Abschnitt 7.4) durch eine Ergänzung des linearen Prädiktors um weitere Terme, wir gelangen zur MULTIPLEN LOGISTISCHEN REGRESSION.

Multiple logistische Regression

$$\ln\left(\frac{p(Y=1)}{1-p(Y=1)}\right) = \text{logit}[p(Y=1)] = \alpha + \beta_1 X_1 + \cdots \beta_k X_k \qquad (8.3)$$

- $p(Y = 1)\ldots$ Wahrscheinlichkeit, dass die Responsevariable den Wert 1 annimmt.
- $X_1, \ldots X_k$ sind die erklärenden Variablen.
- Die Werte für α, $\beta_1 \ldots \beta_k$ werden meist über die Maximum Likelihood Methode geschätzt. Ist für eine bestimmte erklärende Variable der entsprechende Koeffizient positiv, so wächst $p(Y = 1)$ mit steigenden Werten dieser Variablen.

Die Ergebnisse der Modellschätzung werden in SPSS in mehreren Blöcke (► Abbildung 8.21) mit folgender Bedeutung gegliedert:

- Omnibus-Tests der Modellkoeffizienten

Omnibus-Tests der Modellkoeffizienten

		Chi-Quadrat	df	Sig.
Schritt 1	Schritt	43,740	4	,000
	Block	43,740	4	,000
	Modell	43,740	4	,000

Modellzusammenfassung

Schritt	-2 Log-Likelihood	Cox & Snell R-Quadrat	Nagelkerkes R-Quadrat
1	120,548[a]	,308	,411

Klassifizierungstabelle[b]

			Vorhergesagt		
			Verkehrsmittel		
Beobachtet			ÖV	Auto	Prozentsatz der Richtigen
Schritt 1	Verkehrsmittel	ÖV	52	12	81,3
		Auto	17	38	69,1
		Gesamtprozentsatz			75,6

Variablen in der Gleichung

		Regressionskoeffizient B	Standardfehler	Wald	df	Sig.	Exp(B)
Schritt 1[c]	zeit	,097	,047	4,185	1	,041	1,102
	geschlecht(1)	-1,045	,464	5,073	1	,024	,352
	kosten	-,011	,025	,203	1	,652	,989
	umsteigen	,222	,559	,158	1	,691	1,249
	Konstante	-1,298	,543	5,712	1	,017	,273

[a] Schätzung beendet bei Iteration Nummer 5, weil die Parameterschätzer sich um weniger als ,001 änderten.
[b] Der Trennwert lautet ,500.
[c] In Schritt 1 eingegebene Variablen: zeit, geschlecht, kosten, umsteigen.

Abbildung 8.21: Logistische Regression mit vier Variablen

Mit der Likelihood-Funktion wird beurteilt, ob das Regressionsmodell gut die Daten beschreibt; als Maß wird der negative doppelte Wert des Logarithmus der Likelihood-Funktion (kurz -2LL) angegeben.
In diesem Teil wird in der Spalte **Chi-Quadrat** mitgeteilt, dass von einem Ausgangswert ein Rückgang um 43,740 zu beobachten war. Bei vier erklärenden Variablen ist das hoch signifikant (p-Wert < 0,001).

- Modellzusammenfassung
  −2LL hat einen Wert von 120,548 erreicht.
  Die Maße von Cox und Snell bzw. Nagelkerke sind Versuche, das Bestimmtheitsmaß der Regression auf die logistische Regression zu übertragen. Sie erlauben aber nicht die direkte Interpretation wie R^2 in der Regression.
- Klassifizierungstabelle
  Aus den Schätzergebnissen (erst im nächsten Block angeführt) können für die einzelnen Beobachtungen über 8.3 Wahrscheinlichkeiten für die Wahl eines Autos für die Fahrt zum Arbeitsplatz berechnet werden. Sind diese über 0,5 (siehe Fußnote des Blocks) bedeutet das, dass das Modell das Auto als Verkehrsmittel vorhersagen würde. Analog würde das Modell ÖV prognostizieren, wenn diese Wahrscheinlichkeit unter 0,5 liegt. Vergleicht man alle Vorhersagen mit den beobachteten gewählten, entsteht die angeführte Tabelle.
  Sie sagt aus, dass von den 64 Beobachtungen, die ÖV gewählt haben, 52 richtig (also zu ÖV) und 12 falsch zugeordnet wurden. Bei den 55 Autofahrern der Stichprobe wurden 38 richtig und 17 falsch zugeordnet.
- Variablen in der Gleichung
  In diesem Block werden die Koeffizientenwerte und Tests auf Signifikanz ausgegeben. Für das Beispiel bedeutet es, dass die Variablen `zeit` (p-Wert: 0,041) und `geschlecht` (p-Wert: 0,024) als signifikant ausgewiesen werden. Die Konstante (entspricht α) wird in den linearen Prädiktor aufgenommen, unabhängig davon, ob signifikant oder nicht signifikant.

Fallbeispiel 22: Interpretation

Welche Unterschiede gibt es zwischen dem Modell mit vier Variablen (► Abbildung 8.21) und einem mit nur zwei (► Abbildung 8.22), nämlich ohne die Variablen `kosten` und `umsteigen`?

Mit nur zwei erklärenden Variablen ist der -2LL-Wert 120,852 (bei vier erklärenden Variablen 120,548). Der Unterschied beträgt nur 0,304, das ist bei zwei gewonnenen Freiheitsgraden (zwei Variablen weniger) kein signifikanter Anstieg (die Differenzen in den −2LL-Werten sind assymptotisch χ^2-verteilt, der Vergleichswert ist also ein 95%-Quantil einer χ^2-Verteilung mit zwei Freiheitsgraden, also 5,99).

Auch die Maße von Cox & Snell und Nagelkerke haben sich nur minimal verschlechtert. Die Klassifizierungstabelle ist sogar völlig unverändert geblieben.

Der Übergang auf das einfachere Modell nur mit den zwei erklärenden Variablen `zeit` und `geschlecht` ist nicht nur zulässig, sondern im Sinn eines knappen Modells auch angeraten.

Konzentrieren wir uns nun auf den für die inhaltliche Interpretation wichtigsten Block, der mit **Variablen in der Gleichung** beschriftet ist.

Mit den geschätzten Koeffizienten (Spalte **Regressionskoeffizient B**) lautet im Modell mit den zwei Variablen die Beziehung 8.3

$$\text{logit}[p(Y=1)] = -1{,}394 + 0{,}109 \cdot \texttt{zeit} - 1{,}077 \cdot \texttt{geschlecht(1)}\ .$$

Der Koeffizient von Zeit ist positiv; je größer der Zeitunterschied zwischen Auto und ÖV, desto wahrscheinlicher ist es nach dem Modell, dass jemand das Auto für die Fahrt zum Arbeitsplatz verwendet.

Die Variable `geschlecht` ist eine kategoriale Variable und geht als Dummyvariable in die Gleichung ein. Das bedeutet, dass eine Kategorie als Referenzkategorie gewählt werden muss. In SPSS ist dies in der Voreinstellung die letzte Kategorie, bei `geschlecht` also `Mann`. Im Vergleich zu einem Mann mit gleichem Zeitvorteil bedeutet das, dass der lineare Prediktor um 1,077 kleiner und somit auch die Modellwahrscheinlichkeit für Auto bei einer Frau kleiner ist. Das Odds-Ratio für Auto zwischen Frau und Mann beträgt $\exp(-1{,}077) = 0{,}341$ und liegt in der Spalte **Exp(B)** in Zahlenform vor.

Von den ursprünglich vier erklärenden Variablen für die Verkehrsmittelwahl für die Fahrt zum Arbeitsplatz tragen nur `zeit` und `geschlecht` etwas signifikant zur Erklärung bei. Je größer der Zeitvorteil des Autos ist, desto eher wird auch das gewählt. Bei vergleichbarer Strecke ist die Chance für das Auto bei Frauen nur ca. ein Drittel (0,341) verglichen mit Männern.

In SPSS kann eine logistische Regression folgendermaßen berechnet werden:

SPSS

Analysieren
  Regression
    Binär logistisch...
      Abhängige Variable (hier `mode`*)* ➡ **Abhängige Variable:**
      Erklärende Variablen ➡ **Kovariaten**
      (hier `zeit, kosten, geschlecht, umsteigen`*)*
      Unter [Kategorial...]
        Angabe, welche erklärenden Variablen kategorial sind
        (hier `geschlecht`*)*
        [Weiter]
      [OK]

Unter **Methode** können verschiedene Verfahren zur automatischen Modellsuche ausgewählt werden. Deren Besprechung sprengt den Rahmen dieses Buchs, die Voreinstellung **Einschluss** lässt die Modellsuche in den eigenen Händen.

Unter **Speichern...** können verschiedene Werte für die Beobachtungen abgespeichert werden. Von Interesse sind vor allem die berechneten Wahrscheinlichkeiten für die zwei Alternativen.

Modellzusammenfassung

Schritt	-2 Log-Likelihood	Cox & Snell R-Quadrat	Nagelkerkes R-Quadrat
1	120,852[a]	,306	,409

Klassifizierungstabelle[b]

			Vorhergesagt		
			Verkehrsmittel		
Beobachtet			ÖV	Auto	Prozentsatz der Richtigen
Schritt 1	Verkehrsmittel	ÖV	52	12	81,3
		Auto	17	38	69,1
		Gesamtprozentsatz			75,6

Variablen in der Gleichung

		Regressionskoeffizient B	Standardfehler	Wald	df	Sig.	Exp(B)
Schritt 1[c]	zeit	,109	,022	23,612	1	,000	1,115
	geschlecht(1)	-1,077	,458	5,535	1	,019	,341
	Konstante	-1,384	,427	10,496	1	,001	,251

[a] Schätzung beendet bei Iteration Nummer 5, weil die Parameterschätzer sich um weniger als ,001 änderten.
[b] Der Trennwert lautet ,500.
[c] In Schritt 1 eingegebene Variablen: zeit, geschlecht.

Abbildung 8.22: Logistische Regression mit zwei Variablen

8.7 Unterscheiden sich Chancen zwischen zwei oder mehreren Gruppen?

Die logistische Regression kann auch eingesetzt werden, um Odds in mehreren Gruppen zu vergleichen. Einen Test zum Vergleich der Odds in zwei Gruppen haben wir schon besprochen (Abschnitt 5.5), in diesem Abschnitt folgt die Erweiterung auf mehr als zwei Gruppen. Wir erweitern das alte Beispiel nur leicht um eine dritte Gruppe.

Fallbeispiel 23: Armutsrisiko bei Alleinerziehern in drei Ländern

Datenfile: `armut-31.sav`

Das Armutsrisiko für Alleinerzieher haben wir für Deutschland und Österreich schon verglichen (Abschnitt 5.5). Die Erweiterung auf Spanien (E) ergibt folgende Tabelle:

	Land		
Armut	D	A	E
Ja	49	20	47
Nein	71	75	70

Unterscheidet sich für Alleinerzieher das Armutsrisiko in den drei Ländern?

Auf ein Balkendiagramm zur Beschreibung der drei Gruppen verzichten wir hier. Wir präsentieren nur das Ergebnis einer logistischen Regression mit `Armut` als Response- und `Land` als erklärender Variablen.

Codierung abhängiger Variablen

Ursprünglicher Wert	Interner Wert
Ja	0
Nein	1

Codierungen kategorialer Variablen

			Parametercodierung	
		Häufigkeit	(1)	(2)
Land	Deutschland	2	1,000	,000
	Österreich	2	,000	1,000
	Spanien	2	,000	,000

Abbildung 8.23: Codierung der Variablen

Variablen in der Gleichung

		Regressions koeffizient B	Standard-fehler	Wald	df	Sig.	Exp(B)
Schritt 1[a]	Land			10,879	2	,004	
	Land(1)	-,027	,265	,011	1	,917	,973
	Land(2)	,923	,314	8,622	1	,003	2,518
	Konstante	,398	,189	4,462	1	,035	1,489

[a] In Schritt 1 eingegebene Variablen: Land.

Abbildung 8.24: Vergleich von Odds mit logistischer Regression

Fallbeispiel 23: Interpretation

Bevor wir vorschnell falsche Interpretationen ableiten, werfen wir einen Blick auf die Codierungstabellen für beide Variablen (▶ Abbildung 8.23).

Die Responsevariable Armut hat die Codierung 1 für Ja und 2 für Nein. SPSS wählt die höchste Kategorie aus und modelliert über die logistische Transformation die Auswahlwahrscheinlichkeit für diese Kategorie. Das bedeutet hier, dass sich die Ergebnisse auf die Wahrscheinlichkeit, als Alleinerzieher **nicht** in Armut zu geraten, beziehen (abzulesen aus dem Block Codierung abhängiger Variablen).

Für die Gruppierungsvariable Land wird Spanien als Referenzkategorie gewählt, Land(1) steht für Deutschland, Land(2) für Österreich (abzulesen aus dem Block Codierung kategorialer Variablen).

Von den Ergebnissen ist der für die Interpretation wichtigste Teil im Block Variablen in der Gleichung (▶ Abbildung 8.24) enthalten.

In der ersten Zeile wird angegeben, dass der Faktor Land signifikant (Sig.=0,004) ist. Das bedeutet, dass es Unterschiede in den Odds gibt.

In der zweiten Zeile wird für Deutschland (Land(1)) der Vergleich mit Spanien gezogen. Der leicht negative Parameterwert (–0,027) deutet an, dass die Odds, als Alleinerzieher nicht in Armut zu geraten, in Deutschland leicht niedriger als in Spanien sind. Der Unterschied ist aber nicht signifikant (Sig. = 0,917).

Den Vergleich von Spanien mit Österreich (Land(2)) können wir aus der dritten Zeile ableiten. Der positive Parameterwert (0,923) deutet an, dass die Odds, als Alleinerzieher nicht in Armut zu geraten, in Österreich signifikant (Sig. = 0,003) höher als in Spanien sind.

Die drei Länder unterscheiden sich signifikant im Armutsrisiko für Alleinerzieher. Deutschland und Spanien haben fast ein identes Armutsrisiko, in Östrreich ist das Armutsrisiko ungefähr 2,5 mal niedriger als in den zwei Vergleichsländern.

Die Auswertung mit SPSS ist ein Spezialfall aus dem vorigen Abschnitt. Für die logistische Regression wird Armut als Responsevariable und Land als erklärende Variable (Kovariate) angegeben. Da hier die erklärende Variable kategorialer Natur ist, dürfen wir nicht vergessen, sie im Menü auch als solche zu deklarieren (unter [Kategorial...]).

8.8 Kann eine kategoriale Variable durch andere Variablen erklärt werden?

Fallbeispiel 24: Bio-Lebensmittel

Datenfile: `bio.sav`

Bio-Lebensmittel, also aus ökologischer Erzeugung stammende Lebensmittel, erfreuen sich eines guten Rufes. Aber werden sie auch konsumiert? Unter Konsum verstehen wir hier sowohl direkten Konsum (etwa Essen eines Apfels) als auch indirekten Konsum (etwa eine Verwendung beim Kochen).

Im Rahmen einer Lehrveranstaltung an der WU Wien wurde diese Fragestellung als Ausgangsbasis für einen Kurs in empirischer Sozialforschung gewählt. Die für diesen Abschnitt bedeutenden Variablen sind in der folgenden Tabelle angeführt.

Variable	Bedeutung
`bio`	Konsum von Bio-Lebensmitteln (1 = nie, 2 = manchmal, 3 = oft)
`sex`	Geschlecht der befragten Person (1 = Frau, 2 = Mann)
`kochen`	Wie oft wird im Haushalt pro Monat gekocht

In diesem Kurs lag das Hauptaugenmerk auf der Konstruktion eines Fragebogens und der Auswertung der damit gewonnenen Daten, nicht auf der Auswahl einer ausgewogenen Stichprobe. Da die Befragung hauptsächlich im Bekanntenkreis der Kursteilnehmer durchgeführt wurde, ist nicht von einer repräsentativen Stichprobe auszugehen, der Konsum von Bio-Lebensmitteln ist sicher überproportional hoch. Wir nutzen den Datensatz dennoch zur Demonstration einiger Methoden.

Von welchen Faktoren hängt der Konsum von Bio-Lebensmitteln ab?

8.8.1 Beschreibung der Stichprobe

Zur grafischen Beschreibung des Zusammenhangs der Responsevariablen (hier `bio`) mit kategorialen Variablen (hier `sex`) stehen gestapelte Balkendiagramme zur Verfügung (Abschnitt 5.1.2). Im konkreten Beispiel (▶ Abbildung 8.25) erkennen wir, dass in der Stichprobe Frauen häufiger Bio-Lebensmittel konsumieren, auf die Auswertung eines Chi-Quadrat-Homogenitätstests (Abschnitt 5.2) verzichten wir hier.

Den Zusammenhang mit metrischen Variablen (hier `kochen`) kann man gut mit parallelen Boxplots beschreiben. Da wir an der Konvention, dass die Responsevariable die *y*-Achse einnehmen soll, nicht rütteln wollen, ist der Boxplot in der ungewohnteren Version mit liegenden Boxen zu wählen (siehe Hinweis in Abschnitt 8.6). Es

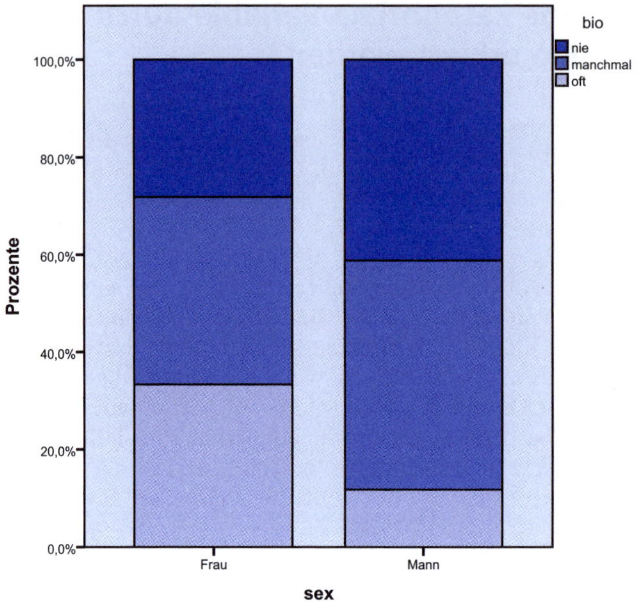

Abbildung 8.25: Balkendiagramm

braucht keine genaue Analyse des Boxplots (▶ Abbildung 8.26), um zu erkennen, dass in der Stichprobe Personen, in deren Haushalt öfter gekocht wird, auch öfter Bio-Lebensmittel konsumiert werden.

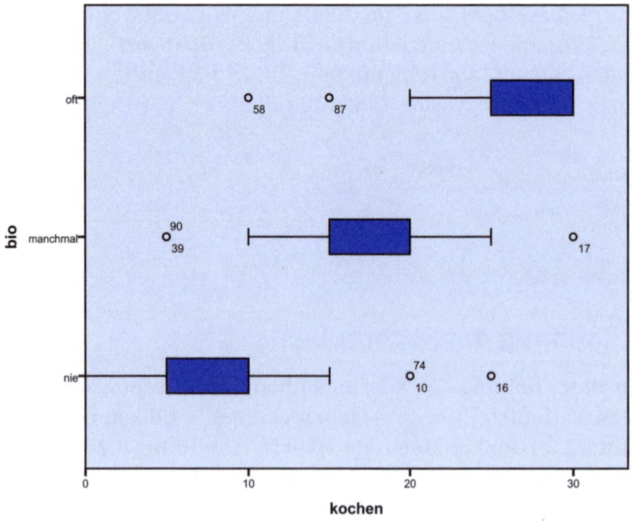

Abbildung 8.26: Boxplot

8.8.2 Multinomiale logistische Regression

Modellierung von Baseline-category Logits

Im Unterschied zu den vorigen Beispielen mit einer kategorialen abhängigen Variablen (Abschnitt 8.6 und Abschnitt 8.7) hat in diesem Beispiel die Responsevariable (`bio`) mehr als zwei Kategorien. Bei nur zwei Kategorien der abhängigen Variablen sind die logarithmierten Odds für Kategorie 1 der abhängigen Variablen:

$$\ln\left(\frac{p(Y=1)}{1-p(Y=1)}\right) = \ln\left(\frac{p(Y=1)}{p(Y=2)}\right)$$

Diese Beziehung gilt nicht mehr, wenn die Responsevariable mehr als zwei Kategorien aufweist. Das Modell für den allgemeineren Fall, die MULTINOMIALE LOGISTISCHE REGRESSION, modelliert nicht mehr die logarithmierten Odds, sondern die BASELINE-CATEGORY LOGITS. Bei diesen wird die Wahrscheinlichkeit für eine Kategorie in Beziehung zur Wahrscheinlichkeit für eine Referenzkategorie (baseline-category) gestellt.

Multinomiale logistische Regression

$$\ln\left(\frac{p(Y=i)}{p(Y=i_{ref})}\right) = \alpha_i + \beta_{i1}X_1 \cdots + \beta_{ik}X_k \qquad (8.4)$$

- Y ... Responsevariable mit I Kategorien. Von diesen Kategorien wird eine als Referenzkategorie i_{ref} ausgewählt.
- $p(Y=i)$ ... Wahrscheinlichkeit, dass die Responsevariable den Wert i annimmt ($i = 1, \dots, I$).
- $X_1, \dots, X_k$ sind die erklärenden Variablen.
- Die Gleichungen für die Baseline-category Logits sind mit Formel 8.4 definiert.

Die Auswahl der Referenzkategorie ist im Prinzip willkürlich. In der Standardeinstellung von SPSS ist es die letzte Kategorie der Responsevariablen. Eine andere Kategorie kann im Menü zur multinomialen logistischen Regression festgelegt werden.

Beschreibung der Rechenergebnisse

Nach der Modellschätzung werden die wichtigsten Ergebnisse in mehreren Blöcken präsentiert, die im Folgenden beschrieben werden. Aufgrund seines Umfangs teilen wir den Output in zwei Abbildungen auf, die erste enthält die ersten drei Ergebnisblöcke.

- **Verarbeitete Fälle**
  Hier (▶ Abbildung 8.27) ist eine Auszählung der Responsevariablen und – falls im Modell enthalten – der kategorialen erklärenden Variablen enthalten.
- **Informationen zur Modellanpassung**
  Das einfache Modell ohne erklärende Variablen (also alle $\beta_{ij} = 0$ in 8.4) wird mit dem spezifizierten Modell verglichen. Für die Güte der Anpassung eines Modells

Verarbeitete Fälle

		Anzahl	Rand-Prozentsatz
bio	nie	32	35,6%
	manchmal	39	43,3%
	oft	19	21,1%
sex	Frau	39	43,3%
	Mann	51	56,7%
Gültig		90	100,0%
Fehlend		0	
Gesamt		90	
Teilgesamtheit		15[a]	

a. Die abhängige Variable hat nur einen in 5 (33,3%) Teilgesamtheiten beobachteten Wert.

Informationen zur Modellanpassung

Modell	Kriterien für die Modellanpassung	Likelihood-Quotienten-Tests		
	-2 Log-Likelihood	Chi-Quadrat	Freiheitsgrade	Signifikanz
Nur konstanter Term	118,211			
Endgültig	50,284	67,927	4	,000

Pseudo-R-Quadrat

Cox und Snell	,530
Nagelkerke	,602
McFadden	,357

Abbildung 8.27: Multinomiale Regression: Output Teil 1

an die Daten wird der negative doppelte Wert des Logarithmus der Likelihood-Funktion (kurz −2 Log-Likelihood) verwendet. Ist der Unterschied zwischen diesen Werten groß, ist das spezifizierte Modell besser als das einfache Modell. Die Beurteilung der Differenz erfolgt über eine χ^2-Verteilung.
Im Output (Abbildung 8.27) haben wir die beiden Zahlen in der ersten Spalte gelistet (118,211 und 50,284), die Differenz finden wir in der Spalte Chi-Quadrat, in diesem Beispiel beträgt sie 67,927. Dieser Wert ist hoch signifikant (p-Wert $<$ 0,001), somit ist das gewählte Modell signifikant besser als das einfache Modell.

- Pseudo-R-Quadrat
  Es gibt unterschiedliche Ansätze, das Bestimmtheitsmaß R^2 der linearen Regression auf die logistische und multinomiale logistische Regression zu übertragen. Einige davon sind in diesem Block enthalten.
- Likelihood-Quotienten-Tests
  Hier (► Abbildung 8.28) wird für jede erklärende Variable angegeben, wie stark sich die Anpassungsgüte des Modells verschlechtern würde, wenn man die jeweilige Variable aus dem Modell ausschließen würde.

Likelihood-Quotienten-Tests

Effekt	Kriterien für die Modellanpassung	Likelihood-Quotienten-Tests		
	-2 Log-Likelihood für reduziertes Modell	Chi-Quadrat	Freiheitsgrade	Signifikanz
Konstanter Term	50,284[a]	,000	0	.
kochen	111,901	61,618	2	,000
sex	52,013	1,730	2	,421

Die Chi-Quadrat-Statistik stellt die Differenz der -2 Log-Likelihoods zwischen dem endgültigen Modell und einem reduziertem Modell dar. Das reduzierte Modell wird berechnet, indem ein Effekt aus dem endgültigen Modell weggelassen wird. Hierbei liegt die Nullhypothese zugrunde, nach der alle Parameter dieses Effekts 0 betragen.

a. Dieses reduzierte Modell ist zum endgültigen Modell äquivalent, da das Weglassen des Effekts die Anzahl der Freiheitsgrade nicht erhöht.

Parameterschätzer

bio[a]		B	Standardfehler	Wald	Freiheitsgrade	Signifikanz
nie	Konstanter Term	9,692	1,989	23,740	1	,000
	kochen	-,528	,102	27,014	1	,000
	[sex=1]	,650	,941	,477	1	,490
	[sex=2]	0[b]	.	.	0	.
manchmal	Konstanter Term	6,896	1,839	14,064	1	,000
	kochen	-,280	,082	11,537	1	,001
	[sex=1]	-,195	,741	,069	1	,793
	[sex=2]	0[b]	.	.	0	.

a. Die Referenzkategorie lautet: oft.

b. Dieser Parameter wird auf Null gesetzt, weil er redundant ist.

Abbildung 8.28: Multinomiale Regression: Output Teil 2

Im konkreten Beispiel würde der Ausschluss von `kochen` die Modellgüte um den Wert von 61,618 (in der Spalte **Chi-Quadrat**) verschlechtern. Da dieser Wert signifikant (p-Wert $< 0{,}001$) ist, werden wir `kochen` im Modell belassen. Anders ist die Situation mit `sex`. Ein Ausschluss würde den Wert nur um 1,730 erhöhen, das ist keine signifikante Verschlechterung (p-Wert $= 0{,}421$). Im Sinn eines sparsamen Modells wäre es also möglich, die Variable `sex` aus dem Modell zu nehmen.

- **Parameterschätzer**
  Aus diesem Block (Abbildung 8.28) sind die drei letzten Spalten – sie sind für uns nicht von großer Bedeutung – gelöscht, um Dimensionen der Ausgabe in Grenzen zu halten. Für die Baseline-category Logits, formuliert in 8.4, werden konkrete Werte für die α_i und β_{ij} berechnet und ausgegeben.
  Aus der Fußnote zu diesem Block erfahren wir, dass als Referenzkategorie für die Responsevariable `bio` die Kategorie `oft` gewählt wurde. Die erklärende Variable `sex` ist kategorial, für sie wurde eine Dummyvariable `[sex=1]` gebildet, die den Wert 1 annimmt, wenn `sex=1` ist (also bei einer Frau), sonst den Wert 0.
  Damit können wir alle (in diesem Beispiel sind es zwei) Baseline-category Logits ableiten, wir machen es nur für den Vergleich der Kategorien `nie` mit `oft`:

$$\ln\left(\frac{p(Y = \text{nie})}{p(Y = \text{oft})}\right) = 9{,}692 - 0{,}528 \cdot \texttt{kochen} + 0{,}650 \cdot \texttt{[sex=1]}$$

Ebenfalls angegeben ist, ob der jeweilige Koeffizient in der Gleichung signifikant von 0 verschieden ist. So ist der Koeffizient für `kochen` signifikant (p-Wert $<$ 0,001), der für die Dummyvariable von `sex` nicht (p-Wert $=$ 0,490).
Analog kann der untere Teil dieses Ausgabeblocks zum Vergleich der Kategorien `manchmal` und `oft` herangezogen werden.

Weitere Berechnungen

Berechnungen von Logits Mit den Parameterschätzern sind die Baseline-category Logits fixiert. Logits also, bei denen die Referenzkategorie (hier `oft`) im Nenner auftritt. Zwei Fragen, die mit der Kenntnis der Rechenregeln für den Logarithmus leicht beantwortet werden können, sind:

- Wie berechne ich Logits mit der Referenzkategorie im Zähler?

$$\begin{aligned}\ln\left(\frac{p(Y=\text{oft})}{p(Y=\text{nie})}\right) &= -\ln\left(\frac{p(Y=\text{nie})}{p(Y=\text{oft})}\right)\\ &= -9{,}692+0{,}528\cdot\texttt{kochen}-0{,}650\cdot\texttt{[sex=1]}\end{aligned}$$

- Wie berechne ich Logits, in denen die Referenzkategorie nicht auftritt?

$$\begin{aligned}\ln\left(\frac{p(Y=\text{nie})}{p(Y=\text{manchmal})}\right) &= \ln\left(\frac{p(Y=\text{nie})/p(Y=\text{oft})}{p(Y=\text{manchmal})/p(Y=\text{oft})}\right)\\ &= \ln\left(\frac{p(Y=\text{nie})}{p(Y=\text{oft})}\right)-\ln\left(\frac{p(Y=\text{manchmal})}{p(Y=\text{oft})}\right)\\ &= (9{,}692-0{,}528\cdot\texttt{kochen}+0{,}650\cdot\texttt{[sex=1]})-\\ &\quad (6{,}896-0{,}280\cdot\texttt{kochen}-0{,}195\cdot\texttt{[sex=1]})\\ &= 2{,}796-0{,}248\cdot\texttt{kochen}+0{,}845\cdot\texttt{[sex=1]}\end{aligned}$$

Berechnungen von Wahrscheinlichkeiten Das Konzept der Logits ist sehr hilfreich, um die Modellparameter zu schätzen. Für viele Anwender ist es aber verständlicher, wenn Wahrscheinlichkeiten für die einzelnen Kategorien der Responsevariablen vorliegen.

Für eine Responsevariable mit I Kategorien sollen also die Wahrscheinlichkeiten für $p(Y=i)$ berechnet werden. Mit den Baseline-category Logits stehen $I-1$ unabhängige Gleichungen bereit. Die eine weitere Gleichung, um zu einer eindeutigen Lösung zu gelangen, ist die Summenbeziehung:

$$p(Y=1)+p(Y=2)+\ldots+p(Y=I)=1$$

Wir demonstrieren die Berechnung kurz an unserem Beispiel für die erste Beobachtung im Datensatz, es handelt sich um einen Mann, in dessen Haushalt zehnmal im Monat gekocht wird und der nie Bio-Lebensmittel konsumiert. Es gibt drei Kategorien der Responsevariablen `bio`, also $I=3$. Die Parameterschätzung für die Baseline-category Logits ausnützend und die konkreten Werte der erklärenden Variablen eingesetzt, ergeben:

$$\begin{aligned}\ln\left(\frac{p(Y=\text{nie})}{p(Y=\text{oft})}\right) &= 9{,}692-0{,}528\cdot 10+0{,}650\cdot 0=4{,}412\\ \ln\left(\frac{p(Y=\text{manchmal})}{p(Y=\text{oft})}\right) &= 6{,}896-0{,}280\cdot 10-0{,}195\cdot 0=4{,}096\end{aligned}$$

Die Exponentialfunktion erlöst uns vom Logarithmus:

$$\begin{aligned}\frac{p(Y=\text{nie})}{p(Y=\text{oft})} &= e^{4{,}412}=82{,}434\\ \frac{p(Y=\text{manchmal})}{p(Y=\text{oft})} &= e^{4{,}096}=60{,}099\end{aligned}$$

Etwas Rechenarbeit und die Bedingung, dass die drei Kategorienwahrscheinlichkeiten in Summe 1 ergeben müssen, führen zur Lösung:

$$\begin{aligned}p(Y=\text{nie}) &= 0{,}57432\\ p(Y=\text{manchmal}) &= 0{,}41871\\ p(Y=\text{oft}) &= 0{,}00697\end{aligned}$$

Die Wahrscheinlichkeit für die Kategorie `nie` ist am höchsten, nach diesem Modell wäre sie also die vorhergesagte Kategorie.

Für die Beobachtungen können diese Wahrscheinlichkeiten während der Modellschätzung mitberechnet und im Datenfile als eigene Variablen angelegt werden. Für andere Kombinationen der erklärenden Variablen müssen die Wahrscheinlichkeiten nach obigem Muster selbst errechnet werden.

Zur Berechnung in SPSS ist die richtige Angabe der beteiligten Variablen ausreichend.

SPSS

Analysieren
  Regression
    Multinomial logistisch...
      Abhängige Variable (hier `bio`*)* [➡] Abhängige Variable:
      Kategoriale erklärende Variablen (hier `sex`*)* [➡] Faktor(en)
      Metrische erklärende Variablen (hier `kochen`*)* [➡] Kovariate(n)
      [OK]

Mit den Standardeinstellungen werden die bisher besprochenen Blöcke berechnet und Resultate dafür ausgegeben. Spezialitäten muss man separat anfordern, ein paar seien hier erwähnt:

- Eigene Wünsche nach einer anderen als der letzten Kategorie als Referenzkategorie kann man mit Referenzkategorie... befriedigen.
- Will man nicht nur die Haupteffekte der erklärenden Variablen, sondern auch Wechselwirkungseffekte bestimmen, können diese unter Modell... definiert werden.
- Die Berechnung von Kategorienwahrscheinlichkeiten, vorhergesagte Kategorien etc. kann unter Speichern... vorbereitet werden. Im Datenfile werden dadurch bei der nächsten Modellberechnung neue Variablen angelegt. Variablenname und vor allem Variablenlabel reichen aus, um den Inhalt der jeweiligen Variablen zu verstehen.

Modellvereinfachung

Wir haben bisher Ergebnisse des Modells mit zwei erklärenden Variablen, nämlich mit kochen und sex, besprochen und daraus Folgerungen und weitere Berechnungen abgeleitet. Eine Folgerung aus dem Block, der mit Likelihood-Quotienten-Tests (► Abbildung 8.28) überschrieben war, besagt, dass die Variable sex aus dem Modell genommen werden kann, ohne in der Anpassungsgüte einen signifikanten Einschnitt zu erleiden. Wie bei Regressions- und Varianzanalysemodellen üblich, sollte im Sinn der Sparsamkeit auf das einfachere Modell übergegangen werden.

Von diesem Modell mit nur mehr einer erklärenden Variablen sind nur mehr die wichtigsten Outputteile angeführt (► Abbildung 8.29). Der Likelihood-Quotienten-Test besagt, dass die Variable kochen weiterhin hoch signifikanten Einfluss auf die Responsevariable hat. Die Gleichungen für die Baseline-category Logits sind kürzer, weil kein Term mehr für die Dummyvariable für sex vorkommt. Die Werte für die Konstanten und für kochen haben sich nur wenig geändert.

Likelihood-Quotienten-Tests

	Kriterien für die Modellanpassung	Likelihood-Quotienten-Tests		
Effekt	-2 Log-Likelihood für reduziertes Modell	Chi-Quadrat	Freiheitsgrade	Signifikanz
Konstanter Term	100,762	66,129	2	,000
kochen	100,830	66,198	2	,000

Die Chi-Quadrat-Statistik stellt die Differenz der -2 Log-Likelihoods zwischen dem endgültigen Modell und einem reduziertem Modell dar. Das reduzierte Modell wird berechnet, indem ein Effekt aus dem endgültigen Modell weggelassen wird. Hierbei liegt die Nullhypothese zugrunde, nach der alle Parameter dieses Effekts 0 betragen.

Parameterschätzer

bio[a]		B	Standardfehler	Wald	Freiheitsgrade	Signifikanz
nie	Konstanter Term	9,745	1,989	24,012	1	,000
	kochen	-,515	,097	27,886	1	,000
manchmal	Konstanter Term	6,907	1,837	14,136	1	,000
	kochen	-,285	,079	13,031	1	,000

a. Die Referenzkategorie lautet: oft.

Abbildung 8.29: Multinomiale Regression: 1 erklärende Variable

Fallbeispiel 24: Interpretation

Um uns ein Bild vom Zusammenhang der Responsevariablen bio mit den erklärenden Variablen kochen und sex zu machen, haben wir einen Boxplot und ein gestapeltes Balkendiagramm erstellt. Aus dem Boxplot (Abbildung 8.26) vermuten wir, dass Personen, in deren Haushalt öfter gekocht wird, auch öfter Bio-Lebensmittel konsumieren. Das Balkendiagramm (Abbildung 8.25) zeigt, dass in der Stichprobe Frauen eher Bio-Lebensmittel konsumieren.

Der erste Versuch, den simultanen Einfluss von sowohl `kochen` als auch `sex` auf `bio` zu bestimmen, führte zu einem multinomialen logistischen Regressionsmodell mit zwei erklärenden Variablen (Abbildung 8.27 und Abbildung 8.28). Das Ergebnis bestätigt unsere Vermutung bezüglich `kochen`. Hingegen erstaunt uns das Ergebnis über den Einfluss von `sex`; der Einfluss von `sex` ist nicht mehr signifikant. Offenbar übernimmt `kochen` einen Teil des Erklärungsanteils von `sex`; etwa deshalb, weil Frauen in Haushalten leben, in denen überdurchschnittlich viel gekocht wird.

Der Übergang zum endgültigen Modell mit nur mehr `kochen` als erklärender Variablen (Abbildung 8.29) zeigt, dass sich die Anpassungsgüte nur gering verschlechtert hat. Die Gleichungen für die Baseline-category Logits sind deutlich übersichtlicher.

8.9 Kann eine ordinale Variable durch andere Variablen erklärt werden?

Fallbeispiel 24: Bio-Lebensmittel (Fortsetzung)

Im vorigen Beispiel haben wir den Konsum von Bio-Lebensmitteln durch die Kochhäufigkeit in einem Haushalt erklärt. Allerdings haben wir die Responsevariable `bio` dabei nur wie eine nominale Variable behandelt.

Können wir die ordinale Struktur der Responsevariablen im Modell einbauen?

8.9.1 Ordinale Regression

Die Ordinalskala, auf der die Responsevariable `bio` gemessen wird, spiegelt sich in der natürlichen Anordnung ihrer drei Kategorien wider.

`nie` < `manchmal` < `oft`

In Definitionen werden wir für die Kategorienbezeichnungen statt Labels nur die ganzen Zahlen 1, 2, etc. verwenden. In den Interpretationen von Resultaten zu unserem Eingangsbeispiel werden wir mit den aktuellen Labels (also `nie`, `manchmal` etc.) arbeiten.

Im vorigen Abschnitt wurden die Logits aller Kategorien zu einer Referenzkategorie modelliert. Jetzt nutzen wir die ordinale Struktur und definieren die KUMULATIVEN LOGITS:

$$\ln\left(\frac{p(Y \leq i)}{p(Y > i)}\right) = \ln\left(\frac{p(Y = 1) + \ldots + p(Y = i)}{p(Y = i + 1) + \ldots + p(Y = I)}\right)$$

Es wird also die Wahrscheinlichkeit, dass die Responsevariable höchstens einen Wert annimmt, in Relation zur Wahrscheinlichkeit, dass sie höhere Werte annimmt, gesetzt. Die Modellierung dieser kumulativen Logits geschieht im Rahmen der ORDINALEN REGRESSION.

Ordinale Regression

$$\ln\left(\frac{p(Y \leq i)}{p(Y > i)}\right) = \alpha_i - \beta_1 X_1 \ldots - \beta_k X_k \tag{8.5}$$

- Y ... Responsevariable mit I Kategorien.
- $X_1, \ldots, X_k$ sind die erklärenden Variablen.
- Für $i = 1, \ldots, I - 1$ sind mit der Formel 8.5 kumulative Logits modelliert.

HINWEIS

Es ist kein Tippfehler, dass vor den Koeffizienten β_j ein Minus und nicht das gewohnte Plus steht. Das ist kein Muss, sondern eine Parametrisierung, die auch von SPSS gewählt wird.
Warum so und nicht auf die gewohnte Weise? Nehmen wir an, es gibt nur eine erklärende Variable X_1 und somit nur ein β_1. Wenn $\beta_1 > 0$, dann sind die kumulativen Logits nach 8.5 kleiner, je größer X_1. Damit sind aber auch die kumulativen Wahrscheinlichkeiten $p(Y \leq i)$ kleiner und somit die $p(Y > i)$ größer. Es ist also wahrscheinlicher, hohe Werte von Y zu beobachten, wenn X_1 hohe Werte annimmt. Das ist aber gerade die übliche Definition eines positiven Zusammenhangs zwischen zwei Variablen.

8.9.2 Beschreibung der Rechenergebnisse

Wir werden hier das Beispiel mit der einzig signifikanten Variablen `kochen` beschreiben. Die Ergebnisse sind wieder in mehrere Blöcke gegliedert, die wir in zwei Abbildungen untergebracht haben. Die zuerst auftauchende Warnung ignorieren wir und wenden uns den einzelnen Teilen zu.

- **Zusammenfassung der Fallverarbeitung**
  Hier (▶ Abbildung 8.30) ist eine Auszählung der Responsevariablen und – falls im Modell enthalten – der kategorialen erklärenden Variablen enthalten.
- **Information zur Modellanpassung**
  Das einfache Modell ohne erklärende Variablen (also alle $\beta_j = 0$ in 8.4) wird mit dem spezifizierten Modell verglichen. Für die Güte der Anpassung eines Modells an die Daten wird der negative doppelte Wert des Logarithmus der Likelihood-Funktion (kurz -2 Log-Likelihood) verwendet. Ist der Unterschied zwischen diesen Werten groß, ist das spezifizierte Modell besser als das einfache Modell. Die Beurteilung der Differenz erfolgt über eine χ^2-Verteilung.
  Im Output haben wir die beiden Zahlen in der ersten Spalte gelistet (100,830 und 33,198), die Differenz finden wir in der Spalte Chi-Quadrat, in diesem Beispiel beträgt sie 67,632. Dieser Wert ist hoch signifikant (p-Wert $< 0{,}001$), somit ist das gewählte Modell signifikant besser als das einfache Modell.
- **Anpassungsgüte**
  Hier (Abbildung 8.30) werden die Ergebnisse von zwei unterschiedlichen Tests angezeigt, die beide überprüfen sollen, ob sich die konkreten Daten gut mit den nach dem Modell prognostizierten Daten vereinbaren lassen. Beide Tests lassen

Zusammenfassung der Fallverarbeitung

		Anzahl	Randprozentsatz
bio	nie	32	35,6%
	manchmal	39	43,3%
	oft	19	21,1%
Gültig		90	100,0%
Fehlend		0	
Gesamt		90	

Information zur Modellanpassung

Modell	-2 Log-Likelihood	Chi-Quadrat	Freiheitsgrade	Sig.
Nur konstanter Term	100,830			
Final	33,198	67,632	1	,000

Verknüpfungsfunktion: Logit.

Anpassungsgüte

	Chi-Quadrat	Freiheitsgrade	Sig.
Pearson	9,541	15	,848
Abweichung	9,686	15	,839

Verknüpfungsfunktion: Logit.

Pseudo R-Quadrat

Cox und Snell	,528
Nagelkerke	,601
McFadden	,355

Verknüpfungsfunktion: Logit.

Abbildung 8.30: Ordinale Regression: Output Teil 1

mit p-Werten von 0,848 und 0,839 keinen Zweifel an der Nullhypothese aufkommen. Also passen die Prognosewerte gut zu den beobachteten Daten.

- Pseudo-R-Quadrat
  Wie bei der multinomialen logistischen Regression sind unterschiedliche Versuche aufgelistet, ein Analogon zum Bestimmtheitsmaß R^2 der linearen Regression zu bilden.
- Parameterschätzer
  Aus diesem Block (▶ Abbildung 8.31) sind die zwei letzten Spalten mit Konfidenzintervallen für die Parameter gelöscht, um die Länge der Ausgabe in Grenzen zu

Parameterschätzer

		Schätzer	Standardfehler	Wald	Freiheitsgrade	Sig.
Schwelle	[bio = 1]	3,509	,687	26,087	1	,000
	[bio = 2]	7,070	1,054	44,966	1	,000
Lage	kochen	,287	,046	39,179	1	,000

Verknüpfungsfunktion: Logit.

Abbildung 8.31: Ordinale Regression: Output Teil 2

halten. Da die Responsevariable drei Kategorien hat ($I = 3$), gibt es zwei α-Werte; es kommt nur eine erklärende Variable vor, also auch nur ein β-Wert.
In den ersten zwei Zeilen sind zunächst mit 3,509 und 7,070 die Schätzwerte für gelistet; in der letzten Zeile folgt der Wert für β, er beträgt 0,287. Somit sind über 8.5 die beiden kumulativen Logits fixiert.
Für die erste Kategorie `nie` ist dies:

$$\ln\left(\frac{p(Y \leq \text{nie})}{p(Y > \text{nie})}\right) = 3{,}509 - 0{,}287 \cdot \texttt{kochen}$$

Die zweite Kategorie `manchmal` ergibt:

$$\ln\left(\frac{p(Y \leq \text{manchmal})}{p(Y > \text{manchmal})}\right) = 7{,}070 - 0{,}287 \cdot \texttt{kochen}$$

Das Vorzeichen von β gibt die Richtung des Zusammenhangs zwischen y und X an. Da $\beta > 0$, bedeuten hohe Werte von X (hier also `kochen`) höhere Wahrscheinlichkeiten für die oberen Kategorien von Y.
Wie im vorigen Abschnitt werden Tests für die einzelnen Koeffizienten zur Verfügung gestellt. In diesem Beispiel sind die p-Werte für alle Koeffizienten sehr klein (p-Werte $< 0{,}001$), somit sind die Koeffizienten signifikant von 0 verschieden.

8.9.3 Parallelität

In diesem Beispiel sind insgesamt drei Parameter geschätzt worden, zwei α- und ein β-Parameter, im vergleichbaren multinomialen logistischen Regressionsmodell (Abbildung 8.29) waren es vier $(2 + 2)$. Allgemein gilt bei I Kategorien von Y und k erklärenden Variablen (bei kategorialen Variablen schon passend in Dummyvariablen aufgeteilt) für die Parameteranzahl:

	multinomial		ordinal	
Parameter	α	β	α	β
Anzahl	$I-1$	$k \cdot (I-1)$	$I-1$	k

Der Unterschied in der Parameteranzahl ist im Bio-Lebensmittelbeispiel und einer erklärenden Variablen nur gering. Er kann bei vielen Kategorien von Y und/oder vielen erklärenden Variablen sehr groß werden. Daher sind ordinale Modelle beliebter, bedeuten sie doch weniger Erklärungsaufwand bei der Ergebnisinterpretation. Diesen Vorteil erkauft man sich jedoch durch eine Annahme, die implizit im ordinalen Modell getroffen wird. Es ist dies nämlich die Annahme, dass jede erklärende Variable X_j gleich stark auf den jeweiligen linearen Prädiktor der unterschiedlichen kumulativen Logits wirkt, ausgedrückt durch den Wert von β_j. Die kumulativen Logits unterscheiden sich nur durch die verschiedenen α-Werte, man spricht daher auch von parallelen Logits.

Diese Annahme kann in SPSS mit einem zusätzlich anzufordernden Test, dem PARALLELITÄTSTEST überprüft werden. Wie oft bei Tests von Modellannahmen ist man froh, wenn die Nullhypothese (hier: ein Koeffizient pro erklärender Variablen reicht

Parallelitätstest für Linien[a]

Modell	-2 Log-Likelihood	Chi-Quadrat	Freiheitsgrade	Sig.
Nullhypothese	33,198			
Allgemein	32,773	,425	1	,514

Die Nullhypothese gibt an, daß die Lageparameter (Steigungkoeffizienten) über die Antwortkategorien übereinstimmen.

a. Verknüpfungsfunktion: Logit.

Abbildung 8.32: Ordinale Regression: Parallelitätstest

aus), bestätigt wird. Es bedeutet ja, dass man mit dem einfacheren Modell weiterarbeiten darf. Für das aktuelle Beispiel (▶ Abbildung 8.32) gibt es kaum einen Unterschied in der Anpassungsgüte; es besteht daher auch kein Grund, an der Nullhypothese zu zweifeln (p-Wert $= 0{,}514$).

8.9.4 Berechnung von Kategorienwahrscheinlichkeiten

Wir verwenden wieder die vorliegenden Ergebnisse, um für den ersten Datensatz (ein Mann, in dessen Haushalt zehnmal im Monat gekocht wird und der nie Bio-Lebensmittel konsumiert) die Wahrscheinlichkeiten für die drei Kategorien `nie`, `manchmal` und `oft` zu berechnen.

Die zwei kumulativen Logits haben wir schon bei der Besprechung des Rechenoutputs angeschrieben. Wenn wir für `kochen` den aktuellen Wert 10 einsetzen, erhalten wir:

$$\begin{aligned}\ln\left(\frac{p(Y \le \text{nie})}{p(Y > \text{nie})}\right) &= \ln\left(\frac{p(Y = \text{nie})}{p(Y = \text{manchmal}) + p(Y = \text{oft})}\right)\\ &= 3{,}509 - 0{,}287 \cdot 10 = 0{,}639\end{aligned}$$

$$\begin{aligned}\ln\left(\frac{p(Y \le \text{manchmal})}{p(Y > \text{manchmal})}\right) &= \ln\left(\frac{p(Y = \text{nie}) + p(Y = \text{manchmal})}{p(Y = \text{oft})}\right)\\ &= 7{,}070 - 0{,}287 \cdot 10 = 4{,}200\end{aligned}$$

Wir nutzen die Eigenschaften der Exponentialfunktion und vergessen nicht die Summenbeziehung für die drei Wahrscheinlichkeiten und gelangen zu einem einfachen Gleichungssystem:

$$\begin{aligned}\frac{p(Y = \text{nie})}{p(Y = \text{manchmal}) + p(Y = \text{oft})} &= e^{0{,}639} = 1{,}8946\\ \frac{p(Y = \text{nie}) + p(Y = \text{manchmal})}{p(Y = \text{oft})} &= e^{4{,}200} = 66{,}6863\\ p(Y = \text{nie}) + p(Y = \text{manchmal}) + p(Y = \text{oft}) &= 1\end{aligned}$$

Mit etwas Sorgfalt bei der Rechenarbeit kommen wir zu:

$$\begin{aligned}p(Y = \text{nie}) &= 0{,}65453\\ p(Y = \text{manchmal}) &= 0{,}33070\\ p(Y = \text{oft}) &= 0{,}01477\end{aligned}$$

Die Wahrscheinlichkeit für die Kategorie `nie` ist am höchsten, nach diesem Modell wäre sie also die vorhergesagte Kategorie.

Die Berechnung in SPSS verläuft nach gewohntem Muster.

SPSS

Analysieren
Regression
Ordinal...
Abhängige Variable (hier `bio`*)* ➡ Abhängige Variable:
Kategoriale erklärende Variablen ➡ Faktor(en)
Metrische erklärende Variablen (hier `kochen`*)* ➡ Kovariate(n)
[OK]

Mit den Standardeinstellungen werden die bisher besprochenen Blöcke berechnet und Resultate dafür ausgegeben. Spezialitäten muss man separat anfordern, ein paar seien hier erwähnt:

- Den Parallelitätstest für die Logits kann man im Menü unter Optionen... anfordern.
- Die Berechnung von Kategorienwahrscheinlichkeiten, vorhergesagte Kategorien etc. kann unter Ausgabe... vorbereitet werden. Im Datenfile werden dadurch bei der nächsten Modellberechnung neue Variablen mit passenden Namen und Labels angelegt.
- Will man nicht nur die Haupteffekte der erklärenden Variablen, sondern auch Wechselwirkungseffekte bestimmen, können diese unter Modell... definiert werden.

Fallbeispiel 24: Interpretation

Der Parallelitätstest für Linien (Abbildung 8.32) gestattet den Einsatz eines ordinalen Regressionsmodells. Der Koeffizient für die einzige erklärende Variable `kochen` ist signifikant von Null verschieden und positiv. Somit sind höhere Werte von `kochen` mit höheren Wahrscheinlichkeiten für die hohen Kategorien von `bio` verbunden.

Die berechneten Kategorienwahrscheinlichkeiten und die daraus abgeleiteten vorhergesagten Kategorien zeigen neben dem allgemeinen Modelltest, dass das Modell die Daten sehr gut beschreibt.

8.10 Zusammenfassung der Konzepte

In den meisten Abschnitten haben wir die Lage einer metrischen Variablen in zwei oder mehreren Gruppen verglichen. Je nachdem, ob die entsprechenden Voraussetzungen erfüllt sind, kann der t-Test oder die Varianzanalyse eingesetzt werden. Sonst muss auf die nichtparametrischen Methoden ausgewichen werden.

Mit der zweifachen Varianzanalyse kann die Wechselwirkung zweier kategorialer Variablen auf den Mittelwert untersucht werden.

Bei der logistischen Regression hat die Responsevariable zwei Kategorien, der Zusammenhang mit einer oder mehreren erklärenden Variablen wird modelliert. Sind mehr als zwei Kategorien im Spiel, kann die multinomiale logistische Regression eingesetzt werden. Ist die Responsevariable ordinal, ist eine ordinale Regression als Methode denkbar.

- Parallele Boxplots: Sie bieten einen guten Überblick über die Verteilung einer metrischen Variablen in mehreren Gruppen.
- Zwei-Stichproben-t-Test: Test, ob sich Mittelwerte einer Variablen in zwei Gruppen unterscheiden.
- Mann-Whitney U-Test: Test, ob sich Mediane einer Variablen in zwei Gruppen unterscheiden.
- Varianzanalyse: Test, ob sich Mittelwerte einer Variablen in drei oder mehr Gruppen unterscheiden.
- Post-hoc-Tests: Tests um festzustellen, welche Gruppenmittelwerte sich signifikant unterscheiden, nachdem eine Varianzanalyse ein signifikantes Ergebnis gebracht hat.
- Kruskal-Wallis-Test: Test, ob sich Mediane einer Variablen in drei oder mehr Gruppen unterscheiden.
- Zweifache Varianzanalyse: Wie wirken zwei kategoriale Variablen kombiniert auf den Mittelwert einer metrischen Variablen? Gibt es eine Wechselwirkung?
- Logistische Regression: Das Odds Ratio für eine Kategorie wird durch eine oder mehrere erklärende Variable modelliert.

8.11 Übungen

1. Haushaltsarbeit bei Teenagern

Es wurden Daten von Teenagern über die Mitarbeit im Haushalt erhoben, das Datenfile `teenagework.sav` enthält folgende Variablen:

`stunden`	Haushaltsarbeit pro Woche (in Stunden)
`mutter`	Berufstätigkeit der Mutter (1 = nein, 2 = ja)
`sex`	Geschlecht der Teenager (1 = weiblich, 2 = männlich)

- Gibt es Unterschiede zwischen den Geschlechtern in der Mitarbeit im Haushalt?

2. Haushaltsarbeit bei Teenagern

Wir arbeiten mit dem Datenfile `teenagework.sav` aus dem vorigen Beispiel.

- Ist der Unterschied in der Mitarbeit im Haushalt zwischen männlichen und weiblichen Teenagern anders, je nachdem ob die Mutter berufstätig ist oder nicht?

3. Verfahrensdauer am VwGH nach Senaten

Im Datenfile `vwgh.sav` über die Entscheidungen des Verwaltungsgerichtshofs sind auch die Verfahrensdauer vor dem VwGH (Variable `dauer3`) und der Senat, der über die Berufung beraten hat (Variable `senat`), angegeben.

- Unterscheidet sich die Dauer der Verfahren zwischen den verschiedenen Senaten?

4. Kurierdienste

In den letzten Jahren sind viele Firmen dazu übergegangen, ihre Korrespondenz ganz oder teilweise von privaten Kurierdiensten befördern zu lassen. Ein großes Unternehmen plant diesen Schritt ebenfalls und möchte unter drei Kurierdiensten einen fest auswählen. Unter anderem ist auch die Zeit, in der Aufträge erledigt werden, ein sehr wichtiges Kriterium.

Um die Entscheidung zu erleichtern, werden jedem der drei Kurierdienste 12 zufällig ausgewählte Briefe (zufällige Aufgabezeit, zufälliger Bestimmungsort) zur Beförderung übergeben. Im Datenfile `kurier.sav` sind folgende Variablen enthalten:

`Zeit`	benötigte Zeit (in Minuten)
`Kurier`	Code zur Unterscheidung der Kurierdienste

- Gibt es signifikante Unterschiede in den Zustellzeiten zwischen den drei Kurierdiensten?

5. Carter – Reagan

Eine Teilmenge von Variablen des 1982 General Social Survey, betreffend die Präsidentschaftswahl 1980, ist im Datenfile (`us-election80.sav`) enthalten.

`VOTE`	Wahlverhalten bei den Präsidentschaftswahlen 1980 1 = Reagan, 2 = Carter oder andere
`RACE`	Hautfarbe 1 = weiß, 2 = nicht weiß
`POLVIEW`	Likertskala für politische Einstellung 1 = extrem liberal ... bis 7 = extrem konservativ
`WEIGHT`	Anzahl von Beobachtungen mit entsprechender Variablenkombination

- Finden Sie ein Modell für das Wahlverhalten.

Die Datendateien sowie Lösungen finden Sie auf der Webseite des Verlags.

TEIL IV

Multivariate Daten

Dimensionsreduktion

9

ÜBERBLICK

Dieses Kapitel beschäftigt sich mit komplexen Situationen, in denen man es mit mehreren Variablen gleichzeitig zu tun hat. Das Ziel dabei ist, die Komplexität so zu reduzieren, dass man wesentliche Strukturen in Daten erkennen kann, ohne dabei zuviel Information zu verlieren. Ein Nebenprodukt einer solchen Analyse ist die Erstellung neuer, einfacherer Variablen, die auf den ursprünglichen beruhen. Diese können für weitergehende Analysen verwendet werden.

9.1 Kann man die Komplexität multidimensionaler Daten reduzieren?

Bisher haben wir uns, was die Anzahl zu analysierender Variablen betrifft, auf zwei Bereiche beschränkt: UNIVARIATE und BIVARIATE Methoden. Bei univariaten Analysen steht, wie der Name schon sagt, eine einzelne Variable im Zentrum des Interesses. Das heißt nicht, dass nicht auch mehrere Variablen im Spiel sein können. Wenn man Fragestellungen beantworten will, in denen die Unterscheidung in abhängige und unabhängige Variablen wichtig ist, dann heißt univariat, dass es nur eine einzelne abhängige Variable gibt. Wir haben z. B. den Ein-Stichproben-t-Test (Abschnitt 6.3), aber auch Regression (Abschnitt 7.2) oder Varianzanalyse als Vertreter solcher Methoden kennengelernt. Die Anzahl der weiteren Variablen, deren Einfluss auf die abhängige Variable untersucht werden soll, ist für die Zuordnung zur Klasse der univariaten Verfahren unerheblich.

Bei bivariaten Methoden, wie wir sie bisher kennengelernt haben, ging es um den Zusammenhang (Assoziation) *zweier* Variablen, also z. B. beim Chi-Quadrat-Test auf Unabhängigkeit (Abschnitt 5.4) oder bei Korrelationsanalysen (Abschnitt 7.1).

Dieses Kapitel behandelt nun eine Erweiterung auf MULTIVARIATE Methoden, wobei wir nur solche für metrische Variablen berücksichtigen wollen. Außerdem werden wir uns nicht mit Situationen beschäftigen, in denen wir zwischen abhängigen und unabhängigen unterscheiden, sondern wir werden Zusammenhangsstrukturen bei mehreren Variablen untersuchen.

Mit dem Begriff multivariat geht auch der Begriff MULTIDIMENSIONAL einher. Bei Streudiagrammen (Abschnitt 7.1.1) werden einzelne Personen (oder Beobachtungseinheiten) als Punkte in einem Koordinatensystem dargestellt, das sich aus zwei Variablen ergibt. Bei gleichzeitiger Betrachtung von drei Variablen wird jede Personen in einem dreidimensionalen Raum als Punkt repräsentiert, bei zehn Variablen in einem zehndimensionalen Raum. Leider kann man sich das nicht mehr vorstellen, aber das ist auch gar nicht notwendig. Wenn es um die bildhafte Vorstellung geht, bleibt man am besten in zwei oder drei Dimensionen und abstrahiert einfach. Und bei Berechnungen hilft uns ohnehin die Mathematik (insbesondere die lineare Algebra) weiter.

Wenn wir also mehrere Variablen gleichzeitig untersuchen wollen, haben wir es mit multidimensionalen Problemen zu tun. Da wir uns aber multidimensionale Zusammenhänge auch nur mehr schwer vorstellen, geschweige denn sie erfassen können, benötigen wir Methoden, die uns dabei helfen.

9.1.1 Grundlagen der Hauptkomponentenanalyse

Die Methode, die wir kennenlernen wollen und die sich zur Analyse solcher Fragestellungen eignet, heißt HAUPTKOMPONENTENANALYSE. In gewisser Weise ist sie mit der sogenannten Faktorenanalyse verwandt und liefert auch oft ähnliche Ergebnisse. Konzeptuell aber ist die Faktorenanalyse ein völlig anderes Verfahren und eigentlich ein Überbegriff für verschiedene spezialisierte Methoden. In SPSS wird diese Unterscheidung leider nicht deutlich gemacht und es entsteht der Eindruck, dass die Hauptkomponentenmethode nur ein Spezialfall der Faktorenanalyse ist. Das zeigt sich auch in der Gestaltung der Menüpunkte und mancher Ausgaben, wie wir später sehen werden. Wenn der Begriff Faktor in diesem Kapitel auftaucht, ist jedenfalls immer Hauptkomponente gemeint. Eine detaillierte Darstellung und Gegenüberstellung von Hauptkomponenten- und Faktorenanalyse ginge weit über den Rahmen dieses Buchs hinaus. Einen sehr guten und verständlichen Überblick gibt aber z. B. Bühner (2004) für alle, die sich in dieses Thema vertiefen wollen.

Wir können hier nur einige Grundideen zur Analyse multivariater Zusammenhänge präsentieren und werden uns auf das wichtigste und am häufigsten angewendete Verfahren, die HAUPTKOMPONENTENANALYSE konzentrieren. Im Mittelpunkt stehen hier der explorative Charakter der Methode und die Zielsetzung der Datenreduktion.

Exkurs 9.1 Hauptkomponentenanalyse: Überblick

Ziele:

- Reduktion einer größeren Zahl miteinander korrelierter Variablen auf eine kleinere Zahl unkorrelierter Variablen, wobei ein Großteil der Information bewahrt bleiben soll
- Aufdecken einer Struktur, die einer Vielzahl von Variablen zugrunde liegt
- Entdecken von Mustern gemeinsamer Streuung (Korrelation) der multiplen Variablen
- Erzeugen künstlicher Dimensionen oder neuer Variablen (sogenannte Hauptkomponenten), die mit den ursprünglichen Variablen hoch korrelieren

Die Hauptkomponentenanalyse ist eine explorative Methode, d. h., es gibt kein Vorwissen (keine Hypothesen) über die zugrunde liegenden Muster. Diese gilt es zu entdecken. Als explorative Methode liefert die Hauptkomponentenanalyse keine Resultate im Sinn von Entscheidungshilfen bei der Prüfung von statistischen Hypothesen, aber sie kann wertvolle Hinweise auf Strukturen in den Daten geben. Insofern kann sie auch als hypothesengenerierende Methode aufgefasst werden.

Die Hauptkomponentenanalyse beruht auf Kovarianzen (Korrelationen) zwischen allen Variablen. Daher müssen die Daten metrisch sein und es muss, wie bei der linearen Regression, ihre Beziehung untereinander linear sein. Es gelten also alle Voraussetzungen wie für den Pearson-Korrelationskoeffizienten. In der Praxis werden aber oft Likert-Items verwendet, die strenggenommen eigentlich nur ordinal kategorial skaliert sind. Die Anwendung einer Hauptkomponentenanalyse ist dann (aufgrund ihres explorativen Charakters) aber dennoch gerechtfertigt, wenn die Ergebnisse sinnvoll interpretiert werden können.

Wir wollen die grundlegenden Ideen zunächst an einem einfachen Beispiel kennenlernen.

Es geht um das Selbstkonzept von Studierenden, d. h., wie sehen sich Studierende selbst. Nehmen wir an, wir hätten einer Stichprobe von Studierenden folgende Items vorgelegt, die diese auf einer 5-stufigen Likert-Response-Skala (mit den Ausprägungen „trifft sehr zu" bis „trifft überhaupt nicht zu") beantwortet haben:

1. „Ich gehe gerne auf Parties" (A1)
2. „Ich wohne lieber gemeinsam als alleine" (A2)
3. „Es fällt mir leicht, mich mit irgendwelchen Leuten zu unterhalten" (A3)
4. „Ich bin ganz gut in Mathematik" (B1)
5. „Ich schreibe gerne Aufsätze bzw. Seminararbeiten" (B2)
6. „Mein Lieblingsplatz an der Uni ist die Bibliothek" (B3)

Wenn man sich diese Items ansieht, erkennt man, dass es zwei Gruppen gibt, die mit den Namen A und B gekennzeichnet sind. Die Gruppe A beschreibt soziale Eigenschaften, die Gruppe B Eigenschaften, die eher mit akademischen, studiumzentrierten Aspekten zu tun haben. Der Anschaulichkeit halber haben wir das Ergebnis schon vorweggenommen, indem wir die sechs Ausgangsitems in zwei Gruppen eingeteilt haben. Bei echten Problemstellungen wäre diese Gruppierung natürlich nicht von vornherein bekannt. Das Ziel der Hauptkomponentenanalyse ist es ja, solche Gruppierungen herausfinden zu helfen.

Ausgangspunkt der Analyse sind Korrelationen zwischen allen Variablen, die in Form einer Tabelle (der sogenannten KORRELATIONSMATRIX) dargestellt werden können (► Abbildung 9.1).

	A1	A2	A3	B1	B2	B3
A1	–	0,70	0,80	0,10	0,20	0,15
A2	0,70	–	0,75	0,01	0,15	0,09
A3	0,80	0,75	–	0,12	0,11	0,05
B1	0,10	0,01	0,12	–	0,85	0,79
B2	0,20	0,15	0,11	0,85	–	0,81
B3	0,15	0,09	0,05	0,79	0,81	–

Tabelle 9.1: Korrelationsmatrix für das Selbstkonzeptbeispiel

Man kann sehen, dass die Items A1 – A3 untereinander hoch korrelieren, nämlich mit 0,7 bis 0,8. Sie bilden eine Gruppe, was auch durch die farbige Unterlegung angezeigt ist, und haben also etwas miteinander zu tun. Je höher z. B. die Zustimmung zu „Ich gehe gerne auf Parties" ist, umso höher ist auch die Zustimmung zu „Ich wohne lieber gemeinsam als alleine". Nur sehr kleine Korrelationswerte haben diese drei aber jeweils zu den anderen Items der Gruppe B. Sie haben mit diesen also nichts zu tun. Das gleiche Muster sehen wir für die Items der Gruppe B. Die B-Items korrelieren untereinander hoch (0,79 bis 0,85), aber nur gering mit den A-Items.

Im Wesentlichen haben wir auf diese Weise schon eine Art intuitive Hauptkomponentenanalyse durchgeführt. In der Praxis ist das leider nicht so einfach, da die Gruppen oft überlappen, die Werte der Korrelationskoeffizienten nicht so groß und deutlich sind und die Variablen auch nicht so übersichtlich angeordnet sind.

Man kann nun diese beiden Gruppen insofern zusammenfassen, als wir sie jeweils als neue Variable auffassen. Diese bezeichnet man als HAUPTKOMPONENTEN. Ihnen können wir Namen geben, z. B. soziale Orientierung und akademische Orientierung.

Und wir können für jede Person den Wert ausrechnen, durch den sie mit dieser neuen Variable beschrieben werden kann. Gibt z. B. eine Person für die Items A1 bis A3 hohe Zustimmung an, dann wird sie auch einen hohen Wert für soziale Orientierung haben. Diesen Wert nennt man KOMPONENTENWERT oder KOMPONENTENSCORE.

Man kann sich das wie in der linearen Regression vorstellen, wobei die Komponentenwerte die Rolle der abhängigen Variable übernehmen. Die Gleichungen für die beiden Hauptkomponenten sind

$$ScoreA = \beta_{a1}^{A} \cdot \mathrm{a1} + \beta_{a2}^{A} \cdot \mathrm{a2} + \beta_{a3}^{A} \cdot \mathrm{a3} + \beta_{b1}^{A} \cdot \mathrm{b1} + \beta_{b2}^{A} \cdot \mathrm{b2} + \beta_{b3}^{A} \cdot \mathrm{b3}$$
$$ScoreB = \beta_{a1}^{B} \cdot \mathrm{a1} + \beta_{a2}^{B} \cdot \mathrm{a2} + \beta_{a3}^{B} \cdot \mathrm{a3} + \beta_{b1}^{B} \cdot \mathrm{b1} + \beta_{b2}^{B} \cdot \mathrm{b2} + \beta_{b3}^{B} \cdot \mathrm{b3} \,.$$

Dabei sind *ScoreA* und *ScoreB* die Werte, die die Personen für die neuen Variablen bekommen, a1 bis b3 sind die standardisierten Werte der ursprünglichen Variablen A1 bis B3[1]. Die β's sind Gewichte. Zum Beispiel ist β_{a1}^{A} das Gewicht, mit dem der (standardisierte) Wert des Items in den *ScoreA* eingeht, während β_{a1}^{B} das Gewicht ist, mit dem der (standardisierte) Wert des gleichen Items in den *ScoreB* eingeht. Bei *ScoreA* werden die Items A1 bis A3 hohe Gewichte haben, während sie für B1 bis B3 bei dieser Komponente nur sehr kleine Werte haben. Umgekehrtes gilt für Komponente B.

Wie erhält man die Hauptkomponenten und wie viele sind sinnvoll?

Unser fiktives Beispiel des Selbstkonzepts von Studierenden ist natürlich einfach und überschaubar gehalten. Es ist offensichtlich, dass es zwei wichtige Hauptkomponenten gibt. Aber rein mathematisch gibt es in diesem Fall 6 Hauptkomponenten, nämlich gleich viele, wie es Ausgangsvariablen gibt. Da wir uns aber das Ziel gesteckt haben, die Dimensionalität zu reduzieren, müssen wir eine Lösung finden, in der es weniger neue Variablen als ursprüngliche Items gibt.

Die Grundidee ist dabei folgende. Wir gehen schrittweise vor.

Schritt 1 Man sucht die größte Gruppe von Items, die untereinander hoch korreliert sind. Sie bilden die erste Hauptkomponente.

Schritt 2 Man sucht die zweitgrößte Gruppe von Items, die untereinander hoch korrelieren, die aber mit der ersten Gruppe möglichst gering korrelieren.

Schritte ... Das macht man so lange, bis man gleich viele Hauptkomponenten wie Items hat.

Man nennt diese Vorgehensweise EXTRAKTION von Hauptkomponenten.[2] Natürlich wird es immer schwieriger werden, weitere Gruppen von Items zu finden, die untereinander hoch korrelieren, aber nur niedrig mit allen vorhergegangenen Gruppen

1 Für jede Person erhält man den standardisierten Wert von A1, nämlich a1, wenn man vom jeweiligen Wert A1 den Mittelwert der Variable A1 abzieht und dann durch die Standardabweichung von A1 dividiert, d. h.,

$$\mathrm{a1} = \frac{\mathrm{A1} - \mathrm{Mittelwert(A1)}}{\mathrm{Standardabweichung(A1)}}$$

Diese Transformation (Standardisierung) führt dazu, dass der Mittelwert von a1 gleich 0 und die Varianz von a1 gleich 1 ist. Gleiches gilt für die Standardisierung beliebiger Variablen.

2 Diese Beschreibung ist mathematisch nicht ganz exakt und soll auch nur dem Grundverständnis dienen. Eine genauere Darstellung findet sich im Anhang zu diesem Kapitel.

von Items. Daher sollte man einen Stopp-Regel haben, die wichtige von unwichtigen Hauptkomponenten (oder kurz Komponenten) trennt. Leider gibt es keine allgemein gültige Methode zur Bestimmung der Anzahl wichtiger Komponenten. Da die Hauptkomponentenanalyse eine explorative Methode ist, wird man jene Anzahl wählen, bei der die extrahierten Komponenten gut interpretierbar und auch inhaltlich sinnvoll sind. Das ist eine subjektive Entscheidung. Allerdings gibt es schon einige Faustregeln, die in einem ersten Schritt Hinweise darauf geben, wie viele Komponenten man ungefähr wählen sollte.

In der Praxis verwendet man meist zwei Methoden, die helfen, eine vernünftige Anzahl zu finden:

- Man untersucht die sogenannten EIGENWERTE (numerisch).
- Man untersucht den sogenannten SCREE-PLOT (grafisch).

Exkurs 9.2 Bedeutung der Eigenwerte

- Jede Hauptkomponente hat einen Eigenwert.
- Die Größe des jeweiligen Eigenwerts beschreibt den ANTEIL DER GESAMTVARIANZ in den Daten, die durch diese Komponente erklärt wird. Je größer die Anzahl der Items, die in einem der oben genannten Schritte zu einer Gruppe zusammengefasst werden und je höher die Korrelationen innerhalb dieser Gruppe sind, umso größer wird auch der Eigenwert der entsprechenden Hauptkomponente (der durch diese Gruppe gebildet wird) sein.
- Die Größe des Eigenwerts entspricht dem ERKLÄRUNGSWERT der Hauptkomponente.
- Hat eine Komponente nur einen kleinen Eigenwert, dann trägt sie nur wenig zur Erklärung der Gesamtstreuung bei und kann im Vergleich zu anderen Hauptkomponenten mit großem Eigenwert als unwichtig ignoriert werden. Die Anzahl der Items in dieser Gruppe ist klein, die Korrelationen der Items untereinander sind relativ niedrig und die Korrelationen zu Items anderer Gruppen sind relativ hoch.

Die Ausgangsvariablen (Items) werden standardisiert, d. h., die Werte werden so transformiert, dass ihr Mittelwert 0 und ihre Varianz 1 ist (s. Fußnote auf Seite 323). Dann ist die Gesamtvarianz gleich der Anzahl der Variablen (in unserem Beispiel also 6). Die Summe der Eigenwerte ist daher auch 6. Man kann für jeden Eigenwert den Anteil erklärter Varianz ausrechnen. Dazu dividiert man den Eigenwert durch die Anzahl der Variablen.

Für unser Beispiel des Selbstkonzepts von Studierenden sind die Eigenwerte und die Anteile erklärter Varianz in ▶ Abbildung 9.1 dargestellt.

Man sieht, dass die erste Komponente einen Eigenwert von 2,9 hat und 48,4% der Gesamtvarianz ausschöpft. Die zweite Komponente hat einen Eigenwert von 2,2 und erklärt 37,3%, gemeinsam erklären sie 85,7% der Gesamtvarianz. Alle anderen Hauptkomponenten haben nur sehr kleine Eigenwerte und können vernachlässigt werden.

Eine der Faustregeln zur Bestimmung der Anzahl von Hauptkomponenten ist das EIGENWERT-KRITERIUM.

Erklärte Gesamtvarianz

Komponente	Anfängliche Eigenwerte		
	Gesamt	% der Varianz	Kumulierte %
1	2,904	48,405	48,405
2	2,237	37,286	85,691
3	,325	5,420	91,111
4	,259	4,313	95,424
5	,185	3,089	98,513
6	,089	1,487	100,000

Abbildung 9.1: Eigenwerte und Anteile erklärter Varianz

Eigenwert-Kriterium

Es werden alle Hauptkomponenten berücksichtigt, die einen Eigenwert größer als 1 haben.

Der Grund ist, dass Hauptkomponenten mit einem Eigenwert kleiner als 1 weniger Erklärungswert haben als die ursprünglichen Variablen.

Dies ist eine zwar eindeutige, aber rigide Regel, deren Anwendung in der Praxis oft fehlschlägt, wenn man sinnvoll interpretierbare Hauptkomponenten gewinnen will. In unserem Beispiel passt diese Regel allerdings gut.

Eine Alternative ist der sogenannte Scree-Plot. Bei diesem grafischen Verfahren trägt man die Eigenwerte auf der y-Achse und die Hauptkomponentennummer auf der x-Achse auf und verbindet diese mit einer Linie (für unser Beispiel ► Abbildung 9.2).

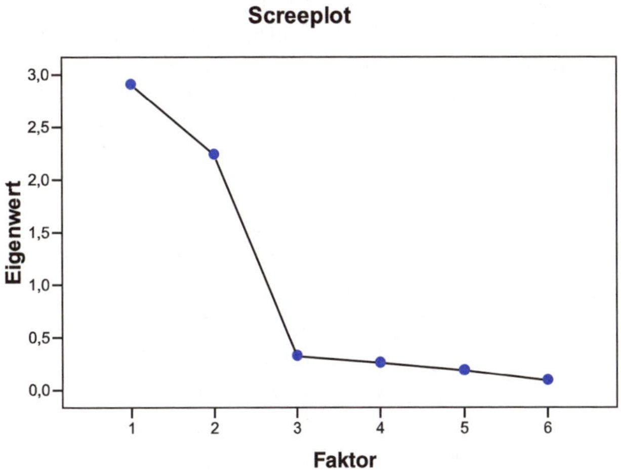

Abbildung 9.2: Scree-Plot für das Selbstkonzept-Beispiel

Der Scree-Plot beruht darauf, dass meistens der erste oder die ersten Hauptkomponenten hohe Eigenwerte haben, die aber rasch kleiner werden. Ab einer bestimmten Stelle bleiben sie dann auf recht niedrigem Niveau relativ konstant, es gibt einen Knick oder „Ellbogen“.

Scree-Plot-Kriterium

Es werden alle Hauptkomponenten berücksichtigt, die im Scree-Plot links der Knickstelle (des Ellbogens) liegen.

Gibt es mehrere Knicks, dann wählt man jene Hauptkomponenten, die links vor dem rechtesten Knick liegen.

Bedeutsam sind nach diesem Kriterium nur Hauptkomponenten, die links vor dem Knick oder Ellbogen liegen. Das Wort „Scree“ heißt Geröll oder Geröllhalde. Dasjenige, das zum Berg gehört, ist bedeutsam, das Geröll kann ignoriert werden. Das Problem ist manchmal, dass man nicht so genau weiß, was noch Berg und was schon Geröll ist, oder es gibt mehrere Knicks. Gibt es gar keinen Knick, dann hilft der Scree-Plot nicht weiter.

Für beide Kriterien gilt, dass sie nur als grobe Orientierungshilfe betrachtet werden sollten. Am besten man kombiniert beide Methoden. Das Wichtigste ist, dass die Hauptkomponenten inhaltlich sinnvoll interpretiert werden können.

In unserem Beispiel stimmmen beide Kriterien überein, auch der Scree-Plot (Abbildung 9.2) legt die Wahl von zwei Hauptkomponenten nahe.

Wie interpretiert man die Hauptkomponenten?

Eines der Ergebnisse, die man bei der Berechnung einer Hauptkomponentenanalyse erhält, ist die KOMPONENTENLADUNGSMATRIX (oder kurz Komponentenmatrix). Sie enthält die sogenannten KOMPONENTENLADUNGEN. Für das Selbstkonzept-Beispiel sieht sie folgendermaßen aus (▶ Abbildung 9.3).

Die Komponentenladungen sind die Korrelationskoeffizienten zwischen den ursprünglichen Variablen (Zeilen) und den Hauptkomponenten (Spalten). Man kann nun die Hauptkomponenten interpretieren, indem man jene Variablen sucht, die eine hohe Korrelation zu einer Komponente zeigen. Man muss einen „Namen“ für

Komponentenmatrix

	Komponente	
	1	2
B2	,798	-,511
B3	,743	-,550
B1	,741	-,578
A1	,658	,635
A3	,621	,695
A2	,588	,674

Abbildung 9.3: Komponentenmatrix: Komponentenladungen für das Selbstkonzept-Beispiel

die gemeinsamen Eigenschaften der Items finden, die hoch auf einer Komponente laden.

Komponentenladungsmatrix
gibt an, wie stark jede Variable auf einer Komponente „lädt".
Faustregel (für Absolutbetrag der Ladung):

- **>0,7 ... sehr hoch**
- **0,5–0,69 ... hoch**
- **0,3–0,49 ... dürftig**
- **<0,3 ... sehr dürftig**

Für unser Beispiel sehen wir in der Tabelle in Abbildung 9.3, dass alle Items auf der ersten Komponente hoch bis sehr hoch positiv laden, d. h., alle Items weisen eine hohe Korrelation zur neuen Variable auf. Ähnlich sieht es für die zweite Komponente aus, alle Items zeigen hohe Korrelationen, der Unterschied ist, dass die Items der Gruppe B negative Ladungen zeigen. Das heißt, dass Personen mit hohen Werten bei den Items B1 bis B3 niedrige Werte auf der zweiten Komponente aufweisen. Das ist relativ schwer zu interpretieren.

Hier hilft uns aber eine einfache Grafik weiter. Wenn wir die Ladungen in einem Streudiagramm darstellen, dessen Achsen die beiden Hauptkomponenten bilden, dann erhalten wir folgendes Bild (▶ Abbildung 9.4).

Generell kann man eine solche Grafik so interpretieren, dass Items, die nahe bei einer Achse (einer Hauptkomponente) liegen, eine starke Beziehung zu dieser haben. Je weiter sie dabei vom Ursprung entfernt sind, umso wichtiger sind sie für diese Komponente.

Hätten wir es nicht schon gewusst, dann könnten wir anhand der Grafik (Abbildung 9.4) erkennen, dass es zwei Hauptkomponenten gibt, die klar durch die beiden Gruppen von Punkten repräsentiert werden. Aus den Ladungen in der Tabelle (Abbildung 9.3) hätte man diese beiden Gruppen nicht so leicht ablesen können. Die Grup-

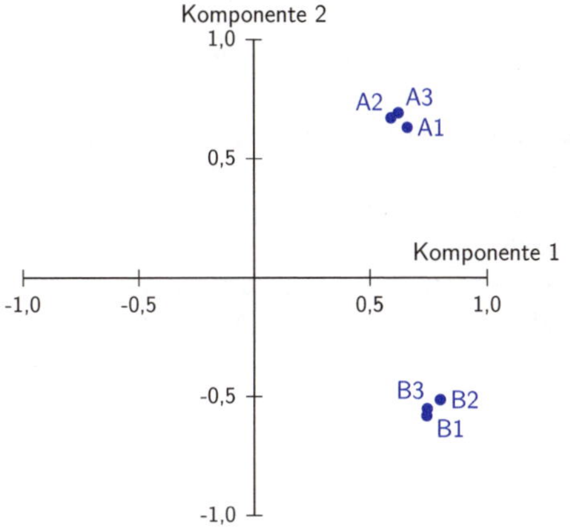

Abbildung 9.4: Komponentenladungen für das Selbstkonzept-Beispiel

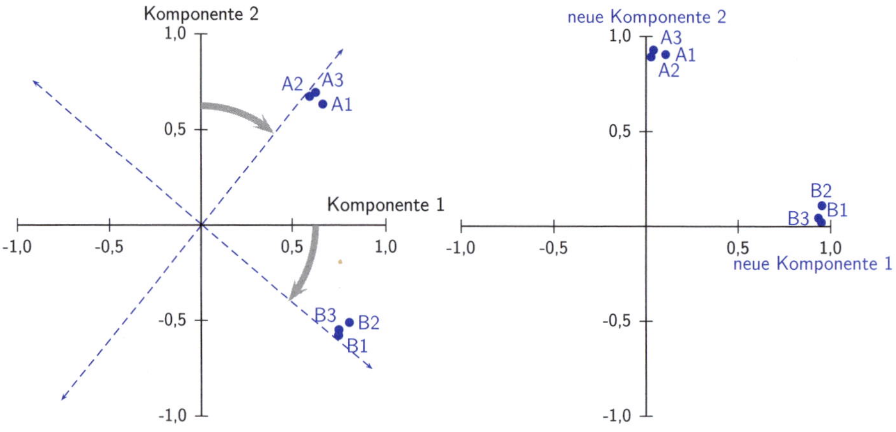

Abbildung 9.5: Unrotierte und rotierte Achsen

pen liegen in der Mitte zwischen den beiden Achsen und stehen daher mit beiden in Zusammenhang. Wir wollen aber Hauptkomponenten, die möglichst unabhängig voneinander sind, d. h., dass die Items eindeutig einer der Hauptkomponenten zugeordnet werden können, also auf einer der Achsen liegen (oder zumindest sehr nahe bei einer Achse positioniert sind). Dann könnten wir die Achsen auch besser interpretieren.

Grafisch geht das ganz leicht. Man muss nur die Achsen so drehen bzw. ROTIEREN, dass sie durch die Itemgruppen gehen. In ► Abbildung 9.5 kann man sehen, was passiert, wenn die Achsen rotiert werden.

Rotation der Komponentenstruktur

Das Koordinatensystem, das die Komponentenstruktur abbildet, wird so gedreht, dass die Variablen (Items) möglichst nahe an den gedrehten Achsen zu liegen kommen, wobei das Ziel ist, dass jede Variable mit möglichst nur einer Komponente in Beziehung steht.

- Das Muster ist üblicherweise klarer und es gibt einfachere Lösungen, die leichter zu interpretieren sind.
- Es entsteht eine Neuverteilung der Korrelationen zwischen Variablen und Hauptkomponenten.
- Der Erklärungswert einzelner Hauptkomponenten ändert sich im Sinne einer gleichmäßigeren Verteilung (im Gegensatz zu den ursprünglich erhaltenen Eigenwerten). Das heiß, der Erklärungswert der zweitwichtigsten (drittwichtigsten, ...) Hauptkomponenente fällt nicht so gegenüber der ersten Komponente ab wie bei der unrotierten Lösung. Insgesamt verändert sich der Anteil an erklärter Varianz durch die einmal extrahierten Hauptkomponenten aber nicht.

- Es gibt eine Vielzahl von Methoden zur Rotation der Hauptkomponenten. Man unterscheidet in ORTHOGONALE und SCHIEFWINKELIGE (OBLIQUE). Bei orthogonaler Rotation bleiben die rechten Winkel zwischen den Hauptkomponenten erhalten (die Bedeutung ist, dass die Hauptkomponenten unkorreliert sind), bei schiefwinkeligen Rotationen erlaubt man Korrelationen zwischen den Hauptkomponenten. Aus verschiedenen Gründen (wie z. B. starke Stichprobenabhängigkeit) vermeidet man schiefwinkelige Rotationen besser.
- Unter den orthogonalen Methoden wird am häufigsten die sogenannte VARIMAX-Rotation verwendet. Sie transformiert die Achsen so, dass für jede Komponente (jede Spalte in der Komponentenladungsmatrix) einige (wenige) Items hohe Ladungen, die anderen Items aber Ladungen nahe null haben. Eine andere Methoden ist Quartamax, bei der angestrebt wird, dass für jedes Item (jede Zeile in der Komponentenladungsmatrix) hohe Ladungen noch höher, niedrige aber noch niedriger werden. Equamax ist ein Kompromiss zwischen diesen beiden Methoden.

Für unser Beispiel liegen die Punkte nach der Rotation alle sehr nahe an den Achsen. Sie sind jetzt klar zuordenbar und die Achsen lassen sich viel leichter interpretieren. Wir ziehen den Schluss, dass die erste Komponente durch die Items B1–B3, die zweite durch A1–A3 charakterisiert ist. Wir benennen die erste Komponente „akademisches Selbstkonzept“ (als Überbegriff der auf ihm hoch ladenden Items B1–B3) und die zweite „soziales Selbstkonzept“ (Überbegriff für Items A1–A3). Die neue, rotierte Komponentenmatrix sieht jetzt so aus (▶ Abbildung 9.6).

Wie schon aus der Grafik (Abbildung 9.5) ersichtlich, haben sich die Ladungen so verändert, dass jede Itemgruppe sehr hohe Werte auf der einen, aber nur sehr kleine auf der anderen Komponente aufweist. Diese Struktur ist nach der Rotation auch in der Komponentenmatrix schön zu sehen und man kann sie leichter zur Interpretation heranziehen, ohne auf Grafiken zurückgreifen zu müssen. Das ist dann wichtig, wenn man eine größere Zahl von Hauptkomponenten extrahiert hat, weil in diesem Fall viele zweidimensionale Grafiken entstehen (bei 5 Hauptkomponenten sind das schon $5 \times 4/2 = 10$), die man alle gleichzeitig betrachten müsste. Tabellarisch geht das einfacher. Man kann sich bei der Interpretation auch helfen, indem man aus der Komponentenmatrix die kleinen Ladungen ausblendet und die Ladungen sortiert (wie in ▶ Abbildung 9.7).

Natürlich überrascht uns dieses Ergebnis nicht, da wir ja in diesem Beispiel von Anfang an die Lösung gewusst haben. In der Praxis kennen wir die Lösung aber

Rotierte Komponentenmatrix

	Komponente	
	1	2
A1	,107	,908
A2	,028	,894
A3	,040	,931
B1	,940	,023
B2	,942	,111
B3	,923	,046

Abbildung 9.6: Rotierte Komponentenmatrix

Rotierte Komponentenmatrix

	Komponente	
	1	2
B2	,942	
B1	,940	
B3	,923	
A3		,931
A1		,908
A2		,894

Abbildung 9.7: Rotierte Komponentenmatrix mit sortierten Ladungen, in der die kleinen Ladungen ausgeblendet sind

nicht oder haben nur eine (manchmal vage) Vorstellung von der zugrunde liegenden Struktur. Die Rotation von Achsen ist meist ein sehr geeignetes Hilfsmittel, die Interpretation zu erleichtern.

Allgemeine Aspekte der Interpretation von Hauptkomponenten

- Es muss für jede Komponente ein Überbegriff für jene Variablen (Items) gefunden werden, die hoch auf ihr laden. Die inhaltliche Bedeutung, die einer Komponente beigemessen wird, beruht üblicherweise auf sorgfältigen Überlegungen, was die Variablen mit hohen Ladungen eigentlich gemeinsam haben.
- Hauptkomponenten sind orthogonal, d. h. unkorreliert (wenn man nicht schiefwinkelige Rotationen verwendet). Das bedeutet für die Namensgebung, dass die Komponenten auch begrifflich als voneinander unabhängig aufgefasst werden sollten – alle Kombinationen von hoch/niedrig bei allen Hauptkomponenten sollten möglich sein. (Beim Selbstkonzept-Beispiel sollte es z. B. möglich sein, dass man entweder gerne oder nicht gerne mit Leuten beisammen ist, egal ob eine stark oder schwach zu akademischen Beschäftigungen neigt.)
- Lädt ein Item hoch auf zwei Komponenten (bei einer sonst zufriedenstellenden Komponentenstruktur), dann sollte man sich einen Aspekt dieses Items überlegen, der den beiden Komponenten gemeinsam ist, aber begrifflich (stark) mit anderen Komponenten kontrastiert, bei denen die Ladungen klein sind. Dieser Aspekt ist dann den beiden Komponenten gemeinsam, für die die Ladungen hoch sind.
- Hauptkomponenten müssen anders benannt werden als eine bestimmte ursprüngliche Variable. (Hauptkomponenten sind aus den ursprünglichen Variablen aggregiert und daher sollten ihre Namen das Aggregat widerspiegeln. Durch eine spezifische Variable werden sie nur unzureichend beschrieben.)

- Falls es sehr schwer bzw. unmöglich ist, einen Namen für die gemeinsamen Aspekte einer Komponente zu finden:
  - Versuch mit einer anderen Zahl von Hauptkomponenten
  - Weglassen von Variablen mit niedrigen Kommunalitäten (siehe Seite 333)

  Es sollten die Daten nicht vergewaltigt werden. Im Zweifelsfall ist es besser, eine andere Analysemethode zu suchen.

9.1.2 Anwendung der Hauptkomponentenanalyse

Wir wollen uns nun einem komplexeren Beispiel zuwenden, wie es in der Praxis auftaucht und an dem wir Strategien zur Analyse multidimensionaler Daten besprechen werden.

Fallbeispiel 25: Eigenschaften von Supermärkten

Datenfile: `superm.sav`

In einer repräsentativen Studie an 637 Personen in Wales untersuchten Hutcheson und Moutinho (1998) Charakteristika von Supermärkten. Die befragten Personen sollten unter anderem die Wichtigkeit folgender Eigenschaften auf einer Skala, die von 1 (wenig wichtig) bis 5 (sehr wichtig) reichte, beurteilen:

- Angebot an Nichtlebensmitteln
- offene Kassen
- Expresskassen
- Babyeinrichtungen
- Tankstelle
- Restaurant bzw. Cafeteria
- Stammkundenrabatt
- Parkplätze
- günstiger Standort
- Kundenservice und Beratungseinrichtung
- Häufigkeit von Sonderangeboten
- Freundlichkeit des Personals
- Generelle Atmosphäre
- Hilfe beim Einpacken
- Länge der Schlangen bei Kassen
- Niedrige Preise
- Qualität der Frischprodukte
- Qualität verpackter Produkte
- Qualität der Einkaufswagen
- Angebot von Lieferungen

Können die Eigenschaften von Supermärkten zu wenigen Schlüsseldimensionen zusammengefasst werden?

Wie schon in Abschnitt 9.1.1 dargestellt, geht man bei der Berechnung einer Hauptkomponentenanalyse in mehreren Schritten vor.

1. Prüfen der Voraussetzungen: Linearität, Kaiser-Meyer-Olkin (KMO)-Statistik
2. Erste Berechnung: Versuch einer Standardlösung
3. Verfeinerung: Ändern der Anzahl extrahierter Hauptkomponenten

Prüfen der Voraussetzungen

Da die Hauptkomponentenanalyse auf Kovarianzen bzw. Korrelationen beruht, ist es sinnvoll, sich diese näher anzusehen. Korrelationskoeffizienten werden am stärksten durch Ausreißer bzw. Nichtlinearitäten beeinflusst. Hierzu könnte man die Variablen paarweise in Streudiagrammen darstellen und auf Auffälligkeiten untersuchen. Eventuell kann man durch Transformationen (bei Nichtlinearitäten) oder Weglassen von Ausreißern (was aber problematisch sein kann) die Situation verbessern. Oder man entscheidet sich, die betreffende Variable ganz aus der Analyse zu nehmen.

Eine weitere Voraussetzung liegt in der zugrunde liegenden statistischen Methodik: Die Kennzahlen Mittelwert und Varianz sollten für die Ausgangsvariablen sinnvoll berechenbar sein, da sonst die Eigenwertberechnung nur dazu führt, dass die neuen Variablen unkorreliert sind, aber nicht notwendigerweise eine sinnvolle Gruppierung der Items zustande kommt. Das setzt aber eigentlich voraus, dass die Daten metrische Eigenschaften haben und einer Normalverteilung folgen. Wenn man aber den explorativen Charakter bei der Anwendung einer Hauptkomponentenanalyse in den Mittelpunkt stellt, wird man diese restriktiven Annahmen möglicherweise aufweichen.

Eine generelle Prüfung, ob die Daten überhaupt für eine Hauptkomponentenanalyse geeignet sind, kann mittels der Kaiser-Meyer-Olkin (KMO)-Statistik erfolgen. Vereinfacht gesagt gibt diese Statistik das Ausmaß an Korrelation an, das in den Daten steckt, und berücksichtigt dabei auch das Ausmaß an partieller Korrelation, also wie stark die Korrelation zweier Variablen durch die Korrelation mit anderen Variablen beeinflusst wird. Je höher der Wert der KMO-Statistik, die zwischen 0 und 1 liegen kann, umso eher wird man zu einer befriedigenden Hauptkomponentenlösung kommen. Werte unter 0,5 gelten als nicht akzeptabel, solche die größer als 0,8 sind, als sehr gut.

KMO- und Bartlett-Test

Maß der Stichprobeneignung nach Kaiser-Meyer-Olkin.		,856
Bartlett-Test auf Sphärizität	Ungefähres Chi-Quadrat	3035,989
	df	190
	Signifikanz nach Bartlett	,000

Abbildung 9.8: Kaiser-Meyer-Olkin-Statistik für die Supermarktdaten

Berechnung einer ersten Lösung nach SPSS-Standardvorgaben

Für das Supermarktbeispiel gehen wir in SPSS folgendermaßen vor.

SPSS

Analysieren
Dimensionsreduzierung
Faktorenanalyse...
Variablen (q08a-q08n,q08q-q08v) [➡] Variablen:
[Deskriptive Statistik...]
☑ KMO und Bartlett-Test auf Sphärizität
[Weiter]
[Extraktion...]
Methode: Hauptkomponenten
☑ Scree-Plot
[Rotation...]
Methode: Varimax
[Weiter]
[Optionen...]
☑ sortiert nach Größe
☑ Kleine Koeffizienten unterdrücken
Absolutwert unter: ,50
[Weiter]
[OK]

Wir erhalten wieder eine ganze Menge Output, aber zunächst interessiert uns, ob es überhaupt sinnvoll ist, eine Hauptkomponentenanalyse zu berechnen (▶ Abbildung 9.8).

Der Wert für die KMO-Statistik ist 0,856. Dies deutet daraufhin, dass die Daten für eine Hauptkomponentenanalyse brauchbar sind. (Der Bartlett-Test prüft die Nullhypothese, dass alle Korrelationen null sind, was in der Praxis nur sehr selten vorkommt. Ein nichtsignifikanter Wert wäre ein Alarmsignal.)

Interessant ist auch, wie viel Erklärungswert einzelne Items insgesamt liefern. Dies kann man an den KOMMUNALITÄTEN sehen ▶ Abbildung 9.9.

Die Kommunalität eines Items ist die Summe der quadrierten Ladungen auf allen extrahierten Komponenten. Ist die Kommunalität eines Items niedrig, wird es durch die extrahierten Komponenten nicht gut repräsentiert. Möglicherweise sollte dieses Item aus der Analyse entfernt werden. In unserem Beispiel gibt es keine sehr niedrigen Werte, daher belassen wir alle Items in der Analyse. Es sei noch erwähnt, dass sich die Kommunalitäten durch Rotationen nicht verändern.

Als Nächstes wollen wir die extrahierten Hauptkomponenten, insbesondere ihre Anzahl und ihre Eigenwerte untersuchen. Die Tabelle in ▶ Abbildung 9.10 zeigt einen Ausschnitt (die zehn größten Eigenwerte) des SPSS-Outputs, der Auskunft über die erklärte Varianz gibt.

Kommunalitäten

	Anfänglich	Extraktion
Angebot an Nichtlebensmittel	1,000	,518
offene Kassen	1,000	,561
Expresskassen	1,000	,524
Babyeinrichtungen	1,000	,400
Tankstelle	1,000	,760
Restaurant bzw. Cafereria	1,000	,559
Stammkundenrabatt	1,000	,471
Parkplätze	1,000	,725
günstiger Standort	1,000	,556
Kundenservice und Beratungseinrichtung	1,000	,630
Häufigkeit von Sonderangeboten	1,000	,657
Freundlichkeit des Personals	1,000	,649
Generelle Atmosphäre	1,000	,599
Hilfe beim Einpacken	1,000	,418
Länge der Schlangen bei Kassen	1,000	,447
Niedrige Preise	1,000	,527
Qualität der Frischprodukte	1,000	,586
Qualität verpackter Produkte	1,000	,564
Qualität der Einkaufswagen	1,000	,550
Angebot von Lieferungen	1,000	,615

Abbildung 9.9: Kommunalitäten

Erklärte Gesamtvarianz

	Anfängliche Eigenwerte		
Komponente	Gesamt	% der Varianz	Kumulierte %
1	5,692	28,459	28,459
2	1,866	9,332	37,791
3	1,457	7,287	45,078
4	1,213	6,064	51,141
5	1,087	5,436	56,578
6	,945	4,723	61,301
7	,865	4,327	65,627
8	,797	3,983	69,610
9	,747	3,737	73,347
10	,715	3,576	76,923

Abbildung 9.10: Die ersten zehn Hauptkomponenten für das Supermarktbeispiel

Wir finden fünf Hauptkomponenten mit Eigenwerten größer 1, die insgesamt 56% der Varianz erklären. Das ist kein besonders hoher Wert, allerdings scheint die Hinzunahme weiterer Variablen zur Erhöhung des Erklärungswerts nicht sinnvoll, da alle weiteren Eigenwerte kleiner als 1 sind. Der Scree-Plot (► Abbildung 9.11) hinge-

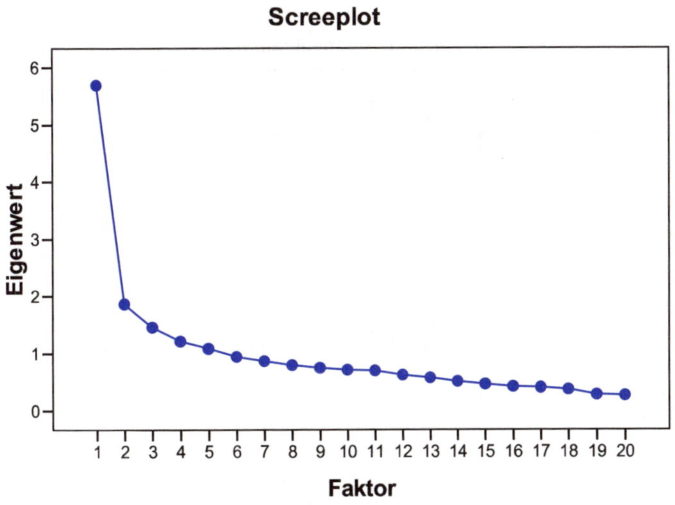

Abbildung 9.11: Scree-Plot: Legt zwei Komponenten nahe

gen würde eher darauf hinweisen, dass selbst fünf Hauptkomponenten zu viele sind und nur zwei Hauptkomponenten gewählt werden sollten.

Wir müssen also einen Kompromiss finden, den wir danach richten, wie gut und sinnvoll sich die Hauptkomponenten interpretieren lassen. Dazu sehen wir uns die rotierte Ladungsmatrix an (▶ Abbildung 9.12). Wir haben in SPSS die Ausgabe (unter Optionen) so spezifiziert, dass die Items nach der Größe ihrer Ladungen sortiert und kleinere Ladungen (<,5) unterdrückt werden.

Auf den ersten Blick sieht das Ergebnis vielversprechend aus. Es laden immer mehrere Items (mindestens zwei) hoch auf einer Komponente und es gibt keine Items, die auf mehr als einer Komponente hoch laden. Auch der Versuch, die Hauptkomponenten inhaltlich zu interpretieren, führt zu einem befriedigenden Ergebnis.

So könnte man die Items, die auf der ersten Komponente hoch laden, mit dem *Begriff Qualität von Produkten und Personal* zusammenfassen. Die zweite Komponente beschreibt die *Verfügbarkeit zusätzlicher Services*, die dritte das *Preis-Leistungs-Verhältnis* und die vierte *Einrichtungen für Autos*. Schließlich könnte man noch die Items der fünften Gruppe mit *Bequemlichkeit* bezeichnen.

Durch die Rotation haben sich natürlich auch die Eigenwerte der Komponenten geändert, die etwas über den durch die Komponenten erklärten Anteil an der Gesamtvarianz aussagen (▶ Abbildung 9.13).

Der Vergleich mit der Tabelle in Abbildung 9.10 zeigt, dass die Varianzanteile jetzt gleichmäßiger über die fünf extrahierten Komponenten verteilt sind.

Verfeinerung der Lösung

Selten ist man mit der ersten Lösung zufrieden, meistens wird man verschiedene Anzahlen von Hauptkomponenten extrahieren (möglicherweise auch andere Rotationsmethoden und andere Darstellungsformen der Ladungen, z. B. eine andere Grenze als 0,5 für die Unterdrückung der Anzeige, verwenden). Das Ziel ist, abzuklären, welche Lösung am sinnvollsten ist und man am besten interpretieren kann. Der Scree-

Rotierte Komponentenmatrix[a]

	Komponente				
	1	2	3	4	5
Qualität verpackter Produkte	,727				
Generelle Atmosphäre	,685				
Qualität der Einkaufswagen	,683				
Qualität der Frischprodukte	,643				
Freundlichkeit des Personals	,635				
Kundenservice und Beratungseinrichtung					
Restaurant bzw. Cafereria		,685			
Angebot von Lieferungen		,583			
Babyeinrichtungen		,578			
Hilfe beim Einpacken		,525			
Angebot an Nichtlebensmittel		,514			
Häufigkeit von Sonderangeboten			,734		
Niedrige Preise			,659		
Stammkundenrabatt			,508		
Länge der Schlangen bei Kassen					
Parkplätze				,819	
Tankstelle				,815	
Expresskassen					,658
günstiger Standort					,656
offene Kassen					,536

[a] Die Rotation ist in 9 Iterationen konvergiert.

Abbildung 9.12: Rotierte Komponentenladungen. Extraktionsmethode: Hauptkomponentenanalyse. Rotationsmethode: Varimax mit Kaisernormalisierung

Erklärte Gesamtvarianz

	Rotierte Summe der quadrierten Ladungen		
Komponente	Gesamt	% der Varianz	Kumulierte %
1	3,07	15,36	15,36
2	2,31	11,56	26,92
3	2,27	11,37	38,3
4	1,94	9,7	47,99
5	1,72	8,59	56,58

Abbildung 9.13: Anteile an der Gesamtvarianz, die durch die ersten fünf Komponenten erklärt werden

Plot in Abbildung 9.11 gab den Hinweis, dass eigentlich nur zwei Komponenten extrahiert werden sollten. Wir wollen das überprüfen. Da sich SPSS die letzten Einstellungen merkt, müssen wir nur wenig ändern:

SPSS

Analysieren
Dimensionsreduzierung
Faktorenanalyse...
[Extraktion...]
markieren von Feste Anzahl von Hauptkomponenten:
zu extrahierende Hauptkomponenten: 2

Eigentlich könnten wir hier schon die Spezifikation abschließen, aber wir haben vorher einige Einstellungen getätigt bzw. es sind bestimmte Einstellungen aktiv, die dazu führen, dass wir in jedem Verfeinerungsschritt immer wieder den gleichen Output erhalten. Diese Einstellungen wollen wir deaktivieren, bevor wir die Berechnung anfordern.

SPSS

abwählen von Scree-Plot *und* Nicht rotierte Faktorlösung
[Weiter]
[OK]

Wir erhalten die Matrix der Ladungen für zwei extrahierte Komponenten wie in ▶ Abbildung 9.14.

Man erkennt, dass die Begriffsbildung hier nicht so einfach fällt. Die erste Komponente beschreibt Aspekte des Supermarkts an sich, während die zweite eher zusätzliche Dienstleistungen umfasst. Dazu passt aber das Item, das die Verfügbarkeit genügend offener Kassen festhält, nicht besonders gut. Man würde eher eine höhere Ladung auf der ersten Komponente erwarten. Dies gilt auch für weitere Items, wie Stammkundenrabatt oder Hilfe beim Einpacken, die ihre höchste Ladung (die aber kleiner als 0,5 ist) auch auf der zweiten Komponente haben, aber besser zum ersten passen würden. Insgesamt scheinen bei dieser Lösung verschiedene Aspekte durcheinandergemischt zu sein, was auf mehr Komponenten und daher auf mehr zugrunde liegende Charaktereistika von Supermärkten hindeutet.

Auf gleiche Weise kann man nun noch Lösungen mit drei und vier Komponenten berechnen, es zeigt sich aber, dass auch dann die Interpretation nicht so schlüssig ausfallen kann, wie bei den zuerst gefundenen fünf Hauptkomponenten. Es bietet sich also an, bei dieser Lösung zu bleiben.

Rotierte Komponentenmatrix

	Komponente	
	1	2
Freundlichkeit des Personals	,791	
Generelle Atmosphäre	,732	
Kundenservice und Beratungseinrichtung	,683	
Qualität verpackter Produkte	,647	
Länge der Schlangen bei Kassen	,594	
Niedrige Preise	,588	
Qualität der Frischprodukte	,582	
Qualität der Einkaufswagen	,565	
Häufigkeit von Sonderangeboten	,553	
günstiger Standort		
Tankstelle		,701
Angebot an Nichtlebensmittel		,692
offene Kassen		,645
Restaurant bzw. Cafereria		,589
Babyeinrichtungen		,555
Parkplätze		,526
Stammkundenrabatt		
Hilfe beim Einpacken		
Expresskassen		
Angebot von Lieferungen		

Abbildung 9.14: Rotierte Ladungsmatrix für zwei extrahierte Komponenten

Fallbeispiel 25: Interpretation

Eine Hauptkomponentenanalyse wurde durchgeführt, um eine klarere Struktur der von 344 Konsumenten beurteilten Wichtigkeit von 20 verschiedenen Charakteristika von Supermärkten zu erhalten. Die Zuordnung der Items zu spezifischen Komponenten erlaubt eine einfachere Interpretation der Wichtigkeit verschiedener Supermarkteigenschaften.

Die KMO-Statistik von 0,856 belegt, dass die Korrelationsstruktur in den Daten genügend Information zur Durchführung einer Hauptkomponentenanalyse enthält.

Es wurden fünf Hauptkomponenten extrahiert und nach der Varimaxmethode rotiert. Die fünf Hauptkomponenten mit den hoch (>0,5) auf ihnen ladenden Variablen sind:

	Ladung
Qualität von Produkten und Personal	
Qualität verpackter Produkte	,727
Generelle Atmosphäre	,685
Qualität der Einkaufswagen	,683
Qualität der Frischprodukte	,643
Freundlichkeit des Personals	,635
Verfügbarkeit zusätzlicher Services	
Restaurant bzw. Cafeteria	,685
Angebot von Lieferungen	,583
Babyeinrichtungen	,578
Hilfe beim Einpacken	,525
Angebot an Nichtlebensmittel	,514
Preis-Leistungs-Verhältnis	
Häufigkeit von Sonderangeboten	,734
Niedrige Preise	,659
Stammkundenrabatt	,508
Länge der Schlangen bei Kassen	
Einrichtungen für Autos	
Parkplätze	,819
Tankstelle	,815
Bequemlichkeit	
Expresskassen	,658
günstiger Standort	,656
offene Kassen	,536

Die durchwegs positiven Ladungen besagen, dass Personen mit hohen Werten bei den jeweiligen Items auch hohe Ausprägungen auf der Komponente haben und die jeweilige Eigenschaft als wichtig erachten. (Zwei Items hatten mittlere Ladungen und wurden in der Darstellung nicht berücksichtigt. „Kundenservice und Beratungseinrichtung“ lud mit 0,474 auf Komponente 1 sowie mit 0,438 auf Komponente 3, während „Länge der Schlangen bei Kassen“ einen Ladungswert von 0,472 auf Komponente 3 aufwies.)

Die fünf extrahierten Hauptkomponenten sind direkt interpretierbar als „Qualität von Produkten und Personal" (Komponente 1), „Verfügbarkeit zusätzlicher Services" (Komponente 2), „Preis-Leistungs-Verhältnis" (Komponente 3), „Einrichtungen für Autos" (Komponente 4) und „Bequemlichkeit" (Komponente 5). Ingesamt konnten durch diese Hauptkomponenten 56,6% Prozent der Gesamtvarianz erklärt werden, die relative Bedeutsamkeit der Hauptkomponenten (nach der Varimax Rotation) ist:

Komponente	Eigenwert	Prozentsatz erklärter Varianz
Komponente 1: Qualität	3,07	15,36
Komponente 2: Services	2,31	11,56
Komponente 3: Preis-Leistung	2,27	11,37
Komponente 4: Autoeinrichtung	1,94	9,70
Komponente 5: Bequemlichkeit	1,72	8,59

Supermärkte lassen sich dementsprechend nach fünf Schlüsselmerkmalen charakterisieren. Kunden beurteilen die *Qualität der Waren und des Personals* hoch, wenn sie die Qualität verpackter und frischer Produkte, die Qualität der Einkaufswagen sowie die Freundlichkeit des Personals und die generelle Atmosphäre positiv bewerten. Ebenso wird die *Verfügbarkeit zusätzlicher Dienstleistungen* geschätzt. Dies betrifft die Möglichkeit des Besuchs eines Restaurants oder einer Cafeteria, Einrichtungen zur Versorgung von Säuglingen, die Hilfestellung beim Einpacken der Waren und das Angebot von Hauszustellungen. Das *Preis-Leistungs-Verhältnis* steht an dritter Stelle. Positiv zählen hierbei die Häufigkeit von Sonderangeboten, generell niedrige Preise und Stammkundenrabatte. Weitere wichtige Eigenschaften von Supermärkten beziehen sich auf *Autoeinrichtungen*, d. h. die Verfügbarkeit von Parkplätzen und Tankstellen, sowie auf die *generelle Bequemlichkeit*, d. h., ob der Standort als günstig eingeschätzt wird und ob es genügend offene Kassen bzw. Expresskassen gibt. Je positiver diese einzelne Aspekte beurteilt werden, umso positiver wird die Gesamteinschätzung eines Supermarkts ausfallen.

9.2 Wie kann man die Ergebnisse einer Hauptkomponentenanalyse für weitere Analysen verwenden?

Eine der Zielsetzungen der Hauptkomponentenanalyse war es, eine Vielzahl von Variablen zu einigen wenigen Variablengruppen zusammenzufassen. Diese Variablengruppen oder Hauptkomponenten haben die Bedeutung von neuen Variablen. Wenn man also die Werte der Personen für die neuen Variablen kennt, kann man diese zu weiteren Analysen heranziehen und muss nicht die Vielzahl der ursprünglichen Variablen berücksichtigen. Wie schon im letzten Abschnitt erwähnt, heißen diese neuen Werte Komponentenwerte oder Komponentenscores.

Fallbeispiel 26: Der Qualitätsaspekt bei Supermärkten

Datenfile: `superm_scores.sav`

Die Hauptkomponentenanalyse für die Charakteristika von Supermärkten in Fallbeispiel 25 ergab unter anderem, dass die Qualität der Waren und die Freundlichkeit des Personals ein Schlüsselmerkmal für Supermärkte darstellt.

Ist der Qualitätsaspekt eines Supermarkts für Männer und Frauen gleich wichtig?

Hätten wir keine Hauptkomponentenanalyse durchgeführt, wollten aber die Fragestellung aus dem Fallbeispiel 26 beantworten, so müssten wir diese für jedes einzelne in Frage kommende Item analysieren. Oder wir müssten die Fragestellung für alle auf dieser Komponente hoch ladenden Items beantworten (vorausgesetzt, wir kennen die Ergebnisse der Hauptkomponentenanalyse). Wenn wir aber die Komponentenwerte berechnet haben, dann genügt eine einzelne Analyse, wir verwenden einfach die neue Variable *Qualität*.

Im Prinzip kann man Komponentenwerte so sehen, als wären sie Beobachtungen für die Hauptkomponenten. Der Komponentenwert einer Person (für eine bestimmte Komponente) ist eine Aggregation oder ein Index, gewonnen aus den ursprünglichen Werten. Wir kennen die Werte einer Person für alle Items (die Rohdaten) und ebenso die Beziehung dieser Items zu den Hauptkomponenten (das Ergebnis der Hauptkomponentenanalyse). Aus diesen beiden Informationsbestandteilen lassen sich die Komponentenwerte berechnen.

Es gibt hierzu verschiedene Methoden, die am häufigsten verwendete ist das Verfahren der multiplen Regression. Die Formel, wie man den Komponentenwert für eine der Komponenten, z. B. *Qualität*, für eine bestimmte Person ausrechnen kann, ist

$$ScoreQ = \beta^Q_{q08a} \cdot z_{\mathtt{q08a}} + \beta^Q_{q08b} \cdot z_{\mathtt{q08b}} + \ldots + \beta^Q_{q08v} \cdot z_{\mathtt{q08v}} \,.$$

In dieser Formel bedeutet *ScoreQ* den Komponentenwert, den eine Person für die Komponente Q erhält, $z_{\mathtt{q08v}}$ bis $z_{\mathtt{q08a}}$ sind die standardisierten Werte dieser Person für die Items „Angebot an Nichtlebensmitteln" bis „Angebot an Lieferungen" (wie in File `superm.sav` definiert). β^Q_{q08a} ist das Gewicht, mit dem das Item `q08a` in Komponente Q eingeht.[3] Diese Formel muss für jede Person für jede Komponente berechnet werden, um alle Komponentenwerte für alle Personen zu erhalten. In **SPSS** würden wir folgendermaßen vorgehen (vorausgesetzt, wir haben eine befriedigende Lösung der Hauptkomponentenanalyse wie im vorigen Abschnitt gefunden):

3 Dieses Gewicht wird zunächst für die unrotierte Lösung bestimmt und die Ladung des Items `q08a` wird durch den Eigenwert der Komponente Q dividiert. Dann werden alle Gewichte genauso rotiert wie die Hauptkomponenten. Durch die Standardisierung der Itemwerte sowie die Division der Ladungen durch den entsprechenden Eigenwert werden auch die jeweiligen *Scores* standardisiert.

SPSS

Analysieren
    Dimensionsreduzierung
        Faktorenanalyse...
            [Werte...]
                ☑ Als Variablen speichern
                Methode: ☑ Regression
                [Weiter]
        [OK]

SPSS hat nun die Komponentenwerte erzeugt und in das aktive Datenfile eingefügt. Im Daten-Editor finden wir als letzte Spalten ganz rechts fünf neue Variablen mit der Bezeichnung `FAC1_1` bis `FAC1_5`. Diese neuen Variablen haben die Eigenschaft, dass ihre Mittelwerte alle 0 und ihre Varianzen alle 1 sind.

Es empfiehlt sich, diese Namen und Labels in der Variablenansicht des Daten-Editors zu ändern, nicht zuletzt um bei weiteren Berechnungen den Output lesbarer zu gestalten. Wir haben die Komponentenscores entsprechend der Interpretation im vorherigen Abschnitt umbenannt und gemeinsam mit der Variable `sex` in eine neue Datei `smarkt.scores.sav` gespeichert.

Um die Fragestellung aus Fallbeispiel 26 zu beantworten, wollen wir zunächst die Daten mittels Boxplot darstellen (► Abbildung 9.15). Die dazu nötigen SPSS-Befehle haben wir schon in Abschnitt 6.1.3 kennengelernt.

Generell kann man sagen, dass Frauen höhere Werte für Qualität aufweisen (eine genauere numerische Interpretation ist nicht möglich, da Komponentenwerte ja eine gewichtete Summe aller Items des Fragebogens sind). Frauen ist demnach der Qualitätsaspekt wichtiger als Männern. Wir wollen noch prüfen, ob dieser Unterschied statistisch bedeutsam ist. Dazu verwenden wir (sicherheitshalber wegen der vie-

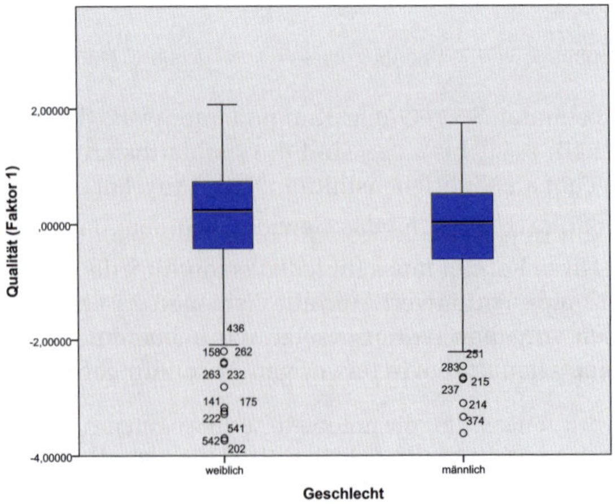

Abbildung 9.15: Komponentenwerte für Qualität nach Geschlecht

len Ausreißer) einen Mann-Whitney-U-Test (die SPSS-Befehle findet man wieder in Abschnitt 8.2). Das Ergebnis (▶ Abbildung 9.16) ist

Ränge

	Geschlecht	N	Mittlerer Rang	Rangsumme
Qualität (Faktor 1)	weiblich	371	254,86	94554,50
	männlich	120	218,60	26231,50
	Gesamt	491		

Statistik für Test[a]

	Qualität (Faktor 1)
Mann-Whitney-U	18971,500
Wilcoxon-W	26231,500
Z	-2,434
Asymptotische Signifikanz (2-seitig)	,015

Abbildung 9.16: Mann-Whitney-U-Test für Qualität nach Geschlecht

Fallbeispiel 26: Interpretation

Eine Hauptkomponentenanalyse von 20 Items, anhand derer die Wichtigkeit verschiedener Merkmale eines Supermarkts beurteilt wurden, ergab als wichtigste Dimension den Qualitätsaspekt. Zur Beurteilung der Frage, ob dieser Aspekt Frauen oder Männern wichtiger ist, wurde ein Mann-Whitney-U-Test für die Komponentenwerte Qualität berechnet. Die mittleren Rangplätze waren 254,86 für Frauen ($N = 371$) und 218,60 für Männer ($N = 120$). Der Test ergab, dass die zweiseitige Nullhypothese (kein Unterschied der Wichtigkeit des Qualitätsaspekts zwischen Männern und Frauen) am 5%-Niveau verworfen werden musste ($z = -2{,}434$, $p = 0{,}015$).

Die Daten zeigen, dass für Frauen die Qualität der Waren und die Freundlichkeit des Personals wichtiger ist als für Männer.

Wir haben in diesem Beispiel eine Komponente als abhängige Variable verwendet. Ebenso könnte man diese als unabhängige Variable definieren, wie etwa zur Analyse einer Fragestellung, ob die Wichtigkeit verschiedener Hauptkomponenten die Wahl eines bestimmten Supermarkts (oder einer Supermarktkette) beeinflusst. Durch die Verwendung (intervallskalierter) Komponentenwerte lassen sich viele Aspekte untersuchen, die sonst durch die Komplexität der ursprünglichen Variablen schwer durchschaubar sind.

9.3 Zusammenfassung der Konzepte

Die Hauptkomponentenanalyse (Principal Component Analysis) ist eine Datenreduktionsmethode. Sie ist eine verbreitete Technik zur Identifikation von Strukturen in höherdimensionalen Daten. Dabei werden Gemeinsamkeiten und Unterschiede in den Daten aufgedeckt.

- Hauptkomponente: eine neue Variable als Linearkombination der ursprünglichen Variablen. Komponenten repräsentieren Dimensionen, die die ursprünglichen Variablen zusammenfassen.
- Extraktion: Berechnung der Hauptkomponenten und ihrer Anzahl.
- Komponentenladungen: Korrelation zwischen einer ursprünglichen Variable und einer Komponente. Sie bilden die Basis für das Verstehen der Bedeutung einer Komponente. Quadrierte Komponentenladungen zeigen an, zu welchem Prozentsatz eine ursprüngliche Variable durch eine Komponente erklärt wird.
- Komponentenmatrix: Tabelle mit den Ladungen aller Variablen auf allen (extrahierten) Komponenten.
- Eigenwert: Spaltensumme der quadrierten Komponentenladungen für eine Komponente. Konzeptuell ist es der Anteil an der Gesamtvarianz aller Variablen, der von einer bestimmten Komponente repräsentiert wird.
- Kommunalität: Mit ihr wird beschrieben, wie groß der Anteil der mit den Hauptkomponenten erklärbaren Varianz an der Varianz einer Ausgangsvariable ist. Wenn die Kommunalität hoch ist, kann man eine Variable gut mit den Komponenten beschreiben.
- Rotation: Drehen des Koordinatensystems, das sich durch die Hauptkomponenten ergibt, d. h. Adjustierung der Komponentenachsen, um eine Lösung zu erhalten, die einfacher und sinnvoller interpretierbar ist.
- Orthogonale Rotation: Komponentenrotation, in der die Komponenten in rechten Winkeln zueinander stehen (bleiben). Der Korrelationskoeffizient zwischen jeweils zwei Komponenten ist definitionsgemäß null.
- Varimax: die populärste Rotationsmethode. Die Hauptkomponenten werden so rotiert, dass die Varianz der quadrierten Ladungen maximiert wird. Die Ladungen liegen dann nahe bei 0 oder nahe bei 1.
- Komponentenscore: die Ausprägung einer Person auf einer bestimmten Komponente. Zusammengesetztes Maß, errechnet für jede Beobachtungseinheit für jede bei einer Hauptkomponentenanalyse extrahierte Komponente. Die Komponentenladungen werden dabei gemeinsam mit den ursprünglichen Variablen in der Art eines Regressionsmodells benutzt, wobei die Komponentenscores standardisiert werden.

9.4 Übungen

1. Kundenzufriedenheit

Eine Untersuchung bei 253 Personen zur Kundenzufriedenheit mit einer Einzelhandelskette im Südosten der USA enthält Variablen mit sozialstatistischen Daten der befragten Person, verschiedene Fragen zur Kundenzufriedenheit und spezifische Fragen, wie die Kundenzufriedenheit verbessert werden könnte.

- Um die Dimensionalität der Kundenzufriedenheit zu erforschen, soll eine Hauptkomponentenanalyse durchgeführt werden (Variablen `perf_1` bis `perf_20` im Datenfile `konsumenten.sav`).
- Weiters sollen Forschungshypothesen formuliert und untersucht werden, die Unterschiede zwischen Konsumentengruppen (gebildet aus den sozialstatistischen Daten, wie z. B. Geschlecht, Alter, Einkommen) bezüglich der neuen Variablen (Komponenten) zum Gegenstand haben.

2. Bewerbungen

Die Daten aus Kendall (1975) beziehen sich auf 48 Bewerbungen um eine Position in einem Unternehmen. Diese Bewerbungen wurden anhand von 15 Variablen bewertet (Datenfile: `bewerbung.sav`).

- Form des Bewerbungsschreibens
- Erscheinung
- Akademische Fähigkeiten
- Sympathie
- Selbstvertrauen
- Klarheit
- Ehrlichkeit
- Geschäftstüchtigkeit
- Erfahrung
- Schwung
- Ambition
- Auffassungsgabe
- Potenzial
- Eifer
- Eignung

(Je höher der Wert, desto stärker ist die Eigenschaft ausgeprägt.)

- Gibt es einige zugrunde liegende Komponenten, die mit den Haupteigenschaften der Bewerber korrespondieren?
- Falls ja, können die Bewerber leichter verglichen werden. Basierend auf den Ergebnissen der Hauptkomponentenanalyse: Welche Kandidaten würde man auswählen, wenn die zu besetzende Position im Verkauf, im Marketing oder aber in der Abteilungsleitung angesiedelt ist?

Datendateien sowie Lösungen finden Sie auf der Webseite des Verlags.

WWW.PEARSON-STUDIUM.DE CWS COMPANION WEBSITE

9.5 Anhang: Extraktion der Hauptkomponenten für zwei Variablen

In Abschnitt 9.1 wurde versucht, eine intuitive Beschreibung zu geben, wie eine Hauptkomponentenanalyse funktioniert. Tatsächlich handelt es sich bei dieser Methode um eine orthogonale Rotation der (durch die ursprünglichen Variablen gebildeten) Achsen. Orthogonal heißt, dass die rechten Winkel zwischen den Achsen erhalten bleiben. Die erste Hauptkomponente (Achse) wird dabei so bestimmt, dass sie in Richtung der größten Varianz liegt. Ist sie einmal fixiert, dann sucht man (in rechtem Winkel zu ihr) wieder die Richtung der größten (verbleibenden) Varianz. Das geschieht so lange, bis alle (so viele wie ursprüngliche Variablen) Hauptkomponenten bestimmt sind. Die letzte muss man nicht mehr suchen, da sie durch alle vorgehenden determiniert ist.

Das Prinzip lässt sich anhand zweier Variablen folgendermaßen illustrieren. Nehmen wir an, wir haben bei 15 Personen die Werte zweier Variablen beobachtet.

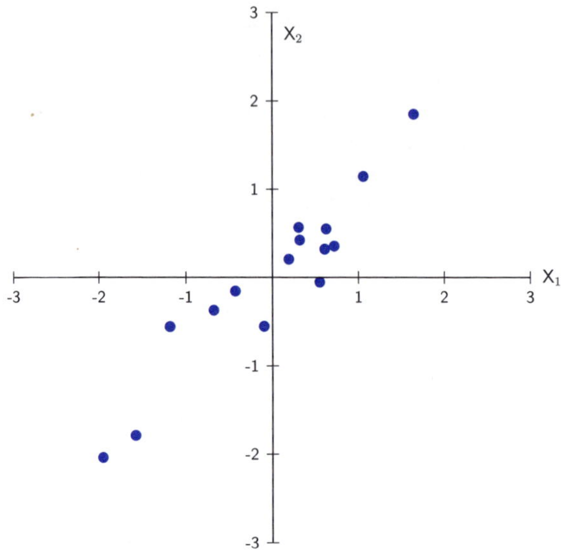

Abbildung 9.17: Streudiagramm der Variablen X_1 und X_2, die Korrelation beträgt 0,95

Außerdem haben wir diese Variablen standardisiert und wollen sie mit X_1 und X_2 bezeichnen. Sie korrelieren sehr hoch, nämlich mit 0,95 , wie man auch im Streudiagramm (▶ Abbildung 9.17) sieht.

Durch die Standardisierung sind beide Varianzen 1 und der Korrelationskoeffizient $r(X_1, X_2)$ ist gleich der Kovarianz $Cov(X_1, X_2)$.[4]

Wenn, wie in diesem Beispiel, beide Varianzen 1 sind und die Korrelation positiv ist, dann liegt die erste Hauptkomponente immer im 45-Grad-Winkel zwischen den beiden Ausgangskoordinaten. Die zweite steht im rechten Winkel dazu. In der Grafik (▶ Abbildung 9.18) werden die beiden Hauptkomponenten durch strichlierte Linien dargestellt. Wir wollen sie Y_1 und Y_2 nennen.

Wir können nun die Rotation durchführen und erhalten die Punkte im neuen Koordinatensystem (▶ Abbildung 9.19).

Man sieht, dass Y_1 und Y_2 nicht korreliert sind und dass die Varianz von Y_1 wesentlich größer als die von Y_2 ist. Tatsächlich ist die Varianz von Y_1 gleich 1,946 und jene von Y_2 0,054. Das ist auch die Größe der Eigenwerte für die beiden Hauptkomponenten. Die Summe der beiden Werte ist 2 und entspricht der Anzahl der Variablen.

Für drei Variablen gilt das gleiche Prinzip. Das Streudiagramm beschreibt nun eine Punktwolke in einem dreidimensionalen Raum, das optimalerweise die Form eines Ellipsoids hat. Die erste Hauptkomponente ist entlang der längsten Ausdehnung des Objekts platziert, im rechten Winkel dazu, wieder entlang der längsten Ausdehnung liegt die zweite Hauptkomponente. Die dritte, im rechten Winkel zu beiden vorgehenden, ergibt sich dann automatisch.

4 Der Grund hierfür ist

$$r(X_1, X_2) = \frac{Cov(X_1, X_2)}{\sqrt{Var(X_1) \cdot Var(X_2)}} = \frac{Cov(X_1, X_2)}{\sqrt{1 \cdot 1}} = Cov(X_1, X_2) \, .$$

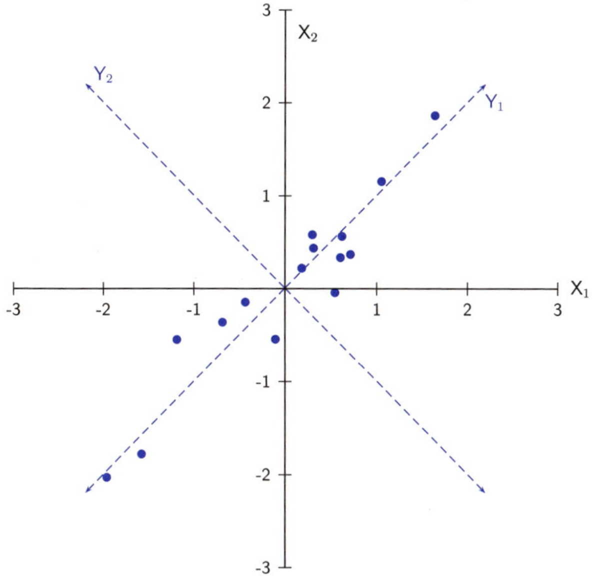

Abbildung 9.18: Streudiagramm der Variablen X_1 und X_2, mit Hauptkomponenten Y_1 und Y_2

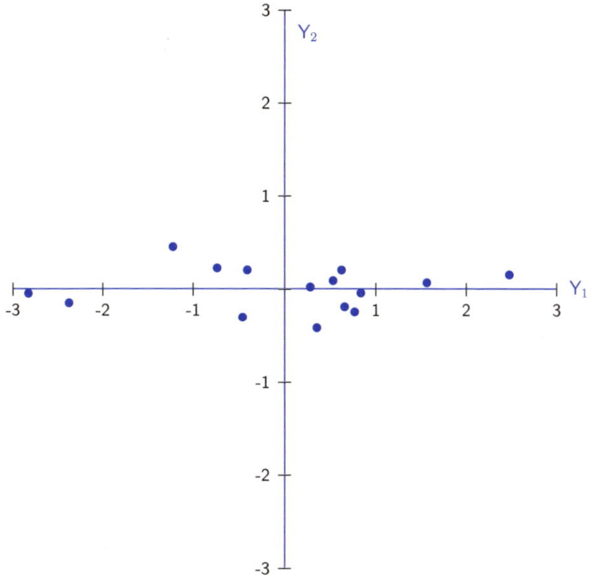

Abbildung 9.19: Streudiagramm der Daten aus Abbildung 9.17 im Koordinatensystem der Hauptkomponenten Y_1 und Y_2

Gruppierung von Beobachtungen

10

ÜBERBLICK

Ziel der in diesem Kapitel besprochenen Methoden ist es, CLUSTER *von Beobachtungen zu bilden. Das sind Gruppen von Beobachtungen, meist durch viele Variablen beschrieben. Natürlich soll diese Gruppenbildung so erfolgen,*

- *dass die Beobachtungen in einer Gruppe einander ähnlich sind (Homogenität in den Gruppen) und*
- *sich die Gruppen voneinander unterscheiden (Heterogenität zwischen den Gruppen).*

Es gibt viele Verfahren, die diesem Ziel nachgehen und unterschiedlich großen Rechenaufwand erfordern. Sie alle sind unter dem Oberbegriff CLUSTERANALYSE *zusammengefasst, zwei wichtige davon werden hier vorgestellt.*

10.1 Wie entdeckt man Gruppen ähnlicher Beobachtungen?

Fallbeispiel 27: Demografie

Datenfile: `demographie.sav`

Für die Prognose, wie sich die Bevölkerung in bestimmten Staaten oder Staatengemeinschaften entwickeln wird, sind Angaben über die Altersverteilung, Lebenserwartung, Geburtenentwicklung, Migration etc. notwendig.

Im Datenfile sind zu den europäischen Staaten nicht nur aktuelle Kennzahlen, sondern auch Prognosen dieser Kennzahlen für das Jahr 2030 enthalten.

Gibt es unter den EU-Staaten Gruppen mit ähnlichen demografischen Kennzahlen?

Die Fragestellung bezieht sich auf alle im Datenfile angegebenen demografischen Kennzahlen. Um einen Überblick über die Verfahren zu bewahren, werden wir uns auf zwei Variablen konzentrieren, die Fertilitätsrate (durchschnittliche Kinderzahl pro Frau) und die jährliche Nettomigrationsrate (auf 1000 Einwohner bezogene Differenz zwischen Einwanderung und Auswanderung).

Im Streudiagramm (► Abbildung 10.1) sind nur 26 Punkte eingezeichnet, von Bulgarien ist keine Nettomigrationsrate angegeben.

Wir können mehrere Gruppen in den Daten ausmachen. Mehr als die Hälfte der Staaten ist im Streudiagramm links unten (niedrige Nettomigrationsrate und niedrige Fertilitätsrate) angesiedelt. Rechts unten (hohe Nettomigrationsrate und niedrige Fertilitätsrate) ist eine Zweiergruppe mit Spanien und Zypern. Links oben (niedrige Nettomigrationsrate und hohe Fertilitätsrate) eine Gruppe mit skandinavischen und einigen westeuropäischen Staaten. Weiters gibt es mit Estland, Luxemburg und Irland drei Staaten, die nicht so recht zu einer dieser Gruppen passen.

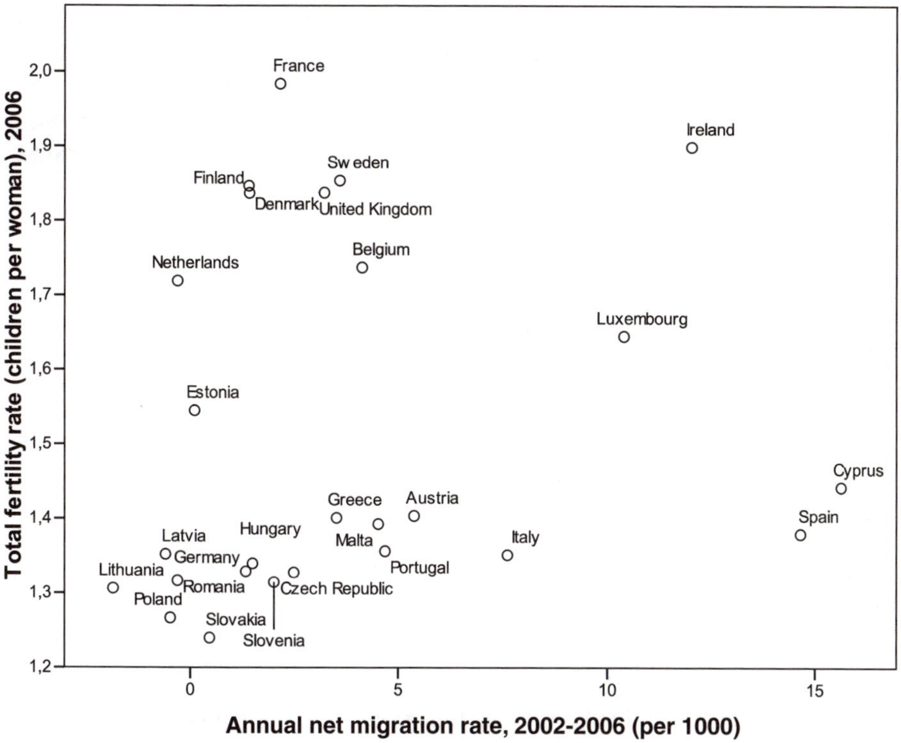

Abbildung 10.1: Streudiagramm von EU-Staaten nach zwei Demografiekennzahlen

10.1.1 Distanz- und Ähnlichkeitsmaße

Ein wichtiges Konzept der Clusteranalyse sind Distanz- und Ähnlichkeitsmaße, durch die angegeben werden kann, wie stark sich zwei Beobachtungen unterscheiden bzw. sich ähnlich sind.

Distanzmaße werden aus der Mathematik in ausreichender Zahl nicht nur für den zwei- oder dreidimensionalen Raum bereitgestellt, sondern auch für höher dimensionale Räume.

Für metrische Variablen sind in SPSS mehrere Distanzmaße verfügbar. Die Voreinstellung ist der euklidische Abstand, der in der Anschauung der Luftlinie zwischen zwei Punkten entspricht. Für die meisten Fälle ist das völlig ausreichend. Mit der Pearson-Korrelation und dem Kosinus sind zwei Ähnlichkeitsmaße vorhanden. Bei ihnen bedeuten große Werte (das Maximum ist 1), dass sich die Beobachtungen nur wenig unterscheiden.

Allerdings ist die direkte Anwendung auf die Rohdaten selten empfehlenswert, wie das Eingangsbeispiel demonstriert. Die Fertilitätsrate nimmt Werte zwischen 1,2 und 2 an. Die Nettomigrationsrate schwankt wesentlich stärker, nämlich zwischen −2 und 15. Würde man die Distanzen aus diesen Daten berechnen, wäre hauptsächlich die Nettomigrationsrate für den Abstand zwischen zwischen zwei Beobachtungen verantwortlich.

Ein Ausweg ist die Standardisierung aller Variablen, die in die Clusteranalyse eingehen. Das bedeutet eine Transformation aller Variablen auf neue Variablen mit Mittelwert 0 und Varianz 1 (siehe Seite 323), in SPSS erreichbar durch:

SPSS

Analysieren
  Deskriptive Statistiken
    Deskriptive Statistik...
      Variablen ➡ Variable(n):
      (hier `Fertilityrate` *und* `Annualnetmigrationrate`*)*
      Standardisierte Werte als Variable speichern ☑
      [OK]

Eine bequemere Version wird bei der Besprechung des SPSS-Aufrufs der Clusteranalyse vorgestellt.

Für binäre Variablen, also kategoriale Variablen mit zwei Ausprägungen, stehen ebenfalls mehrere Distanzmaße zur Verfügung. Wie für metrische Variablen ist die Voreinstellung in SPSS für die meisten Fälle passend.

10.1.2 Clusterbildung

Eine Idee, wie Cluster ähnlicher Beobachtungen gebildet werden können, ist die folgende:

- Schritt 1: Jede Beobachtung ist ein Cluster. Berechnung der Distanzen zwischen den einzelnen Clustern.
- Schritt 2: Verschmelzung jener zwei Cluster, die sich am nächsten sind.
- Schritt 3: Berechnung der Distanzen vom neu gebildeten Cluster zu den anderen Clustern.
- Wiederhole die Schritte 2 und 3 solange, bis nur mehr ein Cluster vorhanden ist.

Diese Vorgangsweise entspricht einem HIERARCHISCHEN CLUSTERVERFAHREN. Hierarchische Verfahren, bei denen von vielen Clustern durch Fusion auf immer weniger übergegangen wird, nennt man AGGLOMERATIVE VERFAHREN. Den umgekehrten Weg beschreiten DIVISIVE VERFAHREN, bei denen Cluster immer weiter in Teilcluster aufgeteilt werden, bis lauter Cluster mit nur mehr einer einzigen Beobachtung vorhanden sind. Divise Verfahren sind aber weit weniger verbreitet und in SPSS überhaupt nicht verfügbar.

Neben der Wahl des Distanzmaßes in Schritt 1 entsteht eine Fülle von Möglichkeiten durch die unterschiedlichen Methoden zur Berechnung der Distanzen vom neu gebildeten Cluster zu den anderen Clustern in Schritt 3. Diese sind auch die Namensgeber der unterschiedlichen Verfahren.

Linkage zwischen den Gruppen: Die Distanz zwischen zwei Clustern ist der Mittelwert aller Distanzen zwischen zwei Beobachtungen aus je einem Cluster. Dies ist auch die Voreinstellung in SPSS.

Linkage innerhalb der Gruppen: Der Mittelwert aller Distanzen zwischen zwei Beobachtungen aus den beiden Clustern (auch der im selben Cluster) wird gebildet.

Nächstgelegener Nachbar: Die Distanz zwischen den zwei nächstgelegenen Beobachtungen aus je einem Cluster ist die Distanz zwischen zwei Clustern.

Entferntester Nachbar: Die Distanz zwischen den zwei entferntesten Beobachtungen aus je einem Cluster ist die Distanz zwischen zwei Clustern.

Zentroid-Clustering: In beiden Clustern werden die Mittelwerte aller Variablen berechnet. Zwischen diesen beiden Cluster-Schwerpunkten wird die Distanz wie bei Einzelbeobachtungen berechnet.

Median-Clustering: Statt der Mittelwerte wie beim Zentroid-Clustering wird der Median jeder Variable in jeder Gruppe berechnet. Zwischen den Medianbeobachtungen der beiden Cluster wird die Distanz wie bei Einzelbeobachtungen bestimmt.

Ward-Methode: Bei diesem Verfahren werden nicht die zwei nächsten Cluster vereinigt, sondern jene, durch die ein Heterogenitätsmaß (üblicherweise eine Fehlerquadratsumme wie bei der einfachen Varianzanalyse (Abschnitt 8.3)) am wenigsten zunimmt.

Auf diese Weise wird von einer ganz feinen Einteilung (jede Beobachtung ist ihr eigenes Cluster) in $n - 1$ Schritten auf eine immer gröbere Einteilung übergegangen. Eine Hilfe, wo dieser Prozess zu stoppen ist, stellen DENDROGRAMME dar. Sie enthalten den Abstand der beiden Cluster, die im jeweiligen Schritt verschmolzen wurden. Wenn nur geringe Zunahmen in diesen Distanzen zu beobachten sind, ist der Übergang auf weniger Cluster vertretbar. Ist die Zunahme stark, ist ein möglicher Stop des Fusionsprozesses erwägenswert.

10.1.3 Outputteile

Zuordnungsübersicht

In der Zuordnungsübersicht (▶ Abbildung 10.2) wird in jeder Zeile angegeben, welche zwei Cluster verschmolzen werden. Unglücklicherweise werden trotz eingeschalteter Fallbeschriftung in diesem Output-Block die Cluster nur nummeriert, jedoch nicht durch eine darin enthaltene Beobachtung beschriftet.

Von Bedeutung ist die Spalte Koeffizienten, die ein Heterogenitätsmaß anzeigt. Gibt es einen starken Anstieg bei diesem Koeffizienten, steigt auch die Heterogenität innerhalb der Gruppen.

Die nächsten zwei Spalten enthalten Angaben, in welchem Schritt die beiden Cluster gebildet wurden (0 bedeutet, dass es das Ausgangscluster ist). Die letzte Spalte (Nächster Schritt) gibt an, in welchem der kommenden Schritte dieses neue Cluster mit einem anderen verschmolzen wird.

Als Beispiel besprechen wir den Schritt 7 der Zuordnungsübersicht (Abbildung 10.2). In diesem werden die Cluster 4 und 9 verschmolzen. Das entstehende Cluster wird im Weiteren mit der niedrigeren der beiden Clusternummern (also 4) versehen. Der Heterogenitätskoeffizient ist 0,194. Das Cluster 4 wurde im Schritt 4, das Cluster 9 im Schritt 2 gebildet. Das neue Cluster wird im Schritt 15 wieder mit einem anderen Cluster verschmolzen.

Zuordnungsübersicht

Schritt	Zusammengeführte Cluster		Koeffizienten	Erstes Vorkommen des Clusters		Nächster Schritt
	Cluster 1	Cluster 2		Cluster 1	Cluster 2	
1	5	7	,041	0	0	14
2	9	11	,057	0	0	7
3	25	26	,106	0	0	14
4	4	23	,116	0	0	7
5	17	20	,157	0	0	8
6	14	21	,161	0	0	11
7	4	9	,194	4	2	15
8	1	17	,220	0	5	10
9	19	22	,230	0	0	13
10	1	10	,311	8	0	17
11	14	15	,331	6	0	13
12	3	24	,337	0	0	23
13	14	19	,394	11	9	15
14	5	25	,428	1	3	16
15	4	14	,565	7	13	20
16	2	5	,606	0	14	18
17	1	13	,687	10	0	20
18	2	8	,727	16	0	22
19	6	18	,738	0	0	22
20	1	4	1,058	17	15	24
21	12	16	1,125	0	0	23
22	2	6	1,159	18	19	24
23	3	12	1,795	12	21	25
24	1	2	2,049	20	22	25
25	1	3	2,734	24	23	0

Abbildung 10.2: Zuordnungsübersicht bei hierarchischem Clustern der EU-Staaten

Dendrogramm

Das Dendrogramm (► Abbildung 10.3) enthält ähnliche Informationen. Die Beobachtungen sind hier beschriftet und man kann überschauen, welche Beobachtungen in den jeweiligen Gruppen sind. Je später die Verschmelzung erfolgt, desto größer ist die Distanz (als **Rescaled Distance Cluster Combine** angegeben) zwischen diesen Clustern.

Zunächst sind sich die Cluster, die fusioniert werden, noch sehr ähnlich. Das ist daran ablesbar, dass die Distanz zwischen den Clustern noch weit links angesiedelt ist. Die letzten drei Fusionen finden zwischen Clustern statt, die sich doch stark unterscheiden.

Eiszapfenplot

Im sog. Eiszapfenplot (► Abbildung 10.4) kann zwar nicht entschieden werden, wie viele Cluster für das Beispiel passend sind, jedoch ist besser sichtbar, welche Beobachtungen verschmolzen werden. Die oberste Zeile gibt den Endzustand (alle Beobachtungen in einem gemeinsamen Cluster) wider.

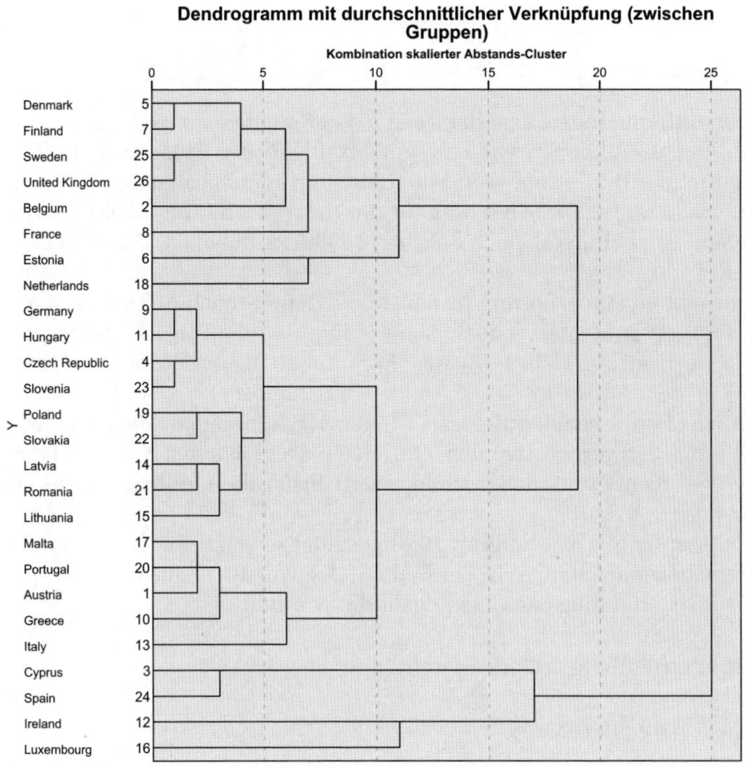

Abbildung 10.3: Dendrogramm bei hierarchischem Clustern der EU-Staaten

Im Schritt davor sieht man noch zwischen Zypern und den Niederlanden einen Balken, der von oben weggehend auf Höhe 1 endet. Das bedeutet, dass in diesem letzten Schritt das Cluster mit den Staaten Zypern, Spanien, Irland und Luxemburg mit dem Cluster der restlichen Staaten verschmolzen wurde.

Im Schritt davor wurde das Cluster mit eben diesen restlichen Staaten gebildet, einerseits aus dem Cluster der Staaten Niederlande bis Belgien und andererseits aus dem Cluster Slowakei bis Österreich.

Fallbeispiel 27: Interpretation

Mit den Informationen aus der Spalte Koeffizienten der Zuordungsübersicht (Abbildung 10.2) können wir eine gute Wahl für die Clusterzahl treffen. Hier gibt es im Schritt 22 einen Wert von 1,159 und im nächsten Schritt einen Wert von 1,795. Da diese Werte ein Maß für die Heterogenität innerhalb der Gruppen darstellen, ist es sinnvoll, nach Schritt 22 stehen zu bleiben. Das spricht für vier Cluster.

Davor gibt es einen Sprung in den Koeffizienten nach Schritt 19 (von 0,738 auf 1,058). Würde man jedoch schon hier den Fusionierungsprozess stoppen, käme man auf sieben Cluster. Für nur 26 Beobachtungen ist das wohl zu viel.

Ähnliche Schlüsse über die beste Clusterzahl können aus dem Dendrogramm (Abbildung 10.3) gezogen werden. Die letzten drei Fusionen finden auf der Skala relativ weit rechts statt, daher stellen vier Cluster die Empfehlung des Dendrogramms dar.

Der Eiszapfenplot (Abbildung 10.4) gestattet es jetzt, die Zusammensetzung der vier Cluster abzuleiten. In der Reihenfolge wie die Staaten im Eiszapfenplot aufscheinen, sind folgende Cluster gebildet worden:

Cluster 1: Luxemburg, Irland

Cluster 2: Spanien, Zypern

Cluster 3: Niederlande, Estland, . . . , Belgien

Cluster 4: Slowakei, Polen, . . . , Österreich

Die Clusteranalyse hat ähnliche Resultate geliefert, wie wir sie aus dem Streudiagramm (► Abbildung 10.1) abgeleitet hätten. Das sollte unser Vertrauen in die Methode bei Anwendungen stärken, bei denen mehr als zwei Variablenwerte pro Beobachtung vorliegen und eine Überprüfung der Sinnhaftigkeit der Cluster über ein Streudiagramm nicht mehr möglich ist.

In SPSS erhalten wir diese Resultate nach:

SPSS

Analysieren
Klassifizieren
Hierarchische Cluster...
Variablen der Beobachtungen ➡ Variable(n):
(hier `Fertilityrate` *und* `Annualnetmigrationrate`*)*
ev. Variable (hier `Country`*)* ➡ Fallbeschriftung
unter [Statistiken...]
kann Bereich für Clusteranzahl angegeben werden
[Weiter]
unter [Diagramm...]
kann Dendrogramm *markiert werden*
[Weiter]
unter [Methode...]
bei Messniveau *gewünschtes Distanzmaß auswählen*
bei Cluster-Methode *Fusionsmethode auswählen*
bei Werte transformieren *Variablenstandardisierung wählen*
[Weiter]
unter [Speichern...]
Speicherung der Clusterzugehörigkeit(en) angeben
[Weiter]
[OK]

Bemerkungen zu den vielen Möglichkeiten, die das Menü bietet:

- Die voreingestellten Distanzmaße sind meist ausreichend.
- Die Voreinstellung bei den Fusionsmethoden sollte nur in begründeten Fällen geändert werden.
- Die Standardisierung der Variablen ist ratsam. Dabei geht es darum, die Streuung der Variablen zu vereinheitlichen. Von den angebotenen Methoden erfüllen daher Z-Werte, Bereich −1 bis 1, Bereich 0 bis 1, Maximale Größe von 1 und Standardabweichung 1 diesen Wunsch.
- Eine etwaige Fallbeschriftung erfolgt nur im Dendrogramm und im Eiszapfenplot, jedoch nicht bei der Zuordnungsübersicht.
- Die hier angezeigten Ergebnisse wurden mit der Euklidischen Distanz als Distanzmaß, mit der Methode des Linkage als Clusterbildungsmethode und dem Standardisieren mit Z-Werten erstellt.

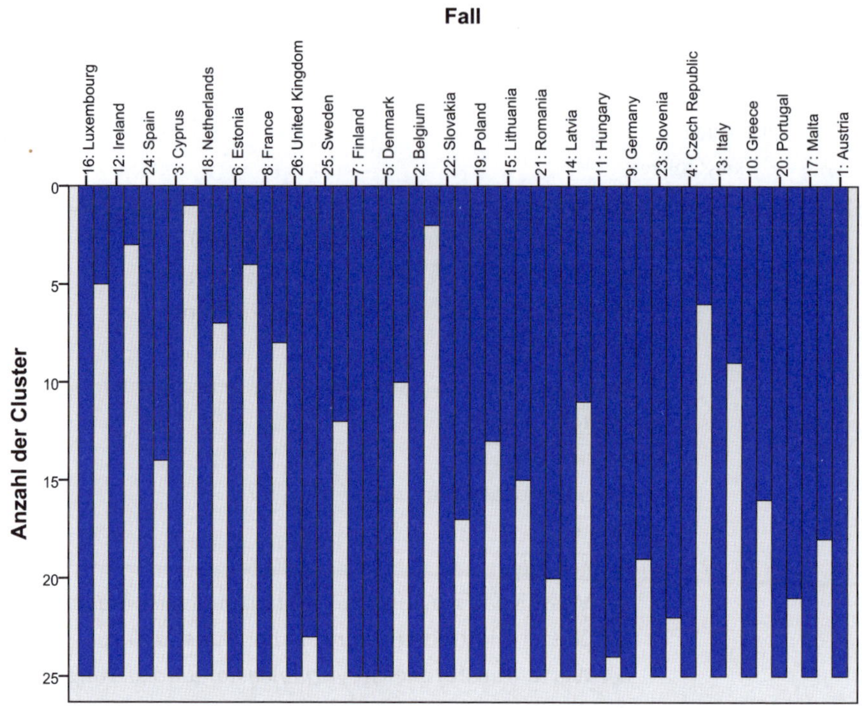

Abbildung 10.4: Eiszapfenplot bei hierarchischem Clustern der EU-Staaten

10.2 Wie findet man Cluster in den Variablen?

Fallbeispiel 27: Demografie (Fortsetzung)

Wir haben im vorigen Abschnitt vier Gruppen von Staaten aufgrund von zwei demografischen Kennzahlen gebildet. Im Datenfile sind weitere Kennzahlen enthalten.

Gibt es Gruppen ähnlicher Kennzahlen?

Statt nach Gruppen ähnlicher Beobachtungen wird also nach Gruppen ähnlicher Variablen gefragt. Technisch gesehen entsprechen Beobachtungen Zeilen in der Datenmatrix, Variablen bilden die Spalten. Schreibt man Zeilen als Spalten an (in der Mathematik spricht man vom Transponieren einer Matrix) und wendet die Verfahren von vorhin an, werden Gruppen ähnlicher Variablen gebildet.

Fallbeispiel 27: Variablencluster

Für die Clustersuche unter den Variablen wurde als Ähnlichkeitsmaß die Pearson-Korrelation gewählt. Die Zuordnungsübersicht (► Abbildung 10.5) hat daher in der Spalte **Koeffizienten** eine abnehmende Folge von Zahlen.

Der Rückgang in diesen Werten erfolgt zunächst ohne ganz große Sprünge. Erst in Schritt 16 fällt der Wert von 0,302 auf 0,043 ab. Da in Schritt 16 die letzten zwei Cluster vereinigt werden, dieser Schritt aber nicht mehr empfehlenswert ist, wird man die Variablen in diese zwei Cluster einteilen.

Aus Platzgründen geben wir Dendrogramm und Eiszapfenplot für dieses Beispiel nicht an. In einem Cluster sind nur die zwei Variablen, die den Anstieg in der Lebenserwartung bei Frauen und Männern angeben. Alle anderen Variablen bilden zusammen das andere Cluster.

In **SPSS** kann das Clustern von Variablen leicht angefordert werden. Im Hauptmenü der hierarchischen Clusteranalyse muss nur **Variablen** markiert werden (statt der Voreinstellung **Fälle**).

Zuordnungsübersicht

Schritt	Zusammengeführte Cluster: Cluster 1	Zusammengeführte Cluster: Cluster 2	Koeffizienten	Erstes Vorkommen des Clusters: Cluster 1	Erstes Vorkommen des Clusters: Cluster 2	Nächster Schritt
1	3	4	,997	0	0	2
2	3	5	,991	1	0	4
3	15	17	,990	0	0	10
4	3	6	,980	2	0	11
5	9	13	,964	0	0	7
6	11	14	,961	0	0	7
7	9	11	,893	5	6	8
8	8	9	,862	0	7	12
9	10	12	,804	0	0	16
10	15	16	,790	3	0	14
11	3	7	,651	4	0	14
12	2	8	,578	0	8	13
13	1	2	,439	0	12	15
14	3	15	,360	11	10	15
15	1	3	,302	13	14	16
16	1	10	,043	15	9	0

Abbildung 10.5: Zuordnungsübersicht beim Clustern von Variablen

10.3 Wie können kategoriale Variablen in eine Clusteranalyse einbezogen werden?

Fallbeispiel 28: Beweggründe für ein Studium

Datenfile: `drop-out.sav`

In einer Studie (H. Reiger und R. Hatzinger) mit dem Ziel, Motive und Hintergründe für den Abbruch eines Studiums an der Wirtschaftsuniversität Wien zu erarbeiten, wurden alle Erstinskribierenden des Wintersemesters 2003/04 im Frühjahr 2005, also nach drei Semestern, zur Beantwortung eines Online-Fragebogens aufgefordert. Davon haben ungefähr ein Drittel diesen Fragebogen tatsächlich ausgefüllt, darunter viele, die ihr Studium schon abgebrochen hatten.

Ein Teil der Fragenbogens widmete sich den Beweggründen für die Aufnahme eines Studiums generell, einige Fragen betrafen die Aufnahme eines Studiums speziell an der WU Wien.

Gibt es Gruppen unter den Studierenden, die aus ähnlichen Motiven ihr Studium an der WU Wien begonnen haben?

Die Motivation wurde über 17 Fragen erhoben. All diese Motivationsfragen waren auf einer 5-stufigen Likertskala zu beantworten, von 1 (trifft sehr zu) bis 5 (trifft gar nicht zu).

Daneben sollen auch Geschlecht und absolvierte Schulform in die Clusterbildung eingehen.

10.3.1 Zweistufige Clusteranalyse

Hierarchische Clusterverfahren (Abschnitt 10.1) liefern viele Aufteilungen, aus denen die beste oder zumindest eine brauchbare ausgewählt werden kann. Allerdings haben diese Verfahren zwei Nachteile:

- Sie sind nicht für große Datensätze geeignet. Allein der Output wird schon bei einem mittelgroßen Datensatz unüberschaubar.
- Die Verwendung kategorialer Variablen mit mehr als zwei Kategorien ist kaum möglich.

Beide Nachteile hat das BIRCH-Verfahren (Balanced Iterative Reducing and Clustering using Hierarchies, Zhang et al., 1996) nicht, das in SPSS zur Verfügung steht. In einem ersten Schritt wird ein Zuordnungsbaum (Cluster feature tree) aufgebaut. Kann eine Beobachtung nicht adäquat einem Cluster zugeordnet werden, wird dieser Zuordnungsbaum erweitert. Im zweiten Verfahrensschritt bildet der Zuordnungsbaum die Basis für die Zuteilung der Beobachtungen zu Clustern.

Die optimale Clusterzahl wird vom Algorithmus automatisch durch Optimierung des Akaike- oder wahlweise des Bayes-Informationskriteriums (AIC oder BIC) bestimmt, man kann aber auch eine bestimmte Clusterzahl vorgeben.

Die Verteilungsannahmen für das Verfahren sind Normalverteilung der metrischen und Multinomialverteilung der kategorialen Variablen. In der Praxis werden diese Annahmen wohl nur selten erfüllt sein. Da Clusterverfahren aber hauptsächlich als explorative Instrumente zur Aufdeckung von Mustern in den Daten eingesetzt werden, kann das Verfahren auch bei schwächeren Datenlagen zur Anwendung kommen.

Wir werden die 17 Motivationsfragen als metrische Variablen, Geschlecht und Schulform als kategoriale Variablen verwenden.

10.3.2 Outputteile

Die Ergebnisausgabe zur zweistufigen Clusteranalyse wird nicht mehr durch das Markieren passender Felder in einem Menü gesteuert, sondern kann interaktiv im SPSS Statistics Viewer durchforstet werden. Einige wichtige Teile davon werden hier besprochen.

Modellübersicht

Nach dem Start der Berechnungen erscheint nach kurzer Zeit im Ausgabefenster eine knappe Ergebnismeldung ▶ Abbildung 10.6. Der Name des Verfahrens, die Variablenanzahl der Daten und die ermittelte Clusterzahl sind in einer Tabelle eingetragen. In einer Grafik wird die Cluster-Qualität als schlecht ausgewiesen. Allerdings passiert es selten, dass bei explorativen Anwendungen der Clusteranalyse mit vielen Likert-skalierten Variablen dieses Clusterqualitätsmaß weit im positiven Bereich liegt.

Ein Doppelklick auf diese Ausgabe öffnet die Modellanzeige mit zwei Fenstern. Das linke Fenster – die Hauptansicht – enthält die schon besprochene Modellübersicht.

Modellzusammenfassung

Algorithmus	TwoStep
Input	19
Cluster	4

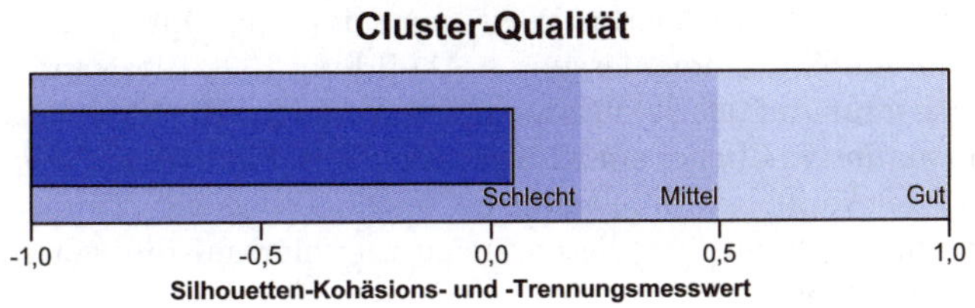

Abbildung 10.6: Modellübersicht

Clustergrößen

Das rechte Fenster – die Zusatzansicht – zeigt ▶ Abbildung 10.7, dass die Aufteilung in vier Cluster so gelungen ist, dass keine ganz großen und keine kleinen Cluster entstanden sind. Von den Clustergrößen her scheint die Aufteilung gut brauchbar.

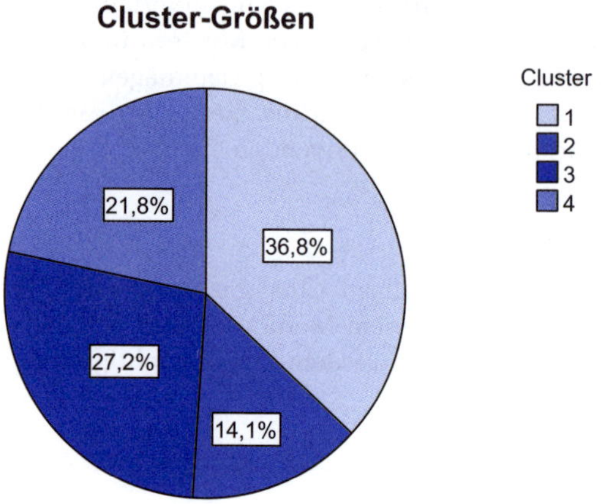

Größe des kleinsten Clusters	94 (14,1%)
Größe des größten Clusters	245 (36,8%)
Größenverhältnis: Größtes Cluster/Kleinstes Cluster	2,61

Abbildung 10.7: Clustergrößen

Clusterbinnenprofile

Am unteren Rand der Hauptansicht – also des linken Fensters – ist ein Pull-Down-Menü mit der Beschriftung Ansicht. Wählt man dort die Option Cluster, erscheint für jedes Cluster eine Zusammenfassung ▶ Abbildung 10.8. Diese enthält neben der Clustergröße (absolut und relativ) für kategoriale Variablen die Modalklasse, also jene Kategorie, die in diesem Cluster am häufigsten auftritt. Für metrische Variablen wird der Mittelwert der Variablen im jeweiligen Cluster ausgegeben. Leider nimmt diese Ausgabe sehr viel Platz ein, wir beschränken uns hier auf die ersten sieben (von insgesamt 19) Variablen.

Überdies ist die Reihenfolge, in der die Variablen angezeigt werden, durch die Bedeutung für die insgesamte Clusterbildung bestimmt. Die Bedeutung der Variablen zeigt sich auch in der Hintergrundfarbe (je dunkler, desto bedeutender). Im Cluster 1

Cluster

Bedeutsamkeit der Eingabe (Prädiktor)

1,0 | 0,8 | 0,6 | 0,4 | 0,2 | 0,0

Cluster	1	3	4	2
Beschriftung				
Beschreibung				
Größe	36,8% (245)	27,2% (181)	21,8% (145)	14,1% (94)
Input	Schulform AHS (78,8%)	Schulform HAK (100,0%)	Schulform BHS (76,6%)	Schulform AHS (39,4%)
	Wartezeit für and. Ausbildung überbrücken 4,90	Wartezeit für and. Ausbildung überbrücken 4,93	Wartezeit für and. Ausbildung überbrücken 4,79	Wartezeit für and. Ausbildung überbrücken 3,24
	Eltern haben zum Studium gedrängt 4,89	Eltern haben zum Studium gedrängt 4,94	Eltern haben zum Studium gedrängt 4,98	Eltern haben zum Studium gedrängt 4,20
	keinen Job gefunden 4,93	keinen Job gefunden 4,78	keinen Job gefunden 4,88	keinen Job gefunden 3,90
	Interesse am Fach 1,69	Interesse am Fach 1,63	Interesse am Fach 1,50	Interesse am Fach 2,62
	keine bessere Idee 4,03	keine bessere Idee 4,43	keine bessere Idee 4,50	keine bessere Idee 3,07
	Vielfalt der Einsatzmöglichkeiten 1,76	Vielfalt der Einsatzmöglichkeiten 1,78	Vielfalt der Einsatzmöglichkeiten 2,06	Vielfalt der Einsatzmöglichkeiten 2,73

Abbildung 10.8: Binnenprofile der Cluster

haben also 78,8 % eine AHS besucht, der Mittelwert auf die Frage v4q mit dem Label Wartezeit für and. Ausbildung überbrücken beträgt 4,90 (also haben fast alle diese Frage mit trifft gar nicht zu beantwortet) etc.

Über dem Pull-Down-Menü ist eine Symbolleiste, mit deren Hilfe das Anzeigeformat der Binnenprofile abgeändert werden kann. Eine Exploration der dadurch gebotenen Möglichkeiten ist dem Leser überlassen.

Bedeutsamkeit der Variablen

Auch im rechten Fenster der Modellanzeige – der Zusatzansicht – ist am unteren Rand ein Pull-Down-Menü mit der Beschriftung Ansicht. Mit der Option Bedeutung wird in einem Balkendiagramm ▶ Abbildung 10.9 verdeutlicht, welche Variablen bei der Clusterbildung von großer und welche nur von geringer Bedeutung sind. In diesem Beispiel ist die Schulform die mit Abstand bedeutendste Variable für den Clusterbildungsprozess.

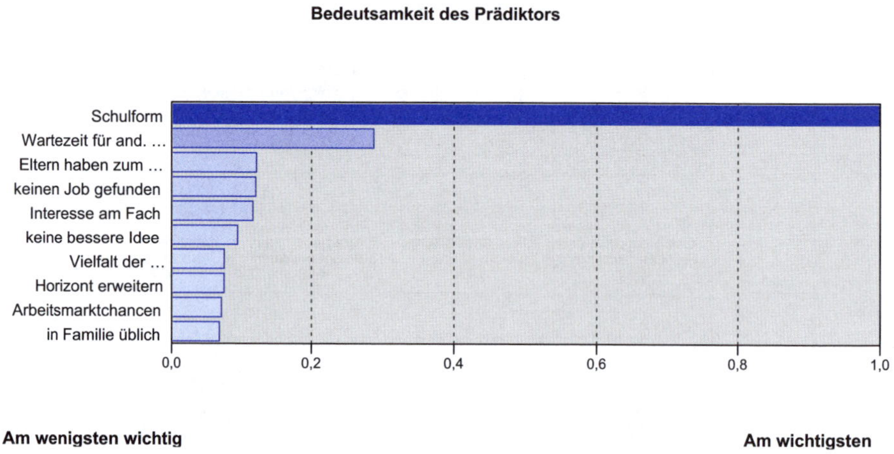

Abbildung 10.9: Bedeutsamkeit der Variablen

Bedeutsamkeit der Variablen für einzelne Cluster

Will man die Bedeutung der einzelnen Variablen nicht für die Gesamtclustereinteilung, sondern bei der Bildung einzelner Cluster erfahren, kommen wir nach der Bildung eines Binnenprofils schnell ans Ziel. Wir lassen uns das Binnenprofil anzeigen und klicken auf das dritte Symbol Eingaben nach Bedeutsamkeit im Cluster sortieren in dieser Leiste. Das Resultat ist von den Ausdehnungen her eine sparsame Tabelle ▶ Abbildung 10.10, auch deshalb, weil statt der oft langen Variablenlabels nur die Variablennamen angegeben sind. Es besagt etwa, dass für die Cluster 1, 3 und 4 Schule am wichtigsten ist, für Cluster 2 jedoch v4q mit dem Variablenlabel Wartezeit für and. Ausbildung überbrücken.

Zellverteilungen der Variablen

Die Verteilung von Variablen in bestimmten Clustern kann man sich in der Modellanzeige in Form von Grafiken verdeutlichen. Nach dem Erstellen eines Binnenprofi-

Cluster

Bedeutsamkeit der Eingabe
(Prädiktor)

1,0 0,8 0,6 0,4 0,2 0,0

Cluster	**1**	**3**	**4**	**2**
Größe	36,8%	27,2%	21,8%	14,1%
Input	Schule	Schule	Schule	v4q
	v4q	v4q	v4o	v4c
	v4n	v4o	v4f	v4e
	v4f	v4k	v4l	v4l
	v4g	v4d	v4a	v4a
	v4m	v4f	v4c	v4i
	v4i	v4l	v4n	v4d
	v4e	v4i	v4g	v4n
	v4o	v4e	v4b	v4o
	v4h	v4c	v4m	v4p
	v4d	v4a	v4q	v4j
	v4b	Geschlecht	v4e	Schule
	v4j	v4p	Geschlecht	v4k
	v4c	v4m	v4k	v4h
	Geschlecht	v4n	v4j	v4g
	v4p	v4b	v4h	Geschlecht
	v4l	v4j	v4i	v4b
	v4k	v4h	v4p	v4f
	v4a	v4g	v4d	v4m

Abbildung 10.10: Bedeutsamkeit der Variablen für einzelne Cluster

les fährt man in eines der Felder des Binnenprofiles. Damit ist eine der beteiligten Variablen und eines der erstellten Cluster fixiert. Wählt man im Pull-Down-Menü die Option **Zellverteilung**, erscheint eine passende Grafik in der Zusatzansicht. Die Zellverteilung von `Schulform` im Cluster 1 ▶ Abbildung 10.11 besagt, dass fast alle AHS-Absolventen und fast alle mit einer ausländischen Reifeprüfung dem Cluster 1 zugeteilt wurden.

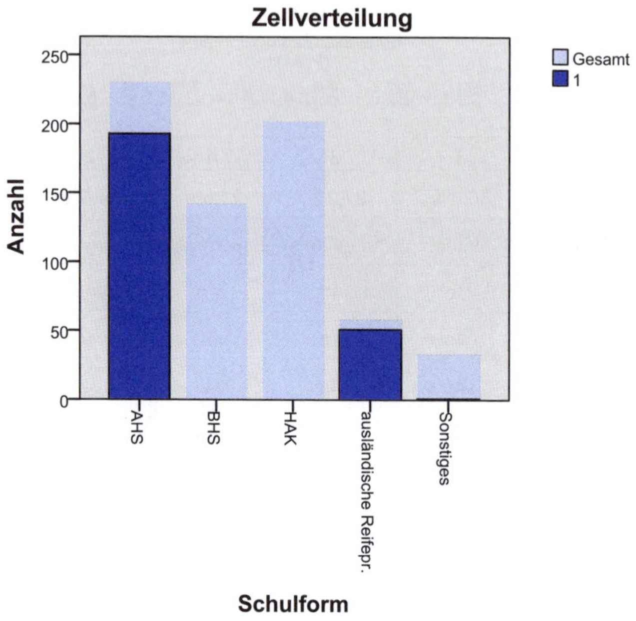

Abbildung 10.11: Zellverteilung von `Schulform` in Cluster 1

Fallbeispiel 28: Interpretation des Cluster-Outputs

Das Zweistufenverfahren endet mit einem Vorschlag für vier Cluster. Das kleinste Cluster enthält 14%, das größte (Cluster 1) 37% der Beobachtungen (Abbildung 10.7). Es gibt also keine ganz kleinen und auch kein völlig dominantes Cluster.

Der Frage, wodurch sich die Cluster unterscheiden, kann einerseits mit den Binnenprofilen (Abbildung 10.8) nachgegangen werden. Andererseits helfen auch Diagramme mit der Bedeutsamkeit der Variablen für die jeweiligen Cluster (Abbildung 10.10).

Hier werden vom Verfahren vier Cluster vorgeschlagen. Eine Beschreibung dieser Aufteilung anhand von 19 Variablen erfordert natürlich mehr als einen Blick auf einige wenige Grafiken. Eine intensivere Analyse kann zur Grobbeschreibung der Cluster führen:

- Cluster 1: Zielorientierte
- Cluster 2: Orientierungslose
- Cluster 3: Berufs- und Karriereorientierte
- Cluster 4: Fachlich Interessierte

In SPSS wird die zweistufige Clusteranalyse folgendermaßen aufgerufen:

SPSS

Analysieren
  Klassifizieren
    Two-Step-Clusteranalyse...
      entsprechende Variablen ➡ Kategoriale Variablen:
      (hier Geschlecht *und* Schule*)*
      entsprechende Variablen ➡ Stetige Variablen:
      (hier v4a *bis* v4q*)*
      unter [Optionen...]
        Festlegen der zu standardisierenden Variablen
        [Weiter]
      unter [Ausgabe...] *ev. Markieren von*
        Variable für Clusterzugehörigkeit erstellen
        [Weiter]
      [OK]

Weitere Bemerkungen zum Verfahren:

- Mit dem Verfahren kann im Datenfile eine neue Variable mit der Clusterzugehörigkeit angelegt werden. Beobachtungen, die nach endgültiger Erstellung des CF tree nicht gut einem Cluster zugeordnet werden können, kommen in ein Restcluster mit der Clusterzahl −1. Damit wird sichergestellt, dass nicht eine Reihe von Clustern mit unbedeutenden Clustergrößen entstehen.
- Für den Aufbau des CF tree verlangt das Verfahren eine zufällige Anordnung der Beobachtungen im Datenfile. Auf keinen Fall soll eine Sortierung der Beobachtungen nach einer der Klassifikationsvariablen vorliegen.
- Seit der Version 18 von SPSS wird der Output zur zweistufigen Clusteranalyse über die Modellanzeige gesteuert. Für die meisten Benutzer stellt diese geplante Verbesserung eine Erschwernis und Verschlechterung dar. Manche sehr nützliche Resultate sind nicht mehr über das Menü abrufbar. Als Ausweg kann der Aufruf dieser Analysen mit Hilfe der Programmsprache SYNTAX angesehen werden. Die Besprechung dieses Auswegs sprengt den Umfang dieses Buches, als Literatur dazu kann Bühl (2012) empfohlen werden.

10.4 Zusammenfassung der Konzepte

Ziel der Clusteranalyse ist das Aufteilen der Daten in Gruppen (Cluster) ähnlicher Beobachtungen. Ähnlichkeiten von meist hochdimensionalen Beobachtungen werden über Distanz- und Ähnlichkeitsmaße definiert.

Hierarchische Verfahren liefern nicht eine, sondern eine ganze Folge solcher Aufteilungen, von einer ganz feinen bis zu einer ganz groben. Bei der Auswahl einer guten Aufteilung helfen Maße, die die Homogenität in den Gruppen und die Heterogenität zwischen den Gruppen beschreiben.

Das zweistufige Verfahren ist auch auf Daten anwendbar, bei denen sowohl metrische als kategoriale Variablen vorkommen. Eine Vielzahl von Plots unterstützt die Interpretation der Resultate.

- Cluster: Gruppe ähnlicher Beobachtungen.
- Hierarchische Verfahren: Ausgehend von Clustern mit nur einer Beobachtung wird durch Verschmelzen von Clustern die Clusterzahl laufend verkleinert.
- Zweistufiges Verfahren: In einem ersten Schritt wird aus einem Teil der Daten ein Zuordnungsbaum abgeleitet. Dieser dient im zweiten Schritt der Zuordnung der Beobachtungen zu Clustern. Dieses Verfahren kann auch auf gemischt metrisch-kategoriale Daten angewendet werden.
- Distanz- und Ähnlichkeitsmaße: Sie bestimmen, wie Unterschiede bzw. Ähnlichkeiten zwischen Beobachtungen und in der Folge zwischen Clustern gemessen werden.
- Dendrogramm: semigrafischer Outputteil bei hierarchischen Clusterverfahren, der sowohl die Übersicht über die einzelnen Fusionsschritte als auch die Auswahl einer passenden Clusterzahl erleichtert.
- Eiszapfenplot: Er bietet die Übersicht über die einzelnen Fusionsschritte bei hierarchischen Clusterverfahren.

10.5 Übungen

1. Supermarkt

In einer Studie zu Charakteristika von Supermärkten wurden 637 Personen in Wales über die Bedeutung mehrerer Eigenschaften von Supermärkten auf einer Skala, die von 1 (wenig wichtig) bis 5 (sehr wichtig) reichte, befragt (siehe auch Fallbeispiel 25).

Im Datenfile `superm.sav` sind es die Variablen `q08a-q08n,q08q-q08v`.

- Gibt es unter den Befragten Gruppen mit ähnlichen Erwartungen, was ein Supermarkt bieten soll?

2. Bewerbungen

Die Daten aus Kendall (1975) beziehen sich auf 48 Bewerbungen um eine Position in einem Unternehmen. Diese Bewerbungen wurden anhand der 15 Variablen im Datenfile `bewerbung.sav` bewertet (je höher der Wert, desto stärker ist die Eigenschaft ausgeprägt).

- Gibt es Gruppen ähnlicher Bewerbungen?

3. Einschätzung von TV-Kanälen

In einer Umfrage im Mai 2008 wurden 229 Personen (mit Kabel-TV- oder Satelliten-TV-Empfang) im Raum Wien zu ihrem TV-Sehverhalten befragt.

Ein Teil dieser Umfrage zielte darauf ab, Eigenschaften (informativ, sensationslüstern etc.) von Fernsehsendern herauszufiltern.

Die Antworten zu den Fragen nach Aktualität, kritischer Berichterstattung und politischer Unabhängigkeit sind im Datenfile `tvimage.sav` für die drei Sender ORF1, Pro7 und RTL enthalten.

- Gibt es unter den Befragten Gruppen, die das TV-Angebot ähnlich einschätzen?

Datendateien sowie Lösungen finden Sie auf der Webseite des Verlags.

Mehrdimensionale kategoriale Daten

11

ÜBERBLICK

In diesem Kapitel besprechen wir Methoden zur Untersuchung von Datensätzen mit mehreren kategorialen Variablen. Schon in Abschnitt 5.2 und in Abschnitt 5.4 haben wir Methoden für konkrete Fragestellungen bei zwei kategorialen Variablen besprochen. Aus der Fragestellung heraus war die Rolle – Response- oder erklärende Variable – der einzelnen Variablen bestimmt. Untersucht wurde, ob deren Beziehung zueinander in der in der Fragestellung vermuteten Form vorliegt.

In diesem Kapitel werden wir uns damit beschäftigen, komplexere, nicht a priori festgelegte Zusammenhangsstrukturen aufzudecken. Für Datensätze mit mehreren potenziellen Responsevariablen, aber auch für solche ohne klare Responsevariablen soll ein passendes statistisches Modell gefunden werden. LOGLINEARE MODELLE *sind statistische Modelle zur Beschreibung kategorialer Variablen, ihrer Ausprägungen und ihrer Beziehungen. Bei der Beschreibung solcher Beziehungen wird der Begriff der Wechselwirkung eine zentrale Rolle spielen.*

Bei asymmetrischen Modellen leitet man aus der Wechselwirkung die Beziehung zwischen erklärenden und Responsevariablen ab. In symmetrischen Modellen – solche ohne klare Responsevariablen – kommt die Assoziation zwischen den Variablen in der Wechselwirkung zum Ausdruck.

Wir wollen zunächst einige Grundüberlegungen anhand zweier kategorialer Variablen anstellen. Später werden wir diese auf drei Variablen erweitern, wobei die Erweiterungen auch für mehr als drei Variablen gelten.

11.1 Modelle für Kreuztabellen

Wichtige Begriffe haben wir schon in Abschnitt 5.1 kennengelernt. Wir wollen sie anhand eines Beispiels wiederholen und als Fundament für Erweiterungen verwenden.

Fallbeispiel 29: Risikoeinschätzung von Cannabiskonsum

Datenfile: `cannabis.sav`

Im Frühjahr 2011 wurde im Auftrag der Europäischen Kommission eine Flash-Eurobarometer-Untersuchung zur Einstellung Jugendlicher zu Drogen durchgeführt. Unter anderem wurde gefragt, wie hoch die Jugendlichen das Gesundheitsrisiko ein- oder zweimaligen Cannabiskonsums einschätzen. Die folgende Tabelle zeigt, wie viele der befragten deutschen Jugendlichen ($n = 488$) das Risiko eher hoch oder eher niedrig einschätzen. Die Häufigkeiten sind nach drei Altersgruppen gegliedert.

Risiko	Alter 15 – 18	19 – 21	22 – 24	Summe
eher hoch	154	100	50	304
eher niedrig	89	63	32	184
Summe	243	163	82	488

Welche Modelle kommen zur Beschreibung der Daten in Frage?

11.1.1 Modelle und erwartete Häufigkeiten

Welche Verteilungen kann man aus einer Kreuztabelle ablesen?

Wie wir schon aus Abschnitt 5.1 wissen, kann man aus einer Tabelle, die durch die Kreuzklassifikation zweier Variablen enstanden ist, mehrere Arten von Verteilungen bestimmen. Im Inneren der Tabelle ist die GEMEINSAME VERTEILUNG der Variablen `alter` und `risiko` dargestellt. Diese Verteilung heißt deshalb gemeinsam, weil die Häufigkeiten für beide Variablen gemeinsam dargestellt werden. An den Rändern, unter den Begriffen Summe, finden sich die RANDVERTEILUNGEN. Sie beschreiben die Häufigkeiten der einzelnen Variablen, wenn man sie ohne Berücksichtigung der jeweils anderen Variable betrachtet. Eine Tabelle mit Prozentwerten (▶ Abbildung 11.1) wird oft einer mit absoluten Häufigkeiten bevorzugt.

alter * risiko Kreuztabelle

% der Gesamtzahl

		alter 15 - 18	19 - 21	22 - 24	Gesamt
risiko	hoch	31,6%	20,5%	10,2%	62,3%
	niedrig	18,2%	12,9%	6,6%	37,7%
Gesamt		49,8%	33,4%	16,8%	100,0%

Abbildung 11.1: SPSS-Tabelle mit Prozenten der gemeinsamen Verteilung

Es gibt aber auch die BEDINGTEN VERTEILUNGEN, die wir unter den Begriffen Zeilen- und Spaltenprozent kennengelernt haben. Bedingt heißen sie deshalb, weil man z. B. bei Zeilenprozent die Prozentwerte über alle Spalten nur für eine bestimmte Zeile ausrechnet, also unter der Bedingung, dass eine bestimmte Zeile ausgewählt wurde. Für Spaltenprozent gilt das gleiche Prinzip.

Welche Informationen kann man aus einer Kreuztabelle gewinnen?

Wir wollen uns diese drei Verteilungen etwas näher ansehen und überlegen, welche Art Information wir jeweils daraus gewinnen können. Zur numerischen Darstellung verwenden wir Anteile bzw. relative Häufigkeiten.

- **Die gemeinsame Verteilung**: `alter * risiko`
  Aus Abschnitt 5.1 kennen wir schon die in SPSS verwendete Schreibweise, dass

nämlich Variablen mittels $*$ verknüpft geschrieben werden. Das bedeutet, dass die beiden Variablen gemeinsam bzw. kombiniert betrachtet werden.

	Alter		
Risiko	15 – 18	19 – 21	22 – 24
eher hoch	154	100	50
eher niedrig	89	63	32

Man sieht, dass sich die Altersgruppen nicht sehr bezüglich ihrer Einschätzung des Cannabisrisikos unterscheiden. Der Anteil jener, die das Risiko hoch einschätzen, ist in allen Altersgruppen etwas mehr als eineinhalbmal so hoch wie der Anteil jener, die das Risiko als eher gering einstufen. Deutlicher können wir das anhand von Odds (Abschnitt 5.5) sehen, sie betragen für die drei (aufsteigend geordneten) Altersgruppen 1,73, 1,59 und 1,56.
Bei kombinierter Betrachtung zweier kategorialer Variablen kann man die Frage stellen, ob diese miteinander in Beziehung stehen. Konkret haben wir in Abschnitt 5.4 die Frage geprüft, ob zwei kategoriale Variablen unabhängig sind. Dazu könnte man einen Chi-Quadrat-Test anwenden. Versuchen Sie als Übung, mittels SPSS die Hypothese zu prüfen, ob Alter und Einschätzung des Cannabisrisikos unabhängig sind. Das Ergebnis ist bei einem X^2-Wert von 0,243 und $df = 2$ nicht signifikant ($p = 0{,}885$). Demnach sind Alter und Einschätzung des Cannabisrisikos voneinander unabhängig.[1]

- **Die Randverteilung**: `alter`
  Sie gibt an, zu welchen Anteilen die einzelnen Altersgruppen in der Stichprobe vertreten sind. Die Einschätzung des Cannabisrisikos spielt hier keine Rolle.

	Alter	
15 – 18	19 – 21	22 – 24
243	163	82

Man sieht, dass nahezu die Hälfte der Befragten ($243/488 = 0{,}498$) in die jüngste Altersgruppe fallen, die beiden anderen Gruppen stehen in einem Verhältnis von 2 zu 1 ($163/82 = 1{,}988$) zugunsten der mittleren Altersgruppe.
Eine Hypothese, die wir hier prüfen könnten, wäre, ob sich die Befragten gleichmäßig über alle Kategorien verteilen. Zur Beantwortung dieser Frage könnte man einen Chi-Quadrat-Test auf Gleichverteilung (wie in Abschnitt 4.2) anwenden. Versuchen Sie das auch als Übung. Das Ergebnis ($X^2 = 79{,}7$, $df = 2$, $p < 0{,}001$) besagt, dass die Befragten sehr ungleich auf die Altersgruppen verteilt sind.

- **Die Randverteilung**: `risiko`
  Diese Randverteilung sagt nur etwas über die Anzahl der Personen aus, die das Risiko von Cannabis als eher hoch oder eher niedrig einschätzen. Das Alter wird nicht berücksichtigt.

1 Wir unterscheiden in diesem Kapitel nicht zwischen Unabhängigkeit und Homogenität, die Berechnung erwarteter Häufigkeiten ist ja in beiden Fällen gleich (Abschnitt 5.2).

Risiko	
eher hoch	eher niedrig
304	184

Fast zwei Drittel der Befragten halten ein- bis zweimaligen Cannabiskonsum für gesundheitlich riskant.

Hier könnten wir die Frage stellen, ob der Anteil jener, die das Risiko hoch bzw. niedrig einschätzen, in der Population gleich ist. Oder mit anderen Worten, ob der Anteil der Jugendlichen, die das Risiko hoch einstufen, 50% ist. Den entsprechenden Test, den Binomial-Test, haben wir in Abschnitt 4.4.1 kennengelernt. Berechnen Sie auch diesen Test zu Übungszwecken. Das Ergebnis ist, wie oben für `alter`, auch für die Variable `cannabis` hochsignifikant ($p < 0{,}001$). Demnach hält sich in der Gesamtbevölkerung der Jugendlichen die Einschätzung des Cannabisrisikos als niedrig bzw. hoch nicht die Waage.

Wenn wir nun die Ergebnisse zusammenfassen, ergeben sich folgende Schlussfolgerungen:

1. Die Variablen `alter` und `risiko` sind unabhängig. Man muss die beiden Variablen also nicht kombiniert betrachten.
2. Es gibt Unterschiede bei der Variable `alter`. Die Befragten verteilen sich nicht gleichmäßig auf die drei Altersgruppen.
3. Es gibt Unterschiede bei der Variable `risiko`. Es haben unterschiedlich viele Jugendliche das Risiko hoch bzw. niedrig eingeschätzt.

Die beiden letzteren Ergebnisse haben sich auf die Randverteilungen bezogen, wobei die jeweils zweite Variable nicht berücksichtigt wurde. Es wäre aber interessant, ob es eine Möglichkeit gibt, zu den gleichen Aussagen zu kommen, aber dabei trotzdem beide Variablen gleichzeitig zu berücksichtigen, also die ganze Kreuztabelle der beiden Variablen zu betrachten. Das ist möglich, wenn wir uns nicht auf simple Tests beschränken, sondern versuchen, für die Fragestellungen Modelle zu formulieren.

Welche Werte erwartet man bei bestimmten Hypothesen?

Eine einfache Form von Modellen ergibt sich aus der Spezifikation von erwarteten Werten. Wenn wir eine bestimmte Hypothese in Form erwarteter Werte spezifizieren können, dann lässt sich überprüfen, ob diese erwarteten Werte mit beobachteten Werten übereinstimmen. Ist das der Fall, spricht das für die Hypothese, sonst dagegen. Der Chi-Quadrat-Test auf Unabhängigkeit, wie wir ihn oben durchgeführt haben, entspricht genau der Prüfung eines solchen Modells. Das Modell ergibt sich aus der Unabhängigkeitsannahme.

Erwartete Werte bei Unabhängigkeit Rufen wir uns noch einmal in Erinnerung, wie wir die erwarteten Werte einer Kreuztabelle unter der Annahme der Unabhängigkeit bestimmt haben (vgl. ► Exkurs 5.1). Danach ergibt sich für jeden Eintrag in einer Kreuztabelle der erwartete Wert aus dem Produkt der beiden Randhäufigkeiten dividiert durch die Gesamtanzahl der Beobachtungen. Beim Chi-Quadrat-Test werden dann diese erwarteten Werte mit den beobachteten verglichen.

Erwartete Werte im Modell: `alter` Wir übertragen dieses Prinzip nun auf die Hypothese, dass nur die Variable `alter` eine Rolle spielt, d. h., dass bezüglich `risiko` keine Unterschiede bestehen. Wir haben das oben schon geprüft, allerdings haben wir dabei die Variable `risiko` außer Acht gelassen. Diesmal wollen wir die erwarteten Werte aber für die gesamte Kreuztabelle bestimmen und nicht nur für die Randhäufigkeit von `alter`. Schematisch lässt sich das in der Kreuztabelle (Tabelle 11.1) darstellen.

	Alter			
Risiko	15 – 18	19 – 21	22 – 24	hypothetische Summe
eher hoch				244
eher niedrig				244
Summe	243	163	82	488

Tabelle 11.1: Randverteilung unter der Hypothese, dass nur `alter`, nicht aber `risiko` zur Beschreibung der Daten relevant ist.

Wenn Sie diese Tabelle mit der Originaltabelle vergleichen, dann sehen Sie, dass nun die Randverteilung für `risiko` nicht mehr 304 und 184 beträgt, sondern dass wir jeweils 244 eingetragen haben. Das entspricht der Hypothese, dass die Wahrscheinlichkeit, das Risiko hoch oder niedrig einzustufen, jeweils 1/2 beträgt. Mit diesen Randsummen können wir auf gewohnte Weise (nach Formel (5.1) auf Seite 159), die erwarteten Werte bestimmen. Diese sind in Tabelle 11.2 dargestellt. Der Wert 121,5 links oben ergibt sich aus $244 \cdot 243/488$.

	Alter			
Risiko	15 – 18	19 – 21	22 – 24	hypothetische Summe
eher hoch	121,5	81,5	41	244
eher niedrig	121,5	81,5	41	244
Summe	243	163	82	488

Tabelle 11.2: Erwartete Werte unter der Hypothese, dass nur `alter`, nicht aber `risiko` zur Beschreibung der Daten relevant ist.

Der Vergleich mit den beobachteten Häufigkeiten zeigt starke Abweichungen. Etwas allgemeinere als die bisher bekannten Chi-Quadrat-Tests (Abschnitt 11.2.3) werden in einem späteren Abschnitt zeigen, dass dieses Modell nicht gut zu den Daten passt.

Erwartete Werte im Modell: `risiko` Wir können Ähnliches auch für die Variable `risiko` durchführen, wobei wir diesmal `alter` als gleichverteilt annehmen. Die erwarteten Werte sind in Tabelle 11.3 dargestellt.

Auch hier ist die Anpassung an die eigentlich beobachtete Kreuztabelle nur sehr dürftig. Tests (Abschnitt 11.2.3) werden zeigen, dass dieses Modell die Daten nicht ausreichend gut beschreibt.

Risiko	Alter 15 – 18	19 – 21	22 – 24	Summe
eher hoch	101,33	101,33	101,33	304
eher niedrig	61,33	61,33	61,33	184
hypothetische Summe	162,67	162,67	162,67	488

Tabelle 11.3: Erwartete Werte (gerundet) unter der Hypothese, dass nur `risiko`, nicht aber `alter` zur Beschreibung relevant ist.

Offensichtlich müssen wir beide Variablen, `alter` und `risiko`, berücksichtigen. Das haben wir aber schon vorher getan, als wir den Chi-Quadrat-Test auf Unabhängigkeit durchgeführt haben. Dort haben wir die erwarteten Werte aus den Randsummen, wie sie in den Originaldaten auftraten, berechnet. Der X^2-Wert von $0{,}243$ war sehr klein, d. h., die beobachteten Daten wichen kaum von den berechneten erwarteten Werte ab. Daher hat dieses Modell die Daten gut beschrieben.

11.1.2 Modellhierarchie

Theoretisch gibt es noch zwei weitere Modelle (bzw. Hypothesen), die wir untersuchen könnten.

Das eine betrifft die Frage nach Abhängigkeit der beiden Variablen. Wären die beiden Variablen abhängig, dann wäre der eben beschriebene Chi-Quadrat-Test auf Unabhängigkeit signifikant geworden. Die erwarteten Werte für das Abhängigkeitsmodell (bei zwei Variablen) entsprechen genau den beobachteten. Man spricht dann auch von einem SATURIERTEN MODELL. Anders als beim Unabhängigkeitsmodell genügt das Wissen um die Randsummen allein nicht, um die einzelnen Einträge in der Kreuztabelle (zumindest näherungsweise) zu reproduzieren.

Es könnte natürlich auch sein, dass alle Einträge in der Kreuztabelle (annähernd) gleich groß sind. Das würde bedeuten, dass für keine der beiden Variablen Unterschiede zwischen den Kategorien bestehen. Ein solches Modell wird auch NULLMODELL genannt. Die erwarteten Werte sind dann alle gleich groß und lassen sich ganz einfach berechnen, indem man die Gesamtanzahl an Beobachtungen durch die Anzahl der Zellen in der Kreuztabelle dividiert. Für unser Beispiel wäre das $488/6 = 81{,}33$.

Wir können zusammenfassen. Bei einer Kreuztabelle zweier kategorialer Variablen gibt es fünf mögliche Modelle:

- **Abhängigkeitsmodell (saturiertes Modell)**: Beide Variablen sind relevant. Die beobachteten Werte in der Tabelle sind unterschiedlich (nicht proportional) und lassen sich nicht durch erwartete Werte, die aus den Randsummen berechnet werden, reproduzieren.
- **Beide Variablen sind relevant, aber unabhängig**. Die beobachteten Werte in der Tabelle lassen sich gut durch erwartete Werte, die aus beiden Randsummen berechnet werden, reproduzieren. Beide Randverteilungen weichen aber klar von einer Gleichverteilung ab.
- **Nur die Zeilenvariable ist wichtig**. Die beobachteten Werte unterscheiden sich zeilenweise, sind aber in den Spalten annähernd gleich. Bei der Berechnung der erwarteten Werte berücksichtigt man zwar die beobachteten Zeilenrandsummen,

die Spaltenrandsummen ergeben sich aus der Gesamtanzahl der Beobachtungen dividiert durch die Anzahl der Kategorien der Spaltenvariable.

- **Nur die Spaltenvariable ist wichtig**. Die beobachteten Werte unterscheiden sich spaltenweise, sind aber in den Zeilen annähernd gleich. Bei der Berechnung der erwarteten Werte berücksichtigt man zwar die beobachteten Spaltenrandsummen, die Zeilenrandsummen ergeben sich aus der Gesamtanzahl der Beobachtungen dividiert durch die Anzahl der Kategorien der Zeilenvariable.
- **Nullmodell**: Keine der beiden Variablen ist relevant. Alle Einträge in der Kreuztabelle sind annähernd gleich groß. Die erwarteten Werte sind alle gleich groß und ergeben sich aus der Gesamtanzahl an Beobachtungen dividiert durch die Anzahl der Zellen in der Kreuztabelle.

Aus dieser Auflistung sieht man, dass eine gewisse Hierarchie an Komplexität besteht. Das einfachste Modell ist das Nullmodell, etwas komplexer sind die beiden Modelle, in denen nur jeweils eine der beiden Variablen zur Bestimmung der erwarteten Häufigkeiten ausreicht. Über diesen steht das Unabhängigkeitsmodell, am komplexesten ist das saturierte Modell.

Fallbeispiel 29: Interpretation

Wir haben fünf Modelle kennengelernt, die prinzipiell zur Beschreibung der Daten eingesetzt werden können. Beim komplexesten Modell, dem Abhängigkeitsmodell, stimmen die erwarteten mit den beobachteten Häufigkeiten überein. Beim Nullmodell sind die erwarteten Häufigkeiten konstant ($488/6 = 81{,}33$).

Dazwischen gibt es zwei Modelle, bei denen jeweils nur eine Variable zur Berechnung der erwarteten Häufigkeiten eingesetzt wird, und ein Modell, bei dem die Randsummen beider Variablen vorkommen, aber von der Unabhängigkeit beider Variablen ausgegangen wird.

11.2 Welche Modelle beschreiben die Eintragungen einer Kreuztabelle gut?

Im vorigen Abschnitt wurden fünf Modelle zur Beschreibung einer Kreuztabelle diskutiert. In diesem Abschnitt stellen wir den Modellen Modellparameter zur Seite, die alternativ zur Berechnung erwarteter Häufigkeiten eingesetzt werden können. Im Anschluss daran werden Kriterien zur Bewertung der Modelle vorgestellt.

Fallbeispiel 29: Cannabiskonsum (Fortsetzung)

Wir kennen jetzt mehrere Modelle, die zur Beschreibung der Kreuztabelle des Eingangsbeispiels in Frage kommen.

Welches der fünf Modellen passt am besten zu den Daten?

11.2.1 Modelle und Parameter

Den fünf Modellen des vorigen Abschnitts liegen unterschiedliche Annahmen zugrunde. Diese Annahmen haben der Berechnung erwarteter Häufigkeiten gedient. Im Rahmen LOGLINEARER MODELLE stehen Modellparameter in einer Eins-zu-eins-Beziehung mit den erwarteten Häufigkeiten.

Loglineares Modell in X und Y

Das saturierte Modell erfüllt:

$$\ln(e_{ij}) = \lambda_0 + \sum_i \lambda_{X_i} \cdot X_i + \sum_j \lambda_{Y_j} \cdot Y_j + \sum_{ij} \lambda_{X_i Y_j} \cdot X_i Y_j \qquad (11.1)$$

- e_{ij} sind die nach dem Modell erwarteten Häufigkeiten.
- X_i, Y_j sind Dummyvariablen für X und Y.
- λ_0, λ_{X_i} etc. bezeichnen die Modellparameter.
- Das saturierte Modell hat so viele Parameter, wie Zellen in der Kreuztabelle vorkommen.
- Für jedes andere loglineare Modell wird nur mehr eine Teilsumme aus 11.1 zur Modellierung der erwarteten Häufigkeiten eingesetzt.

Etwas ungewohnt ist noch die Verwendung von λ statt dem aus unterschiedlichen Regressionsmodellen gewohnten β als Bezeichnung von Modellparametern. In der Literatur zu loglinearen Modellen ist λ das allgemein verwendete Symbol für Modellparameter.

Wir besprechen jetzt die Modelle in Parameterform, allerdings in umgekehrter Reihenfolge. Vom Modell mit den wenigsten Parametern, dem Nullmodell, führt der Weg bis zum komplexesten, dem saturierten Modell. Zu Beginn liegt nur ein Parameter dem Modell zugrunde, am Ende sind es sechs.

Um die Beschreibung der Modelle allgemein zu halten, aber dennoch auf das konkrete Beispiel Bezug zu nehmen, wird in den folgenden Modellbeschreibungen die Konvention eingehalten:

1. Die Stelle von X übernimmt `risiko`, jene von Y `alter`.
2. Die Variable `risiko` hat zwei Kategorien, man kommt mit einer Dummyvariablen aus. Für `alter` mit den drei Altersklassen benötigen wir zwei Dummyvariablen.
3. Die Zeilen (Index i bei e_{ij}) werden durch die Stufen von `risiko` gebildet.
4. Wir schreiben kurz r_1 für den Index, der für `[risiko=1]` steht (analog r_2).
5. Die Spalten (Index j bei e_{ij}) beschreiben die Stufen von `alter`.
6. Wir schreiben kurz a_1 für den Index, der für `[alter=1]` steht (analog a_2, a_3).

Nullmodell

Keine der beiden Variablen ist von Bedeutung, die erwarteten Werte sind konstant.

$$\ln(e_{ij}) = \lambda_0$$

Im konkreten Beispiel liegen $n = 488$ Beobachtungen vor, die man nach dem Nullmodell zu gleichen Teilen in den $2 \cdot 3 = 6$ Zellen erwarten würde. Also:

$$\ln(e_{ij}) = \ln(488/6) = \ln(81{,}33) = 4{,}399 = \lambda_0$$

Haupteffekt risiko

Da risiko nur zwei Kategorien aufweist, genügt die Bildung einer Dummyvariablen, um risiko rechnerisch im Griff zu haben. Welche der beiden Kategorien als Referenzkategorie gewählt wird, ist im Prinzip willkürlich. Wie aus früheren Abschnitten bekannt, wählt **SPSS** die höchste Kategorie als Referenzkategorie (hier also eher niedrig, da dafür der Wert 2 vergeben ist!). Das loglineare Modell beinhaltet zwei Parameter. Da diese nur von einer Variablen abhängen, nennt man es auch HAUPTEFFEKTMODELL. Die erwarteten Häufigkeiten haben wir schon einmal aus allgemeinen Modellüberlegungen abgeleitet (Tabelle 11.3). Wie hängen diese mit den Modellparametern (▶ Abbildung 11.2) zusammen?

$$\ln(e_{ij}) = \lambda_0 + \lambda_{r_1} \cdot \texttt{[risiko=1]}$$

Alle Zellen mit den Ausprägungen eher hoch (risiko=1) bzw. eher niedrig (risiko=2) sind konstant, hängen also nicht vom Alter ab[2]:

$$\ln(e_{1j}) = 4{,}116 + 0{,}502 \cdot 1 = 4{,}618 \qquad e_{1j} = \exp(4{,}618) = 101{,}29$$
$$\ln(e_{2j}) = 4{,}116 + 0{,}502 \cdot 0 = 4{,}116 \qquad e_{2j} = \exp(4{,}116) = 61{,}31$$

Parameterschätzer[b,c]

Parameter	Schätzung	Std.-Fehler	Z	Sig.	95%-Konfidenzintervall Untergrenze	95%-Konfidenzintervall Obergrenze
Konstante	4,116	,074	55,855	,000	3,972	4,261
[risiko = 1]	,502	,093	5,377	,000	,319	,685
[risiko = 2]	0[a]	.	.	.	.	.

Abbildung 11.2: Parameter im Haupteffektmodell risiko

Haupteffekt alter

Für alter werden von **SPSS** zwei Dummyvariablen gebildet, nämlich für die Altersklassen 15–18 und 19–21. In allgemeiner Form tauchen im Haupteffektmodell alter drei Parameter auf.

$$\ln(e_{ij}) = \lambda_0 + \lambda_{a_1} \cdot \texttt{[alter=1]} + \lambda_{a_2} \cdot \texttt{[alter=2]}$$

Mit den Parameterschätzungen für das konkrete Beispiel (▶ Abbildung 11.3) gelangen wir zu Erwartungen für die drei Altersklassen, die für die beiden Kategorien eher hoch und eher niedrig der Variablen risiko ident sind:

$$\ln(e_{i1}) = 3{,}714 + 1{,}086 = 4{,}800 \qquad e_{i1} = \exp(4{,}800) = 121{,}51$$
$$\ln(e_{i2}) = 3{,}714 + 0{,}687 = 4{,}401 \qquad e_{i2} = \exp(4{,}401) = 81{,}53$$
$$\ln(e_{i3}) = 3{,}714 + 0 = 3{,}714 \qquad e_{i3} = \exp(3{,}714) = 41{,}02$$

2 Wir rechnen hier mit drei Nachkommastellen, natürlich verwendet **SPSS** intern genauere Werte. Daher gibt es leichte Differenzen zwischen den hier berechneten und den von **SPSS** ausgewiesenen e_{ij}.

Parameterschätzer[b,c]

Parameter	Schätzung	Std.-Fehler	Z	Sig.	95%-Konfidenzintervall Untergrenze	95%-Konfidenzintervall Obergrenze
Konstante	3,714	,110	33,630	,000	3,497	3,930
[alter = 1]	1,086	,128	8,507	,000	,836	1,337
[alter = 2]	,687	,135	5,075	,000	,422	,952
[alter = 3]	0[a]	.	.	.	.	.

Abbildung 11.3: Parameter im Haupteffektmodell `alter`

Unabhängigkeitsmodell

Die Annahme der Unabhängigkeit bzw. der Homogenität hat zur Folge, dass erwartete Häufigkeiten leicht nach der Formel (5.1) berechnet werden können. Durch das Logarithmieren verwandelt sich das darin vorkommenden Produkt der Randverteilungen in eine Summe, die sich auch in der Modellformel wiederfindet. Aus den gesetzten Klammern ist ersichtlich, dass jede der beiden Variablen für einen Teil der Parameter verantwortlich ist, man bezeichnet das Modell auch als ADDITIVES MODELL.

$$\ln(e_{ij}) = \lambda_0 + (\lambda_{r_1} \cdot \texttt{[risiko=1]}) + (\lambda_{a_1} \cdot \texttt{[alter=1]} + \lambda_{a_2} \cdot \texttt{[alter=2]})$$

Die Parameterwerte (► Abbildung 11.4) erlauben es, etwa für die jüngste Altersklasse, die erwarteten Häufigkeiten für die Risikoeinstufungen hoch (`[risiko=1]`) und niedrig (`[risiko=2]`) zu berechnen:

$$\ln(e_{11}) = 3{,}431 + 0{,}502 + 1{,}086 = 5{,}019 \qquad e_{11} = \exp(5{,}019) = 151{,}26$$
$$\ln(e_{21}) = 3{,}431 + 0 + 1{,}086 = 4{,}517 \qquad e_{21} = \exp(4{,}517) = 91{,}56$$

Parameterschätzer[b,c]

Parameter	Schätzung	Std.-Fehler	Z	Sig.	95%-Konfidenzintervall Untergrenze	95%-Konfidenzintervall Obergrenze
Konstante	3,431	,125	27,493	,000	3,187	3,676
[risiko = 1]	,502	,093	5,376	,000	,319	,685
[risiko = 2]	0[a]	.	.	.	.	.
[alter = 1]	1,086	,128	8,507	,000	,836	1,337
[alter = 2]	,687	,135	5,075	,000	,422	,952
[alter = 3]	0[a]	.	.	.	.	.

Abbildung 11.4: Parameter im Unabhängigkeitsmodell

Saturiertes Modell

Bei diesem Modell entsprechen die erwarteten Werte genau den beobachteten Häufigkeiten, somit kommen sechs Parameter zum Zug.

$$\begin{aligned}\ln(e_{ij}) &= \lambda_0 + \lambda_{r_1} \cdot \texttt{[risiko=1]} + \lambda_{a_1} \cdot \texttt{[alter=1]} + \lambda_{a_2} \cdot \texttt{[alter=2]} + \\ &\quad \lambda_{r_1 a_1} \cdot \texttt{[risiko=1]} \cdot \texttt{[alter=1]} + \lambda_{r_1 a_2} \cdot \texttt{[risiko=1]} \cdot \texttt{[alter=2]}\end{aligned}$$

Einige Parameter sind von Kombinationen der beiden Variablen abhängig, man spricht auch vom WECHSELWIRKUNGSMODELL. Mit den Schätzwerten für die Parameter (▶ Abbildung 11.5) treffen wir die beobachteten Häufigkeiten – von Rundungseffekten abgesehen – genau. Für die jüngste Altersklasse besteht der Rechenprozess in:

$$\ln(e_{11}) = 3{,}466 + 0{,}446 + 1{,}023 + 0{,}102 = 5{,}037 \qquad e_{11} = \exp(5{,}037) = 154{,}01$$
$$\ln(e_{21}) = 3{,}466 + 0 + 1{,}023 + 0 = 4{,}489 \qquad e_{21} = \exp(4{,}489) = 89{,}03$$

In diesem Modell treten neben den Wechselwirkungsparametern auch die Parameter für die Haupteffekte auf. Theoretisch denkbar (und praktisch in **SPSS** berechenbar) sind Modelle auch ohne diese Parameter, doch wird allgemein der Konvention gefolgt, dass beim Auftreten einer Wechselwirkung die entsprechenden Haupteffekte ebenfalls im Modell enthalten sind. Damit ist sichergestellt, dass das Wechselwirkungsmodell in der Komplexitätshierarchie eine echte Erweiterung des additiven Modells darstellt.

Parameterschätzer[b,c]

Parameter	Schätzung	Std.-Fehler	Z	Sig.	95%-Konfidenzintervall	
					Untergrenze	Obergrenze
Konstante	3,466	,177	19,605	,000	3,119	3,812
[risiko = 1]	,446	,226	1,971	,049	,003	,890
[risiko = 2]	0[a]	.	.	.	.	.
[alter = 1]	1,023	,206	4,963	,000	,619	1,427
[alter = 2]	,677	,217	3,121	,002	,252	1,103
[alter = 3]	0[a]	.	.	.	.	.
[risiko = 1] * [alter = 1]	,102	,263	,388	,698	-,413	,617
[risiko = 1] * [alter = 2]	,016	,278	,057	,955	-,529	,560
[risiko = 1] * [alter = 3]	0[a]	.	.	.	.	.
[risiko = 2] * [alter = 1]	0[a]	.	.	.	.	.
[risiko = 2] * [alter = 2]	0[a]	.	.	.	.	.
[risiko = 2] * [alter = 3]	0[a]	.	.	.	.	.

a. Dieser Parameter wird auf 0 gesetzt, da er redundant ist.

b. Modell: Poisson

c. Design: Konstante + risiko + alter + risiko * alter

Abbildung 11.5: Parameter im saturierten Modell

Ein spezielles Modell kann in SPSS wie folgt berechnet werden:

SPSS

Analysieren
Loglinear
Allgemein...
Beteiligte Variablen (hier alter *und* risiko*)* ➡ Faktor(en)
Unter [Modell...]
Anpassen *markieren*
Haupteffekte und/oder Wechselwirkungen des loglinearen Modells eintragen
[Weiter]
Unter [Optionen...]
☑ Schätzer
Delta auf 0 setzen
[Weiter]
[OK]

Im Menü haben wir Delta auf 0 gesetzt. Die Standardeinstellung von 0,5 bewirkt, dass zu den beobachteten Häufigkeiten 0,5 addiert wird und ist eine Versicherung, dass es bei eventuellen Nullen in der ursprünglichen Kreuztabelle zu keinen Rechenproblemen kommt. Hier verzichten wir aus didaktischen Gründen auf diese Versicherung.

11.2.2 Erwartete Odds, Odds-Ratios usw.

Wir haben die Berechnung erwarteter Häufigkeiten aus den Parameterschätzern sehr ausführlich besprochen. Diese Rechenübungen sind aber kein Selbstzweck, sie bilden vielmehr den Einstieg in die weit interessantere Interpretation der Parameter in Form von Odds und Odds-Ratios, in höher dimensionalen Modellen auch als Unterschied von Odds-Ratios. Da wir diese Berechnungen auf den Modellparametern und damit auf den erwarteten Häufigkeiten aufbauen, bestimmen wir die nach dem Modell erwarteten und nicht die in der Stichprobe beobachteten Odds und Odds-Ratios.

Als Beispiel berechnen wir für das saturierte Modell – es ist zum Rechnen das komplizierteste, erlaubt aber auch die Überprüfung anhand der gegebenen Stichprobe – die Odds für hohes Risiko in den zwei jüngsten Altersklassen. Die erwarteten Odds O_j für hohes Risiko in der jüngsten Altersklasse berechnen sich aus dem Verhältnis der erwarteten Häufigkeiten für hohes und für geringes Risiko in dieser Altersklasse. Mit den Parameterschätzern (Abbildung 11.5) erhalten wir also unter Ausnutzung der Rechenregeln für die Exponentialfunktion folgende Beziehung:

$$\begin{aligned} O_j = \frac{e_{11}}{e_{21}} &= \frac{\exp(3{,}466 + 0{,}446 + 1{,}023 + 0{,}102)}{\exp(3{,}466 + 0 + 1{,}023 + 0)} \\ &= \exp(0{,}446 + 0{,}102) = \exp(0{,}582) = 1{,}73 \end{aligned}$$

In Worten beschrieben: Den Wert der Dummyvariablen für hohes Risiko zum Wert des passenden Wechselwirkungsparameters addiert und diese Summe mit der Exponentialfunktion behandelt, ergibt die Odds.

Analog die Odds O_m für die mittlere Altersklasse mit der analogen Beschreibung über die Parameter:

$$\begin{aligned} O_m = \frac{e_{12}}{e_{22}} &= \frac{\exp(3{,}466 + 0{,}446 + 0{,}677 + 0{,}016)}{\exp(3{,}466 + 0 + 0{,}677 + 0)} \\ &= \exp(0{,}446 + 0{,}016) = \exp(0{,}582) = 1{,}59 \end{aligned}$$

Das Odds-Ratio für den Vergleich der Odds der jüngsten mit der mittleren Altersklasse ist demnach:

$$\begin{aligned} OR_{jm} = \frac{O_j}{O_m} &= \frac{\exp(0{,}446 + 0{,}102)}{\exp(0{,}446 + 0{,}016)} \\ &= \exp(0{,}102 - 0{,}016) = \exp(0{,}086) = 1{,}09 \end{aligned}$$

Das Odds-Ratio ist in diesem Fall also die Differenz der zugehörigen Werte der Wechselwirkungsparameter. Da wir als Basis des Beispiels das saturierte Modell gewählt haben, stimmen hier die erwarteten mit den beobachteten Werten überein. Damit stimmen die berechneten Odds und das daraus berechnete Odds-Ratio mit den zugehörigen Stichprobenwerten überein, wie eine kleine Kontrolle der obigen Ergebnisse mit beobachteten Werten zeigt:

$$O_j = \frac{154}{89} = 1{,}73 \qquad O_m = \frac{100}{64} = 1{,}59 \qquad OR_{jm} = \frac{1{,}73}{1{,}59} = 1{,}09$$

Allgemeine Formeln für Odds und Odds-Ratios in einem speziellen loglinearen Modell – also nicht unbedingt dem saturierten Modell – basieren auf der jeweiligen Modellformel für die erwarteten Häufigkeiten. Den Zusammenhang mit den Modellparametern zu ermitteln, erfordert Sorgfalt, aber keine genialen Einfälle bei der Rechenarbeit.

11.2.3 Modellauswahl

Wir haben bis jetzt fünf Modelle besprochen. Im ersten Anlauf haben die Modellannahmen die Berechnung der erwarteten Häufigkeiten bestimmt, der zweite führte über den Ansatz der loglinearen Modelle und die Modellparameter zum selben Resultat. Nun werden wir die Abweichungen zwischen beobachteten und erwarteten Häufigkeiten bewerten und damit ein Werkzeug zur Auswahl eines guten Modells erhalten.

Pearson- und Likelihood-Ratio-Statistik

Schon beim Homogenitätstest (Abschnitt 5.2) und beim Unabhängigkeitstest (Abschnitt 5.4) bei zwei katgeorialen Variablen wurde das Pearson-X^2 eingesetzt, um die erwarteten mit den beobachteten Häufigkeiten zu vergleichen. Dort waren die erwarteten Häufigkeiten aus den Annahmen der Nullhypothese – Homogenität bzw. Unabhängigkeit – abgeleitet worden.

Die Verallgemeinerung besteht darin, erwartete Häufigkeiten auch aus anderen Modellen zuzulassen, mit diesen aber das X^2-Prinzip in bekannter Weise umzusetzen. Ein verwandter Ansatz ist die LIKELIHOOD-RATIO-STATISTIK G^2.

Pearson-Statistik X^2 und Likelihood-Ratio-Statistik G^2

$$X^2 = \sum_{i,j} \frac{(o_{ij} - e_{ij})^2}{e_{ij}} \tag{11.2}$$

$$G^2 = 2 \cdot \sum_{i,j} o_{ij} \ln \left(\frac{o_{ij}}{e_{ij}} \right) \tag{11.3}$$

- $o_{ij} \dots$ beobachtete Häufigkeiten
- $e_{ij} \dots$ nach dem Modell erwartete Häufigkeiten
- Unter H_0 (Modell trifft zu), sind sowohl X^2 als auch G^2 approximativ χ^2-verteilt. Die Freiheitsgrade df ergeben sich aus der Differenz der Parameteranzahlen für das saturierte und das zu bewertende Modell (H_0).

Beide Statistiken ergeben den Wert 0, wenn das Modell genau die beobachteten Werte wiedergibt. Große Werte deuten darauf hin, dass das Modell die Daten nicht gut beschreibt.

Ein Vorteil der Likelihood-Ratio-Statistik G^2 ist, dass auch Modellvergleiche zwischen einem Modell und einer Verallgemeinerung dieses Modells durchgeführt werden. Die Differenz zwischen den G^2-Werten der beiden Modelle folgt unter H_0 – also dem einfacheren Modell – approximativ einer χ^2-Verteilung mit soviel Freiheitsgraden, wie die Differenz der Parameterzahlen zwischen den zwei Modellen angibt.

Wir versuchen, das Haupteffektmodell `alter` mit den zwei Statistiken zu bewerten. In einer Tabelle (11.4) sind beobachtete und erwartete Werte zusammengefasst:

Somit ist die Berechnung von X^2 und G^2 keine schwere Hürde:

$$X^2 = \frac{(154 - 121{,}5)^2}{121{,}5} + \frac{(100 - 81{,}5)^2}{81{,}5} + \dots = 29{,}74$$

$$G^2 = 2 \cdot \left[154 \ln \left(\frac{154}{121{,}5} \right) + 100 \ln \left(\frac{100}{81{,}5} \right) + \dots \right] = 30{,}06$$

Das saturierte Modell hat sechs Parameter, das aktuelle drei. Relevant ist somit eine χ^2-Verteilung mit $6 - 3 = 3$ Freiheitsgraden, der kritische Wert liegt daher bei 7,81. Sowohl $X^2 = 29{,}74$ als auch $G^2 = 30{,}06$ sind weit größer. Es liegt also ein signifikantes Ergebnis vor. Das bedeutet, dass das Haupteffektmodell `alter` verworfen werden muss. Es passt nicht gut zu den Daten.

Natürlich kann man sich die Arbeit erleichtern und die Rechenarbeit an SPSS delegieren. Die aktuellen Werte der beiden Teststatistiken (▶ Abbildung 11.6) werden

	Alter		
Risiko	15 – 18	19 – 21	22 – 24
eher hoch	154 / 121,5	100 / 81,5	50 / 41
eher niedrig	89 / 121,5	63 / 81,5	32 / 41

Tabelle 11.4: Beobachtete und erwartete Werte unter dem Haupteffektmodell `alter`.

Anpassungstests[a,b]

	Wert	Freiheitsgrade	Sig.
Likelihood-Quotient	30,056	3	,000
Pearson-Chi-Quadrat	29,737	3	,000

a. Modell: Poisson

b. Design: Konstante + alter

Abbildung 11.6: Pearson- und Likelihood-Ratio-Statistik im Haupteffektmodell `alter`

angezeigt, statt der kritischen Werte helfen uns p-Werte weiter. Beide Tests lassen mit sehr kleinen p-Werten ($p < 0{,}001$) kein Vertrauen in das Haupteffektmodell `alter` aufkommen.

Eine Übersicht über alle Modelle (Tabelle 11.5) zeigt die mit beiden Teststatistiken bewerteten Abweichungen vom saturierten Modell.

Natürlich können komplexere Modelle (Modelle mit vielen Parametern) den Daten besser angepasst sein als einfache Modelle mit nur wenigen Parametern. Die Auswahl soll zu einem Modell führen, das den sich widerstrebenden Anforderungen gerecht wird, einerseits möglichst einfach zu sein und andererseits doch so komplex, dass die Daten dennoch gut damit beschrieben werden können.

Wie gehen wir vor, wenn wir die Werte der Tabelle 11.5 als Grundlage der Modellauswahl heranziehen? Das Prinzip ist ähnlich dem bei der zweifachen Varianzanalyse Abschnitt 8.5. Wir beginnen beim komplexesten Modell und führen so lange Vereinfachungen des Modells durch, so lange keine signifikanten Verschlechterungen auftreten. Diesen Prozess nennt man RÜCKWÄRTSSELEKTION, wir demonstrieren ihn an unserem Beispiel.

1. Wir starten mit dem Wechselwirkungsmodell `alter*risiko`. Da hier erwartete und beobachtete Häufigkeiten übereinstimmen, liegt perfekte Anpassung vor ($X^2 = G^2 = 0{,}000$).

Modell	Parameter	X^2	G^2
`alter*risiko`	6	0,00	0,00
		$p = 1{,}000$	$p = 1{,}000$
`alter+risiko`	4	0,243	0,243
		$p = 0{,}885$	$p = 0{,}885$
`alter`	3	29,737	30,056
		$p < 0{,}001$	$p < 0{,}001$
`risiko`	2	79,949	83,633
		$p < 0{,}001$	$p < 0{,}001$
`Nullmodell`	1	116,057	113,446
		$p < 0{,}001$	$p < 0{,}001$

Tabelle 11.5: Pearson- und Likelihood-Ratio-Statistiken

2. Darf eine Vereinfachung auf das Modell `alter+risiko` vorgenommen werden? Wir hinterfragen also die Wechselwirkung. Beide Statistiken zeigen nur geringe Abweichungen zwischen Modell und Daten an ($X^2 = G^2 = 0{,}243$). Das sind keine signifikanten Abweichungen, wie die Chi-Quadrat-Tests mit p-Werten von $p = 0{,}885$ ($df = 6 - 4 = 2$) anzeigen. Es besteht kein signifikanter Unterschied zwischen den beiden Modellen. Die Wechselwirkung ist also nicht von Bedeutung, die Vereinfachung auf das Unabhängigkeitsmodell ist also möglich.
3. Kann aus dem Modell `alter+risiko` eine der beiden Variablen weggelassen werden?

   In einem ersten Versuch verzichten wir auf `risiko` im Modell, wir testen also das Modell `alter`. Allerdings erfahren wir eine ziemlich klare Abfuhr. G^2 steigt von $G^2 = 0{,}243$ auf $G^2 = 30{,}056$, also um 29,813. Dieser Anstieg ist bei nur einem Freiheitsgrad Unterschied zwischen den beiden Modellen eine signifikante Verschlechterung (Vergleichswert ist das 0,95-Quantil einer χ^2-Verteilung mit $df = 1$, also 3,84).

   Überdies weisen sowohl $X^2 = 29{,}737$ und $G^2 = 30{,}056$ ($df = 6 - 3 = 3$) mit sehr kleinen p-Werten auf eine sehr schlechte Anpassung an die Daten hin. Das Modell `alter` ist also sicher nicht passend.
4. Der zweite Versuch, das Modell `alter+risiko` zu vereinfachen, zielt darauf ab, `alter` zu eliminieren.

   Die Likelihood-Ratio-Statistik klettert auf $G^2 = 83{,}633$. Diese Zunahme um 83,390 bei nur zwei Freiheitsgraden ist signifikant.

   Auch hier sagen die Chi-Quadrat-Tests für $G^2 = 83{,}633$ und $X^2 = 79{,}949$ mit $df = 6 - 3 = 3$ und entsprechend sehr kleinen p-Werten, dass das Modell die Daten nicht gut beschreibt. Das Modell `risiko` wird also auch nicht den Daten gerecht.
5. Somit ist `alter+risiko` das passende Modell.

11.2.4 Automatisierte Auswahl

Die besprochene Vorgangsweise ist in zweidimensionalen loglinearen Modellen vom Aufwand her gerade noch vertretbar. Wir haben sie aus didaktischen Gründen gewählt und sehr genau besprochen. Spätestens bei höherdimensionalen Modellen wünscht man sich rechnerische Unterstützung, die von **SPSS** natürlich auch geleistet wird.

Im ersten Teil des Outputs[3] wird untersucht, ob alle Effekte gewisser Ordnung (Haupteffekte sind Ordnung 1, Wechselwirkung ist Ordnung 2) aus dem Modell weggelassen werden können, ohne dass sich die Anpassungsgüte wesentlich verschlechtert. Ein signifikantes Ergebnis besagt, dass das vereinfachte Modell wesentlich schlechter den Daten angepasst ist, die Vereinfachung also nicht angeraten ist.

Für unser Beispiel (► Abbildung 11.7) bedeutet es Folgendes:

- Es sollten nicht alle Effekte der Ordnungen 1 und 2 aus dem Modell entfernt werden ($p < 0{,}001$). Das ist nicht überraschend, weil das nur dem Nullmodell entsprechen würde.

3 In beiden Outputteilen wurde die Spalte mit der Angabe der notwendigen Recheniterationen aus Formatierungsgründen gelöscht.

Effekte der Ordnung k und höher

	K	Freiheitsgrade	Likelihood-Quotient		Pearson	
			Chi-Quadrat	Sig.	Chi-Quadrat	Sig.
Effekte der Ordnung k und höher[a]	1	5	113,446	,000	116,057	,000
	2	2	,243	,885	,243	,885
Effekte der Ordnung k[b]	1	3	113,203	,000	115,814	,000
	2	2	,243	,885	,243	,885

a. Untersucht, ob die Effekte der Ordnung k und höher null sind.

b. Untersucht, ob die Effekte der Ordnung k null sind.

Abbildung 11.7: Modellselektion: Effektelimination

- Es können alle Effekte der Ordnung 2 und höher entfernt werden ($p = 0{,}885$). Das entspricht dem Vergleich von saturiertem und Unabhängigkeitsmodell.
- Es müssen die Effekte der Ordnung 1 im Modell bleiben, weil sich die Anpassungsgüte wesentlich verschlechtern würde ($p < 0{,}001$).
- Der Wechselwirkungseffekt (= Effekt der Ordnung 2) kann aus dem Modell entfernt werden ($p = 0{,}885$).

Im zweiten Teil des Outputs wird direkt nach dem Prinzip der Rückwärtsselektion die Suche nach dem besten Modell aufgenommen. Im konkreten Beispiel (▶ Abbildung 11.8) sind es die Schritte, die wir uns vorhin überlegt haben.

- In Schritt 0 werden die Modelle `alter*risiko` und `alter+risiko` verglichen. Die Vereinfachung ist durchführbar ($p = 0{,}885$).
- In Schritt 1 werden Vereinfachungen für das Modelle `alter+risiko` untersucht. Weder der Effekt `alter` ($p < 0{,}001$) noch der Effekt `risiko` ($p < 0{,}001$) können nicht aus dem Modell entfernt werden, ohne zu einem signifikant schlechteren Modell zu gelangen.
- In Schritt 2 wird die Zusammenfassung dieses Vereinfachungsprozesses gegeben. Beide Variablen `alter` und `risiko` sind für das Modell notwendig, aber nicht deren Wechselwirkung. Also ist das beste Modell `alter+risiko`.

Zusammenfassung der Schritte.

Schritt[a]			Effekte	Chi-Quadrat[c]	Freiheitsgrade	Sig.
0	Modellbildende Klasse[b]		alter*risiko	,000	0	.
	Weggelassener Effekt	1	alter*risiko	,243	2	,885
1	Modellbildende Klasse[b]		alter, risiko	,243	2	,885
	Weggelassener Effekt	1	alter	83,390	2	,000
		2	risiko	29,813	1	,000
2	Modellbildende Klasse[b]		alter, risiko	,243	2	,885

a. In jedem Schritt wird der Effekt mit dem größten Signifikanzniveau für die Änderungen des Likelihood-Quotienten gelöscht, sofern das Signifikanzniveau größer als ,050 ist.

b. Die Statistiken werden für das beste Modell in jedem Schritt nach Schritt 0 gezeigt.

c. Bei 'Weggelassener Effekt' ist dies die Änderung in Chi-Quadrat, nachdem der Effekt aus dem Modell gelöscht wurde.

Abbildung 11.8: Modellselektion durch Rückwärtsselektion

Die Anforderung der Modellauswahl geschieht in SPSS folgendermaßen:

SPSS

Analysieren
Loglinear
Modellauswahl...
Beteiligte Variablen (hier `alter` *und* `risiko`*)* [➡] Faktor(en)
Für jede Variable unter [Bereich definieren...]
Angabe der relevanten Stufen des Faktors [Weiter]
Unter [Modell...]
Anpassen *markieren*
Haupteffekte und/oder Wechselwirkungen eintragen
[Weiter]
[OK]

Fallbeispiel 29: Interpretation

Die Suche nach einem passenden Modell hat zum Unabhängigkeitsmodell `alter+risiko` geführt. Beide Variablen sind von Bedeutung, jedoch kann auf den Wechselwirkungseffekt verzichtet werden.

Im konkreten Beispiel bedeutet das Unabhängigkeitsmodell, dass sich die Risikoeinschätzung gelegentlichen Cannabiskonsums nicht zwischen den Altersklassen unterscheidet.

11.3 Höherdimensionale loglineare Modelle

Fallbeispiel 30: Suizid und Medienberichterstattung

Datenfile: `suizid-medien.sav`

In einer Untersuchung über Berichte zu Suiziden und Suizidversuchen in den zwei auflagenstärksten Zeitungen Österreichs über ein Jahr hinweg (Kuess S., Hatzinger R.:„Attitudes Toward Suicide in the Print Media", Crisis 1986) wurden drei kategoriale Variablen erhoben:

Variable	Bedeutung
`Suizidverhalten`	Suizid (S) oder Suizidversuch (SV)
`Bericht`	Art des Berichts 1 = Suizid allgemein 2 = Suizid in Zusammenhang mit Mord 3 = Suizid in Zusammenhang mit Schwerverbrechen
`Laenge`	Länge des Zeitungberichts (in Zeilen) ($\leq$ 30, 31–60, $>$ 60)

Die Studie reagierte auf eine Serie von U-Bahn-Suiziden zu Beginn der 1980er-Jahre in Wien, die ihrerseits zu vielen Presseberichten führten.

Eine Zusammenstellung der Daten ist weiter unten gegeben.

Welches Modell beschreibt die Daten ausreichend gut?

11.3.1 Dreidimensionale Kreuztabellen

Die Zusammenfassung der Daten in einer Tabelle erfordert eine Auszählung der Daten nach allen drei involvierten Variablen und führt uns zu dreidimensionalen Kreuztabellen. Die Generierung einer Tabelle hängt wesentlich von den eigenen Formvorstellungen ab. Für die hier präsentierte ▶ Abbildung 11.9 wurden die Variablen `Bericht` und `Suizidverhalten` als Zeilenvariablen und `Laenge` als Spaltenvariable gewählt.

				Laenge		
				<= 30	31 - 60	> 60
				Anzahl	Anzahl	Anzahl
Bericht	allgemein	Suizidverhalten	Suizid	98	29	15
			Suizidversuch	17	9	1
	Mord	Suizidverhalten	Suizid	8	9	12
			Suizidversuch	5	9	7
	Verbrechen	Suizidverhalten	Suizid	8	12	6
			Suizidversuch	3	3	0

Abbildung 11.9: Suizidberichte in den Medien.

In SPSS kann diese Tabelle über folgenden Weg erstellt werden:

SPSS

Analysieren
Tabellen
Benutzerdefinierte Tabellen...
passende Variable in das Feld Spalten *ziehen*
(hier `Laenge`*)*
passende Variable in das Feld Zeilen *ziehen*
(hier `Suizidverhalten`*)*
die zweite Zeilenvariable in die Zeilenbeschreibung ziehen
(hier `Bericht`*)*
[OK]

Auf diese Weise können vier- und noch höherdimensionale Tabellen dadurch erstellt werden, dass sukzessive weitere Variablen in die schon existierenden Zeilen- bzw. Spaltenbeschreibungen gestellt werden.

11.3.2 Modelle

Die Zahl möglicher Modelle ist bei drei Variablen weitaus höher als bei nur zwei. Wir besprechen zuerst den theoretischen Hintergrund und kommen dann zu den Anwendungen.

Loglineares Modell in *X*, *Y* und *Z*

Das saturierte Modell erfüllt:

$$\begin{aligned}\ln(e_{ijk}) = {} & \lambda_0 + \\ & \sum_i \lambda_{X_i} \cdot X_i + \sum_j \lambda_{Y_j} \cdot Y_j + \sum_k \lambda_{Z_k} \cdot Z_k + \\ & \sum_{ij} \lambda_{X_iY_j} \cdot X_iY_j + \sum_{ik} \lambda_{X_iZ_k} \cdot X_iZ_k + \sum_{jk} \lambda_{Y_jZ_k} \cdot Y_jZ_k + \\ & \sum_{ijk} \lambda_{X_iY_jZ_k} \cdot X_iY_jZ_k \end{aligned} \quad (11.4)$$

- e_{ijk} sind die nach dem Modell erwarteten Häufigkeiten.
- X_i, Y_j, Z_k sind Dummyvariablen für X, Y und Z.
- λ_0, λ_{X_i} etc. bezeichnen die Modellparameter.
- Das saturierte Modell hat so viele Parameter, wie Zellen in der dreidimensionalen Kreuztabelle vorkommen.
- Für jedes andere loglineare Modell wird nur mehr eine Teilsumme aus 11.4 zur Modellierung der erwarteten Häufigkeiten eingesetzt.

Die Modellparameter in der Modellgleichung des saturierten Modells 11.4 können unterschiedlichen Effekten zugeordnet werden:

- Ordnung 1: die Haupteffekte mit den Parametern λ_{X_i}, λ_{Y_j} und λ_{Z_k}.
- Ordnung 2: die zweifachen Wechselwirkungen mit $\lambda_{X_iY_j}$, $\lambda_{X_iZ_k}$ und $\lambda_{Y_jZ_k}$.
- Ordnung 3: die dreifache Wechselwirkung mit $\lambda_{X_iY_jZ_k}$.

Auch hier folgen wir der Konvention[4], dass bei einer zweifachen Wechselwirkung im Modell die daran beteiligten Haupteffekte ebenfalls im Modell enthalten sind und das einzige Modell mit der dreifachen Wechselwirkung das saturierte Modell ist.

Im konkreten Beispiel stellt die Kreuztabelle eine dreidimensionale Auszählung von drei Variablen dar. Eine der Variablen hat nur zwei Kategorien, die anderen je drei. Somit umfasst die dreidimensionale Kreuztabelle insgesamt $2 \cdot 3 \cdot 3 = 18$ Zellen, so viele Parameter beschreiben das saturierte Modell.

11.3.3 Modellauswahl

Aus der Vielzahl denkbarer Modelle eine bestimmte Auswahl zu treffen, soll mehrere, einander zum Teil widersprechende Kriterien erfüllen. Das Modell soll einfach sein, also durch möglichst wenig Parameter beschrieben sein. Vor allem die Interpretation von Wechselwirkungen kann mühsam sein. Zum anderen soll das Modell den Daten gut angepasst sein.

Bei der Suche nach einem passenden Modell nehmen wir gerne die von SPSS angebotene Unterstützung an. Als Erstes (▶ Abbildung 11.10) können wir beantworten, ob Effekte gewisser Ordnungen verzichtbar sind.

- Die ersten zwei Zeilen sagen aus, dass nicht alle Effekte der Ordnungen 1 und höher bzw. 2 und höher gleichzeitg aus dem Modell entfernt werden sollten ($p <$ 0,001).
- Zeile 3 gestattet uns, auf die Effekte der Ordnung 3 und höher zu verzichten (Likelihood-Ratio-$p = 0{,}546$, Pearson-$p = 0{,}641$). Da der einzige Effekt der Ordnung 3 und höher der Dreifachwechselwirkungseffekt ist, bedeutet das, dass ein einfacheres als das saturierte Modell zur Beschreibung der Daten ausreicht.

Effekte der Ordnung k und höher

	K	Freiheitsgrade	Likelihood-Quotient		Pearson	
			Chi-Quadrat	Sig.	Chi-Quadrat	Sig.
Effekte der Ordnung k und höher[a]	1	17	331,206	,000	591,414	,000
	2	12	60,667	,000	66,981	,000
	3	4	3,072	,546	2,521	,641
Effekte der Ordnung k[b]	1	5	270,539	,000	524,433	,000
	2	8	57,595	,000	64,461	,000
	3	4	3,072	,546	2,521	,641

a. Untersucht, ob die Effekte der Ordnung k und höher null sind.

b. Untersucht, ob die Effekte der Ordnung k null sind.

Abbildung 11.10: Modellselektion: Effektelimination

4 Allgemein: Bei Auftreten eines Effektes der Ordnung k sind alle Effekte niedrigerer Ordnung (also der Ordnung 1, 2, $\ldots k-1$) mit den beteiligten Variablen ebenfalls im Modell vorhanden.

Zusammenfassung der Schritte.

Schritt[a]			Effekte	Chi-Quadrat[c]	Freiheitsgrade	Sig.
0	Modellbildende Klasse[b]		Suizidverhalten*Bericht*Laenge	,000	0	.
	Weggelassener Effekt	1	Suizidverhalten*Bericht*Laenge	3,072	4	,546
1	Modellbildende Klasse[b]		Suizidverhalten*Bericht, Suizidverhalten*Laenge, Bericht*Laenge	3,072	4	,546
	Weggelassener Effekt	1	Suizidverhalten*Bericht	13,992	2	,001
		2	Suizidverhalten*Laenge	3,694	2	,158
		3	Bericht*Laenge	39,903	4	,000
2	Modellbildende Klasse[b]		Suizidverhalten*Bericht, Bericht*Laenge	6,766	6	,343
	Weggelassener Effekt	1	Suizidverhalten*Bericht	13,995	2	,001
		2	Bericht*Laenge	39,906	4	,000
3	Modellbildende Klasse[b]		Suizidverhalten*Bericht, Bericht*Laenge	6,766	6	,343

a. In jedem Schritt wird der Effekt mit dem größten Signifikanzniveau für die Änderungen des Likelihood-Quotienten gelöscht, sofern das Signifikanzniveau größer als ,050 ist.

b. Die Statistiken werden für das beste Modell in jedem Schritt nach Schritt 0 gezeigt.

c. Bei 'Weggelassener Effekt' ist dies die Änderung in Chi-Quadrat, nachdem der Effekt aus dem Modell gelöscht wurde.

Abbildung 11.11: Modellselektion durch Rückwärtsselektion

- Zu keinen weiteren Einsichten gelangen wir, wenn wir die nächsten drei Zeilen auswerten, in denen die Elimination von Effekten genau einer Ordnung dokumentiert ist. Nur die Effekte der Ordnung 3 – in unserem Fall die Dreifachwechselwirkung – können eliminiert werden.

Der zweite Outputteil (▶ Abbildung 11.11) führt uns nach der Methode der Rückwärtsselektion schnell zu einem guten Modell. In diesem Beispiel sind es nur vier Schritte, in anderen Beispielen kann die Suche auch etwas länger dauern.

- In Schritt 0 wird untersucht, ob die Dreifachwechselwirkung aus dem Modell eliminiert werden kann. Die Antwort lautet ja ($p = 0{,}546$).
- In Schritt 1 gehen wir vom vereinfachten Modell – es ist jenes mit allen drei Zweifachwechselwirkungen – aus und überprüfen, ob jeweils einer der drei Zweifachwechselwirkungseffekte eliminiert werden kann.
  Für `Suizidverhalten*Bericht` ist die Antwort nein ($p = 0{,}001$),
  für `Suizidverhalten*Laenge` ist die Antwort ja ($p = 0{,}158$)
  und für `Bericht*Laenge` ist die Antwort nein ($p < 0{,}001$).
- In Schritt 2 wird das Vereinfachungspotenzial des neu entstandenen Modells (jenes mit den zwei Zweifachwechselwirkungen `Suizidverhalten*Bericht` und `Bericht*Laenge`) ausgelotet. Auf keine der beiden Wechselwirkungen kann verzichtet werden ($p = 0{,}001$ und $p < 0{,}001$).
  Damit stoppt der Vereinfachungsprozess.
- Dieses Modell mit den beiden Zweifachwechselwirkungen wird im letzten Schritt noch auf seine Anpassungsgüte an die Daten getestet. Das nicht signifikante Ergebnis des Tests ($p = 0{,}343$) zeigt an, dass dieses Modell eine ausreichend gute Beschreibung der Daten darstellt.

11.3.4 Interpretation

Wir konnten im Prozess der Modellauswahl vom saturierten Modell ausgehend zwei Vereinfachungen vornehmen. Die Dreifachwechselwirkung und eine von drei Zweifachwechselwirkungen sind nicht notwendig. Man nennt einen solchen Modelltyp MODELL DER BEDINGTEN UNABHÄNGIGKEIT. Wie interpretiert man einen solchen Modelltyp?

Im Beispiel ist die Zweifachwechselwirkung `Suizidverhalten*Laenge` nicht im Modell enthalten. Das bedeutet, dass für jede Stufe des Faktors `Bericht` Unabhängigkeit zwischen `Suizidverhalten` und `Laenge` vorliegt. Wenn wir also aus der Dreifachklassifikation der drei Faktoren jeweils eigene zweidimensionale Kreuztabellen der Variablen `Suizidverhalten` und `Laenge` für alle drei Kategorien von `Bericht` bilden, so liegt bei diesen Tabellen Unabhängigkeit vor. Beispielsweise würde für die Kategorie `allgemein` der Variablen `Bericht` (Tabelle 11.6) der Unabhängigkeitstest mit $X^2 = 2{,}931$, $df = 2$ und $p = 0{,}231$ zugunsten der Unabhängigkeit ausgehen.

		Länge		
Bericht	Suizidverhalten	≤ 30	$31-60$	>60
allgemein	Suizid	98	29	15
	Suizidversuch	17	9	1

Tabelle 11.6: Subtabelle für `Bericht=allgemein`

Fallbeispiel 30: Interpretation

In der Modellauswahl wurde ein Modell mit zwei Zweifachwechselwirkungen als den Daten adäquat ermittelt:

```
Suizidverhalten*Bericht + Bericht*Laenge
```

Es ist somit ein Modell bedingter Unabhängigkeit. Die Bedingung wird durch den Faktor `Bericht` definiert. Das bedeutet, dass je nachdem, um welche Art von Bericht es sich handelt, die Länge des Berichts (gemessen in Zeilen) nicht davon abhängt, ob es sich um einen Suizid oder Suizidversuch gehandelt hat.

Nicht unbedingt wegen ihrer statistischen Untermauerung durch loglineare Modelle wurde diese sozialmedizinische Studie zu einer der meist zitierten und einer der erfolgreichsten, was die Auswirkungen anbelangt. Grund dafür war, dass aufgrund der erhobenen Daten die Wiener Verkehrsbetriebe und die Presse um eine Verhaltensänderung gebeten wurden. Nach einem Suizid oder Suizidversuch mittels U-Bahn sollten keine Berichte bzw. weniger groß aufgemachte Berichte erscheinen. Die Durchsagen der Verkehrsbetriebe bei Unterbrechungen von U-Bahn-Linien sollten nicht mehr explizit auf die Ursache, den Suizid oder Suizidversuch, hinweisen. Das führte dazu, dass in der Folge weit weniger U-Bahn-Suizide zu verzeichnen waren.

11.4 Weitere Beispiele

Wir haben ein Beispiel mit zwei Zweifachwechselwirkungen, aber ohne Dreifachwechselwirkung recht ausführlich besprochen. Da bei loglinearen Modellen die Interpretation der Wechselwirkungen Probleme bereiten kann, folgen jetzt Beispiele, bei denen andere Kombinationen von Wechselwirkungen das Endmodell bestimmen. Diesen Beispielen legen wir hypothetische Daten zu Grunde, alle mit der folgenden gemeinsamen Fragestellung verbunden.

Fallbeispiel 31: Religiosität und Aberglaube

In einer Untersuchung sollte erhoben werden, ob Religiosität und Aberglaube gemeinsam auftreten. Religiosität wird hier als das Einhalten von Geboten und Ritualen der großen Religionen aufgefasst. Aberglaube wird als teilweises Abweichen von orthodoxen Glaubensformen und -regeln verstanden. Um einen eventuellen Unterschied zwischen den Geschlechtern in diesen Aspekten zu berücksichtigen, liegen insgesamt folgende Angaben vor:

Variable	Bedeutung
`Religion`	Religiosität (1=ja, 2=nein)
`Aberglaube`	Aberglaube (1=ja, 2=nein)
`Geschlecht`	Geschlecht der Befragten (1=Frau, 2=Mann)

Eine Zusammenstellung des jeweiligen Datensatzes in Form einer dreidimensionalen Kreuztabelle ist bei jedem Beipiel gegeben.

Welches Modell beschreibt die Daten ausreichend gut?

11.4.1 Wie interpretiert man eine Dreifachwechselwirkung?

Die Daten für dieses Beispiel (Datenfile: `religion1.sav`) ergeben eine Kreuztabelle (Tabelle 11.7), die hohe Religiosität, aber auch starken Aberglauben bei Frauen zeigt, bei Männern ist dies weit weniger der Fall[5].

	Frau		Mann	
	Religiosität		Religiosität	
Aberglaube	ja	nein	ja	nein
ja	61	14	27	31
nein	9	16	24	18

Tabelle 11.7: Religiosität und Aberglaube: Datensatz 1

5 Es ist uns klar, dass wir aufgrund der Auswahl dieser Zahlen kaum als vorurteilsfrei gelten werden, was die Neigung von Frauen und Männern zu Aberglauben und Religiosität anbelangt.

Zusammenfassung der Schritte.

Schritt[a]		Effekte	Chi-Quadrat[c]	Freiheitsgrade	Sig.
0	Modellbildende Klasse[b]	Geschlecht*Religion*Aberglaube	,000	0	.
	Weggelassener Effekt 1	Geschlecht*Religion*Aberglaube	14,937	1	,000
1	Modellbildende Klasse[b]	Geschlecht*Religion*Aberglaube	,000	0	.

a. In jedem Schritt wird der Effekt mit dem größten Signifikanzniveau für die Änderungen des Likelihood-Quotienten gelöscht, sofern das Signifikanzniveau größer als ,050 ist.

b. Die Statistiken werden für das beste Modell in jedem Schritt nach Schritt 0 gezeigt.

c. Bei 'Weggelassener Effekt' ist dies die Änderung in Chi-Quadrat, nachdem der Effekt aus dem Modell gelöscht wurde.

Abbildung 11.12: Modellselektion durch Rückwärtsselektion

Die Modellauswahl (▶ Abbildung 11.12) stoppt bereits nach einem Schritt, da die Dreifachwechselwirkung nicht eliminiert werden kann.

Fallbeispiel 31: Interpretation

Im Prozess der Modellauswahl konnte keine Vereinfachung des saturierten Modells erfolgen. Somit bleibt die Dreifachwechselwirkung im Modell, das Modell lautet:

`Geschlecht*Religion*Aberglaube`

Das Odds-Ratio – hier als Zusammenhangsmaß verstanden – zwischen `Religion` und `Aberglaube` beträgt bei den Frauen 7,746, bei den Männern 0,653. Das ist ein deutlicher Unterschied.

Eine signifikante Dreifachwechselwirkung besagt, dass sich der Zusammenhang zwischen den beiden Variablen `Religion` und `Aberglaube` signifikant zwischen Frauen und Männern unterscheidet.

Die Berechnung von Modellparametern des saturierten Modells ergibt – wir verzichten auf den ganzen Output, da er eine ganze Seite einnehmen würde – einen Wert von 2,473 für die Dreifachwechselwirkung. Dieser Wert ist signifikant von 0 verschieden ($p < 0{,}001$) und steht mit dem Unterschied der Odds-Ratios in folgender Beziehung:

$$OR_F = 7{,}746 \qquad OR_M = 0{,}653 \qquad \exp(2{,}473) = 11{,}86 = \frac{7{,}746}{0{,}653}$$

11.4.2 Wie interpretiert man ein Modell ohne Dreifachwechselwirkung?

In diesem Beispiel (Datenfile: `religion2.sav`) ist der Unterschied zwischen Frauen und Männern im Odds-Ratio von `Religion` und `Aberglaube` weit geringer (Frauen 7,746, Männer 4,107).

Innerhalb weniger Schritte gelangen wir zum besten Modell (▶ Abbildung 11.13), nur die Dreifachwechselwirkung ist nicht im Modell enthalten.

	Frau Religiosität		Mann Religiosität	
Aberglaube	ja	nein	ja	nein
ja	61	14	23	14
nein	9	16	18	45

Tabelle 11.8: Religiosität und Aberglaube: Datensatz 2

Zusammenfassung der Schritte.

Schritt[a]			Effekte	Chi-Quadrat[c]	Freiheitsgrade	Sig.
0	Modellbildende Klasse[b]		Geschlecht*Religion*Aberglaube	,000	0	.
	Weggelassener Effekt	1	Geschlecht*Religion*Aberglaube	,892	1	,345
1	Modellbildende Klasse[b]		Geschlecht*Religion, Geschlecht*Aberglaube, Religion*Aberglaube	,892	1	,345
	Weggelassener Effekt	1	Geschlecht*Religion	8,618	1	,003
		2	Geschlecht*Aberglaube	10,582	1	,001
		3	Religion*Aberglaube	27,315	1	,000
2	Modellbildende Klasse[b]		Geschlecht*Religion, Geschlecht*Aberglaube, Religion*Aberglaube	,892	1	,345

a. In jedem Schritt wird der Effekt mit dem größten Signifikanzniveau für die Änderungen des Likelihood-Quotienten gelöscht, sofern das Signifikanzniveau größer als ,050 ist.

b. Die Statistiken werden für das beste Modell in jedem Schritt nach Schritt 0 gezeigt.

c. Bei 'Weggelassener Effekt' ist dies die Änderung in Chi-Quadrat, nachdem der Effekt aus dem Modell gelöscht wurde.

Abbildung 11.13: Modellselektion durch Rückwärtsselektion

Fallbeispiel 31: Interpretation

Nur die Dreifachwechselwirkung konnte aus dem saturierten Modell eliminiert werden, alle drei Zweifachwechselwirkungen sollen im Modell enthalten sein.

Das bedeutet, dass zwischen je zwei Variablen ein Zusammenhang besteht, dieser Zusammenhang jedoch nicht beeinflusst von der dritten Variablen ist. Speziell gilt, dass ein Zusammenhang zwischen `Religion` und `Aberglaube` besteht, der jedoch bei Frauen und Männern gleich stark ist.

11.4.3 Wie interpretiert man ein Modell mit nur einer Zweifachwechselwirkung?

Die Kreuztabelle (▶ Tabelle 11.9) zu diesem Datensatz (Datenfile: `religion3.sav`) zeigt hohe Religiosität und starken Aberglauben bei Frauen und Männern. Die Odds-Ratios zwischen `Religion` und `Aberglaube` betragen bei den Frauen 7,746 bei Männern 7,573, sie sind also sehr ähnlich.

	Frau Religiosität		Mann Religiosität	
Aberglaube	ja	nein	ja	nein
ja	61	14	57	13
nein	9	16	11	19

Tabelle 11.9: Religiosität und Aberglaube: Datensatz 3

Der Weg, um vom saturierten zum besten Modell für die Daten zu gelangen, ist lang (► Abbildung 11.14) und endet erst nach vielen Chi-Quadrat-Tests bei einem Modell mit nur einer Zweifachwechselwirkung.

Zusammenfassung der Schritte.

Schritt[a]			Effekte	Chi-Quadrat[c]	Freiheitsgrade	Sig.
0	Modellbildende Klasse[b]		Geschlecht*Religion*Aberglaube	,000	0	.
	Weggelassener Effekt	1	Geschlecht*Religion*Aberglaube	,001	1	,975
1	Modellbildende Klasse[b]		Geschlecht*Religion, Geschlecht*Aberglaube, Religion*Aberglaube	,001	1	,975
	Weggelassener Effekt	1	Geschlecht*Religion	,002	1	,966
		2	Geschlecht*Aberglaube	,536	1	,464
		3	Religion*Aberglaube	36,050	1	,000
2	Modellbildende Klasse[b]		Geschlecht*Aberglaube, Religion*Aberglaube	,003	2	,999
	Weggelassener Effekt	1	Geschlecht*Aberglaube	,628	1	,428
		2	Religion*Aberglaube	36,141	1	,000
3	Modellbildende Klasse[b]		Religion*Aberglaube, Geschlecht	,630	3	,889
	Weggelassener Effekt	1	Religion*Aberglaube	36,141	1	,000
		2	Geschlecht	,000	1	1,000
4	Modellbildende Klasse[b]		Religion*Aberglaube	,630	4	,960
	Weggelassener Effekt	1	Religion*Aberglaube	36,141	1	,000
5	Modellbildende Klasse[b]		Religion*Aberglaube	,630	4	,960

a. In jedem Schritt wird der Effekt mit dem größten Signifikanzniveau für die Änderungen des Likelihood-Quotienten gelöscht, sofern das Signifikanzniveau größer als ,050 ist.

b. Die Statistiken werden für das beste Modell in jedem Schritt nach Schritt 0 gezeigt.

c. Bei 'Weggelassener Effekt' ist dies die Änderung in Chi-Quadrat, nachdem der Effekt aus dem Modell gelöscht wurde.

Abbildung 11.14: Modellselektion durch Rückwärtsselektion

Fallbeispiel 31: Interpretation

Im Rahmen der Modellauswahl wurden sehr viele Wechselwirkungen eliminiert, einzig die Zweifachwechselwirkung `Religion*Aberglaube` blieb dem Modell erhalten.

Es gibt also einen Zusammenhang zwischen `Religion` und `Aberglaube`. Es besteht aber weder ein Unterschied in der Religiosität (`Religion`) noch im Aberglauben zwischen Frauen und Männern.

11.4.4 Wie interpretiert man Modelle ohne Wechselwirkungen?

Die Interpretation loglinearer Modelle bedarf bei signifikanten Wechselwirkungen einiger Sorgfalt. Modelle ohne Wechselwirkungen hingegen bereiten kaum Probleme, wir hinterlegen dafür auch keine eigenen Datensätze.

Sind etwa in einem Beispiel nur die Haupteffekte von Bedeutung, spricht man von totaler Unabhängigkeit, einer Verallgemeinerung der Unabhängigkeit bei nur zwei Variablen.

Fehlt zusätzlich zu Wechselwirkungen auch der eine oder andere Haupteffekt im Modell, bedeutet das Gleichverteilung bei diesen Variablen.

11.4.5 Abschließende Bemerkungen

Modelle mit mehr als drei Variablen

Das Prinzip loglinearer Modelle ist leicht auf Fälle erweiterbar, in denen mehr als drei Variablen auftreten. Zwar steigt die Zahl möglicher Modelle rapide mit der Zahl involvierter Variablen. Den damit verbundenen Anstieg im Rechenaufwand bewältigen die heute verfügbaren Computer ohne Weiteres.

Schwierigkeiten treten bei der Modellinterpretation auf. Mit jeder zusätzlichen Variablen kommen ja – zumindest im saturierten Modell – Wechselwirkungen immer höherer Ordnung ins Spiel, deren sinnvolle Interpretation in konkreten Beispielen erhebliche Probleme verursachen kann. Als Ausweg wird oft die Ordnung von Effekten in Modellen limitiert.

Vergleich mit logistischer Regression

In einem früheren Kapitel wurden Beispiele vorgestellt, in denen eine kategoriale Variable durch eine oder mehrere Variablen zu erklären versucht wurde. Im Abschnitt zur logistischen Regression hatte die Responsevariable nur zwei Kategorien (Abschnitt 8.6). Die Verallgemeinerung davon hob diese Einschränkung auf (Abschnitt 8.8). In den Beispielen zu diesen Abschnitten traten sowohl metrische als auch kategoriale erklärende Variablen auf.

Es sind aber durchaus auch Fälle denkbar, in denen nur kategoriale Variablen zur Erklärung auftreten. Aber dann – die Responsevariable und alle erklärenden Variablen sind kategorial – befinden wir uns in einem Fall, den gerade dieses Kapitel behandelt, nämlich in der Analyse eines mehrdimensionalen kategorialen Datensatzes.

Wann soll aber die logistische bzw. die multinomiale logistische Regression verwendet werden, wann Methoden der loglinearen Modelle? In den meisten Beispielen ist nur eine Variable als Responsevariable identifizierbar. Die natürliche Wahl einer Methode fällt dann zu Recht auf eine logistische Regression. In Fällen, in denen die Funktion einer Variablen als Response- oder erklärender Variablen nicht eindeutig ist, sollten loglineare Modelle zur Anwendung kommen.

Loglineare Modelle und Varianzanalyse

Die Bezeichnungen von loglinearen Modellen als Haupteffekt-, additive und Wechselwirkungsmodelle erinnern an Bezeichnungen aus der zweifachen Varianzanalyse (Abschnitt 8.5). Dort wurden Mittelwerte einer metrischen Variablen in Abhängigkeit von zwei kategorialen Variablen modelliert, hier werden die Logarithmen der erwarteten Häufigkeiten in einem Modell mit den beteiligten Variablen verschmolzen. Die Methode der Rückwärtsselektion kann in beiden Fällen zur Modellauswahl herangezogen werden. Die Modellklasse der VERALLGEMEINERTEN LINEAREN MODELLE, deren Besprechung den Rahmen dieses Buches sprengen würde, beinhaltet sowohl loglineare Modelle als auch Varianzanalysemodelle als Sonderfälle.

11.5 Zusammenfassung der Konzepte

Die Beschreibung der gemeinsamen Verteilung von mehreren kategorialen Variablen führt zu mehrdimensionalen Kreuztabellen. Die Modellierung solcher Daten erfolgt durch loglineare Modelle, die die Vielzahl denkbarer Modelle in eine hierarchische Ordnung stellen.

Die Auswahl eines zu den Daten passenden Modells geht vom komplexesten Modell aus und stoppt, wenn eine weitere Modellvereinfachung mit einer deutlichen Verschlechterung der Anpassungsgüte des Modells an die Daten verbunden wäre.

- Saturiertes Modell: das komplexeste der loglinearen Modelle, bei dem die erwarteten Häufigkeiten mit den beobachteten übereinstimmen. Es beinhaltet aber auch am meisten Parameter und hat daher den größten Interpretationsaufwand.
- Unabhängigkeitsmodell: Modell, bei dem von der Unabhängigkeit von zwei oder mehreren Variablen ausgegangen wird.
- Wechselwirkungen: Zusammenspiel zweier oder mehrerer Variablen in einem Modell.
- Modellparameter: Werte, die die Modellannahmen mit den beteiligten Variablen verbinden.
- Modellauswahl: Vorgang, um aus einer Fülle von Modellen ein passendes auszuwählen.
- Likelihood-Ratio-Statistik: Bei der Modellauswahl hilfreiche Größe zum Vergleich zweier Modelle.

11.6 Übungen

1. **Drogengebrauch**

   Die Ergebnisse einer Befragung unter Jugendlichen im Alter von 17 Jahren zum Konsum von Alkohol, Zigaretten und Marihuana oder Haschisch sind im Datenfile `drogen.sav` enthalten.

   - Finden Sie ein passendes Modell zu den Daten!
   - Interpretieren Sie das Ergebnis!

2. **Todesstrafe**

   326 Mordanklagen in Florida aus den Jahren 1976 und 1977 wurden nach Hautfarbe der Angeklagten und der Opfer und nach dem Urteil untersucht (Agresti, 1990), Datenfile `todesstrafe.sav`.

   - Finden Sie ein passendes Modell zu den Daten!
   - Interpretieren Sie das Ergebnis!

Die Datendateien sowie ausgewählte Lösungen finden Sie auf der Webseite des Verlags.

Literaturverzeichnis

Agresti, A. (1990). *Categorical Data Analysis.* Wiley, New York.

Agresti, A. und Finlay, B. (2009). *Statistical Methods for the Social Sciences.* Pearson Education, Upper Saddle River.

Bühl, A. (2012). *SPSS 20: Einführung in die moderne Datenanalyse.* Pearson Deutschland, München.

Bühner, M. (2004). *Einführung in die Test-und Fragebogenkonstruktion.* Pearson Studium, München.

Etzersdorfer, E., Kapusta, N., und Sonneck, G. (2006). Suicide by shooting is correlated to rate of gun licenses in Austrian counties. *Wiener Klinische Wochenschrift*, 118(15):464–468.

Hornik, K., Lang, M., Mamut, A., und Nagel, H., Hrsg. (2008). *Die Rechtsprechungspraxis des VwGH in Abgabensachen.* Linde, Wien.

Hutcheson, G. und Moutinho, L. (1998). Measuring Preferred Store Satisfaction Using Consumer Choice Criteria as a Mediating Factor. *Journal of Marketing Management*, 14(7):705–720.

Keller, G. und Warrack, B. (1997). *Statistics for Management and Economics.* Duxbury Press, Belmont.

Kendall, M. (1975). *Multivariate Analysis.* Griffin, London.

Kockelkorn, U. (2000). *Lineare statistische Methoden.* Oldenbourg, München.

Pavlidis, I., Eberhardt, N., und Levine, J. (2002). Seeing through the face of deception. *Nature*, 415:6867.

Rosenfeld, J. (2002). Event-related potentials in the detection of deception, malingering, and false memories. In Kleiner, A., Hrsg., *Handbook of polygraph testing*, pages 265–286. Academic Press, New York.

Index

A

B

C

F

G

H

I

J

K

L

M

N

O

P

Q

R

S

T

st
scientific tools

SCIENTIFIC TOOLS

Achim Bühl

SPSS 20
ISBN 978-3-8689-4150-0
49.95 EUR [D], 51.40 EUR [A], 66.00 sFr*
1056 Seiten

SPSS 20

BESONDERHEITEN

Die Einführung in die moderne Datenanalyse hat sich zu dem Standard-Handbuch für SPSS-Anwender entwickelt und bereits weit über 60.000 Käufer in SPSS eingeführt. Praxisorientiert werden anhand zahlreicher interessanter Beispieldatensätze univariate, bivariate und multivariate Verfahren der statistischen Datenanalyse mit SPSS 20 vermittelt. Die Fallstudien sind dem sozialwissenschaftlichen, dem medizinisch-psychologischen sowie dem wirtschaftswissenschaftlichen Bereich entnommen.

Die dreizehnte Auflage beschreibt die neue Version 20 und ist vollständig überarbeitet worden.

KOSTENLOSE ZUSATZMATERIALIEN

Beispieldateien zum Buch sowie ein kostenloses Probekapitel finden Sie auf www.pearson-studium.de

*unverbindliche Preisempfehlung

ALWAYS LEARNING PEARSON